WiSt-Studienkurs

Heubes

Makroökonomie im Vordiplom

Makroökonomie im Vordiplom

mit Aufgaben und Musterlösungen

von

Professor Dr. Jürgen Heubes

2., überarbeitete und erweiterte Auflage

Verlag Franz Vahlen München

Die Deutsche Bibliothek – CIP-Einheitsaufnahme

Heubes, Jürgen:
Makroökonomie im Vordiplom : mit Aufgaben und Musterlösungen / von Jürgen Heubes.– 2., überarb. und erw. Aufl.. – München : Vahlen, 2001
(WiSt-Studienkurs)
ISBN 3-8006-2726-4

ISBN 3 8006 2726 4

Wilhelmstraße 9, 80801 München
Druck und Bindung: Schätzl-Druck,
Am Stillflecken 4, 86609 Donauwörth

Satz: DTP-Vorlagen des Autors

Gedruckt auf säurefreiem, alterungsbeständigem Papier
(hergestellt aus chlorfrei gebleichtem Zellstoff)

Vorwort zur zweiten Auflage

Gegenüber der ersten Auflage wurde der Text unter Berücksichtigung der Erfahrungen, die mit der ersten Auflage in mehreren Vorlesungen gemacht wurden, grundlegend überarbeitet. Darüber hinaus wurde das außenwirtschaftliche Kapitel inhaltlich neu gestaltet. Schließlich wurde der Stoff um eine kurze Einführung in den Gegenstand und die Methode der Makroökonomie erweitert.

Für zahlreiche Anregungen danke ich meinen Mitarbeitern Dr. Chr. Knoppik und PD Dr. B. Rauch. Mein Dank gilt weiterhin Frau R. Geiger, die die Schreibarbeiten ausgeführt und das Layout erstellt hat.

Regensburg, im Sommer 2001 *Jürgen Heubes*

Vorwort zur ersten Auflage

Das vorliegende Lehrbuch soll den Studierenden der Wirtschaftswissenschaft an Universitäten und Fachhochschulen insbesondere eine effiziente Vorbereitung auf die Vordiplomprüfung in Makroökonomie, aber auch eine Wiederholung der Grundlagen der Makroökonomie vor der Diplomprüfung ermöglichen.

Diesem Ziel entsprechend wurde eine unübliche inhaltliche Zweiteilung dieses Buches gewählt: Teil A dient der Wissensvermittlung, Teil B der Wissenskontrolle. Teil A führt in leicht verständlicher Form in die wichtigsten prüfungsrelevanten Teile der Makroökonomie ein. Teil B enthält über fünfzig Aufgaben, größtenteils auf Vordiploms-Niveau, mit ausführlichen Musterlösungen zur Überprüfung des Verständnisses der in Teil A dargestellten Zusammenhänge.

Durch die Konzentration auf die wichtigsten Prüfungsgebiete gewinnt der Leser mit relativ geringem Zeitaufwand einen fundierten Überblick über die zentralen makroökonomischen Zusammenhänge, so dass er in der Lage ist, auch weitergehende Probleme selbständig zu lösen. Dieser Vorteil wird jedoch mit dem Verzicht auf Vollständigkeit erkauft, wie ihn traditionelle Lehrbücher der Makroökonomie anstreben.

Für zahlreiche Verbesserungsvorschläge danke ich meinen Mitarbeitern Herrn Dr. Chr. Knoppik und Herrn PD Dr. B. Rauch, außerdem Herrn Diplom-Volkswirt Chr. Kubitschek. Mein Dank gilt weiterhin Frau R. Geiger, die die Schreibarbeiten ausgeführt und das Layout erstellt hat.

Regensburg, im Frühjahr 1996 *Jürgen Heubes*

Inhaltsverzeichnis

I. Teil
Vollbeschäftigung und Preisniveau-Stabilität

II. Teil
Arbeitslosigkeit und Inflation

III. Teil
Offene Volkswirtschaft

Anhang

Symbolverzeichnis

A	Arbeit
AB	realer Außenbeitrag
AB^n	nomineller Außenbeitrag
C	Konsumnachfrage (real)
D	Güternachfrage(kurve)
G	Staatsnachfrage (real)
I	Investitionsnachfrage (real)
J	Importe (mengenmäßig)
L	Geldnachfrage (nominell)
M	Geldmenge
P	Preisniveau
$\hat{P}$	Inflationsrate
S	Ersparnisbildung (real); Güterangebot(skurve)
T	Steuern (real)
W	Nominallohn
X	Exporte (real)
Y	(Volks-)Einkommen (real)
Y^v	verfügbares Einkommen (real)
c	marginale Konsumneigung
e	Wechselkurs (nominell)
k	Kassenhaltungskoeffizient
r	Zinssatz
s	marginale Sparneigung
u	Arbeitslosenquote
v	Umlaufsgeschwindigkeit der Geldmenge
θ	realer Wechselkurs

1. Kapitel: Einführung

Das vorliegende Kapitel führt in den Gegenstand und die Methode der Makroökonomie ein. Damit bietet es zugleich einen Überblick über die in diesem Textbuch behandelten Problemkreise.

1.1 Gegenstand der Makroökonomie

Die Volkswirtschaftslehre lässt sich in die beiden Teilgebiete Mikroökonomie und Makroökonomie einteilen.[1] Gegenstand der Mikroökonomie ist die wirtschaftliche Situation der Einzelwirtschaften; Gegenstand der Makroökonomie die wirtschaftliche Gesamtsituation.

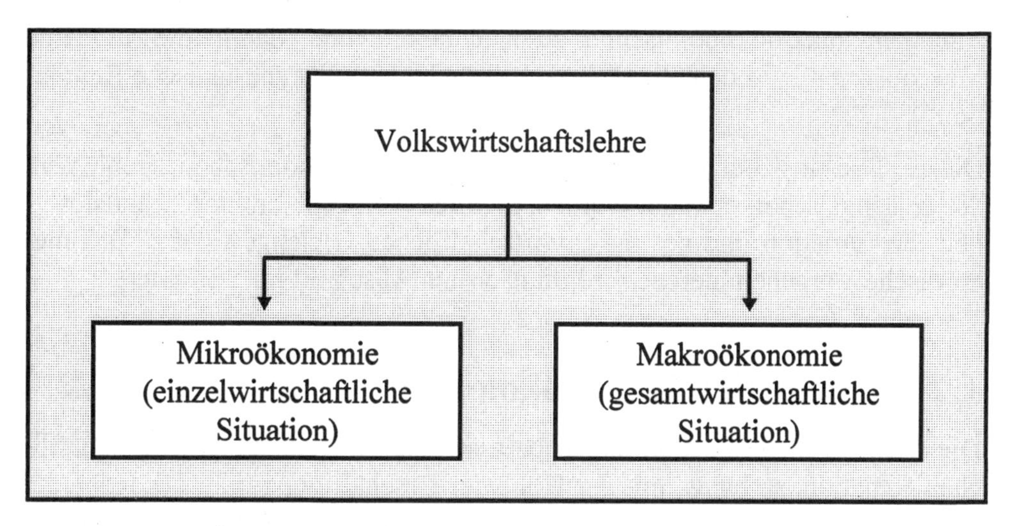

Übersicht 1.1: Gebiete der Volkswirtschaftslehre

Im Hinblick auf die gesamtwirtschaftliche Situation geht es um Phänomene, die in einer Volkswirtschaft als Ganzes zu beobachten sind. So interessiert bspw. nicht, dass einzelne Unternehmen Arbeitskräfte einstellen, während andere Unternehmen Arbeitskräfte ausstellen, sondern, wie sich die gesamte Beschäftigung in einer Volkswirtschaft, gemessen mit Hilfe der Arbeitslosenquote, verändert. Ebenso ist nicht von Interesse, dass einzelne Unternehmen ihre Preis erhöhen, während andere Unternehmen ihre Preise senken, sondern wiederum, wie sich das Preisniveau einer Volkswirtschaft, gemessen mit Hilfe der Inflationsrate, verändert. Schließlich ist es gesamtwirtschaftlich uninteressant, dass einzelne Inländer bspw. Güter exportieren oder Geld im Ausland anlegen; gesamtwirtschaftlich von Interesse sind vielmehr die außenwirtschaftlichen Beziehungen einer Volkswirtschaft, gemessen anhand der Zahlungsbilanzsituation.

---

[1] Eine andere Einteilung ist bspw. in Volkswirtschaftstheorie, Volkswirtschaftspolitik und Finanzwissenschaft.

Das makroökonomische Geschehen basiert auf dem Verhalten der einzelnen Wirtschaftssubjekte Haushalte und Unternehmen, das Gegenstand der Mikroökonomie ist. Dem wird in der Makroökonomie insoweit Rechnung getragen, dass gesamtwirtschaftliche Zusammenhänge auf das Optimierungsverhalten der Mikroeinheiten zurückgeführt werden, wozu ein Repräsentant der entsprechenden Gruppe betrachtet wird (sog. Mikrofundierung der Makroökonomie). So folgt bspw. die gesamtwirtschaftliche Investitionsnachfrage aus dem Gewinnmaximierungs-Verhalten eines repräsentativen Unternehmens.

Dennoch ist die gesamtwirtschaftliche Situation mehr als nur die Summe des Verhaltens der Wirtschaftssubjekte, wie es im Rahmen der mikroökonomischen Partialbetrachtung bestimmt wird. Im Vordergrund der Makroökonomie stehen gerade Interdependenzen, die erst im Rahmen eines Totalmodells sichtbar werden. So führt bspw. ein Rückgang der Beschäftigung auch zu einer Reduzierung der Güternachfrage, was weitere Beschäftigungseinbrüche zur Folge hat. Es ist das Verdienst von J. M. Keynes, dass er diesen eigenständigen makroökonomischen Aspekt betont und damit die moderne Makroökonomie in den 30er Jahren begründet hat („Keynesianische Revolution").

Dieses Textbuch befasst sich mit einigen makroökonomischen Problemen, die eingangs schon erwähnt wurden, nämlich dem Problem der Arbeitslosigkeit, der Inflation und des außenwirtschaftlichen Gleichgewichts.[1] Das methodische Vorgehen hierbei wird im nächsten Abschnitt kurz erläutert.

1.2 Methode der Makroökonomie

Die nachfolgenden Ausführungen befassen sich mit der gesamtwirtschaftlichen Situation, so bspw. mit der Höhe der Beschäftigung oder der Höhe der Inflationsrate. Der Makroökonomie fallen in diesem Zusammenhang insbesondere zwei Aufgaben zu. So hat sie einerseits die Aufgabe aufzuzeigen, welche gesamtwirtschaftliche Situation sich aufgrund des Verhaltens der Wirtschaftssubjekte ergibt. Das heißt sie hat die gesamtwirtschaftliche Situation zu erklären, nämlich die wirtschaftliche Situation als Wirkung auf das Verhalten der Wirtschaftssubjekte als Ursache zurückzuführen. Neben dieser theoretischen Aufgabe obliegt der Makroökonomie andererseits, Möglichkeiten aufzuzeigen, wie sich die wirtschaftliche Situation im Hinblick auf bestimmte Ziele (bspw. Vollbeschäftigung) verbessern lässt, ihre wirtschaftspolitische Aufgabe. In diesem Fall werden die Ursachen zu Mitteln, die zur Erreichung bestimmter Wirkungen als Ziele einzusetzen sind. Die Erfüllung der wirtschaftspolitischen Aufgabe setzt somit die Kenntnis der theoretischen Zusammenhänge voraus. Übersicht 1.2 fasst diese Überlegungen zusammen.

Die Methode der Volkswirtschaftslehre insgesamt – so auch der Makroökonomie – zur Erfüllung ihrer Aufgaben besteht in der Formulierung entspre-

---

1 Weitere gesamtwirtschaftliche Phänomene sind bspw. der Konjunkturverlauf oder das Wirtschaftswachstum. Heubes, J., Konjunktur und Wachstum, München 1991.

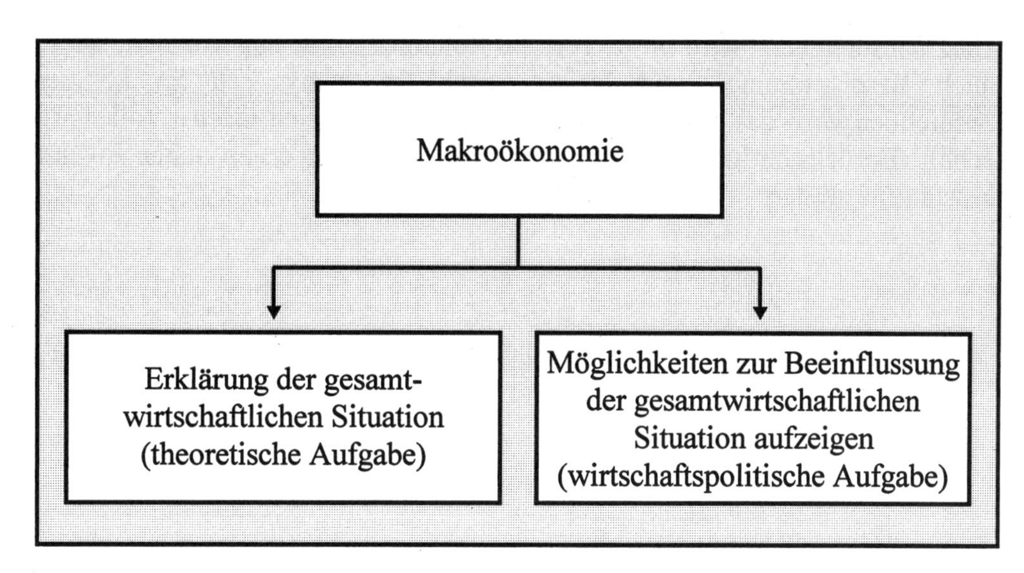

Übersicht 1.2: Aufgaben der Makroökonomie

chender Modelle. Modelle sind vereinfachte Abbilder der Realität, d. h. die Realität wird auf ihre wichtigsten Zusammenhänge reduziert. Kern dieser Modelle (Theorien) sind Hypothesen über diese Zusammenhänge, d. h. Annahmen darüber, wie die Wirkungen aus ihren Ursachen folgen (bspw. wie die Nachfrage nach Konsumgütern in einer Volkswirtschaft auf eine Änderung des Volkseinkommens reagiert).

Die Entscheidung darüber, welche Zusammenhänge wichtig sind und somit in einem Modell berücksichtigt werden müssen, hängt von der Fragestellung ab. Geht es um die Bestimmung der wirtschaftlichen Situation, so lassen sich grundsätzlich zwei Varianten unterscheiden, nämlich zum einen, dass die individuellen Entscheidungen zu einem erwünschten gesamtwirtschaftlichen Zustand führen, und zum anderen, dass dies nicht der Fall ist, d. h., dass ein Marktversagen auftritt. Im nachfolgenden Teil I wird zunächst als Referenz- oder Standard-Modell der erste Fall dargestellt, nämlich, dass Vollbeschäftigung bei Preisniveau-Stabilität erreicht wird.

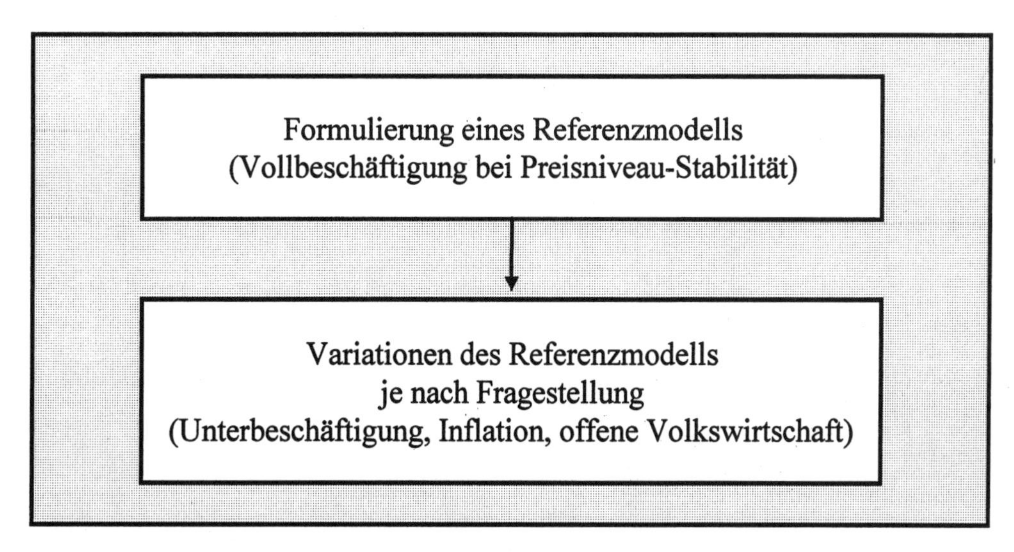

Übersicht 1.3: Aufbau des Buches

Daran anschließend wird im II. Teil das Referenzmodell abgewandelt, um so auch Beschäftigungs- und Inflationsprobleme analysieren zu können. Schließlich wird das Referenzmodell in Teil III auf eine offene Volkswirtschaft (Berücksichtigung der ökonomischen Beziehungen zwischen In- und Ausland) erweitert.

I. Teil

Vollbeschäftigung und Preisniveau-Stabilität

In Teil I wird ein einfaches makroökonomisches Modell dargestellt, das eine Wirtschaft mit Vollbeschäftigung und Preisniveau-Stabilität abbildet. Dieses Modell wird in drei Stufen zunehmender Komplexität entwickelt: Zunächst werden Zinssatz und Preisniveau als konstant vorausgesetzt, dann werden der Zinssatz und schließlich auch das Preisniveau endogenisiert. Lernziel dieses ersten Teils ist es, einen Überblick über die gesamtwirtschaftlichen Interdependenzen zu gewinnen.

2. Kapitel: Einkommen-Ausgaben-Modell

In diesem Kapitel wird zunächst die formale Struktur eines makroökonomischen Modells skizziert. Daran anschließend wird diese formale Struktur inhaltlich aufgefüllt, wobei Zinssatz und Preisniveau als gegeben betrachtet werden. Schließlich wird untersucht, welche wirtschaftliche Situation – repräsentiert durch die Höhe des Volkseinkommens – sich im Rahmen dieses Modells einstellt.

2.1 Formale Struktur eines makroökonomischen Modells

Wie erwähnt wurde, ist ein Modell ein auf die für die jeweilige Fragestellung wesentlichen Zusammenhänge reduziertes Abbild der Realität. Ein makroökonomisches Modell[1] umfasst somit die wesentlichen gesamtwirtschaftlichen Zusammenhänge, nämlich die ökonomischen Aktivitäten verschiedener Akteure auf unterschiedlichen Märkten. Hierbei handelt es sich bei den Akteuren um nach bestimmten Kriterien zusammengefasste (aggregierte) Wirtschaftssubjekte (Sektoren), bei den (Makro-)Märkten um Aggregate der jeweiligen Einzelmärkte. Die Wirtschaftssubjekte werden wie folgt zusammengefasst:

- Haushaltssektor: Alle privaten Haushalte, d. h. Wirtschaftssubjekte, deren wirtschaftliche Tätigkeit vorwiegend in der Einkommenserzielung durch Verkauf von Faktorleistungen und in der Einkommensverwendung für Konsum und Sparen besteht.
- Unternehmenssektor: Alle Unternehmen, d. h. Wirtschaftssubjekte, deren wirtschaftliche Tätigkeit vorwiegend in der Produktion von Gütern unter Einsatz von Produktionsfaktoren zur Gewinnerzielung besteht.
- Staat: Gebietskörperschaften, deren wirtschaftliche Tätigkeit vorwiegend in der Bereitstellung von Kollektivgütern,[2] die überwiegend durch Zwangsabgaben (Steuern) finanziert werden, besteht, einschließlich einer Zentralbank als (supra-)nationaler Währungsbehörde.
- Ausland: Alle Wirtschaftssubjekte, die nicht der inländischen Wirtschaft zugeordnet werden.

Die ökonomischen Aktivitäten der verschiedenen Sektoren lassen sich – abgesehen von den Steuerzahlungen u. ä. – als Angebot und Nachfrage auf verschiedenen Märkten darstellen. Zur Erfassung aller Aktivitäten sind folgende gesamtwirtschaftliche Märkte zu berücksichtigen:

---

[1] Eine umfassende Darstellung eines makroökonomischen Modells findet sich bspw. in Burda, M. C. und Ch. Wyplosz, Makroökonomik, München 1994, S. 103 ff; Heubes, J., Grundlagen der modernen Makroökonomie, München 1995, S. 1 ff; Sachs, J. D. und F. Larrain B., Makroökonomik, München/Wien 1995, S. 57 ff.

[2] Diese Kollektivgüter werden vom Unternehmenssektor erworben.

- Arbeitsmarkt: Der Arbeitsmarkt umfasst das gesamtwirtschaftliche Angebot an sowie die gesamtwirtschaftliche Nachfrage nach Arbeit, wobei die unterschiedlichen Arbeitsleistungen zu einem homogenen Faktor Arbeit zusammengefasst werden. Das Arbeitsangebot stammt vom Haushaltssektor, die Arbeitsnachfrage vom Unternehmenssektor.
- Gütermarkt: Auf dem Gütermarkt werden das gesamtwirtschaftliche Güterangebot sowie die gesamtwirtschaftliche Güternachfrage erfasst (Sachgüter und Dienstleistungen). Auch hier werden die unterschiedlichen (inländischen) Güter zu einem homogenen Gut zusammengefasst (sog. Ein-Gut-Wirtschaft). Das Güterangebot erfolgt durch den Unternehmenssektor, ergänzt durch Importe. Die Güternachfrage umfasst die Konsumnachfrage des Haushaltssektors, die Investitionsnachfrage des Unternehmenssektors, die Staatsnachfrage sowie die Exporte.
- Wertpapiermarkt (Kreditmarkt): Der Wertpapiermarkt erfasst das gesamtwirtschaftliche Wertpapierangebot (Kreditnachfrage) sowie die gesamtwirtschaftliche Wertpapiernachfrage (Kreditangebot). Die Wertpapiernachfrage kommt von den Sektoren, die einen Finanzierungsüberschuss aufweisen, das Wertpapierangebot entsprechend von den Sektoren mit einem Finanzierungsdefizit.
- Geldmarkt: Dieser Markt stellt eine Fiktion i. d. S. dar, dass es weder einzel- noch gesamtwirtschaftlich einen Markt gibt, auf dem Geld gehandelt wird.[1] Da Geld jedoch ein eigenständiges Gut ist, das zwar auf anderen Märkten angeboten und nachgefragt wird, ist es dennoch zweckmäßig, hierfür einen eigenen Markt einzuführen, der das gesamtwirtschaftliche Geldangebot sowie die gesamtwirtschaftliche Geldnachfrage erfasst. Das Geldangebot kommt teils vom Staatssektor (Zentralbank), teils vom Unternehmenssektor, nämlich von den Geschäftsbanken. Die Geldnachfrage umfasst die Nachfrage des gesamten Nichtbankensektors.
- Devisenmarkt: Auf diesem Markt stehen sich Angebot an und Nachfrage nach ausländischer Währung (= Devisen) gegenüber. Das Devisenangebot resultiert aus Güterexporten und Kapitalimport; die Devisennachfrage entsprechend aus Güterimporten und Kapitalexport.

Die gesamtwirtschaftlichen Phänomene, wie die Beschäftigungssituation oder die Inflationsrate, sind (bei gegebenen exogenen Größen) das Resultat des Angebots- und Nachfrageverhaltens der verschiedenen Sektoren auf den einzelnen Märkten. Zur Analyse dieser Phänomene, wenn also bspw. erklärt werden soll, wie Arbeitslosigkeit entsteht, bleibt somit dieses Angebots- und Nachfrageverhalten zu bestimmen.

Nachfolgend wird die Darstellung zunächst dadurch vereinfacht, dass eine sog. geschlossene Volkswirtschaft betrachtet wird, d. h. eine Volkswirtschaft ohne ökonomische Beziehungen zum Ausland.[2] In diesem Fall entfallen der Auslandssektor sowie der Devisenmarkt.

---

[1] Es ist hier nicht der Handel zwischen Banken mit Zentralbankgeld bzw. zwischen Banken und der Zentralbank mit Geldmarktpapieren gemeint.

[2] Diese Vereinfachung wird in Kapitel VII aufgegeben.

Die Darstellung vereinfacht sich darüber hinaus dadurch, dass von den verbleibenden vier Märkten nur drei berücksichtigt werden müssen, da hieraus die Situation auf dem vierten Markt abgeleitet werden kann.[1] Wie üblich, wird nachfolgend der Wertpapiermarkt vernachlässigt.

Die formale Struktur eines makroökonomischen Modells ist in Übersicht 2.1 veranschaulicht.

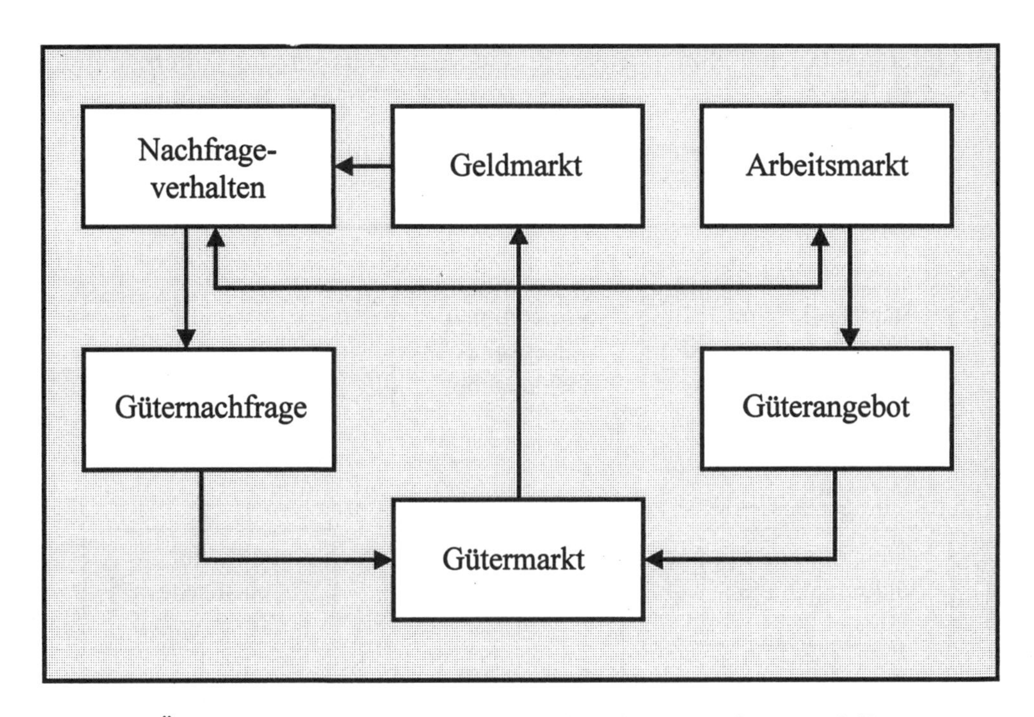

Übersicht 2.1: Struktur eines makroökonomischen Modells

Auf dem Gütermarkt stehen sich die gesamtwirtschaftliche Güternachfrage und das gesamtwirtschaftliche Güterangebot gegenüber. Die gesamtwirtschaftliche Güternachfrage ist auf das Nachfrageverhalten der Sektoren zurückzuführen, das wesentlich von der Situation auf dem Geldmarkt abhängt. Das gesamtwirtschaftliche Güterangebot ergibt sich – unter Beachtung der Produktionsmöglichkeiten der Volkswirtschaft – aus der Höhe der Beschäftigung, die auf dem Arbeitsmarkt bestimmt wird.[2] Die gesamtwirtschaftlichen Interdependenzen äußern sich darin, dass die Situation auf dem Gütermarkt wiederum sowohl das Nachfrageverhalten der Sektoren als auch die Lage auf dem Geld- und Arbeitsmarkt beeinflusst.[3] Aus dem Zusammenwirken all dieser Kräfte resultiert dann schließlich die wirtschaftliche Situation (bspw. die Höhe der Beschäftigung).

---

[1] Dies folgt aus dem sog. Walras-Gesetz: Besteht eine Volkswirtschaft aus n Märkten, von denen (n – 1) Märkte im Gleichgewicht sind, so herrscht nach dem Walras-Gesetz auch auf dem n-ten Markt ein Gleichgewicht.

[2] Die übrigen Produktionsfaktoren (Kapital, Boden) werden in der hier vorliegenden mittelfristigen Betrachtung als konstant unterstellt.

[3] Zu geringe Güternachfrage führt bspw. zu Arbeitslosigkeit.

Im Rahmen eines sog. Einkommen-Ausgaben-Modells wird nun die wirtschaftliche Situation – repräsentiert durch die Höhe des Volkseinkommens – unter folgenden Annahmen bestimmt:

- Das Geldangebot ist vollkommen elastisch. Dies bedeutet, dass stets genügend Geld im Umlauf ist, um die gesamtwirtschaftlichen Umsätze bei **konstantem Zinssatz** zu finanzieren.[1]
- Das Güterangebot ist vollkommen elastisch. In diesem Fall passt sich das Güterangebot bei **konstantem Preisniveau** stets an die Güternachfrage an, so dass letztere die gesamtwirtschaftliche Situation bestimmt.

Die formale Struktur dieses Modells ist in Übersicht 2.2 veranschaulicht.

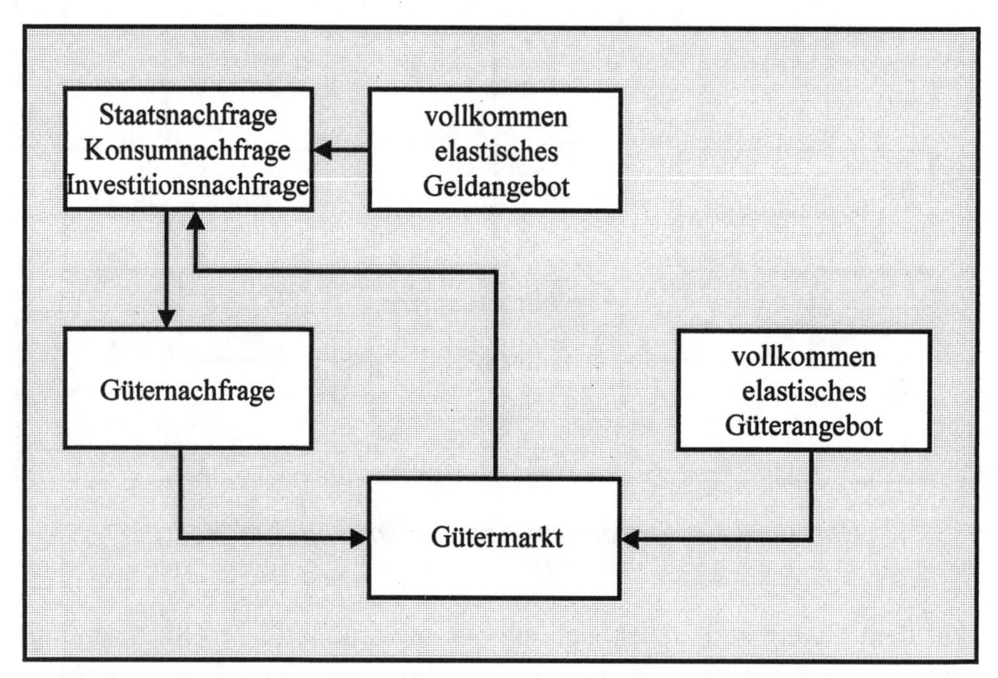

Übersicht 2.2: Struktur des Einkommen-Ausgaben-Modells

Da die wirtschaftliche Situation im Rahmen dieses Einkommen-Ausgaben-Modells von der Güternachfrage bestimmt wird, bleibt die Höhe der gesamtwirtschaftlichen Güternachfrage abzuleiten.

2.2 Die gesamtwirtschaftliche Güternachfrage

Die gesamtwirtschaftliche Güternachfrage umfasst die Konsumnachfrage des Haushaltssektors, die Investitionsnachfrage des Unternehmenssektors sowie die Staatsnachfrage. Letztere ist politisch determiniert und stellt somit im Rahmen dieser ökonomischen Betrachtung eine exogene Größe dar. Damit bleibt die Höhe der Konsum- und der Investitionsnachfrage zu bestimmen.

---

[1] Die gesamtwirtschaftlichen Umsätze umfassen bspw. den Kauf der produzierten Güter, die Entlohnung der Produktionsfaktoren, Steuerzahlungen u. a. m.

2.2.1 Die Konsumnachfrage[1]

Dem Haushaltssektor fließt aus der Güterproduktion das nominelle Volkseinkommen PY (P = Preis, Y = produzierte Menge des Einheitsgutes) in Form von Löhnen, Zinsen und Gewinnen zu.[2] Das gütermäßige Äquivalent dieses nominellen Volkseinkommens ist das sog. reale Volkseinkommen Y. Der Haushaltssektor kann dieses reale (Volks-)Einkommen für drei Zwecke verwenden, nämlich für reale Steuerzahlungen (T), reale Konsumausgaben (C) und reale Ersparnisbildung (S):

$$(1) \quad Y = T + C + S.$$

Das Volkseinkommen abzüglich der Steuerzahlungen stellt das verfügbare Einkommen (Y^v) des Haushaltssektors dar:

$$(2) \quad Y^v = Y - T = C + S.$$

Es wird nun die Annahme gemacht, dass die realen Konsumausgaben (die Konsumnachfrage) eine positive Funktion des realen, verfügbaren Einkommens (Y^v) sind:[3,4,5]

$$(3) \quad C = C(Y^v); \qquad 0 < dC/dY^v < 1.$$

Die Veränderung der Konsumnachfrage bei einer kleinen Veränderung des verfügbaren Einkommens (= erste Ableitung der Konsumfunktion dC/dY^v) wird als marginale Konsumneigung (Grenzneigung zum Konsum) bezeichnet. Ein Beispiel für obigen Zusammenhang ist folgende lineare Konsumfunktion:[6]

$$(4) \quad C = \bar{C} + cY^v; \qquad \bar{C} > 0, \qquad 0 < c < 1.$$

---

1 Branson, W. H., Makroökonomie, 4. Aufl., München/Wien 1997, S. 331 ff; Heubes, J., Grundlagen der modernen Makroökonomie, a. a. O., S. 35 ff.

2 Von Steuerzahlungen des Unternehmenssektors sowie von einbehaltenen Gewinnen wird abgesehen.

3 Diese Konsumhypothese folgt aus dem Optimierungsverhalten eines repräsentativen Haushalts im Rahmen eines sog. Fix-price-Modells.

4 Die Konsumnachfrage hängt auch noch von weiteren Determinanten ab, so bspw. vom Zinssatz. Gleichung (3) liegt die Annahme zugrunde, dass diesen weiteren Determinanten nur eine geringe Bedeutung zukommt, so dass sie zur Vereinfachung vernachlässigt werden.

5 Die erwähnten gesamtwirtschaftlichen Interdependenzen kommen hier bspw. darin zum Ausdruck, dass die Konsumnachfrage einerseits die Höhe des Volkseinkommens bestimmt und andererseits selbst vom Volkseinkommen abhängt.

6 In diesem Fall steigt die Konsumnachfrage unterproportional mit dem verfügbaren Einkommen an (die durchschnittliche Konsumneigung C/Y^v geht mit steigendem verfügbaren Einkommen zurück). Dies ist Inhalt der sog. absoluten Einkommenshypothese oder keynesianischen Konsumfunktion.

Gleichung (4) wird in Abbildung 2.1 durch die Gerade $C(Y^v)$ wiedergegeben. Der Ordinatenabschnitt ist gleich dem sog. Basiskonsum $\bar{C}$, die Steigung entspricht der marginalen Konsumneigung. Da $0 < c < 1$ gilt, verläuft die Konsumgerade flacher als die 45°-Linie (deren Steigung eins beträgt).[1,2]

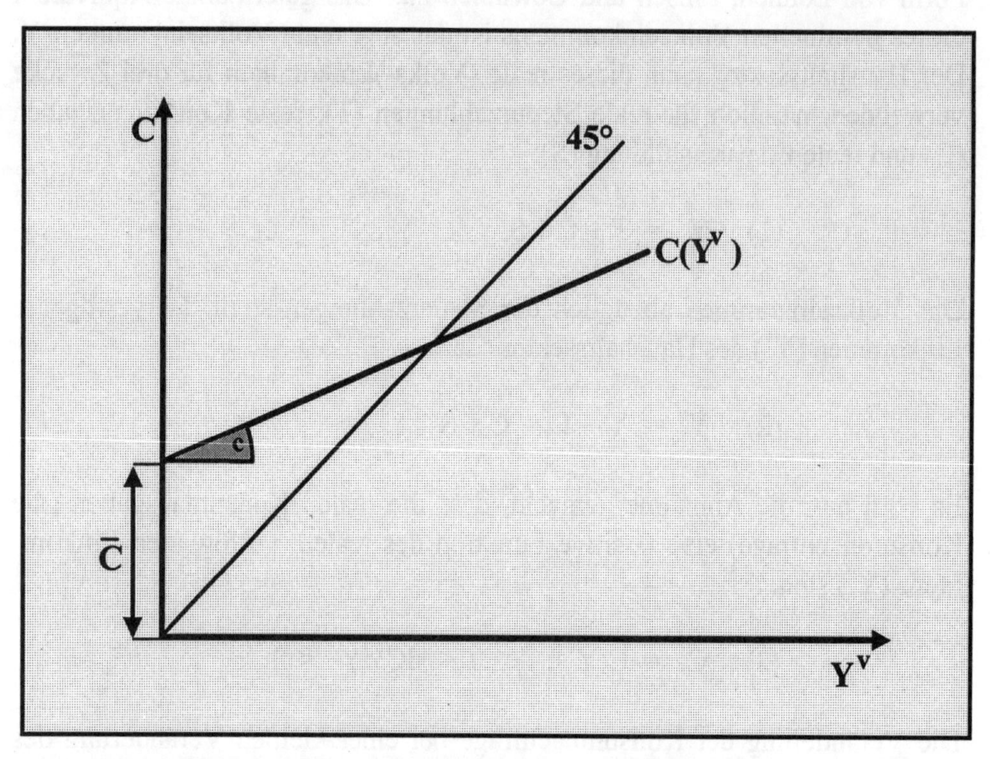

Abbildung 2.1: Konsum als Funktion des verfügbaren Einkommens

Bei gegebener Steuer lässt sich die Konsumnachfrage auch in Abhängigkeit vom Volkseinkommen darstellen, was für die nachfolgenden Ausführungen zweckmäßiger ist. Wird angenommen, dass der Staat eine Pauschalsteuer $T = T_0$ erhebt, so ergibt sich für die lineare Konsumfunktion (4):[3]

$$(5) \quad C = \bar{C} + c(Y - T_0) = \bar{C} - cT_0 + cY$$

---

[1] Aus Gleichung (2) folgt:

$$S = Y^v - C(Y^v) = S(Y^v),$$

d. h. auch die Ersparnisbildung ist eine positive Funktion des verfügbaren Einkommens. Gleichung (2) liefert weiter:

$$dY^v/dY^v = dC/dY^v + dS/dY^v$$

bzw.: $1 = c + s; \quad c = dC/dY^v, \quad s = dS/dY^v.$

Die marginale Konsumneigung c und die marginale Sparneigung ergänzen sich also zu eins.

[2] Im Schnittpunkt der Konsumfunktion mit der 45°-Geraden ist der Konsum so groß wie das verfügbare Einkommen; die Ersparnisbildung ist gleich null. Rechts von diesem Schnittpunkt ist die Ersparnisbildung positiv, links negativ (Entsparen, Verschuldung).

[3] Infolge der Besteuerung sinkt die Konsumnachfrage um cT_0; die Ersparnisbildung geht um sT_0 zurück. Die Steuer wird also durch einen Rückgang sowohl des Konsums als auch des Sparens aufgebracht.

oder allgemein (bei gegebener Pauschalsteuer):

$$(6)\quad C = C(Y); \qquad 0 < dC/dY < 1.$$ [1]

Die Konsumfunktion (5) ist in Abbildung 2.2 als C(Y) dargestellt; gegenüber der Abbildung 2.1 ist der Ordinatenabschnitt jetzt – bei gleicher Steigung – um den Betrag cT_0 kleiner.[2,3]

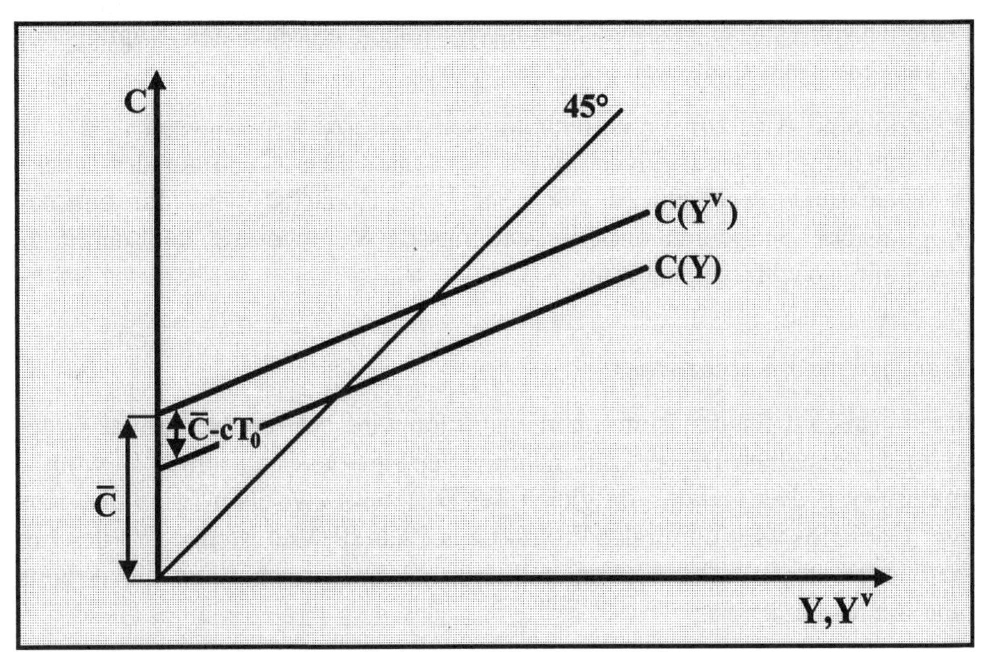

Abbildung 2.2: Konsum als Funktion des Volkseinkommens

2.2.2 Die Investitionsnachfrage[4]

Investitionen lassen sich in Lager- und in Anlageinvestitionen unterteilen. Die nachfolgenden Ausführungen beschränken sich auf Anlageinvestitionen (Ausrüstungen und Bauten).

---

[1] Aus $C = C(Y)$ ergibt sich entweder:

$$dC = \frac{dC}{dY}dY$$

oder:

$$dC = \frac{dC}{dY^v}\frac{dY^v}{dY}dY.$$

Bei einer Pauschalsteuer ist $dY^v/dY = 1$; damit ist in diesem Fall auch der Ausdruck dC/dY gleich der marginalen Konsumneigung.

[2] Die C(Y)-Kurve verläuft

- rechts von der $C(Y^v)$-Kurve: der einem bestimmten Y^v entsprechende Konsum wird bei einem um T_0 höheren Volkseinkommen realisiert;
- unterhalb von der $C(Y^v)$-Kurve: bei gleicher Höhe des Volkseinkommens und des verfügbaren Einkommens ist die Konsumnachfrage im ersten Fall um cT_0 kleiner.

[3] Eine Erhöhung der Pauschalsteuer verschiebt die Kurve C(Y) nach unten (bzw. nach rechts) und umgekehrt.

[4] Branson, W. H., Makroökonomie, a. a. O., S. 277 ff; Heubes, J., Grundlagen der modernen Makroökonomie, a. a. O., S. 53 ff.

Die gesamten Anlageinvestitionen (der gesamte Zugang an Anlagen) sind die sog. Brutto-Investitionen. Da die Anlagen im Produktionsprozess abgenutzt werden, dient ein gewisser Teil der Brutto-Investitionen dem Ersatz dieser Abnutzungen, die sog. Ersatz- oder Re-Investitionen. Diese Ersatzinvestitionen werden üblicherweise als proportional zum Bestand der Anlagen (dem bestehenden Kapitalstock) angenommen. Die Differenz zwischen Brutto-Investitionen und Abschreibungen (als Äquivalent für die Abnutzungen) sind die sog. Netto-Investitionen; sie verändern den Bestand der Anlagen, den realen Kapitalstock: Positive Nettoinvestitionen erhöhen den Kapitalstock, negative Nettoinvestitionen verringern ihn.

Nachfolgend wird zur Vereinfachung von Abnutzungen abgesehen, d. h. es werden lediglich Netto-Investitionen betrachtet. Die Ableitung der Investitionsnachfrage geschieht in zwei Schritten. Zunächst wird der optimale Kapitalstock und daran anschließend dessen Veränderung und damit die Investitionsnachfrage bestimmt.

Der optimale Kapitalstock

Stellvertretend für den Unternehmenssektor wird ein repräsentatives Unternehmen betrachtet. Dieses Unternehmen verfolge das Ziel, seinen Gewinn zu maximieren. Der Gewinn ist gleich der Differenz zwischen Erlös und Kosten. Der Erlös wird durch das Produkt aus Preis (P) und Menge (Y) des Einheitsgutes erfasst.[1] Die Kosten umfassen gesamtwirtschaftlich die Arbeits- und die Kapitalkosten.

Arbeits- und Kapitalkosten hängen von dem Arbeits- und Kapitaleinsatz ab. Diese prinzipiell simultane Entscheidung wird hier in zwei Schritte zerlegt: In diesem Abschnitt wird die Nachfrage nach Kapital abgeleitet, während der Arbeitseinsatz als exogen vorgegeben betrachtet wird. Damit sind die Arbeits- oder Lohnkosten konstant (Λ).

Die Kapitalkosten sind (unter Vernachlässigung von Abschreibungen) gleich dem Produkt aus Zinssatz (r) und dem nominellen Kapitalstock (dem Einsatz an Geldkapital zum Erwerb des realen Kapitalstocks K, nämlich PK).[2] Damit ergibt sich für den Gewinn (Q):

$$(1) \quad Q = PY - rPK - \Lambda.$$

Bei der Maximierung der Zielfunktion (1) hat das Unternehmen als Nebenbedingung die Produktionsmöglichkeiten zu beachten. Diese Produktionsmöglichkeiten werden mit Hilfe einer Produktionsfunktion erfasst.

Eine Produktionsfunktion gibt die maximale Gütermenge an, die bei gegebenem Stand des technischen Wissens mit Hilfe des Faktoreinsatzes erzeugt

---

[1] Es wird angenommen, dass Güter- und Faktorpreise vorgegeben sind. Dies impliziert, dass die produzierte Menge auch abgesetzt werden kann.

[2] Es wird ein vollkommener Kapitalmarkt unterstellt, d. h. die Sollzinsen bei Fremdfinanzierung sind gleich den entgangenen Habenzinsen (Opportunitätskosten) bei Eigenfinanzierung.

werden kann (sog. effiziente Produktion). Diese Produktionsfunktion lässt sich unter Beachtung des konstanten Arbeitseinsatzes ($\bar{A}$) wie folgt schreiben:

$$(2) \quad Y = Y(\bar{A},K).$$

Es wird angenommen, dass die beiden Produktionsfaktoren – wenigstens in Grenzen – gegeneinander austauschbar sind, es handelt sich dann um eine substitutionale Produktionsfunktion.[1] Weiter wird angenommen, dass die Produktionsfunktion stetig und differenzierbar ist. Schließlich gelte bei einer Veränderung des Kapitalstocks (partielle Faktorvariation):

$$(3) \quad \partial Y/\partial K > 0$$

$$(4) \quad \partial^2 Y/\partial K^2 < 0.$$

Die erste Ableitung der Produktionsfunktion nach dem Kapitalstock ist der Grenzertrag des Kapitals.[2] Gleichung (3) besagt, dass der Grenzertrag des Kapitals positiv ist; er nimmt nach Gleichung (4) jedoch mit zunehmendem Kapitaleinsatz ab. Diese Eigenschaft wird als Gesetz des abnehmenden Grenzertrags bezeichnet. Hiernach steigt der Output mit zunehmendem Kapitaleinsatz permanent an, die Zuwächse werden jedoch immer kleiner.

Der optimale Kapitalstock folgt nun aus der Maximierung der Gleichung (1) unter Berücksichtigung von Gleichung (2). Diese beiden Gleichungen lassen sich zusammenfassen zu:

$$(5) \quad Q = PY(\bar{A},K) - rPK - \Lambda.$$

Die notwendige Bedingung für einen optimalen Kapitalstock ergibt sich, indem Gleichung (5) nach K differenziert und diese Ableitung gleich Null gesetzt wird:[3]

$$(6) \quad dQ/dK = P\frac{\partial Y}{\partial K} - rP = 0.$$

Aus Gleichung (6) folgt:

$$(7) \quad P\frac{\partial Y}{\partial K} = rP$$

bzw.:

$$(8) \quad \partial Y/\partial K = r.$$

Gleichung (7) stellt die bekannte Gewinnmaximierungs-Regel dar, nämlich dass Grenzerlös und Grenzkosten des Kapitaleinsatzes übereinstimmen

[1] Die vorgegebene Arbeitsmenge kann also mit mehr oder weniger Kapital kombiniert werden.

[2] Der Grenzertrag des Kapitals wird auch als Grenzleistungsfähigkeit oder Grenzproduktivität des Kapitals bezeichnet. Er gibt an, um wie viel der Output ansteigt, wenn der bestehende Kapitalstock um eine (kleine) Einheit erhöht wird.

[3] Diese Bedingung ist auch hinreichend, wenn die zweite Ableitung negativ ist, was laut Annahme bei $\partial^2 Y/\partial K^2 < 0$ gegeben ist.

müssen: Der Grenzerlös ist der mit dem Preisniveau bewertete zusätzliche Output (Grenzertrag des Kapitals); die Grenzkosten sind die Zinskosten, die bei der Anschaffung einer weiteren Einheit Kapital zu berücksichtigen sind. Gleichung (8) stellt den gleichen Sachverhalt in realen Größen dar: Der Grenzertrag des Kapitals muss gleich dem Zinssatz sein.[1]

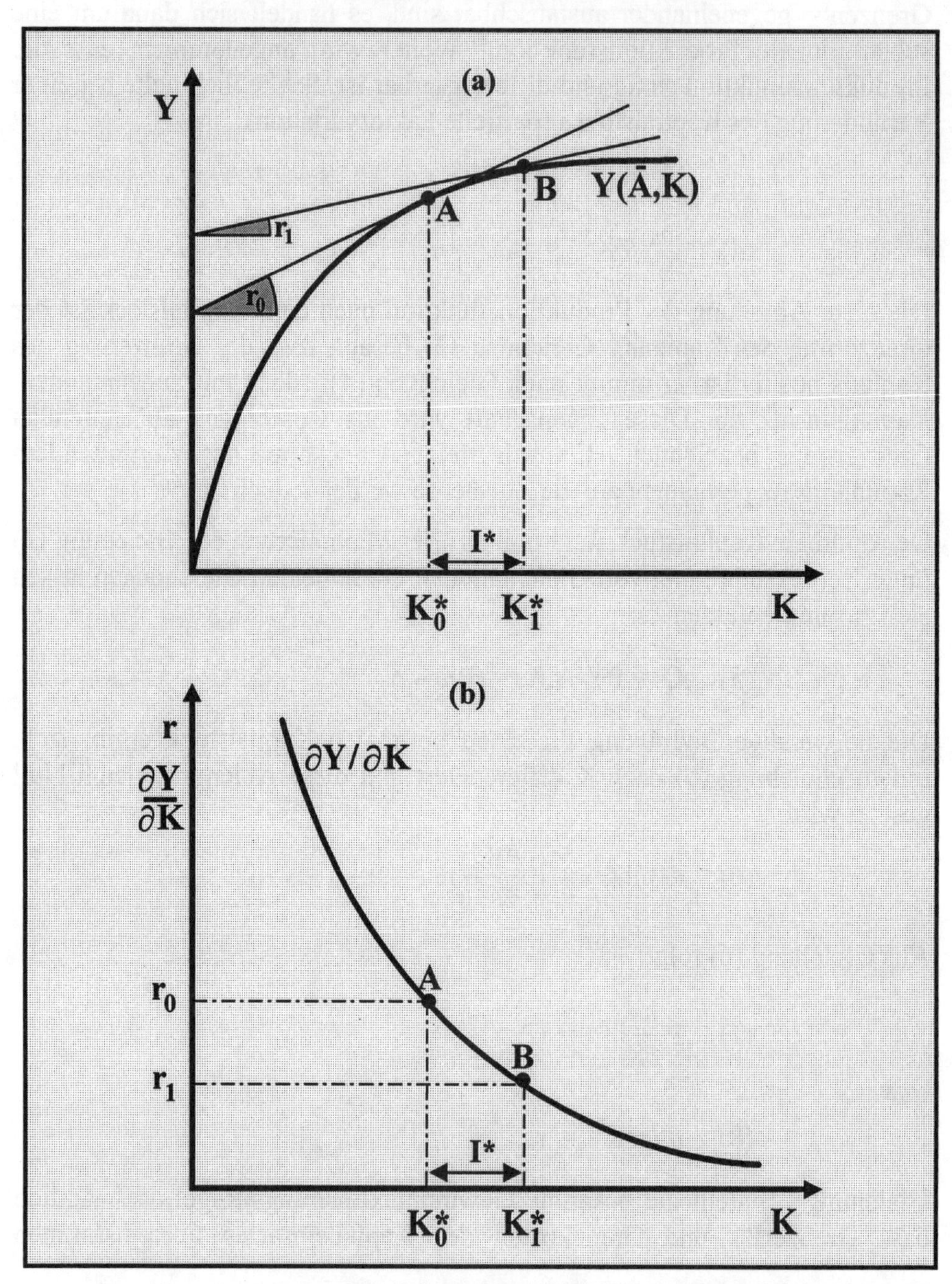

Abbildung 2.3: Optimaler Kapitalstock und Investitionsnachfrage

---

[1] Es handelt sich hierbei um den Realzins, der bei Preisniveaukonstanz gleich dem Marktzins ist. Bei Inflation sind in Gleichung (5) noch inflationsbedingte Kapitalgewinne zu berücksichtigen:

$$Q = PY(\bar{A},K) - rPK + dPK - \Lambda = PY(\bar{A},K) - (r - \hat{P})PK - \Lambda$$

mit: r = Marktzins, $\hat{P}$ = Inflationsrate, $r - \hat{P}$ = Realzins.

Zur Bestimmung des optimalen Kapitalstocks ist neben einer der beiden Optimalitätsbedingungen noch eine Spezifizierung der Produktionsfunktion (2) erforderlich. Dies geschieht in Abbildung 2.3 graphisch;[1] Teil (a) gibt den Output in Abhängigkeit vom Kapitaleinsatz bei gegebenem Arbeitseinsatz wieder (sog. Ertragsfunktion des Kapitals); Teil (b) enthält den Grenzertrag des Kapitals, der gleich der Steigung der Kurve $Y(\bar{A},K)$ in Teil (a) ist.

Der optimale Kapitalstock (K^*) wird nun mit Hilfe der Optimalitätsbedingung (8) ermittelt: In Teil (a) wird er durch den Berührpunkt einer Tangente, deren Steigung dem geltenden Marktzinssatz entspricht, an die Ertragsfunktion festgelegt, in Teil (b) durch den Schnittpunkt einer Parallelen zur Abszisse im Abstand des Markt-Zinssatzes und der Grenzertrags-Kurve (Punkt A).

Die Investitionsnachfrage

Die vorangehenden Überlegungen haben gezeigt, dass der optimale Kapitalstock vom Zinssatz abhängt. Zur Bestimmung der Investitionsnachfrage bleibt dann zu untersuchen, wie sich der optimale Kapitalstock mit dem Zinssatz ändert. Sinkt bspw. der Zinssatz auf r_1, so steigt der optimale Kapitalstock in Abbildung 2.3 von K_0^* auf K_1^*. Ausgehend von K_0^* gibt die Differenz $I^* = K_1^* - K_0^*$ die gesamte Investitionstätigkeit an, die erforderlich ist, um K_1^* zu realisieren.

Bei obiger Darstellung wurde davon ausgegangen, dass der optimale Kapitalstock jederzeit realisiert werden kann. Realistischer ist jedoch, dass die Durchführung von Investitionsplänen eine gewisse Zeit erfordert. Dies bedeutet, dass in der Periode, in der K_0^* optimal ist, noch zahlreiche Investitionsprojekte aus der Vergangenheit abgewickelt werden, so dass der tatsächliche Kapitalstock nicht optimal ist. Sinkt nun der Zinssatz von r_0 auf r_1, so kommen zu den alten Investitionsprojekten neue hinzu, d. h. die Investitionstätigkeit wird größer. Steigt der Zinssatz hingegen an, so werden alte Investitionsprojekte verschoben oder verkürzt, d. h. die Investitionstätigkeit wird kleiner. Es lässt sich also festhalten, dass die laufende Investitionsnachfrage eine negative Funktion des Zinssatzes ist:

$$(9) \quad I = I(r); \qquad dI/dr < 0,$$

Gleichung (10) stellt ein einfaches Beispiel für diesen Zusammenhang dar:

$$(10) \quad I = \bar{I} + ir \geq 0; \qquad \bar{I} > 0, \qquad i < 0.$$

Die Größe i wird als Zinsreagibilität oder auch als Zinselastizität der Investitionsnachfrage bezeichnet; die Größe $\bar{I}$ stellt autonome Investitionen dar, die im vorliegenden Zusammenhang nicht weiter erklärt werden.

---

[1] Hierbei wird weiter $Y(0,K) = Y(A,0) = 0$ unterstellt.

2.3 Gleichgewicht auf dem Gütermarkt

Wie eingangs bereits dargestellt wurde, wird die gesamtwirtschaftliche Situation im Rahmen dieser ersten Version des Makro-Modells (vollkommen elastisches Güterangebot) durch die gesamtwirtschaftliche Güternachfrage festgelegt.

Nachdem nun mit der Konsum- und Investitionsnachfrage sowie der exogenen Staatsnachfrage die einzelnen Komponenten der gesamtwirtschaftlichen Güternachfrage abgeleitet wurden, bleibt noch mit ihrer Hilfe die wirtschaftliche Situation, nämlich die Höhe der endogenen Größen, insbesondere des Volkseinkommens, bei vorgegebenen Werten der exogenen Größen, zu bestimmen. Hierbei wird die Betrachtung auf eine ganz bestimmte Situation beschränkt, und zwar auf ein Gleichgewicht auf dem Gütermarkt (bei vorgegebenem Preisniveau und Zinssatz). Ein derartiges Gleichgewicht ist (in einer stationären Wirtschaft) dann erreicht, wenn die verschiedenen endogenen Größen unverändert bleiben. Im Rahmen dieser Gleichgewichtsbetrachtung werden zwei Fragen untersucht, nämlich zunächst die Frage nach der Existenz und dann nach der Stabilität dieses Gleichgewichts.

2.3.1 Existenz eines Gleichgewichts

Im Rahmen der Existenzbetrachtung geht es um die Frage, ob das verwendete ökonomische Modell eine Lösung hat i. d. S., dass die endogenen Variablen bei vorgegebenen exogenen Größen ökonomisch sinnvolle Werte annehmen (bspw. $Y > 0$). Die Gleichgewichtsbestimmung wird als statische Analyse bezeichnet.

Statische Analyse

Das reale Volkseinkommen (Y) ist gleich der produzierten Gütermenge, dem Güterangebot (Y^a):

$$(1) \quad Y = Y^a.$$

Per Annahme ist das Güterangebot gleich der Güternachfrage (Y^n):

$$(2) \quad Y^a = Y^n(C,I,G).$$

Damit ist auch das Volkseinkommen gleich der Güternachfrage:

$$(3) \quad Y = Y^n(C,I,G).$$

Da die Konsumnachfrage vom Volkseinkommen abhängt, ist ein Gleichgewicht auf dem Gütermarkt (bei vollkommen elastischem Güterangebot) dann erreicht, wenn die Güternachfrage insgesamt zu dem gleichen Einkommen führt, das auch der Konsumnachfrage zugrunde liegt (Kreislaufgleichgewicht).[1] Damit lässt sich die Gleichgewichtssituation im Rahmen der ersten

---

[1] Formal äußert sich dies darin, dass das gleiche Symbol Y^* sowohl auf der linken Seite von Gleichung (4) als auch als Determinante der Konsumnachfrage erscheint.

Version des Makro-Modells durch folgende Gleichung ausdrücken, wobei G_0 die (reale) Staatsnachfrage darstellt:

$$(4) \quad Y^* = C(Y^*) + I(r) + G_0$$

Übersicht 2.3: Gleichgewicht auf dem Gütermarkt

Zur Bestimmung des gesuchten Gleichgewichtswertes der endogenen Größe Volkseinkommen (Y^*) sind die (Verhaltens-)Funktionen C(Y) sowie I(r) zu konkretisieren. Nachfolgend wird wieder auf obige lineare Funktionen zurückgegriffen. Wird beachtet, dass die Staatsnachfrage exogen vorgegeben ist sowie, dass bei konstantem Zinssatz (r_0) eine ganz bestimmte Investitionsnachfrage folgt ($I_0 = \bar{I} + ir_0$), so lässt sich schreiben:

$$(5) \quad Y^* = \bar{C} - cT_0 + cY^* + I_0 + G_0.$$

Wird Gleichung (5) nach Y^* aufgelöst, so folgt für das gleichgewichtige Volkseinkommen:

$$(6) \quad Y^* = \frac{1}{1-c}(\bar{C} - cT_0 + I_0 + G_0).$$

Da die marginale Konsumneigung kleiner als eins ist ($0 < c < 1$), gilt $[1/(1-c)] > 1$. Damit ist das Gleichgewichtseinkommen in diesem Beispiel ein konstantes Vielfaches der exogenen Größen $\bar{C} - cT_0 + I_0 + G_0$ (> 0). Der Ausdruck $1/(1-c)$ wird als Multiplikator bezeichnet; sein Wert ist um so größer, je größer die marginale Konsumneigung ist.

Diese multiplikative Wirkung exogener Größen auf das Einkommen resultiert aus dem Konsumverhalten: Wie Gleichung (5) zeigt, ergibt sich aufgrund der exogenen Größen $\bar{C} - cT_0 + I_0 + G_0$ eine bestimmte Güternachfrage, die zu Einkommen in gleicher Höhe führt. Aufgrund dieses Einkommens wird zusätzliche Konsumnachfrage induziert (cY), wodurch das Einkommen den Wert der exogenen Nachfragekomponenten übersteigt usw.

Die Gleichgewichtslösung wird in Abbildung 2.4 graphisch abgeleitet.[1] Hierzu wird zunächst die lineare Konsumnachfrage C(Y) eingezeichnet. Zu dieser Konsumnachfrage wird noch die konstante Investitions- und Staatsnachfrage addiert (Parallelverschiebung der Geraden C(Y) um $I_0 + G_0$ nach oben), so dass sich die gesamte Güternachfrage Y^n ergibt. Das gleichgewichtige Volkseinkommen entspricht dem Schnittpunkt zwischen der Y^n- und der 45°-Geraden (Punkt A): Nur bei diesem Einkommen ergibt sich eine Güternachfrage in Höhe dieses Einkommens, so dass dieses Einkommen erhalten bleibt.[2] Diese Güternachfrage wird als gleichgewichtige Güternachfrage bezeichnet.

---

[1] Diese Darstellung wird als keynesianisches Kreuz (keynesian cross) bezeichnet.

[2] Nur hier gilt $C(Y^*) + I_0 + G_0 = Y^*$.

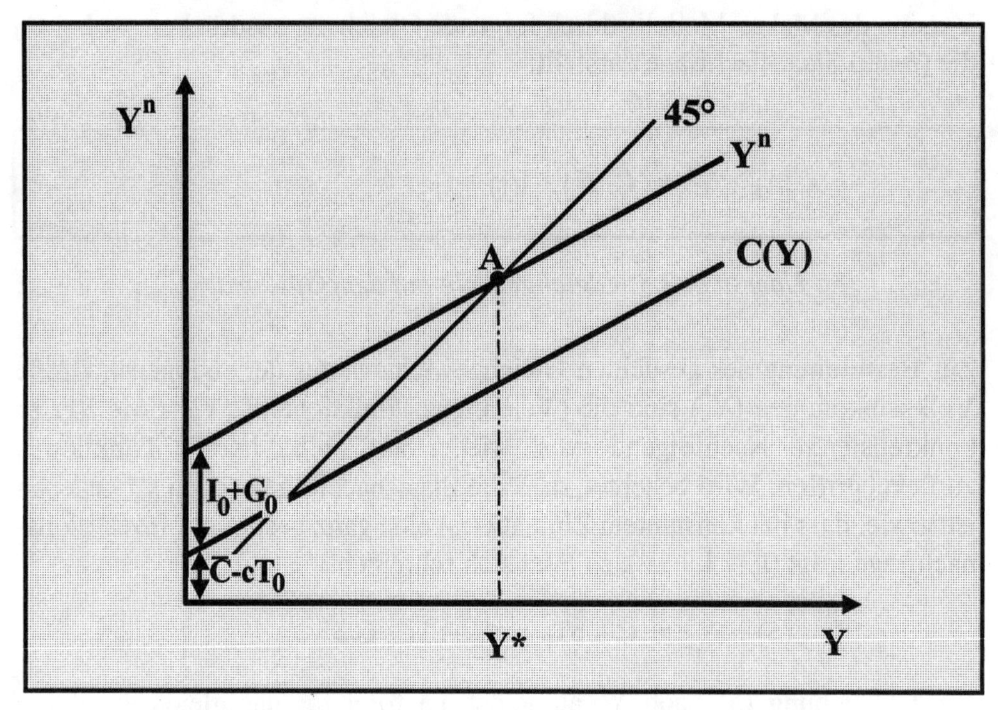

Abbildung 2.4: Gleichgewicht auf dem Gütermarkt

Komparativ-statische Analyse

Die obige statische Analyse wird nachfolgend um eine komparativ-statische Analyse ergänzt. Hierbei geht es um die Frage, wie sich der Gleichgewichtswert des Volkseinkommens ändert, wenn eine exogene Größe verändert wird.

Bei gegebenen exogenen Größen gilt im Ausgangsgleichgewicht:

$$(1)\quad Y_0^* = C(Y_0^*) + I_0 + G_0.$$

Wird nun bspw. die Staatsnachfrage um dG (> 0) von G_0 auf G_1 erhöht, so ergibt sich die gesuchte Einkommensänderung (dY^*) unmittelbar aus dem totalen Differential von Gleichung (1).[1] Totales Differential bedeutet, dass statt der Absolutgrößen deren Änderungen erfasst werden:

$$(2)\quad dY^* = dC + dI + dG.$$

Treten, wie in der Konsumfunktion $C = C(Y)$, funktionale Abhängigkeiten auf, so lässt sich die entsprechende Änderung wie folgt berechnen:

$$(3)\quad dC = \frac{dC}{dY} dY^*,$$

---

[1] Statt dessen kann auch der neue Gleichgewichtswert $Y_1^* = C(Y_1^*) + I_0 + G_1$ berechnet und die Differenz $dY = Y_1^* - Y_0^*$ gebildet werden. Hierzu ist es jedoch erforderlich, dass die Konsumfunktion bekannt ist.

d. h. die Änderung der Konsumnachfrage (dC) ist gleich dem Produkt aus marginaler Konsumneigung (dC/dY) und Einkommensänderung (dY^*).[1]

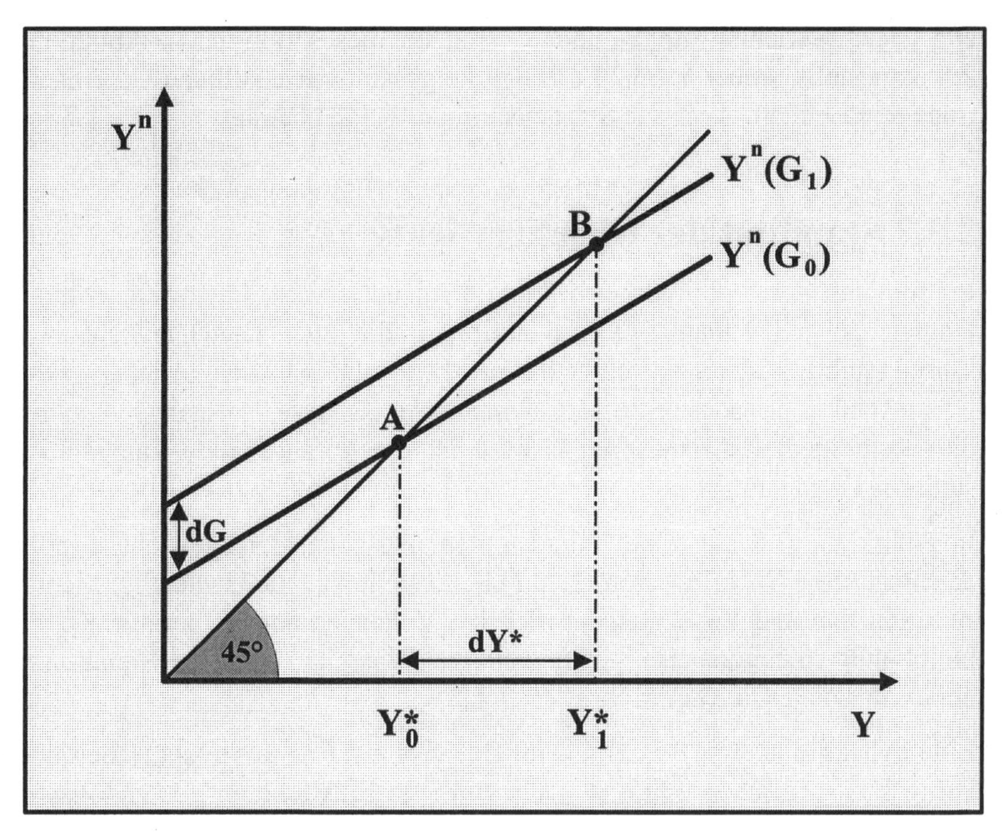

Abbildung 2.5: Komparativ-statische Analyse

Unter Beachtung, dass die Investitionsnachfrage unverändert bleibt (dI = 0),[2] ergibt sich somit:

$$(4) \quad dY^* = c\,dY^* + dG, \qquad c = dC/dY$$

bzw.:

$$(5) \quad dY^* = \frac{1}{1-c}\,dG.$$

---

[1] Die marginale Konsumneigung dC/dY (= dC/dY^v) gibt an, um wie viel sich die Konsumnachfrage bei einer marginalen Einkommensvariation ändert; der Ausdruck dC auf der linken Seite von Gleichung (3) gibt die gesamte Konsumänderung an bei Berücksichtigung der tatsächlich eintretenden Einkommensänderung dY^*. Die marginale Konsumneigung wird hierbei als konstant angenommen, d. h. die unbekannte Konsumfunktion wird im Ausgangsgleichgewicht durch eine lineare Funktion approximiert. Da hierdurch bei nichtlinearer Konsumfunktion ein Fehler entsteht, ist diese Approximation nur für kleine Werte von dY^* zulässig.

[2] Analog zur obigen Konsumfunktion gilt für $I = I(r)$:

$$dI = \frac{dI}{dr} \cdot dr.$$

Annahmegemäß gilt hier $dr = 0$ und damit $dI = 0$.

Nach Gleichung (5) ist auch die Änderung des gleichgewichtigen Einkommens ein Vielfaches der sie verursachenden Änderung der exogenen Größen, hier der Staatsnachfrage.[1,2]

Die Gleichgewichtswerte Y_0^* und Y_1^* sind für dieses Beispiel in Abbildung 2.5 dargestellt, wobei $Y_n(G_0)$ $[Y^n(G_1)]$ die gesamtwirtschaftliche Güternachfrage repräsentiert, wenn die Staatsnachfrage G_0 $[G_1]$ beträgt.

2.3.2 Stabilität des Gleichgewichts

Im Rahmen der Stabilitätsbetrachtung wird untersucht, inwieweit in einer Ungleichgewichtssituation Kräfte auftreten, die zum Gleichgewicht hinführen (stabiles Gleichgewicht) oder nicht (instabiles Gleichgewicht). Diese Untersuchung erfordert eine sog. dynamische Analyse. Ausgangspunkt für die nachfolgende dynamische Analyse ist die vorangehende komparativ-statische Betrachtung.

In Abbildung 2.6 entspricht Punkt A dem Ausgangsgleichgewicht. Erhöht der Staat seine Nachfrage von G_0 auf G_1, so stellt Y_0^* eine Ungleichgewichtssituation dar; das neue gleichgewichtige Volkseinkommen beträgt Y_1^*. Es bleibt nun zu untersuchen, inwieweit die Wirtschaft aus der Situation A heraus das neue Gleichgewicht B erreicht.

Eine dynamische Analyse zeigt – im Gegensatz zur zeitlosen statischen und komparativ-statischen Analyse – die zeitliche Entwicklung der endogenen Größen auf. Hierzu ist es erforderlich, die verschiedenen Zeitperioden miteinander zu verknüpfen. Diese zeitliche Verknüpfung erfolgt hier durch die Annahmen, dass die Haushalte[3,4]

- das Einkommen der betrachteten Periode t nicht kennen; sie müssen daher bei ihrer Konsumplanung von einem für t erwarteten Einkommen (Y_t^e) ausgehen: $C_t = C(Y_t^e)$.
- für die laufende Periode stets das Einkommen der Vorperiode erwarten (statische Erwartungen): $Y_t^e = Y_{t-1}$.

---

[1] Der Multiplikator wird in diesem Zusammenhang als Staatsausgabenmultiplikator bezeichnet.

[2] Bei obiger linearer Konsumfunktion ergibt sich die Änderung des gleichgewichtigen Volkseinkommens unmittelbar aus der Gleichgewichtslösung:

$$Y^* = \frac{1}{1-c}(\bar{C} - cT_0 + I_0 + G).$$

Das totale Differential dieser Gleichung liefert wieder Gleichung (5).

[3] Während also den Haushalten das Einkommen der laufenden Periode unbekannt ist, erkennen die Unternehmer die Güternachfrage dieser Periode korrekt. Eine andere Annahme wäre, dass den Haushalten das laufende Einkommen bekannt ist, während die Unternehmer die Güternachfrage dieser Periode nicht kennen; sie müssen dann hierüber Erwartungen bilden.

[4] Die Verknüpfung verschiedener Zeitperioden erfordert eine Zeitindexierung der verschiedenen Größen.

Unter Beachtung der linearen Konsumfunktion ergibt sich die Einkommensbestimmungsgleichung ($Y_t = Y_t^a = Y_t^n$):

$$(1) \quad Y_t = \bar{C} - cT_0 + cY_{t-1} + I_0 + G_1.$$

Nach Gleichung (1) hängt das Einkommen der Periode t von der Nachfrage dieser Periode ab, die Nachfrage selbst (die Konsumnachfrage) wiederum vom Einkommen der Vorperiode. Gleichung (1) enthält somit die gesuchte zeitliche Verknüpfung; sie stellt eine Differenzengleichung 1. Ordnung in Y dar. Die Lösung dieser Gleichung ergibt den gesuchten Zeitpfad von Y; diese Lösung erfolgt graphisch.

In Abbildung 2.6 sind die beiden Werte Y_0^* und Y_1^* aus Abbildung 2.5 wiederholt. Y_0^* ist das bisherige Gleichgewichtseinkommen. In der Periode 1 erhöhe der Staat seine Güternachfrage auf G_1. Da die Haushalte in dieser Periode ein Einkommen von Y_0^* erwarten, ergibt sich insgesamt die Güternachfrage: $Y_1^n = C(Y_0^*) + I_0 + G_1$; diese Nachfrage übersteigt die bisherige Nachfrage $Y_0^n = C(Y_0^*) + I_0 + G_0$ um den Wert dG (= $G_1 - G_0$).

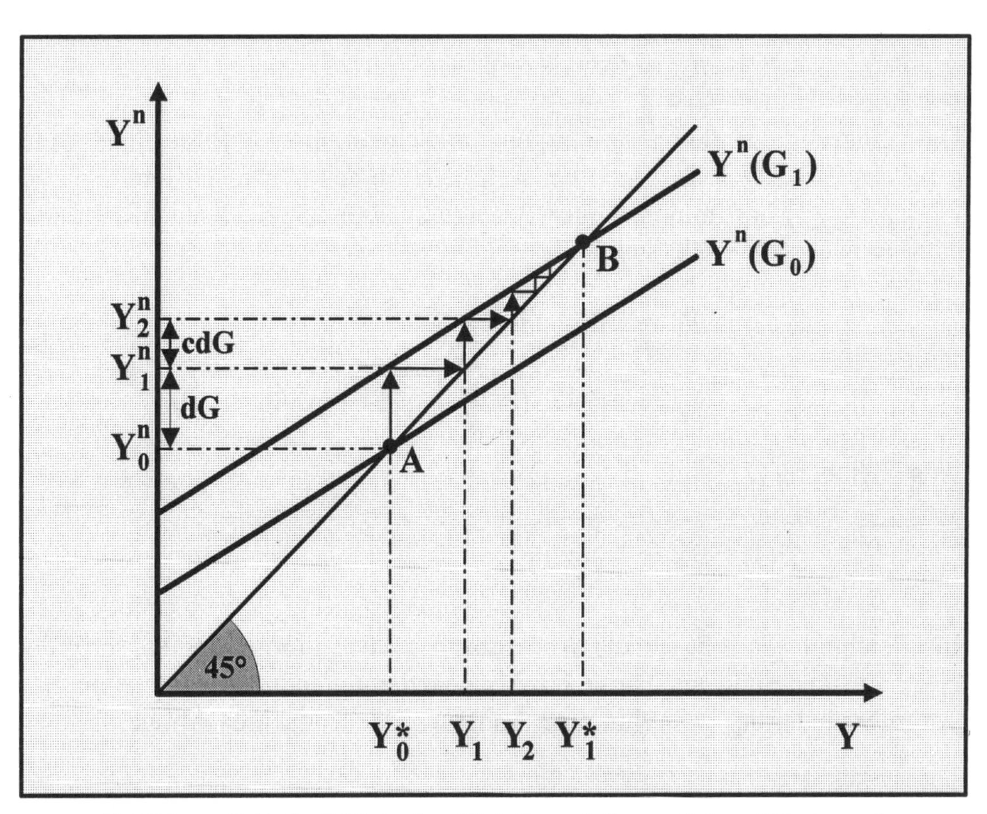

Abbildung 2.6: Stabilität des Gleichgewichts auf dem Gütermarkt

Mit der Zunahme der Güternachfrage steigt auch das Volkseinkommen auf diesen Wert ($Y_1 = Y_1^n$). Graphisch lässt sich dieser Wert mit Hilfe der 45°-Geraden ermitteln, wie durch die beiden linken Pfeile angedeutet ist.[1]

[1] Jeder Punkt auf der 45°-Geraden ist von beiden Achsen gleich weit entfernt; also gilt $Y_1^n = Y_1$.

Für die Periode zwei erwarten die Haushalte nun das Einkommen Y_1. Sie erhöhen deshalb ihre Konsumnachfrage auf $C(Y_1)$, d. h. die Konsumnachfrage und damit die gesamte Güternachfrage steigen gegenüber der Periode eins um $cdY = c(Y_1 - Y_0^*) = cdG$ von Y_1^n auf $Y_2^n = C(Y_1) + I_0 + G_1$, was zu einem Volkseinkommen von Y_2 führt.

Während das Einkommen in der Periode eins um dG ansteigt, erhöht es sich in der zweiten Periode nur noch um cdG. Die weitere Analyse zeigt, dass das Einkommen in den folgenden Perioden um abnehmende Beträge steigt und schließlich den Gleichgewichtswert Y_1^* erreicht; das Gleichgewicht ist also stabil.[1,2,3]

2.3.3 Die IS-Kurve

Für die nachfolgenden Ausführungen ist es zweckmäßig, das Gleichgewicht auf dem Gütermarkt bei vollkommen elastischem Güterangebot in einem Y/r-Diagramm, d. h. bei alternativen Zinssätzen, darzustellen. Hierzu wird auf die Gleichgewichtsbedingung zurückgegriffen:[4]

$$(1) \quad Y = C(Y) + I(r) + G.$$

Die Änderung des gleichgewichtigen Volkseinkommens infolge einer Änderung des Zinssatzes lässt sich wieder mit Hilfe des totalen Differentials der Gleichung (1) bestimmen. Unter Beachtung, dass die Staatsnachfrage konstant ist (dG = 0), ergibt sich:

$$(2) \quad dY = cdY + idr;$$

$$c = dC/dY \ (> 0), \qquad i = dI/dr \ (< 0).$$

Aus Gleichung (2) folgt:

$$(3) \quad dY = \frac{1}{1-c} idr.$$

In Gleichung (3) gibt idr die Änderung der Investitionsnachfrage aufgrund einer Zinsänderung an. Diese Nachfrageänderung induziert über eine Einkommensänderung weiterhin eine Änderung der Konsumnachfrage, d. h. sie

---

[1] Im (neuen) Gleichgewicht gilt $Y_t = Y_{t-1} = Y_1^*$, d. h. das Einkommen bleibt unverändert. Das Gleichgewicht ist dadurch gekennzeichnet, dass die Haushalte korrekte Einkommenserwartungen haben.

[2] Die gesamte Einkommensänderung beträgt:
$$dY^* = Y_1^* - Y_0^* = dG + cdG + c^2dG + ... = \frac{1}{1-c} dG.$$

[3] Das Einkommen-Ausgaben-Modell eignet sich besonders gut zur Darstellung derartiger Multiplikator-Prozesse.

[4] Soweit keine Verwechslungen möglich sind, wird nachfolgend auf die Kennzeichnung des gleichgewichtigen Volkseinkommens mittels eines Sterns verzichtet.

löst den dargestellten Multiplikatorprozess aus. Es folgt also wieder das bekannte Ergebnis, dass die Änderung des gleichgewichtigen Einkommens ein Vielfaches der sie verursachenden exogenen Nachfrageänderung, hier der Investitionsänderung, beträgt.

Die Güternachfrage bei dem Zinssatz r_0 wird in Abbildung 2.7 (a) durch die $Y^n(r_0)$-Gerade wiedergegeben; das Ausgangsgleichgewicht entspricht Punkt A. Die Gleichgewichtswerte r_0 und Y_0 werden nun in Teil (b) übertragen, es folgt auch hier Punkt A.

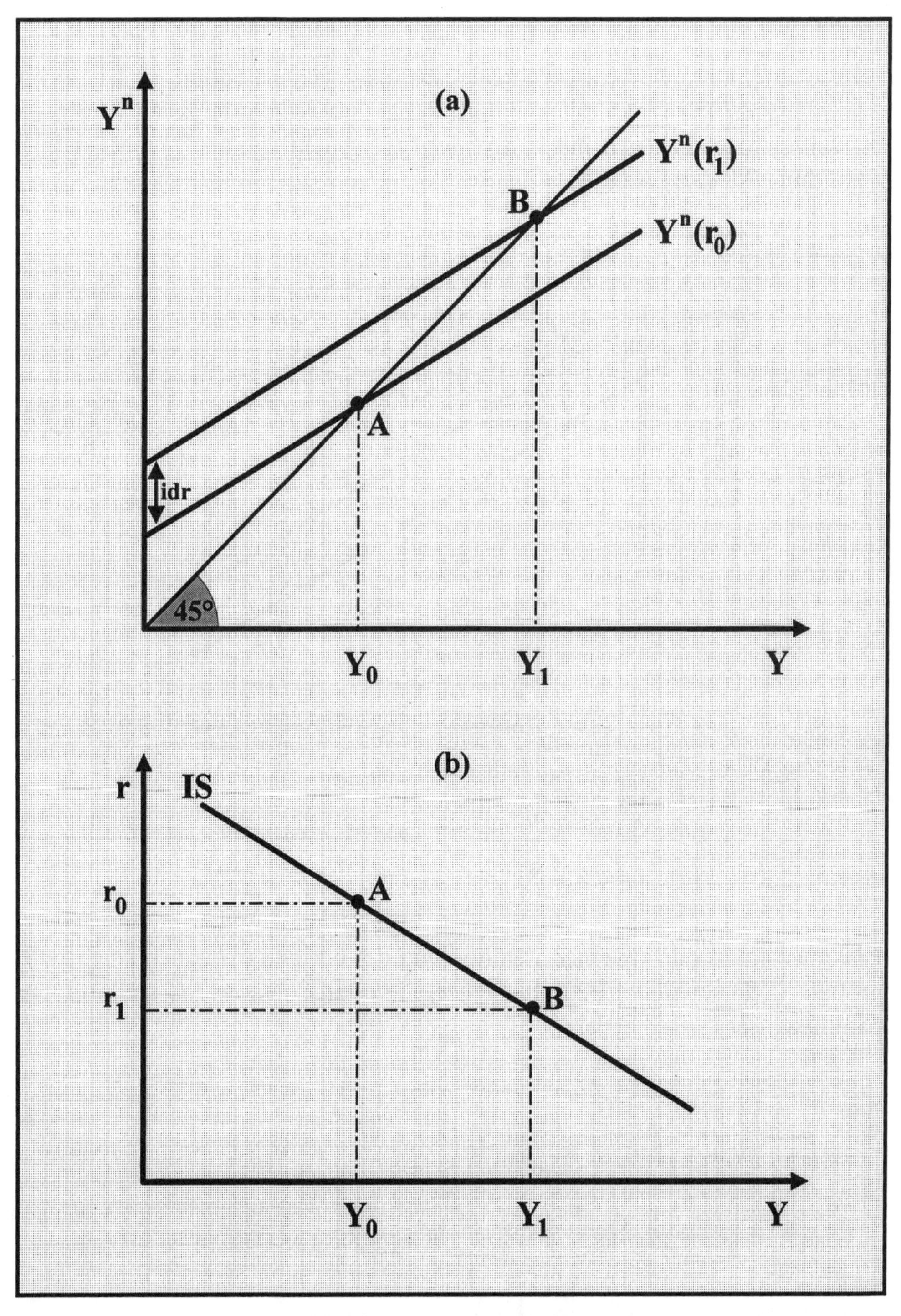

Abbildung 2.7: Die IS-Kurve

Bei niedrigerem Zinssatz r_1 ($dr < 0$) steigt nun die Investitionsnachfrage an (um idr), d. h. die Y^n-Kurve verschiebt sich um diesen Betrag nach oben in die Lage $Y^n(r_1)$; das gleichgewichtige Einkommen steigt auf Y_1 an. Auch die Werte r_1 und Y_1 werden in Teil (b) übertragen (Punkt B).[1]

Werden weitere Zinssätze berücksichtigt, so lässt sich das Gleichgewicht auf dem Gütermarkt bei vollkommen elastischem Güterangebot in Teil (b) durch eine fallende Kurve, die als IS-Kurve bezeichnet wird, darstellen.[2]

Punkt A in Abbildung 2.7 (b) gibt ein Gütermarkt-Gleichgewicht für r_0 und G_0 an. Wird bei dem Zinssatz r_0 die Staatsnachfrage auf G_1 erhöht, so steigt auch das gleichgewichtige Volkseinkommen an, wie in Abbildung 2.5 gezeigt wurde. Die r_0/G_1 entsprechende Gleichgewichtssituation wird somit in Abbildung 2.7 (b) durch einen Punkt rechts von A angezeigt. M. a. W., die IS-Kurve verschiebt sich mit steigender Staatsnachfrage nach rechts, wie in Abbildung 2.8 dargestellt.[3]

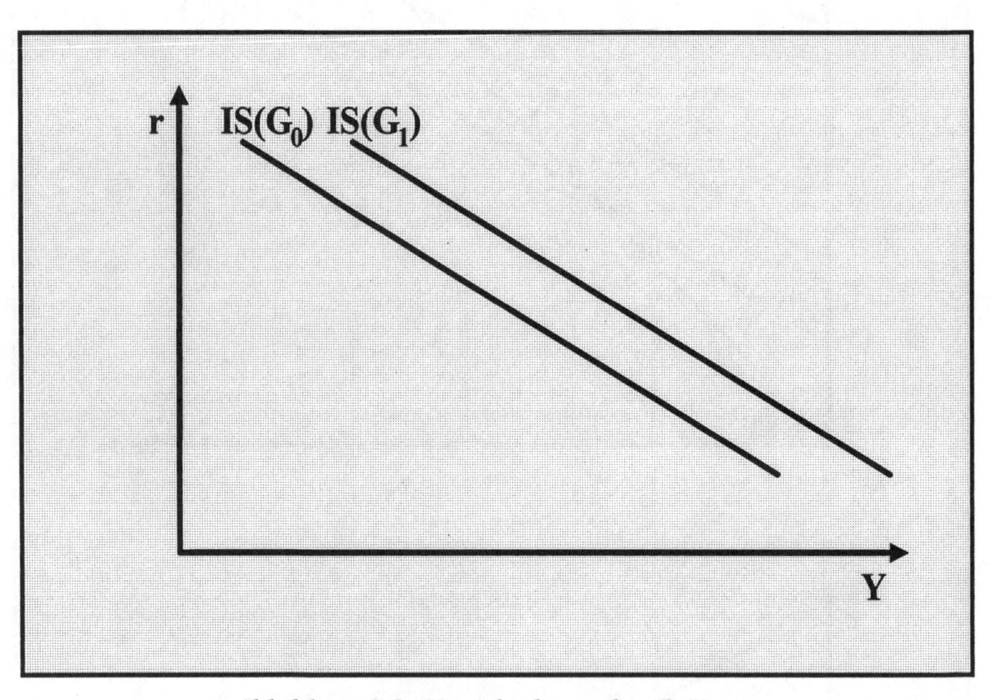

Abbildung 2.8: Verschiebung der IS-Kurve

Entsprechendes gilt bei einer Veränderung der übrigen exogenen Nachfragegrößen ($\bar{C}$, $\bar{I}$) sowie der Pauschalsteuer; diese Größen sowie G stellen Lageparameter der IS-Kurve dar.

---

[1] Es gilt $dY = Y_1 - Y_0 = \frac{1}{1-c}\,idr$.

[2] Diese Bezeichnung resultiert aus der Gleichgewichtsbedingung $I + G = S + T$, die sich ohne Berücksichtigung des Staates bzw. bei ausgeglichenem Budget ($G = T$) auf $I = S$ verkürzt.

[3] Die Verschiebung beträgt $dY = \frac{1}{1-c}\,dG$.

Aufgaben zu Kapitel 2

2.1 Die Konsumnachfrage sei eine lineare Funktion des verfügbaren Einkommens. Der Staat erhebe

(a) eine konstante Pauschalsteuer $T = T_0$

(b) eine proportionale Einkommensteuer $T = tY$ (t = Steuersatz).

Stellen Sie die Konsumnachfrage in den Fällen (a) und (b) jeweils in Abhängigkeit sowohl vom verfügbaren Einkommen als auch vom Volkseinkommen graphisch dar. (Tragen Sie hierzu auf der Abszisse sowohl das verfügbare Einkommen Y^v als auch das Volkseinkommen Y ab.) Erläutern Sie das Ergebnis. Wie ändern sich die jeweiligen Kurven, wenn der Staat die Pauschalsteuer bzw. den Steuersatz erhöht?

2.2 Die Konsumnachfrage sei eine lineare Funktion des verfügbaren Einkommens. Der Staat erhebe eine proportionale Einkommensteuer ($T = tY$). Wie groß ist die marginale Konsumneigung? Leiten Sie algebraisch und graphisch aus den Gleichungen bzw. Kurven $C(Y^v)$ und $C(Y)$ jeweils die zugehörige Sparfunktion ab.

2.3 Gegeben sei folgende Cobb-Douglas-Produktionsfunktion:

$$(1) \quad Y = A^{0,5} K^{0,5}.$$

Es gelte $A = 1$ und $r = 6{,}25\,\%$. Bestimmen Sie algebraisch den optimalen Kapitalstock sowie die Investitionsnachfrage, wenn der Zinssatz auf $5\,\%$ sinkt.

2.4 Bestimmen Sie algebraisch und graphisch die Höhe des gleichgewichtigen Volkseinkommens unter Verwendung der Gleichgewichtsbedingung $I + G = S + T$, wenn der Staat eine proportionale Einkommensteuer ($T = tY$) erhebt. Gehen Sie von einer linearen Konsumfunktion aus.

2.5 Gegeben sei ein Gleichgewicht auf dem Gütermarkt; es gelte eine lineare Konsumfunktion mit $c = 0{,}8$. Nun erhöhe der Staat seine Ausgaben um 100. Berechnen Sie die hierdurch bewirkte Änderung des gleichgewichtigen Volkseinkommens, wenn der Staat

(a) eine Pauschalsteuer $T = T_0$

(b) eine proportionale Einkommensteuer $T = tY$ mit $t = 0{,}25$

erhebt. Interpretieren Sie das Ergebnis.

2.6 Gegeben sei ein Gleichgewicht auf dem Gütermarkt. Nun verringere der Staat seine Güternachfrage von G_0 auf G_1. Untersuchen Sie graphisch die Stabilität des Gleichgewichts. Gehen Sie von einer linearen Konsumfunktion und einer Pauschalbesteuerung aus. Weiterhin gelte, dass die Haushalte bei ihrer Konsumplanung von dem Einkommen der Vorperiode ausgehen.

2.7 Gegeben sei ein Gleichgewicht auf dem Gütermarkt; es gelten eine lineare Konsumfunktion sowie eine proportionale Einkommensteuer $T = tY$.

(a) Der Staat erhöhe seine Güternachfrage von G_0 auf G_1.

(b) Der Staat senke den Steuersatz von t_0 auf t_1.

Stellen Sie das Ausgangsgleichgewicht sowie das neue Gleichgewicht für die Fälle (a) und (b) graphisch dar; verfolgen Sie den Anpassungsprozess, wenn die Haushalte bei ihrer Konsumplanung von dem Volkseinkommen der Vorperiode ausgehen.

2.8 Gegeben ist ein Gütermarkt-Gleichgewicht bei dem Zinssatz r_0 und der Staatsnachfrage G_0. Untersuchen Sie unter Verwendung der Gleichgewichtsbedingung $Y = C + I + G$ algebraisch und graphisch, wie sich das gleichgewichtige Volkseinkommen ändert, wenn

(a) der Zinssatz auf r_1 ansteigt;

(b) die Staatsnachfrage auf G_1 sinkt.

Übertragen Sie die Gleichgewichtswerte in ein Y/r-Diagramm; zeichnen Sie die entsprechenden IS-Kurven.

2.9 Berechnen Sie, wie weit sich die IS-Kurve verschiebt, wenn der Staat seine Ausgaben um dG erhöht; unterscheiden Sie hierbei die Fälle einer Pauschalbesteuerung $(T = T_0)$ und einer Einkommensbesteuerung $(T = tY)$. Interpretieren Sie das Ergebnis.

2.10 Gegeben ist ein Gleichgewicht auf dem Gütermarkt. Nun erhöhe der Staat seine Ausgaben von G_0 auf G_1. Stellen Sie das Ausgangs- und das Endgleichgewicht sowie den Anpassungsprozess in einem 45°-Diagramm und mit Hilfe der IS-Kurve dar.

3. Kapitel: IS/LM-Modell[1]

Das sog. IS/LM-Modell unterscheidet sich von dem Einkommen-Ausgaben-Modell darin, dass nun der Geldmarkt ausführlicher modelliert wird, während das Güterangebot weiterhin nur rudimentär berücksichtigt wird. Im Rahmen dieser zweiten Version des Makro-Modells wird also die wirtschaftliche Situation – repräsentiert durch die Höhe des Volkseinkommens und des (nun endogenen) Zinssatzes – unter der Annahme, dass

- das Güterangebot vollkommen elastisch (das Preisniveau konstant) ist,

bestimmt.[2] Das Erklärungsschema ist in Übersicht 3.1 veranschaulicht.

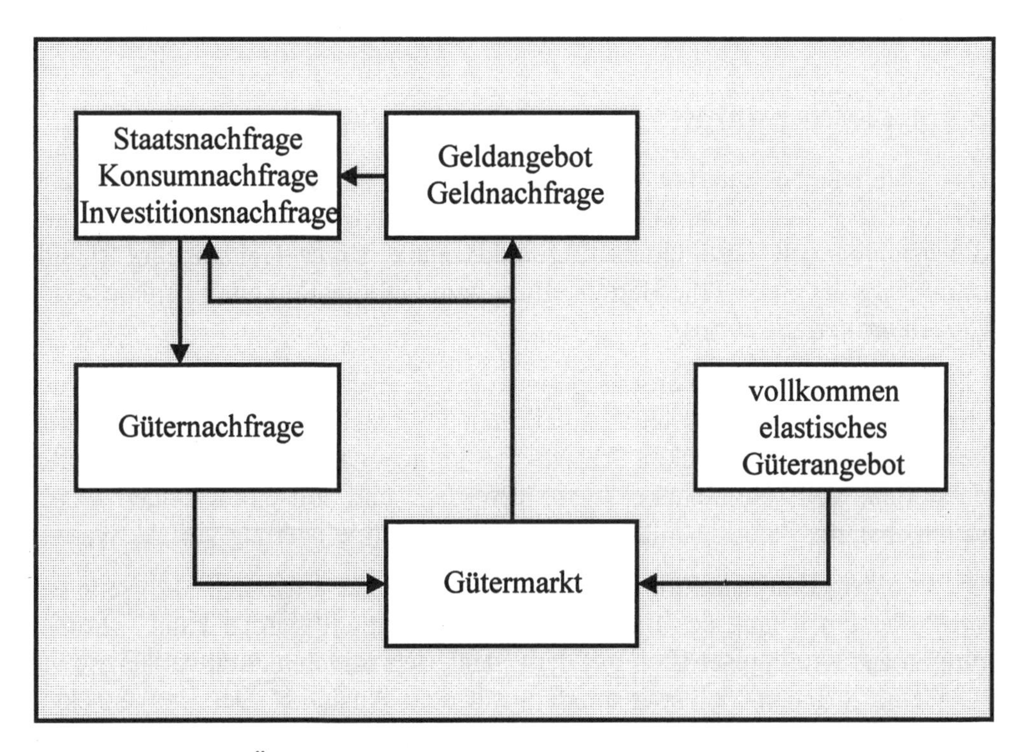

Übersicht 3.1: Struktur des IS/LM-Modells

Es bleibt also zusätzlich zu den vorangehenden Ausführungen zunächst noch der Geldmarkt zu analysieren. Anschließend wird dann mit Hilfe des Nachfrageverhaltens sowie der Situation auf dem Geldmarkt die Höhe des Volkseinkommens und des Zinssatzes bestimmt (Gleichgewicht auf Güter- und Geldmarkt bei vorgegebenem Preisniveau).

---

1 Dieckheuer, G., Makroökonomik, 3. Aufl., Berlin u. a. 1998, S. 69 ff; Heubes, J., Grundlagen der modernen Makroökonomie, a. a. O., S. 75 ff; Spahn, H.-P., Makroökonomie, Berlin u. a. 1996, S. 39 ff.

2 Die Annahme eines exogenen Zinssatzes wird im Rahmen dieser zweiten Version (wie später gezeigt wird) durch die Annahme einer exogenen Geldmenge ersetzt.

3.1 Der Geldmarkt

Als Geld fungieren Bargeld (Banknoten und Münzen) sowie Giralgeld, nämlich Guthaben auf Girokonten (Sichteinlagen bei Banken). Diese Aktiva stellen Geld dar, weil sie die verschiedenen Geldfunktionen erfüllen.

Die Geldfunktionen sind die Recheneinheits-, die Zahlungsmittel- und die Wertaufbewahrungsfunktion. Die Recheneinheitsfunktion besagt, dass alle inländischen Preise in der inländischen Geldeinheit ausgedrückt werden. Die Zahlungsmittelfunktion bedeutet, dass Geld als allgemeines Tauschmittel sowie zur Rückzahlung von Schulden akzeptiert wird. Die Wertaufbewahrungsfunktion beinhaltet, dass Geld ein Vermögensobjekt darstellt, d. h., dass Vermögen in Form von Geld gehalten werden kann.

Auf dem Geldmarkt treffen das Angebot an sowie die Nachfrage nach Geld zusammen. Beide Größen werden zunächst getrennt dargestellt.

3.1.1 Geldangebot[1]

Das Geldangebot stammt vom Bankensektor, nämlich einer Zentralbank (Europäische Zentralbank) sowie den Geschäftsbanken (Banken, bei denen die Nichtbanken Girokonten führen können). Unter Geldangebot (Geldschöpfung) ist hierbei die Bereitstellung von Geld an den Nichtbankensektor (Publikum) zu verstehen.

Geld stellt formal eine Forderung gegen die geldschöpfende Bank dar. Unter Berücksichtigung dieses Wesensmerkmals lässt sich Geldschöpfung dadurch kennzeichnen, dass Banken Aktiva, die keine inländischen Zahlungsmittel darstellen, vom Nichtbankensektor erwerben und mit Forderungen gegen sich selbst, die Zahlungsmittel sind, bezahlen (Monetisierung von Aktiva).

Die von dem Bankensektor erworbenen Aktiva sind – wie der Aktivseite der vereinfachten Bilanz des Bankensektors entnommen werden kann – Forderungen aus Kreditgeschäften mit dem Staat, den privaten Nichtbanken sowie – in einer offenen Volkswirtschaft – mit dem Ausland.[2] Der Bankensektor erwirbt diese Aktiva durch Hingabe von Forderungen gegen sich selbst in Form von Bar- und Giralgeld.

Der Nichtbankensektor verwendet das erhaltene Bar- und Giralgeld – wie die Passivseite der Bilanz des Bankensektors zeigt – teils als Bar- und Giralgeld, teils wandelt er es in Termin- und Spareinlagen (sog. Quasigeld) um.[3] Es bleibt die Frage, welcher Teil dieser Guthaben gesamtwirtschaftlich für Güterkäufe u. ä. verwendet wird (potentielle Kaufkraft). Dieser Teil wird als

---

1 Borchert, M., Geld und Kredit, 7. Aufl., München/Wien 2001, S. 49 ff; Branson, W. H., Makroökonomie, a. a. O., S. 341 ff.

2 Im Rahmen des im III. Teil dargestellten Modells einer offenen Volkswirtschaft sind die Kredite an das Ausland gleich den Währungsreserven.

3 Die verschiedenen Einlagearten unterscheiden sich in ihrer Fristigkeit; über Sichteinlagen kann jederzeit, über Termin- und Spareinlagen erst nach einer gewissen Anlage- oder Kündigungsfrist verfügt werden.

Geldmenge (= Bestände an Geld bzw. Quasigeld im Nichtbankensektor) bezeichnet.

Aktiva	Passiva
Kredite an das Ausland	Bargeldumlauf bei den Nichtbanken
Kredite an den Staat	Sichteinlagen der Nichtbanken
Kredite an private Nichtbanken	Termineinlagen der Nichtbanken
	Spareinlagen der Nichtbanken

Übersicht 3.2: Bilanz des Bankensektors

Offensichtlich werden Bargeld und Sichteinlagen zu Zahlungszwecken gehalten; diese beiden Größen ergeben die sog. Geldmenge M1. Nicht so eindeutig ist die Verwendung der Spar- und Termineinlagen. Werden auch die Termineinlagen als potentielle Kaufkraft angesehen, so ergibt sich die Geldmenge M2 (= M1 + Termineinlagen); werden schließlich noch die Spareinlagen der potentiellen Kaufkraft zugerechnet, so folgt die Geldmenge M3 (= M2 + Spareinlagen). Im weiteren Verlauf wird von dieser Unterscheidung abgesehen.[1]

Es bleibt noch zu klären, in welchem Umfang der Bankensektor Geld schöpfen kann. Hier lassen sich zwei Grenzen unterscheiden, nämlich gesetzliche Bestimmungen einerseits sowie die Erfordernis der stetigen Zahlungsfähigkeit (Liquidität) andererseits. Stetige Zahlungsfähigkeit bedeutet, dass eine Bank jederzeit in der Lage sein muss, Auszahlungen und Überweisungen aufgrund ihrer Geschäftstätigkeit in Zentralbankgeld tätigen zu können. Vereinfacht gilt, dass die erste Grenze für die Zentralbank, die zweite für die Geschäftsbanken maßgeblich ist.

Für die Europäische Zentralbank (EZB) liegt die gesetzliche Begrenzung in Artikel 105 des Maastricht-Vertrages. Hiernach ist die EZB verpflichtet, Preisstabilität zu gewährleisten. Da eine zu starke Ausweitung der Geldmenge zu Preissteigerungen führt (siehe Kapitel III), verbietet diese Vorschrift der EZB eine Geldschöpfung in beliebiger Höhe. Da Auszahlungen und Überweisungen in heimischem Zentralbankgeld (Bargeld oder Sichteinlagen bei der Zentralbank) erfolgen, das die EZB selbst schöpfen kann, existiert für die EZB jedoch kein Liquiditätsproblem.[2]

Anders hingegen für die Geschäftsbanken. Diese sind nicht in der Lage, Zentralbankgeld zu schöpfen; ihre Geldschöpfungsmöglichkeiten beschränken sich auf die Bereitstellung von Giralgeld: Im Rahmen eines Kreditgeschäftes schreiben sie einem Kunden den kreditierten Betrag auf dessen Girokonto

[1] D. h. es werden Termin- und Spareinlagen vernachlässigt.

[2] Dies gilt streng genommen nicht in einer offenen Volkswirtschaft bei festen Wechselkursen.

gut, womit (aktiv) Giralgeld entstanden ist. Da die Geschäftsbanken damit rechnen müssen, dass die Kunden über die Sichtguthaben in voller Höhe verfügen, wird das Geldschöpfungspotential jeder einzelnen Geschäftsbank durch ihre Verfügungsmöglichkeit über Zentralbankgeld (sog. freie Liquiditätsreserve[1]) begrenzt.

Alle Geschäftsbanken zusammen sind jedoch in der Lage, ein Vielfaches der ursprünglich im Bankensystem existierenden freien Liquiditätsreserven an Giralgeld zu schöpfen (sog. multiple Giralgeldschöpfung). Hierzu sei nachfolgendes Beispiel betrachtet.

Eine Geschäftsbank 1 komme durch den Verkauf von Devisen an die Zentralbank in den Besitz von zusätzlichem Zentralbankgeld in Höhe von ΔB. Die Bank gewährt nun einen Kredit in Höhe dieser sog. Überschussreserve (ÜR) an einen Kunden A und schreibt ihm den Kreditbetrag auf dessen Girokonto gut, womit sie (aktiv) Giralgeld in dieser Höhe schöpft.[2] Der Kunde A hebt den gutgeschriebenen Betrag in Bargeld ab und zahlt diesen an seinen Gläubiger a. Diese Geschäftsvorgänge schlagen sich auf der Bilanz dieser Bank wie folgt nieder:

Aktiva		Geschäftsbank 1	Passiva
Devisen	$-\Delta B$		
ÜR	ΔB		
Kredit an A	ΔB	Sichtguthaben des A	ΔB
ÜR	$-\Delta B$	Sichtguthaben des A	$-\Delta B$

Der Gläubiger a hält einen Teil n des erworbenen Betrages als Bargeld, den Rest $(1-n)\Delta B$ zahlt er auf sein Girokonto bei der Geschäftsbank 2 ein.[3,4] Für diese Einlagen muss die Bank 2 sog. Mindestreserven bei der Zentralbank halten.[5] Bei einem Mindestreservesatz von m_r betragen die Mindestreserven $m_r(1-n)\Delta B$, das übrige zugeflossene Zentralbankgeld $(1-m_r)(1-n)\Delta B$ stellt wieder Überschussreserven dar. Diese Überschussreserven erlauben es der Bank 2, dem Kunden B einen Kredit in gleicher Höhe zu gewähren; mit der entsprechenden Gutschrift auf dem Girokonto

---

1 Die freien Liquiditätsreserven umfassen u. a. die sog. Überschussreserven. Siehe hierzu Borchert, M., Geld und Kredit, a. a. O., S. 71 ff.

2 Damit hat sich die Geldmenge um den Betrag ΔB erhöht.

3 Bei dieser passiven Giralgeldschöpfung wird Bargeld in Giralgeld umgewandelt; die Geldmenge ändert sich hierdurch nicht.

4 Von der Geschäftsbank 1 geschaffenes Giralgeld in Höhe von ΔB schlägt sich in höheren Geldbeständen des a nieder ($n\Delta B$ in Form von Bargeld; $(1-n)\Delta B$ in Form von Giralgeld).

5 Die Mindestreserven sind ein geldpolitisches Instrument der Zentralbank zur Steuerung der Geldmenge.

des B schöpft auch die Bank 2 Giralgeld in Höhe dieser Gutschrift. Der Kunde B hebt wiederum den auf seinem Girokonto gutgeschriebenen Betrag in Bargeld ab und zahlt ihn an seinen Gläubiger b. Damit verbleibt der Geschäftsbank 2 von dem zugeflossenen Zentralbankgeld ein Betrag in Höhe der Mindestreserven. Auf der Bilanz der Bank 2 ergeben sich somit folgende Buchungen:

Aktiva	Geschäftsbank 2		Passiva
MR	$m_r(1-n)\Delta B$	Sichtguthaben des a	$(1-n)\Delta B$
ÜR	$(1-m_r)(1-n)\Delta B$		
Kredit an B	$(1-m_r)(1-n)\Delta B$	Sichtguthaben des B	$(1-m_r)(1-n)\Delta B$
ÜR	$-(1-m_r)(1-n)\Delta B$	Sichtguthaben des B	$-(1-m_r)(1-n)\Delta B$

Wird dieser Prozess weiter verfolgt, so zeigt sich, dass die Geschäftsbanken insgesamt so lange Kredite gewähren können, bis schließlich die ursprüngliche Überschussreserve (ΔB) entweder an den Nichtbankensektor abgeflossen oder als Mindestreserve gebunden ist.[1] Die gesamte (aktive) Giralgeldschöpfung (ΔM) ergibt sich als Summe einer unendlichen geometrischen Reihe:

$$(1) \quad \Delta M = \Delta B + (1-m_r)(1-n)\Delta B + \ldots =$$

$$= \frac{1}{1-(1-m_r)(1-n)}\Delta B = \frac{1}{n+m_r(1-n)}\Delta B.$$

Aufgrund dieser multiplen Giralgeldschöpfung ist also auch das gesamte Geldangebot bzw. die gesamte Geldmenge M in einer Volkswirtschaft größer als die von der Zentralbank bereitgestellte Zentralbankgeldmenge B:

$$(2) \quad M = mB$$

mit (im vorliegenden Beispiel):

$$m = \frac{1}{n+m_r(1-n)}.$$

[1] Das an den Nichtbankensektor abgeflossene Bargeld (ΔBG) ist:

$$\Delta BG = n\Delta B + n(1-m_r)(1-n)\Delta B + \ldots = \frac{n}{n+m_r(1-n)}\Delta B.$$

Für die zusätzlichen Mindestreserve-Verpflichtungen (ΔMR) folgt:

$$\Delta MR = m_r(1-n)\Delta B + m_r(1-m_r)(1-n)^2\Delta B + \ldots = \frac{m_r(1-n)}{n+m_r(1-n)}\Delta B.$$

Wie sofort ersichtlich, gilt:

$$\Delta BG + \Delta MR = \Delta B.$$

Nach Gleichung (2) ist das gesamte Geldangebot ein Vielfaches (m) der Zentralbankgeldmenge oder der sog. Geldbasis (monetäre Basis, high-powered money). Der sog. Geldschöpfungsmultiplikator (m) ist hierbei abhängig von dem Verhalten der Nichtbanken (erfasst durch n), von dem Verhalten der Geschäftsbanken (inwieweit diese ihre Geldschöpfungsmöglichkeiten ausnutzen) sowie insbesondere von den geldpolitischen Maßnahmen der Zentralbank (erfasst durch m_r).[1]

Über eine Variation von B sowie durch Beeinflussung von m kann also die Zentralbank (in Grenzen) das Geldangebot steuern. Im Rahmen der ersten Version des Makro-Modells wurde unterstellt, dass die Zentralbank das Geldangebot so beeinflusst, dass der Zinssatz konstant bleibt. Im Rahmen der weiteren Ausführungen wird nun von der Annahme ausgegangen, dass die Zentralbank das Geldangebot konstant hält. Dies bedeutet, dass Geld in einem bestimmten Umfang völlig unelastisch am Geldmarkt angeboten wird; das Geldangebot stellt somit zugleich die Geldmenge dar (M_0).[2]

Mit einer vorgegebenen Geldmenge lassen sich gesamtwirtschaftliche Umsätze nur in ganz bestimmter Höhe tätigen. Welche Umsätze finanzierbar sind, hängt von der Verwendung der Geldmenge, der Geldnachfrage, ab.

3.1.2 Geldnachfrage[3]

Die Geldnachfrage ist der Wunsch des Nichtbankensektors, eine bestimmte Geldmenge als Kasse zu halten. Dieser Wunsch folgt aus den Geldfunktionen, nämlich der Zahlungsmittelfunktion und der Wertaufbewahrungsfunktion.[4] Aus der Zahlungsmittelfunktion ergibt sich die Geldnachfrage zur Finanzierung der laufenden Transaktionen (Nachfrage nach Transaktionskasse); aus der Wertaufbewahrungsfunktion folgt die Geldnachfrage als Vermögensanlage (Nachfrage nach Spekulationskasse).

Die Höhe der in einer Volkswirtschaft benötigten Transaktionskasse hängt von der Höhe der gesamtwirtschaftlichen Zahlungen ab. Als Indikator für diese Zahlungen dient das nominelle Volkseinkommen. Üblicherweise wird angenommen, dass die Nachfrage nach Transaktionskasse (L_T; „L“ für Liquiditätspräferenz) proportional zum nominellen Volkseinkommen (PY; P = Preisniveau, Preis des Einheitsgutes) ist:

$$(1) \quad L_T = kPY.$$

Der Proportionalitätsfaktor k wird als Kassenhaltungskoeffizient bezeichnet. Sein Reziprokwert ist die sog. Einkommenskreislaufgeschwindigkeit (Um-

---

[1] Neben der Mindestreserven-Politik setzt die EZB vor allem die Offen-Markt-Politik zur Steuerung der Geldmenge ein. Jarchow, H.-J., Theorie und Politik des Geldes 1, 10. Aufl., Göttingen 1998, S. 340 ff.

[2] Werden Sicht- und Termineinlagen berücksichtigt, so gilt dies nur für die Geldmenge M3.

[3] Borchert, M., Geld und Kredit, a. a. O., S. 111 ff; Branson, W. H., Makroökonomie, a. a. O., S. 312 ff.

[4] Die Unterscheidung verschiedener Motive der Geldnachfrage geht auf Keynes zurück.

laufsgeschwindigkeit) der Geldmenge v (= 1/k); sie gibt an, wie oft eine Geldeinheit in einer Periode den Besitzer wechselt und somit jeweils erneut für Transaktionszwecke zur Verfügung steht.

Der Geldhaltung als Vermögensanlage (Spekulationskasse) steht als Alternative die Anlage in anderen Vermögensobjekten, hier zur Vereinfachung in einem fest verzinslichen Wertpapier, gegenüber. Es geht also um das Problem, wie das gesamte Vermögen optimal auf Geld und auf dieses Wertpapier aufgeteilt werden soll (optimales Portefeuille).

Die Zielsetzung eines Wirtschaftssubjektes ist es, einen möglichst großen Ertrag aus seiner Vermögensanlage zu erzielen. Dies legt die Annahme nahe, dass ein Wirtschaftssubjekt sein gesamtes Vermögen in Wertpapieren anlegt, da nur diese Vermögensform einen Zinsertrag abwirft. Die Vermögensanlage in Wertpapieren ist jedoch mit einem Kursrisiko verbunden, d. h., dass der gegenwärtige und der zukünftige Kurs auseinanderfallen können.

Ein Wirtschaftssubjekt wird dann sein Vermögen in Wertpapieren anlegen, wenn die erwartete Rendite positiv ist. Diese erwartete Rendite (φ) umfasst die vereinbarte Verzinsung sowie die erwartete relative Kursänderung. Beträgt der fest vereinbarte Zinsertrag x € pro Periode, so beläuft sich die Verzinsung auf x/K, wobei K den geltenden Kurs des Wertpapiers darstellt. Wird der erwartete Kurs mit K^e bezeichnet,[1] so beträgt die Rendite φ:

$$(2) \quad \varphi = \frac{x}{K} + \frac{K^e - K}{K}.$$

Die gegenwärtige Verzinsung des Wertpapiers ist der herrschende Marktzinssatz (r):

$$(3) \quad r = x/K.$$

Entsprechend gilt für die erwartete Verzinsung (r^e):

$$(4) \quad r^e = x/K^e.$$

Werden K und K^e in Gleichung (2) mit Hilfe der Gleichungen (3) und (4) ersetzt, so folgt für die erwartete Rendite:

$$(5) \quad \varphi = r + \frac{x/r^e - x/r}{x/r} = r + \frac{r}{r^e} - 1.$$

Eine Wertpapieranlage lohnt sich, wenn gilt $\varphi \geq 0$ bzw.:

$$(6) \quad r \geq \frac{r^e}{1 + r^e} = \underline{r}.$$

Liegt der gegenwärtige Zinssatz über $\underline{r}$, so legt das betrachtete Wirtschaftssubjekt sein gesamtes Vermögen in Wertpapieren an; bei einem niedrigeren

[1] Es wird angenommen, dass das betrachtete Wirtschaftssubjekt diesen Kurs mit Sicherheit erwartetet.

Zinssatz dagegen hält es sein Vermögen in Form von Geld (Alles-oder-Nichts-Wahl).

Die Wirtschaftssubjekte haben nun unterschiedliche Vorstellungen bezüglich des erwarteten Zinssatzes und damit bezüglich $\underline{r}$. Bei gegebenem gegenwärtigen Zinssatz erwarten die einen einen steigenden, die anderen einen sinkenden Zinssatz. Je höher jedoch der gegenwärtige Zinssatz ist, umso mehr Wirtschaftssubjekte erwarten, dass der zukünftige Zinssatz niedriger sein wird und umgekehrt. Aufgrund dieser unterschiedlichen Zinserwartungen werden gesamtwirtschaftlich sowohl Wertpapiere als auch Geld zur Vermögensanlage nachgefragt, wobei die Wertpapiernachfrage mit sinkendem Zinssatz ab- und die Geldnachfrage zunimmt.

Die Geldhaltung als Vermögensanlage, die Nachfrage nach Spekulationskasse (L_S), ist somit eine abnehmende Funktion des Zinssatzes:

$$(7) \quad L_S = L_S(r) \geq 0; \qquad dL_S/dr < 0.$$

Die gesamte Geldnachfrage (L) ist gleich der Summe aus Transaktionskasse und Spekulationskasse:

$$(8) \quad L = kPY + L_S(r) = L(PY,r).$$

Üblicherweise wird angenommen, dass eine bestimmte prozentuale Veränderung des Preisniveaus zu einer gleich großen prozentualen Veränderung der Geldnachfrage führt (die Geldnachfragefunktion ist linear-homogen in P). In diesem Fall lässt sich Gleichung (8) wie folgt schreiben:[1]

$$(9) \quad L = P\mathit{l}(Y,r); \qquad \partial \mathit{l}/\partial Y > 0, \qquad \partial \mathit{l}/\partial r < 0,$$

wobei $\mathit{l}(Y,r)$ die sog. reale Geldnachfrage (Nachfrage nach realer Kasse) darstellt. Gleichung (10):

$$(10) \quad \mathit{l}(Y,r) = kY + \bar{\mathit{l}} + hr;$$

$$k = \partial \mathit{l}/\partial Y > 0, \qquad h = \partial \mathit{l}/\partial r < 0, \qquad \bar{\mathit{l}} > 0$$

ist ein einfaches Beispiel für die reale Geldnachfrage.[2]

3.1.3 Gleichgewicht auf dem Geldmarkt: Die LM-Kurve

Zunächst wird die sog. LM-Kurve als geometrischer Ort aller Gleichgewichtssituationen auf dem Geldmarkt abgeleitet. Daran anschließend werden die Eigenschaften dieser Kurve noch näher analysiert.

---

[1] Da L(PY,r) einen anderen Zusammenhang wiedergibt als $\mathit{l}(Y,r)$, wird im zweiten Fall ein anderes Funktionszeichen gewählt.

[2] Der Term kY gibt die Nachfrage nach Transaktionskasse, der Ausdruck $\bar{\mathit{l}} + hr$ die Nachfrage nach Spekulationskasse wieder ($\bar{\mathit{l}} + hr \geq 0$).

Existenz und Stabilität eines Gleichgewichts auf dem Geldmarkt

Es bleibt noch zu klären, welches reale Volkseinkommen bei vorgegebener Geldmenge (M_0) und gegebenem Preisniveau (P_0) finanzierbar ist. Hierzu wird die Situation betrachtet, dass die gewünschte Geldnachfrage dem gegebenen Geldangebot entspricht, dass also ein Gleichgewicht auf dem Geldmarkt existiert.

Im Gleichgewicht auf dem Geldmarkt muss also gelten:

$$(1) \quad M_0 = P_0 l(Y,r)$$

bzw.:

$$(2) \quad M_0/P_0 = l(Y,r).$$

In Gleichung (2) stellt M_0/P_0 die sog. reale Geldmenge dar. Die reale Geldmenge gibt die Kaufkraft der Geldmenge an; in der vorliegenden Ein-Gut-Wirtschaft die Gütermenge, die bei dem Güterpreis P mit der nominellen Geldmenge M gekauft werden kann.

Das Gleichgewicht auf dem Geldmarkt wird in Abbildung 3.1 (a) graphisch bestimmt. Die reale Geldmenge M_0/P_0 ist zinsunabhängig und wird somit durch eine Parallele zur r-Achse wiedergegeben.

Die Nachfrage nach realer Kasse umfasst die Nachfrage nach Transaktionskasse und nach Spekulationskasse. Die Nachfrage nach Transaktionskasse ist ebenfalls unabhängig vom Zinssatz und verläuft auch parallel zur r-Achse, wobei ihr Abstand von der Höhe des Einkommens abhängt (je höher das Einkommen, umso weiter rechts verläuft die Nachfrage nach Transaktionskasse).

Die Nachfrage nach Spekulationskasse geht mit steigendem Zinssatz zurück; bei dem Zinssatz $\bar{r}$ beträgt sie Null. Die gesamte Geldnachfrage besteht somit für $r \geq \bar{r}$ ausschließlich aus Nachfrage nach Transaktionskasse. Für $r < \bar{r}$ wird hingegen auch Spekulationskasse nachgefragt, so dass die gesamte Geldnachfrage bei dem Einkommen Y_0 der durchgezogenen Kurve $l(Y_0,r)$ in Abbildung 3.1 (a) entspricht.

Ein Gleichgewicht auf dem Geldmarkt ist im Schnittpunkt zwischen der Geldangebots- und der Geldnachfragekurve erreicht (Punkt A). Bei dem Einkommen Y_0 wird ein Teil der realen Geldmenge M_0/P_0 als reale Transaktionskasse ($l_T(Y_0)$) benötigt; der Rest muss dann im Gleichgewicht als reale Spekulationskasse nachgefragt werden, was einen Zinssatz von r_0 erfordert ($l_S(r_0)$). Bei einem höheren Einkommen (Y_1) – es gilt die Nachfragekurve $l(Y_1,r)$ – fließt ein größerer Teil der Geldmenge in die Transaktionskasse, so dass die Spekulationskasse nun kleiner ist, was bei einem höheren Zinssatz (r_1) der Fall ist.

Die beiden Y/r-Kombinationen, bei denen ein Gleichgewicht auf dem Geldmarkt erreicht ist, werden in Abbildung 3.1 (b) übertragen. Werden weitere gleichgewichtige Y/r-Kombinationen abgeleitet, so ergibt sich insgesamt die dargestellte LM-Kurve („LM" für Geldnachfrage L = Geldangebot M).[1,2] Die LM-Kurve gibt somit eine Antwort auf die Frage, welches Einkommen bei vorgegebener Geldmenge im Gleichgewicht auf dem Geldmarkt finanzierbar ist: Dies hängt vom Zinssatz ab; je höher der Zinssatz, umso höher ist das finanzierbare Einkommen.

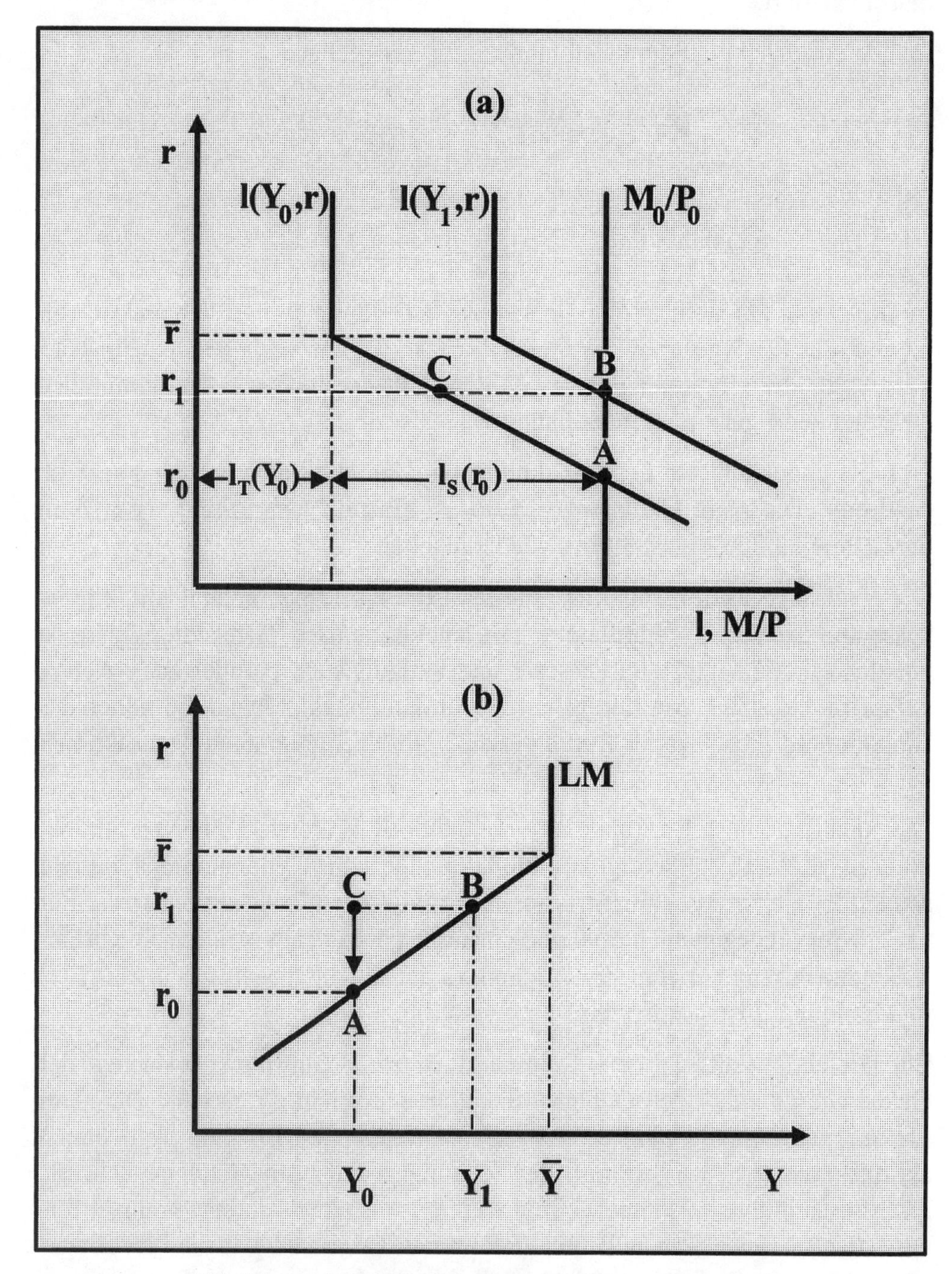

Abbildung 3.1: Gleichgewicht auf dem Geldmarkt

[1] Bei linearer Geldnachfragefunktion folgt ein linearer Verlauf der LM-Kurve.

[2] Die LM-Kurve ist also der geometrische Ort aller r/Y-Kombinationen, bei denen die Gleichgewichtsbedingung (2) erfüllt ist.

Die Zunahme der finanzierbaren Umsätze bei steigenden Zinsen ist auf eine Umschichtung der vorhandenen Geldmenge zurückzuführen: Spekulationskasse wird in Transaktionskasse überführt. Diese Umschichtung und damit die Zunahme der finanzierbaren Umsätze endet, wenn der Zinssatz eine Höhe erreicht hat, so dass keine Spekulationskasse mehr gehalten wird und damit die gesamte Geldmenge als Transaktionskasse zur Verfügung steht. Ab diesem Zinssatz verläuft die LM-Kurve senkrecht ($\bar{r}$ in Abbildung 3.1).

Zur Untersuchung der Stabilität des Gleichgewichts auf dem Geldmarkt wird die Ungleichgewichtssituation Y_0/r_1 (Punkt C in Abbildung 3.1) betrachtet. In diesem Fall ist das Geldangebot größer als die Geldnachfrage. Es wird nun angenommen, dass der Geldmarkt normal reagiert i. d. S., dass der Zinssatz bei einem Angebotsüberschuss sinkt und umgekehrt. Unter dieser Annahme ist das Gleichgewicht (bei nicht zu starken Reaktionen) stabil, wie durch den Pfeil in Abbildung 3.1 (b) angedeutet wird.

Steigung und Lage der LM-Kurve

Zur genaueren Analyse der Steigung und der Lage der LM-Kurve wird noch einmal auf die Gleichgewichtsbedingung (2) zurückgegriffen. Totale Differentiation dieser Gleichung liefert bei $P_0 = 1$:

$$(3) \quad dM - dPM = kdY + hdr$$

mit: $k = \partial l/\partial Y > 0, \qquad h = \partial l/\partial r < 0.$

Die Steigung erfasst den Zusammenhang zwischen dr und dY bei konstanter realer Geldmenge. Mit $dM - dPM = 0$ folgt:

$$(4) \quad \frac{dr}{dY} = -\frac{k}{h} > 0$$

bzw.:

$$(5) \quad dr = -\frac{k}{h} dY > 0.$$

Gleichung (5) wiederholt, dass zur Finanzierung eines zusätzlichen Einkommens ($dY > 0$) der Zinssatz ansteigen muss ($dr > 0$). Hierbei ist der Zinsanstieg umso größer (steiler Verlauf der LM-Kurve), je größer der Kassenhaltungskoeffizient (k) und je kleiner die Zinsreagibilität der Spekulationskasse (h) ist. In Abbildung 3.2 entspricht dies einer Bewegung auf der Kurve $LM(M_0/P_0)$ von Punkt A nach Punkt B.

Zur Bestimmung der (neuen) Lage der LM-Kurve bei einer Änderung einer der beiden Lageparameter M und P ist eine endogene Größe sowie einer dieser Lageparameter konstant zu halten, während der andere Lageparameter geändert wird, und die Auswirkungen auf die zweite endogene Größe berechnet werden. Für $dM > 0$ bei $dr = dP = 0$ ergibt sich aus Gleichung (3) für die Lage der LM-Kurve:[1]

$$(6) \quad dY = dM/k = vdM; \qquad v = 1/k.$$

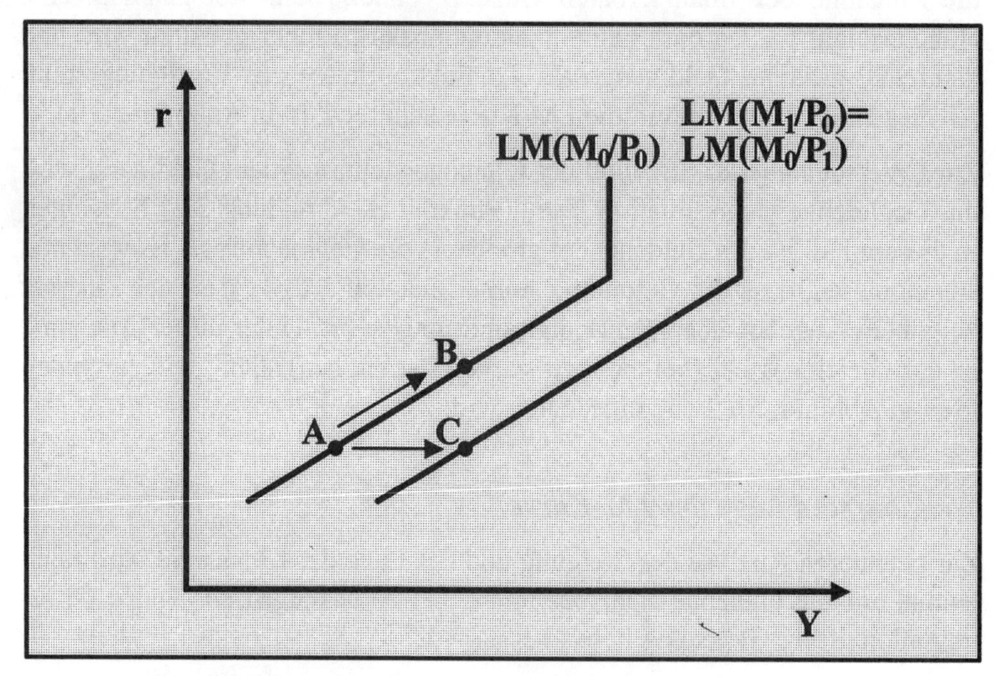

Abbildung 3.2: Steigung und Lage der LM-Kurve

Bei konstantem Zinssatz steht die Erhöhung der Geldmenge auf M_1 ($dM > 0$) ausschließlich als Transaktionskasse zur Verfügung. In diesem Fall lässt sich ein zusätzliches Einkommen in Höhe des Quotienten (Produktes) aus Geldmengenerhöhung und Kassenhaltungskoeffizient (Umlaufsgeschwindigkeit) finanzieren. In Abbildung 3.2 entspricht dies einer Bewegung von Punkt A auf $LM(M_0/P_0)$ nach Punkt C auf der neuen Kurve $LM(M_1/P_0)$.

Gilt schließlich $dr = dM = 0$, so folgt aus Gleichung (3):

$$(7) \quad dY = -dPM/k.$$

Infolge bspw. einer Preissenkung auf P_1 ($dP < 0$) erhöht sich die reale Geldmenge ($-dPM > 0$), so dass bei konstantem Zinssatz ein höheres Einkommen finanzierbar ist. Auch dies entspricht in Abbildung 3.2 einer Bewegung von A nach C, d. h. bei einer Preissenkung verschiebt sich die LM-Kurve nach rechts.[2,3]

---

[1] Analog ergibt sich für $dY = dP = 0$:

$$dr = dM/h < 0.$$

Bei konstantem Einkommen muss die zusätzliche Geldmenge als Spekulationsnachfrage aufgenommen werden, wozu ein niedrigerer Zinssatz erforderlich ist. Ist Punkt B in Abbildung 3.2 der Ausgangspunkt, so wird diese Zinssenkung durch die Bewegung von B nach C angezeigt.

[2] Zur Vereinfachung der Abbildung wird $LM(M_1/P_0) = LM(M_0/P_1)$ angenommen.

[3] In Abbildung 3.1 verschiebt sich die M/P-Gerade bei einer Erhöhung der realen Geldmenge nach rechts.

3.2 Gleichgewicht auf Güter- und Geldmarkt

Es bleibt noch die wirtschaftliche Situation, nämlich die Höhe der endogenen Größen, insbesondere des Volkseinkommens und des Zinssatzes, mit Hilfe dieser zweiten Version des Makro-Modells zu bestimmen. Wiederum wird die Betrachtung auf die Gleichgewichtssituation beschränkt, die hier ein Gleichgewicht auf dem Gütermarkt (bei vollkommen elastischem Güterangebot, $P = P_0$) sowie auf dem Geldmarkt (bei exogen fixierter Geldmenge) umfasst. Zunächst wird die Existenz, daran anschließend die Stabilität des Gleichgewichts untersucht.

3.2.1 Existenz eines Gleichgewichts

Statische Analyse

Die Gleichgewichtssituation lässt sich wie folgt charakterisieren:

(1)	$Y = C(Y) + I(r) + G_0$	(IS-Kurve)
(2)	$M_0/P_0 = l(Y,r)$	(LM-Kurve)

Übersicht 3.3: Gleichgewicht auf Güter- und Geldmarkt

Die gesuchten Gleichgewichtswerte des Volkseinkommens und des Zinssatzes lassen sich mit Hilfe der Gleichungen (1) und (2) bestimmen.[1] Hierzu sind jedoch die verschiedenen Funktionen zu konkretisieren, was nachfolgend graphisch geschieht.

Die Gütermarkt-Gleichgewichtsbedingung (1) wird graphisch durch die IS-Kurve, die Geldmarkt-Gleichgewichtsbedingung (2) durch die LM-Kurve wiedergegeben. Die gesuchten Gleichgewichtswerte für Y und r ergeben sich aus dem Schnittpunkt zwischen der IS- und der LM-Kurve; diese Lösung ist in Abbildung 3.3 dargestellt (Punkt A).

In Punkt A ist ein simultanes Gleichgewicht auf Güter- und Geldmarkt erreicht. Bei dem Zinssatz r_0 ergibt sich gemäß der IS-Kurve eine gleichgewichtige Güternachfrage in Höhe von Y_0.[2] Gemäß der LM-Kurve ist diese Güternachfrage auch finanzierbar. Unter der Annahme, dass das Preisniveau konstant ist, gibt diese gleichgewichtige und finanzierbare Güternachfrage zugleich auch die Höhe des gleichgewichtigen Volkseinkommens an.

---

[1] Mit den Gleichungen (1) und (2) liegen zwei Gleichungen zur Bestimmung der beiden endogenen Größen Y und r vor.

[2] Die Haushalte (Unternehmen) legen ihrer Konsumplanung (Investitionsplanung) das Einkommen Y_0 (den Zinssatz r_0) zugrunde.

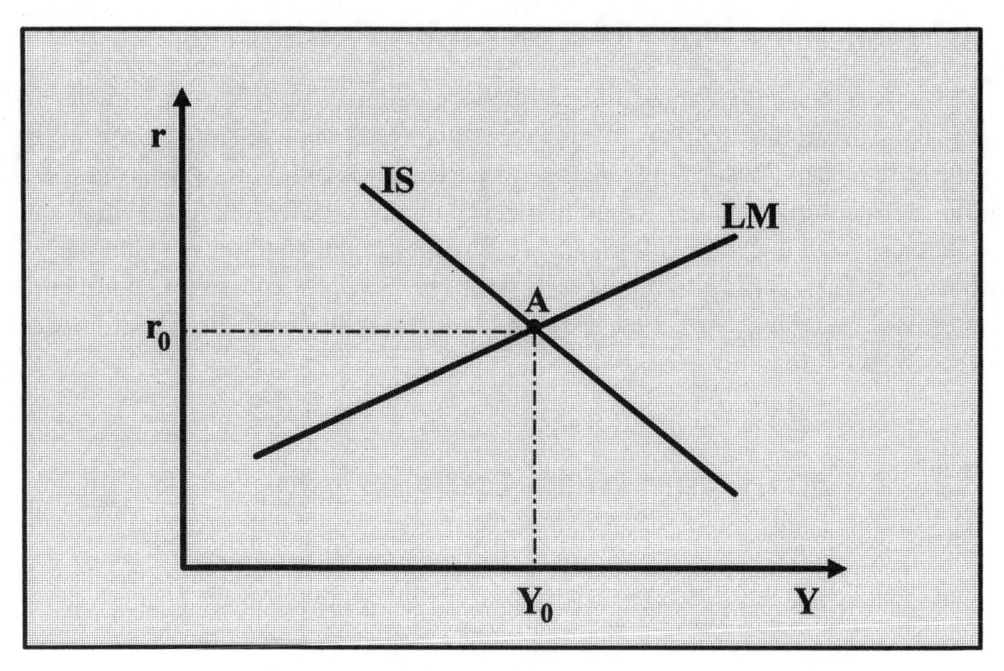

Abbildung 3.3: Gleichgewicht auf Güter- und Geldmarkt I

Komparativ-statische Analyse

Der Stabilitätsbetrachtung wird zunächst wiederum eine komparativ-statische Analyse vorangestellt. Es wird untersucht, wie sich das simultane Gleichgewicht bei einer Erhöhung der Staatsausgaben ändert. Zur Beantwortung dieser Frage ist das totale Differential der Gleichungen (1) und (2) zu bilden. Unter Beachtung, dass Geldmenge und Preisniveau unverändert bleiben ($dM = dP = 0$), ergibt sich:

$$(3) \quad dY = cdY + idr + dG; \quad c = dC/dY > 0, \quad i = dI/dr < 0$$

$$(4) \quad 0 = kdY + hdr; \quad k = \partial l/\partial Y > 0, \quad h = \partial l/\partial r < 0.$$

Wird dr aus Gleichung (4) in Gleichung (3) eingesetzt, so folgt:[1]

$$(5) \quad dY = \frac{1}{1 - c + i\frac{k}{h}} dG.$$

Gleichung (5) wiederholt das bereits bekannte Ergebnis, nämlich dass die Änderung des gleichgewichtigen Volkseinkommens ein Vielfaches der sie verursachenden Änderung einer exogenen Größe ist. Hierbei ist jedoch zu beachten, dass der Multiplikator nun kleiner ist als in der ersten Version des Makro-Modells, was auf die nun begrenzten Finanzierungsmöglichkeiten zurückzuführen ist:[2] Infolge der höheren Staatsnachfrage steigt das Einkommen

---

[1] Auf die Berechnung der Änderung des Zinssatzes wird verzichtet.

[2] In der ersten Version lautete die Multiplikatorformel $1/(1 - c)$. Die begrenzten Finanzierungsmöglichkeiten äußern sich in dem Term $ik/h > 0$.

und damit die Nachfrage nach Transaktionskasse. Die höhere Transaktionskasse ist bei konstanter Geldmenge nur auf Kosten einer verringerten Spekulationskasse erreichbar. Eine Verringerung der Spekulationskasse erfordert einen höheren Zinssatz, wodurch jedoch die Investitionsnachfrage sinkt. Die höhere Staatsnachfrage verdrängt also teilweise die private Investitionsnachfrage (sog. crowding-out).

3.2.2 Stabilität des Gleichgewichts

Abbildung 3.4 gibt mit Y_0/r_0 (Punkt A) das Ausgangsgleichgewicht und mit Y_1/r_1 (Punkt C) das neue Gleichgewicht nach Erhöhung der Staatsnachfrage wieder.

Das Ausgangsgleichgewicht A stellt nach Erhöhung der Staatsnachfrage eine Ungleichgewichtssituation dar. Es bleibt also noch die Frage zu untersuchen, inwieweit in dieser Situation Marktkräfte wirksam werden, die zu dem neuen Gleichgewicht hinführen.[1]

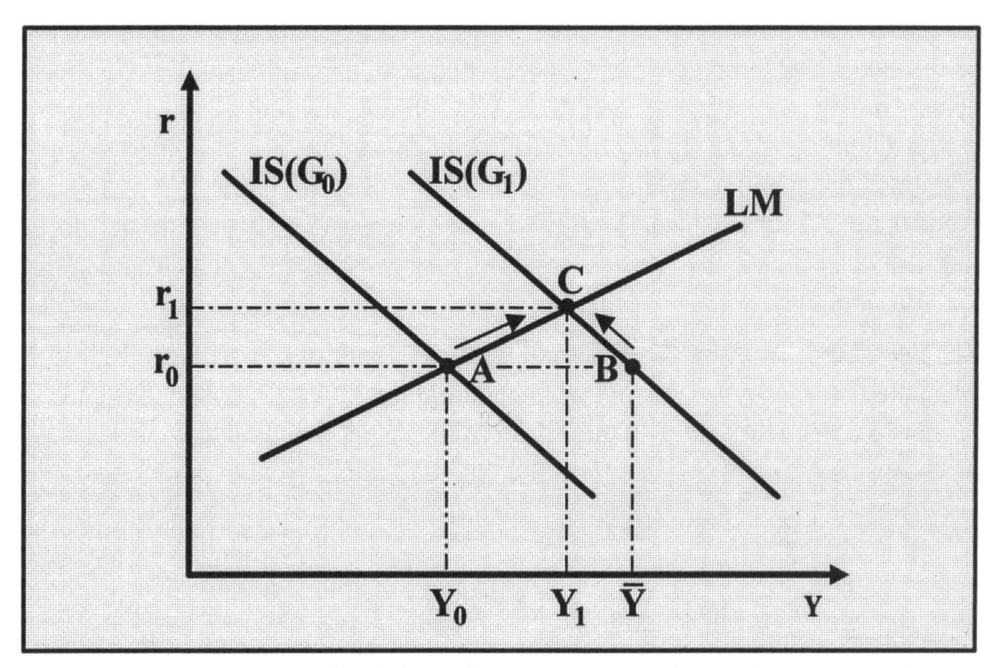

Abbildung 3.4: Stabilität des Gleichgewichts auf Güter- und Geldmarkt

Wird angenommen, dass der Zinssatz zunächst unverändert bleibt, so führt die Staatsausgabenerhöhung bei vollkommen elastischem Güterangebot zu einem Anstieg des Einkommens um $dY = dG/(1-c)$ von Y_0 auf $\bar{Y}$ (Punkt B). In dieser Situation übersteigt die Geldnachfrage das Geldangebot, was zu Zinssteigerungen führt. Diese Zinssteigerungen bewirken einerseits eine Umschichtung der Geldmenge zugunsten der Transaktionskasse, so dass

[1] Es wurde gezeigt, dass Güter- und Geldmarkt für sich stabil sind. Hier geht es um die Frage, inwieweit das simultane Gleichgewicht stabil ist.

ein höheres Einkommen finanzierbar ist (Pfeil von A nach C),[1] andererseits eine Zurückdrängung der privaten Investitionsnachfrage, so dass der Einkommensanstieg (unter Beachtung auch niedrigerer Konsumnachfrage) geringer ausfällt (Pfeil von B nach C). Bei nicht zu starken Reaktionen wird schließlich Punkt C erreicht, d. h. das simultane Gleichgewicht auf Güter- und Geldmarkt ist stabil.

3.2.3 Die D-Kurve

Für die weiteren Ausführungen ist es zweckmäßig, das simultane Gleichgewicht auf Güter- und Geldmarkt für alternative Werte des Preisniveaus in einem Y/P-Diagramm darzustellen.

Wie Gleichung (1) zeigt, ist die Lage der IS-Kurve unabhängig vom Preisniveau, während sich die Lage der LM-Kurve nach Gleichung (2) mit dem Preisniveau verändert.[2]

In Abbildung 3.5 ist das Ausgangsgleichgewicht für P_0 (sowie G_0 und M_0) wiederholt (Punkt A): Gemäß der IS-Kurve haben die Haushalte korrekte Einkommenserwartungen (gleichgewichtige Güternachfrage); diese Güternachfrage ist entsprechend der LM-Kurve auch finanzierbar. Sinkt das Preisniveau auf P_1, so verlagert sich die $LM(M_0/P_0)$-Kurve nach $LM(M_0/P_1)$. Im neuen Gleichgewicht (Punkt B) ist die gleichgewichtige und finanzierbare Güternachfrage angestiegen. Die Punkte A und B werden nun in Teil (b) der Abbildung 3.5 übertragen. Weitere Preisniveau-Änderungen führen insgesamt zu einer fallenden Kurve, die als D-Kurve bezeichnet wird ($D(G_0,M_0)$; „D“ für demand).[3]

Zur genaueren Analyse der Steigung und der Lage der D-Kurve wird noch einmal auf die obigen Gleichgewichtsbedingungen (die Gleichungen (1) und (2)) zurückgegriffen. Das totale Differential dieser Gleichungen lautet (mit $P_0 = 1$):

$$(6) \quad dY = cdY + idr + dG$$

$$(7) \quad dM - MdP = kdY + hdr.$$

Die Steigung der D-Kurve erfasst den Zusammenhang zwischen einer Preis- und einer Einkommensänderung bei konstanten Staatsausgaben und konstan-

---

[1] Folgendes Beispiel soll diesen Prozess erläutern: Bei zunächst ausgeglichenem Kreditmarkt erhöht der Staat seine Kreditnachfrage. Zur Durchsetzung dieser zusätzlichen Nachfrage bietet er höhere Zinsen. Hierdurch wird der private Sektor veranlasst, einen Teil des Vermögens, der in Form von Geld gehalten wird, in Wertpapieren anzulegen. Damit erhält der Staat Geld, das er für Transaktionszwecke benötigt.

[2] Die Gleichungen lauten:

$$(1) \quad Y = C(Y) + I(r) + G_0 \qquad \text{(IS-Kurve)}$$

$$(2) \quad M_0/P_0 = l(Y,r) \qquad \text{(LM-Kurve).}$$

[3] Bei linearem Verlauf von IS- und LM-Kurve verläuft auch die D-Kurve linear.

ter Geldmenge (dG = dM = 0). Damit folgt aus den Gleichungen (6) und (7):

$$(8)\quad dY = \frac{1}{1 - c + i\frac{k}{h}}\left(-i\frac{MdP}{h}\right).$$

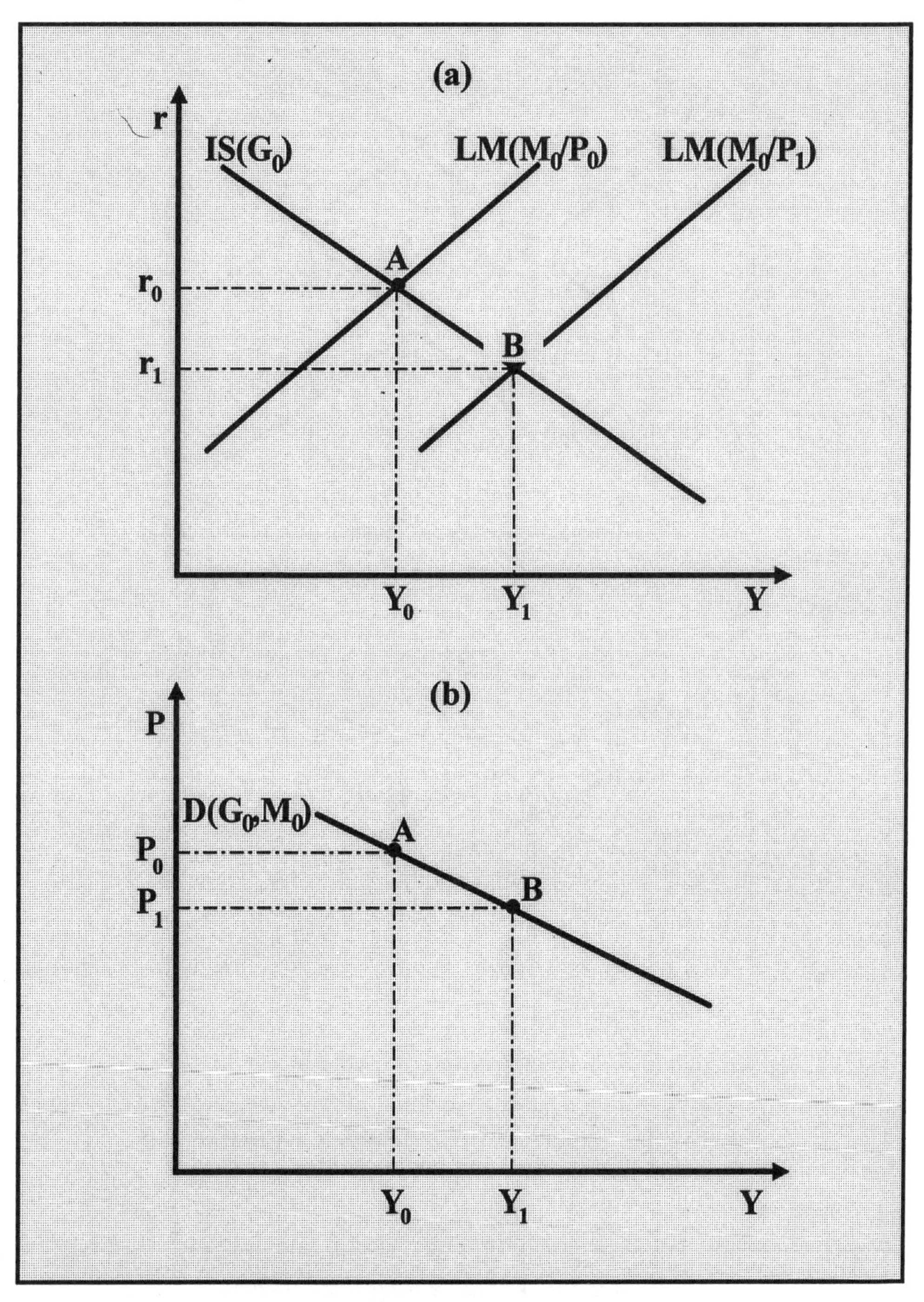

Abbildung 3.5: Ableitung der D-Kurve

Sinkt in obigem Beispiel das Preisniveau auf P_1 ($dP < 0$), so erhöhen sich die Finanzierungsmöglichkeiten. Hierdurch sinkt – bei noch konstantem Einkommen ($dY = 0$) – der Zinssatz gemäß Gleichung (7) um $-MdP/h$. Diese

Zinssenkung induziert private Investitionen (–iMdP/h), wodurch die Güternachfrage – unter Berücksichtigung des Multiplikators (für Güter- und Geldmarkt) – ansteigt.[1] Dieser Vorgang entspricht der Bewegung entlang der $D(G_0,M_0)$-Kurve, von Punkt A nach Punkt B in Abbildung 3.5.

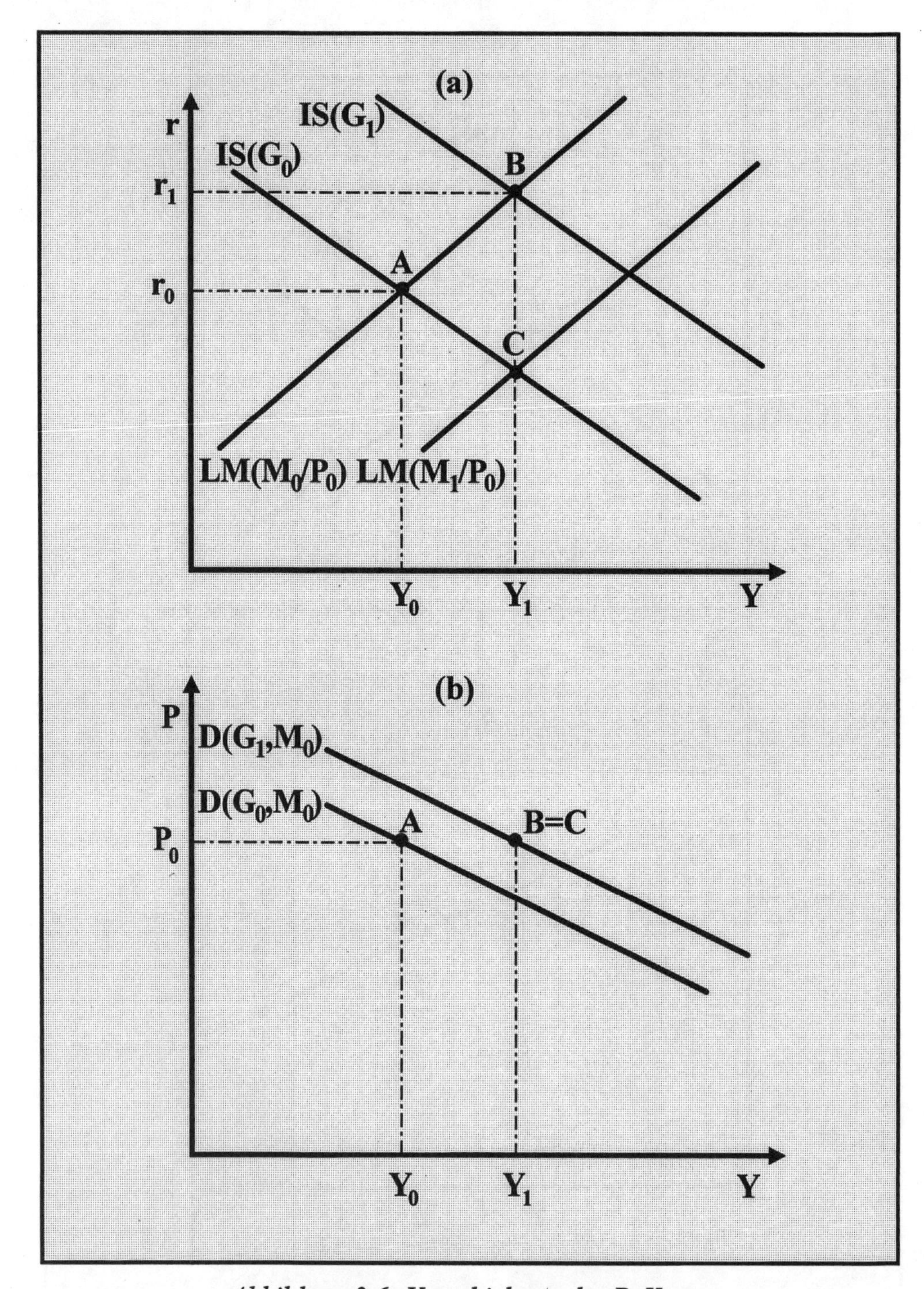

Abbildung 3.6: Verschiebung der D-Kurve

[1] Hierbei wird berücksichtigt, dass sich das Güterangebot an die Güternachfrage anpasst, so dass der entsprechende Punkt der D-Kurve auch realisiert wird. Wird diese Annahme aufgegeben, so repräsentiert die D-Kurve die gleichgewichtige und finanzierbare Güternachfrage.

Die D-Kurve verändert ihre Lage, wenn sich die Lageparameter G (oder die Pauschalsteuer) und M ändern. Das Ausmaß der Verschiebung lässt sich wieder mit Hilfe der Gleichungen (6) und (7) berechnen, wenn $dP = 0$ gesetzt wird. Im Fall einer Staatsausgabenerhöhung ($dM = 0$) ergibt sich:

$$(9) \quad dY = \frac{1}{1 - c + i\frac{k}{h}} dG.$$

Die Ausgangssituation wird durch Punkt A in Abbildung 3.6 angezeigt. Bei einer Erhöhung der Staatsnachfrage auf G_1 ($dG > 0$) erhöht sich unter Beachtung des Multiplikators die gesamtwirtschaftliche Güternachfrage bei konstantem Preisniveau, d. h. die IS-Kurve verschiebt sich von $IS(G_0)$ nach $IS(G_1)$, die D-Kurve von $D(G_0,M_0)$ nach $D(G_1,M_0)$ (Punkt B).

Im Falle einer Geldmengenänderung folgt aus den Gleichungen (6) und (7) bei $dP = dG = 0$:

$$(10) \quad dY = \frac{1}{1 - c + i\frac{k}{h}} i\frac{dM}{h}.$$

Eine Erhöhung der Geldmenge auf M_1 ($dM > 0$) erhöht (bei konstantem Preisniveau) den Finanzierungsspielraum ($LM(M_0/P_0)$ nach $LM(M_1/P_0)$, so dass der Zinssatz gemäß Gleichung (7) bei noch unverändertem Einkommen um dM/h (< 0) sinkt. Hierdurch werden wieder Investitionen induziert (idM/h), so dass die Güternachfrage gemäß obiger Multiplikatorformel ansteigt (Punkt C). Dieser Vorgang drückt sich ebenfalls in einer Rechtsverschiebung der D-Kurve von $D(G_0,M_0)$ nach $D(G_0,M_1)$ in Abbildung 3.6 aus.[1]

---

[1] Zur Vereinfachung liege Punkt C senkrecht unter B.

Aufgaben zu Kapitel 3

3.1 Stellen Sie den Prozess der multiplen Giralgeldschöpfung dar, wenn neben Sicht- auch Termineinlagen berücksichtigt werden. Die Nichtbanken teilen ihre Einlagen im Verhältnis d zu (1 – d) auf Sicht- bzw. Termineinlagen auf; der Mindestreservesatz auf Sichteinlagen sei m_S, der auf Termineinlagen m_T.

3.2 Was beinhaltet die LM-Kurve? Erläutern Sie ihren ansteigenden Verlauf. Geben Sie an, um wie viel das finanzierbare Einkommen bei einer vorgegebenen Zinserhöhung ansteigt (P = 1).

3.3 Gegeben sei ein Gleichgewicht auf dem Geldmarkt (ein Punkt auf dem ansteigenden Ast einer LM-Kurve). Nun steige das Preisniveau an. Untersuchen Sie algebraisch und graphisch, wie sich das Einkommen (der Zinssatz) ändert, wenn der Zinssatz (das Einkommen) unverändert bleibt. Interpretieren Sie das Ergebnis.

3.4 Gegeben seien die Konsumfunktion:

$$(1) \quad C = \bar{C} + cY^v,$$

die Investitionsfunktion:

$$(2) \quad I = \bar{I} + ir$$

sowie die Geldnachfragefunktion:

$$(3) \quad l(Y,r) = kY + \bar{l} + hr.$$

Bestimmen Sie algebraisch die simultanen Gleichgewichtswerte für Volkseinkommen und Zinssatz, wenn gilt:

$\bar{C} = 245$, $\bar{I} = G_0 = 150$, $\bar{l} = 100$, $M = 1275$, $T = 100$,
$P = k = 1$, $c = 0{,}6$, $i = -1000$, $h = -5000$.

Wie ändern sich die Gleichgewichtswerte, wenn G auf 210 ansteigt?

3.5 Gegeben sei ein simultanes Gleichgewicht auf Güter- und Geldmarkt; das Ausgangspreisniveau sei $P = 1$. Berechnen Sie die Änderung des gleichgewichtigen Volkseinkommens bei einer Erhöhung des Preisniveaus. Stellen Sie das Ausgangsgleichgewicht sowie das neue Gleichgewicht graphisch dar.

3.6 Gegeben sei ein Ungleichgewicht derart, dass ein Punkt auf der IS-Kurve unterhalb der LM-Kurve realisiert ist. Es wird nun angenommen, dass sich zunächst der Zinssatz so ändert, dass der Geldmarkt im Gleichgewicht ist; daran anschließend wird bei diesem Zinssatz ein Gleichgewicht auf dem Gütermarkt realisiert usw. Untersuchen Sie die Stabilität des simultanen Gleichgewichts auf Güter- und Geldmarkt.

3.7 Gegeben sei ein simultanes Gleichgewicht auf Güter- und Geldmarkt; das Preisniveau sei $P = 1$. Berechnen Sie die Änderung des gleichgewichtigen Volkseinkommens bei einer Preissenkung, wenn die Konsumnachfrage auch positiv von der realen Geldmenge (M/P) abhängt. Interpretieren Sie das Ergebnis.

3.8 Was beinhaltet die D-Kurve? Erläutern Sie ihren fallenden Verlauf.

3.9 Welche Auswirkungen auf die D-Kurve ergeben sich, wenn angenommen wird, dass die Konsumnachfrage auch positiv von der realen Geldmenge abhängt?

3.10 Wie verläuft die D-Kurve, wenn

(a) die Investitionsnachfrage und

(b) die Geldnachfrage zinsunabhängig sowie

(c) die Geldnachfrage völlig zinselastisch ist?

Was ändert sich, wenn die Konsumnachfrage positiv von der realen Geldmenge abhängt?

4. Kapitel: AD/AS-Modell[1]

Das sog. AD/AS-Modell[2] unterscheidet sich von dem IS/LM-Modell dadurch, dass nun mit Hilfe des Arbeitsmarktes auch das Güterangebot eigenständig modelliert wird, d. h., dass die Annahme $P = const.$ aufgegeben wird.[3] Das Erklärungsschema dieser dritten Version des Makro-Modells ist in Übersicht 4.1 dargestellt.

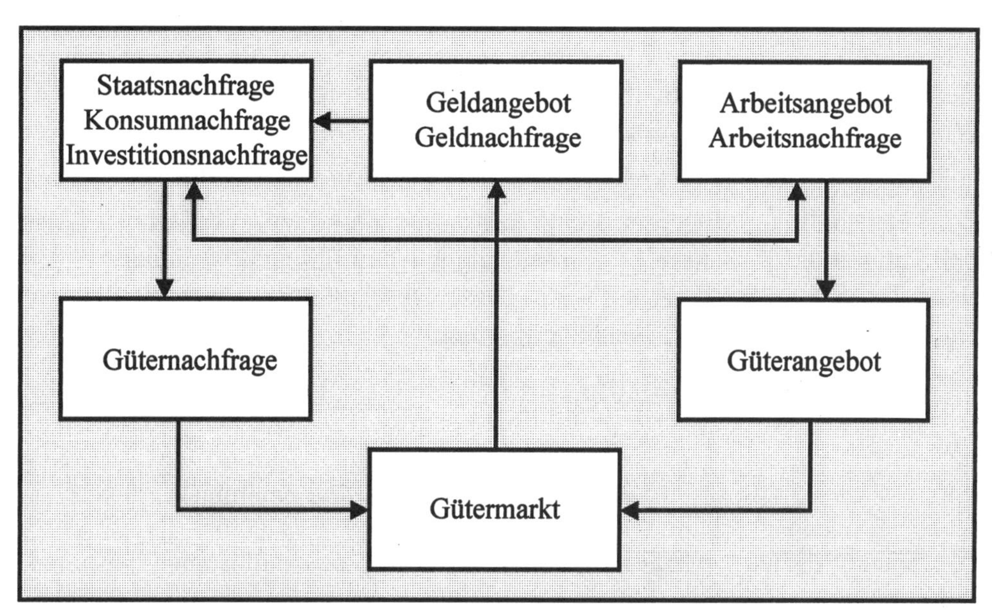

Übersicht 4.1: Struktur des AD/AS-Modells

Nachfolgend werden somit zunächst mittels Angebot und Nachfrage auf dem Arbeitsmarkt die Höhe der Beschäftigung und damit das Güterangebot abgeleitet. Daran anschließend wird unter Berücksichtigung der Güternachfrage die wirtschaftliche Situation – repräsentiert durch die Höhe des Volkseinkommens, des Preisniveaus und der Beschäftigung – bestimmt (Gleichgewicht auf Güter-, Geld- und Arbeitsmarkt).

4.1 Der Arbeitsmarkt

Das Arbeitsangebot stammt vom Haushaltssektor, die Arbeitsnachfrage vom Unternehmenssektor. Nachfolgend werden mit Hilfe eines repräsentativen Wirtschaftssubjekts das typische Angebots- und Nachfrageverhalten auf dem Arbeitsmarkt dargestellt.

---

[1] Heubes, J., Grundlagen der modernen Makroökonomie, a. a. O., S. 131 ff; Branson, W. H., Makroökonomie, a. a. O., S. 99 ff; Wohltmann, H.-W., Grundzüge der makroökonomischen Theorie, 3. Aufl., München/Wien 2000, S. 342 ff.

[2] AD (AS) steht für aggregate demand (aggregate supply), hier als D (S) abgekürzt.

[3] Anstelle des vollkommen elastischen Güterangebots tritt hier das Güterangebot bei Vollbeschäftigung (Y_0).

4.1.1 Arbeitsangebot[1]

Der repräsentative Haushalt verfolge das Ziel, seinen Nutzen zu maximieren. Der Nutzen folgt aus dem Konsum C sowie aus der Freizeit F; die Nutzenfunktion lautet:

$$(1)\quad U = U(C,F); \quad \partial U/\partial C > 0, \quad \partial U/\partial F > 0;$$

es gelte das Gesetz der abnehmenden Grenzrate der Substitution.

Bei der Verfolgung dieses Ziels muss der Haushalt eine bestimmte Nebenbedingung, nämlich seine Budgetrestriktion, einhalten, d. h. die Konsumausgaben (PC) dürfen seine Einnahmen nicht übersteigen. Es wird angenommen, dass der Haushalt lediglich ein Arbeitseinkommen bezieht (WA; W = Nominallohn, A = Arbeitsangebot), das er vollständig zum Kauf der Konsumgüter verausgabt (von Steuerzahlungen wird abgesehen).

Dem Haushalt steht insgesamt eine bestimmte Zeit Z zur Verfügung. Diese Zeit kann er auf Arbeitszeit (= Arbeitsangebot) und Freizeit aufteilen, es gilt also $Z = A + F$ bzw. $A = Z - F$. Diese Überlegungen zusammenfassend ergibt sich somit folgende Nebenbedingung:

$$(2)\quad PC = W(Z - F)$$

bzw.:

$$(3)\quad C = w(Z - F); \qquad w = W/P \text{ (Reallohn)}.$$

Die Lösung dieses Optimierungsproblems erfolgt mit Hilfe einer Lagrange-Funktion:[2,3]

$$(4)\quad L = U(C,F) - \mu[C - w(Z - F)].$$

Die notwendigen Bedingungen für ein Nutzenmaximum umfassen die ersten Ableitungen der Lagrange-Funktion nach C und F, die gleich Null gesetzt werden, sowie die Nebenbedingung (3). Die Ableitungen lauten:

$$(5)\quad \frac{\partial L}{\partial C} = \frac{\partial U}{\partial C} - \mu \quad = 0$$

$$(6)\quad \frac{\partial L}{\partial F} = \frac{\partial U}{\partial F} - \mu w \quad = 0.$$

Die Bedingungen (5) und (6) lassen sich zusammenfassen zu:

$$(7)\quad \frac{\partial U/\partial F}{\partial U/\partial C} = w.$$

---

[1] Burda, M. C. und Ch. Wyplosz, Makroökonomik, a. a. O., S. 148 ff; Branson, W. H., Makroökonomie, a. a. O., S. 107 ff.

[2] P und W sind dem Haushalt vorgegeben.

[3] Rauch, B., Mathematische Lösungsmethoden, in: J. Heubes, Grundlagen der modernen Makroökonomie, a. a. O., S. 707 ff, hier S. 726 f.

Im Nutzenmaximum müssen die Bedingungen (3) und (7) erfüllt sein. Ihre Interpretation erfolgt graphisch. Hierzu ist in Abbildung 4.1 die Nutzenfunktion mit Hilfe von Indifferenzkurven (U_0, U_1) dargestellt; aufgrund des Gesetzes der abnehmenden Grenzrate der Substitution verlaufen die Indifferenzkurven konvex. Weiterhin ist die Budgetrestriktion (3) von Z aus nach links eingezeichnet, die Budgetgerade B_0. Das Nutzenmaximum bei gegebenem Reallohn w_0 ist im Berührpunkt der Budgetgeraden B_0 mit der Indifferenzkurve U_0 erreicht (Punkt A).

Im Berührpunkt zweier Kurven sind deren Steigungen größengleich. Die Steigung der Budgetgeraden beträgt:

$$(8) \quad \left.\frac{dC}{dF}\right|_{B_0} = -w.$$

Die Steigung der Indifferenzkurve ergibt sich aus dem totalen Differential der Nutzenfunktion unter Beachtung von dU = 0:

$$(9) \quad 0 = \frac{\partial U}{\partial C} dC + \frac{\partial U}{\partial F} dF$$

$$(10) \quad \left.\frac{dC}{dF}\right|_{U_0} = -\frac{\partial U/\partial F}{\partial U/\partial C}.$$

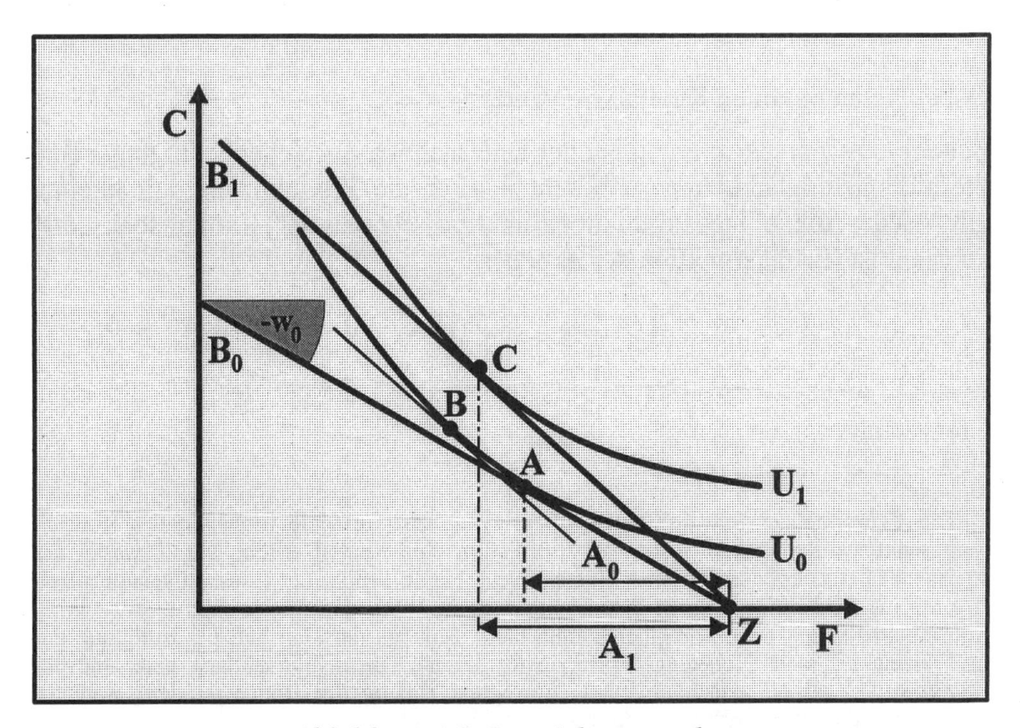

Abbildung 4.1: Das Arbeitsangebot

Die Gleichungen (8) und (10) entsprechen der Gleichung (7). Unter Beachtung, dass die Steigung der Indifferenzkurve die Grenzrate der Substitution darstellt, besagt die Bedingung (7), dass im Optimum die Grenzrate der Substitution gleich dem Reallohn sein muss.[1]

Bei dem vorgegebenen Reallohn w_0 beträgt das Arbeitsangebot A_0. Es bleibt zu untersuchen, wie sich das Arbeitsangebot mit dem Reallohn ändert. Hierzu wird ein höherer Reallohn betrachtet, der in der steileren Budgetgeraden B_1 zum Ausdruck kommt. Nach Abbildung 4.1 steigt in diesem Fall das Arbeitsangebot an (A_1), es gilt:

$$(11)\quad A^a = A^a(w), \qquad dA^a/dw > 0.$$

Der Gesamteffekt einer Lohnänderung auf das Arbeitsangebot (A nach C) lässt sich (nach Hicks) in einen Substitutionseffekt (A nach B) und einen Einkommenseffekt (B nach C) zerlegen. Infolge der Lohnerhöhung verteuert sich die Freizeit, so dass diese reduziert wird (Substitutionseffekt). Andererseits steigt der Wert der Ausstattung mit Zeit, so dass C und F als normale Güter erhöht werden. Überwiegt der Substitutions- den Einkommenseffekt, so wird die Freizeit insgesamt eingeschränkt und das Arbeitsangebot ausgedehnt.

4.1.2 Arbeitsnachfrage[2]

Das repräsentative Unternehmen verfolge das Ziel der Gewinnmaximierung. Bei gegebenem Kapitalstock ($\bar{K}$) ist der optimale Arbeitseinsatz (= Arbeitsnachfrage) gesucht. Die zu maximierende Zielfunktion ist dann:

$$(12)\quad Q = PY - WA - \Lambda,$$

wobei Λ nun die fixen Kapitalkosten erfasst.

Bei der Gewinnmaximierung hat der Unternehmer als Nebenbedingung seine Produktionsmöglichkeiten zu beachten.[3] Für die Produktionsmöglichkeiten gilt wieder die obige Produktionsfunktion, wobei der Kapitalstock jetzt konstant ist (Ertragsfunktion der Arbeit):

$$(13)\quad Y = Y(A,\bar{K}); \qquad \partial Y/\partial A > 0, \qquad \partial^2 Y/\partial A^2 < 0;$$

es gilt also auch bzgl. des Arbeitseinsatzes das Gesetz des abnehmenden Grenzertrages.

---

[1] Die Grenzrate der Substitution dC/dF gibt an, um wie viele Einheiten der Konsum gesenkt werden könnte, wenn die Freizeit um eine Einheit erhöht würde, wobei der Haushalt stets auf dem gleichen Nutzenniveau bleibt. Erhöht der Haushalt seine Freizeit um eine Einheit, so entgeht ihm Einkommen in Höhe von W, so dass er w (= W/P) Einheiten weniger Konsumgüter kaufen kann. Solange der Haushalt bei Erhöhung der Freizeit auf mehr Konsumgüter verzichten könnte (Bewegung entlang einer Indifferenzkurve) als er tatsächlich muss (Bewegung entlang der Budgetgeraden), kann er offensichtlich durch Erhöhung der Freizeit seinen Nutzen steigern.

[2] Branson, W. H., Makroökonomie, a. a. O., S. 102 ff; Burda, M. C. und Ch. Wyplosz, Makroökonomik, a. a. O., S. 156 ff.

[3] P und W sind auch für das Unternehmen vorgegeben, d. h. sowohl auf dem Produkt- als auch auf dem Arbeitsmarkt herrscht vollständige Konkurrenz.

Die Gleichungen (12) und (13) liefern:

$$(14)\quad Q = PY(A,\bar{K}) - WA - \Lambda.$$

Der optimale Arbeitseinsatz ist erreicht bei:

$$(15)\quad \frac{dQ}{dA} = P\frac{\partial Y}{\partial A} - W = 0$$

bzw.:

$$(16)\quad P\frac{\partial Y}{\partial A} = W$$

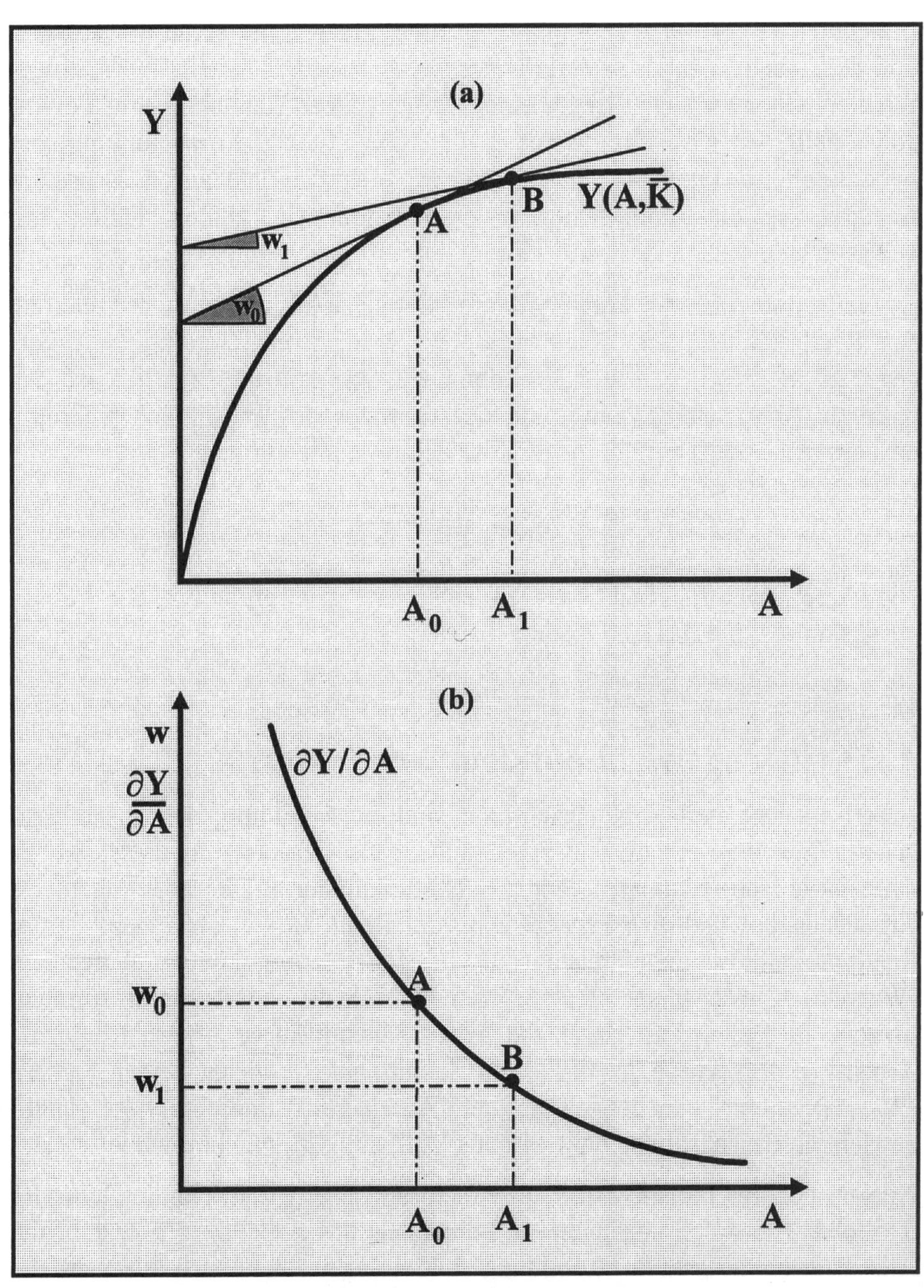

Abbildung 4.2: Optimaler Arbeitseinsatz

oder:

$$(17)\quad \partial Y/\partial A = w; \quad w = W/P.$$

Gleichung (16) ist die bekannte Optimierungsregel, nämlich, dass Grenzerlös und Grenzkosten der Arbeit größengleich sind. Der Grenzerlös der Arbeit ist gleich dem Produkt aus zusätzlicher Produktionsmenge bei Mehreinsatz der Arbeit um eine Einheit (der Grenzertrag der Arbeit) und dem Preis des Gutes; die Grenzkosten sind der Nominallohn. Gleichung (17) gibt den gleichen Sachverhalt in realen Größen an; der optimale Arbeitseinsatz ist erreicht, wenn Grenzertrag der Arbeit und Reallohn übereinstimmen.

Der optimale Arbeitseinsatz wird in Abbildung 4.2 unter Verwendung der Gleichungen (13) und (17) graphisch ermittelt. In Teil (a) ist die Ertragsfunktion der Arbeit $Y(A,\bar{K})$, in Teil (b) der Grenzertrag der Arbeit $\partial Y/\partial A$ eingezeichnet. Gleichung (17) ist für einen vorgegebenen Reallohn w_0 in Teil (a) dort erfüllt, wo eine Gerade mit der Steigung w_0 die Ertragsfunktion der Arbeit berührt (Punkt A), in Teil (b), wo eine Parallele zur A-Achse im Abstand w_0 die Grenzertragskurve schneidet (in beiden Fällen gilt $\partial Y/\partial A = w_0$).

Es bleibt nun noch die Frage, wie die Arbeitsnachfrage auf eine Änderung des Reallohns reagiert. Wird bspw. ein niedrigerer Reallohn (w_1) vorgegeben, so steigt, wie aus Abbildung 4.2 unmittelbar ersichtlich ist, der optimale Arbeitseinsatz (aufgrund des Gesetzes des abnehmenden Grenzertrages der Arbeit) an. Für die Arbeitsnachfrage gilt somit:

$$(18)\quad A^n = A^n(w), \qquad dA^n/dw < 0.$$

Die Arbeitsnachfragefunktion (18) entspricht also graphisch der Grenzertragskurve der Arbeit ($\partial Y/\partial A$).

4.1.3 Gleichgewicht auf dem Arbeitsmarkt

Arbeitsangebot und Arbeitsnachfrage sind in Abbildung 4.3 zusammengefasst (zur Vereinfachung der Darstellung als Geraden). In dieser Abbildung ist auf der Ordinatenachse der Nominallohnsatz (W) abgetragen. Da Arbeitsangebot und Arbeitsnachfrage vom Reallohn (w) abhängen, ist der Reallohn mittels des Preisniveaus in den Nominallohn umzurechnen ($W = wP$). Zunächst sei $P_0 = 1$, d. h. Nominal- und Reallohn stimmen überein. In diesem Fall gelten die Arbeitsangebotskurve $A^a(W/P_0)$ und die Arbeitsnachfragekurve $A^n(W/P_0)$. Im Schnittpunkt A dieser beiden Kurven (W_0, A_0) ist ein Gleichgewicht auf dem Arbeitsmarkt erreicht. Diese gleichgewichtige Beschäftigung (A_0) wird als Vollbeschäftigung bezeichnet.

Gilt ein höheres Preisniveau P_1 ($> P_0$), so sinkt bei jedem Nominallohn der Reallohn. Hierdurch verringert sich einerseits das Arbeitsangebot, d. h. die Arbeitsangebotskurve in Abbildung 4.4 verlagert sich nach links in die Position $A^a(W/P_1)$. Andererseits erhöht sich die Arbeitsnachfrage, was in der

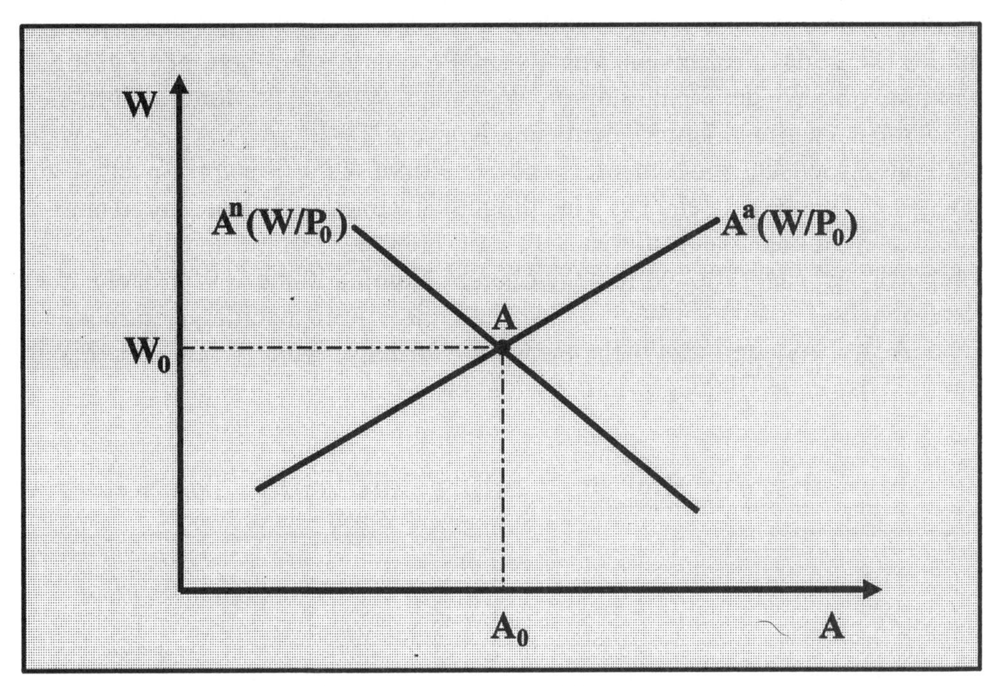

Abbildung 4.3: Der Arbeitsmarkt

Rechtsverschiebung der Nachfragekurve nach $A^n(W/P_1)$ zum Ausdruck kommt.[1] Ein Gleichgewicht auf dem Arbeitsmarkt ist in diesem Fall in Punkt B erreicht.

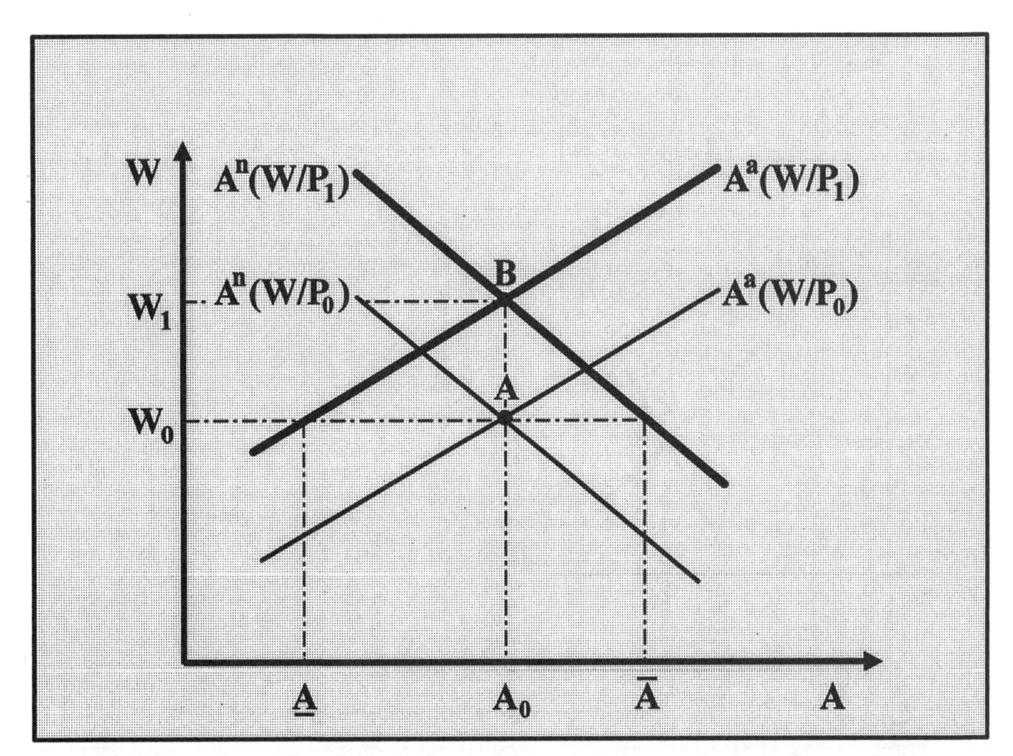

Abbildung 4.4: Gleichgewicht auf dem Arbeitsmarkt bei alternativen Preisniveaus

---

[1] Zur Vereinfachung der Abbildung wird auf eine maßstabsgetreue Darstellung verzichtet.

Es bleibt die Frage nach der Stabilität des Gleichgewichts auf dem Arbeitsmarkt. Steigt das Preisniveau von P_0 auf P_1, so sinkt bei dem noch gültigen Nominallohn W_0 der Reallohn von W_0/P_0 auf W_0/P_1. Hierdurch erhöht sich die Arbeitsnachfrage gemäß der neuen Kurve $A^n(W/P_1)$ von A_0 auf $\overline{A}$, während das Arbeitsangebot entsprechend der Kurve $A^a(W/P_1)$ von A_0 auf $\underline{A}$ zurückgeht. Damit entsteht ein Nachfrageüberschuss auf dem Arbeitsmarkt. Die Unternehmer konkurrieren nun mit höheren Lohnangeboten um die knappen Arbeitskräfte. Infolge höherer Nominallöhne (W_1) steigt der Reallohn (auf $W_1/P_1 = W_0/P_0$),[1] so dass die Arbeitsnachfrage zurückgeht (von $\overline{A}$ auf A_0) und das Arbeitsangebot ansteigt (von $\underline{A}$ auf A_0), bis in Punkt B das neue Gleichgewicht erreicht ist.

4.2 Das Güterangebot bei Vollbeschäftigung: Die S-Kurve

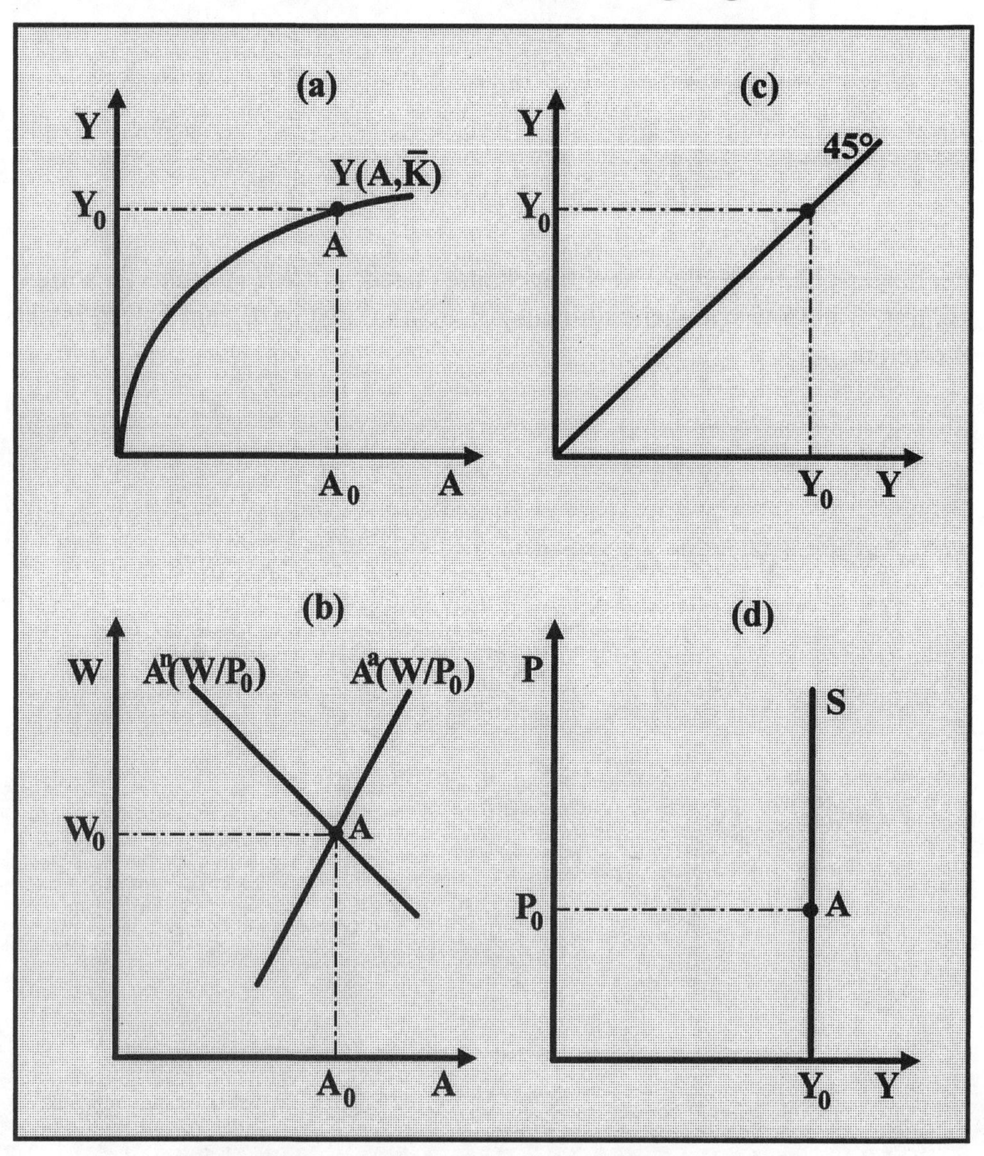

Abbildung 4.5: Güterangebot bei Vollbeschäftigung

[1] Nur bei dem ursprünglichen Reallohn stimmen wieder Arbeitsangebot und Arbeitsnachfrage überein.

Es bleibt noch das Güterangebot bei Vollbeschäftigung des Faktors Arbeit (A_0) und vorgegebenem Kapitalstock zu bestimmen.[1] Dies geschieht graphisch in Abbildung 4.5, die in Teil (b) den Arbeitsmarkt wiederholt. Weiterhin enthält diese Abbildung in Teil (a) die Produktionsfunktion bei Konstanz des Faktors Kapital (Ertragsfunktion der Arbeit).

Wird nun die Beschäftigung A_0 aus Teil (b) in die Produktionsfunktion eingesetzt, so folgt ein ganz bestimmtes Güterangebot $Y_0 (= Y(A_0,\bar{K}))$ bei Gleichgewicht auf dem Arbeitsmarkt (Teil (a)). Dieses Güterangebot wird mit Hilfe der 45°-Geraden in den Quadranten (d) übertragen. Bei dem Preisniveau P_0 ergibt sich Punkt A.

Wie vorangehend dargestellt wurde, ist die Höhe der Beschäftigung A_0 unabhängig vom Preisniveau. Dies gilt dann auch für die Höhe des Güterangebots Y_0, d. h. die Güterangebotskurve – die S-Kurve – verläuft im Y/P-Diagramm senkrecht.

4.3 Gleichgewicht auf Güter-, Geld- und Arbeitsmarkt

Es bleibt noch die wirtschaftliche Situation, nämlich die Höhe der endogenen Größen, insbesondere des Volkseinkommens, des Preisniveaus und der Beschäftigung, mit Hilfe dieser dritten Version des Makro-Modells zu bestimmen. Wiederum wird die Betrachtung auf die Gleichgewichtssituation beschränkt, die hier ein Gleichgewicht auf dem Gütermarkt, auf dem Geldmarkt sowie auf dem Arbeitsmarkt umfasst. Wird das Güterangebot, das mit Hilfe von Arbeitsangebot und -nachfrage unter Berücksichtigung der Produktionsfunktion endogen bestimmt wird, durch Y_0 wiedergegeben, so lässt sich die Gleichgewichtssituation wie folgt charakterisieren:

(1)	$Y = C(Y) + I(r) + G_0$	(IS-Kurve)
(2)	$M_0/P = l(Y,r)$	(LM-Kurve)
(3)	$Y = Y_0$	(S-Kurve)

Übersicht 4.2: Gleichgewicht auf Güter-, Geld- und Arbeitsmarkt

Zunächst wird die Existenz, daran anschließend die Stabilität des gesamtwirtschaftlichen Gleichgewichts untersucht.

---

[1] Der Kapazitätseffekt der Investitionen wird in der hier vorliegenden kurzfristigen Betrachtung vernachlässigt.

4.3.1 Existenz eines Gleichgewichts

Statische Analyse

Die Bestimmung der gesuchten Gleichgewichtswerte erfolgt graphisch mit Hilfe der Abbildung 4.6. In Teil (b) ist der Gütermarkt mittels der D- und der S-Kurve dargestellt. Zur Erläuterung der D-Kurve ist in Teil (a) das IS/LM-Schema wiederholt, zur Erläuterung der S-Kurve in Teil (c) der Arbeitsmarkt.

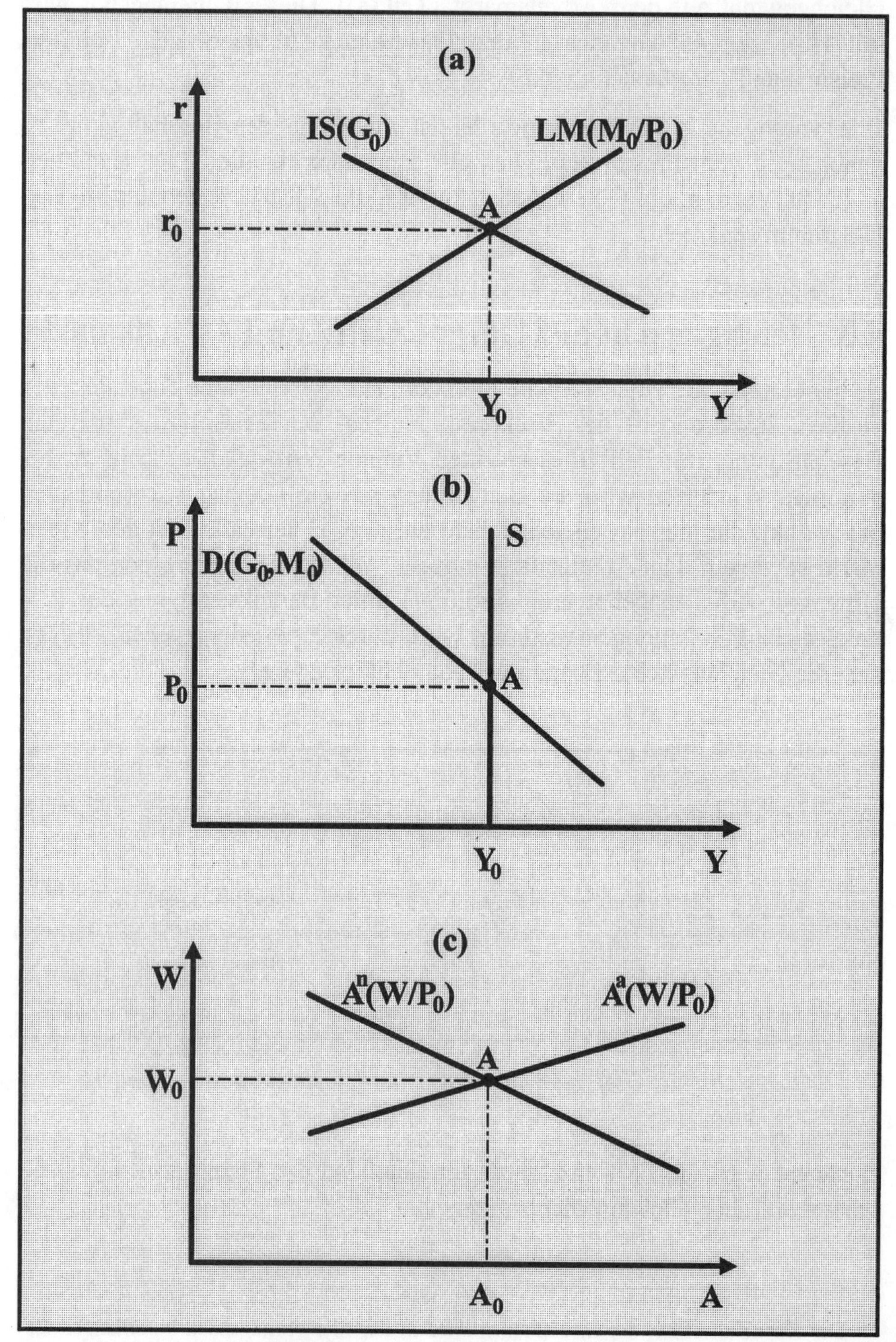

Abbildung 4.6: Gleichgewicht auf Güter-, Geld- und Arbeitsmarkt

Zur Vereinfachung der Abbildung wird die Produktionsfunktion bei der Skalierung der A-Achse in Teil (c) berücksichtigt. Das heißt, die Einteilung der A-Achse wird so gewählt, dass sie die zur Produktion der auf der Y-Achse in Teil (a) und (b) abgetragenen Gütermenge erforderliche Beschäftigung angibt.

Im gesamtwirtschaftlichen Gleichgewicht müssen Güterangebot und Güternachfrage übereinstimmen, d. h. die S- und die D-Kurve müssen sich bei $P > 0$ schneiden (Punkt A).

Das konstante Güterangebot Y_0 entspricht der Vollbeschäftigung A_0 auf dem Arbeitsmarkt, die bei einem bestimmten Reallohn w_0 erreicht wird. Eine gleichgewichtige Güternachfrage in Höhe von Y_0 erfordert gemäß der IS-Kurve einen Zinssatz von r_0. Diese Güternachfrage ist unter Beachtung der vorgegebenen Geldmenge bei einem Preisniveau von P_0 auch finanzierbar (die LM(P_0)-Kurve schneidet die IS-Kurve bei r_0 bzw. die D-Kurve schneidet die S-Kurve bei P_0). Mit dem Preisniveau P_0 liegt schließlich auch der Nominallohn W_0 fest, der dem gleichgewichtigen Reallohn ($w_0 = W_0/P_0$) entspricht.

Wie ersichtlich ist, lässt sich das Modell im Gleichgewicht in einen realen Teil (A_0, Y_0, w_0, r_0) und einen nominellen Teil (P_0, W_0) aufspalten, wobei die realen Größen unabhängig von der Höhe der Geldmenge sind (sog. Neutralität des Geldes).

4.3.2 Stabilität des Gleichgewichts

Es wird nun der Fall betrachtet, dass dieses gesamtwirtschaftliche Gleichgewicht durch einen Rückgang der Staatsnachfrage von G_0 auf G_1 gestört wird. Es bleibt dann die Frage, inwieweit in dieser Situation Kräfte ausgelöst werden, die zu dem Vollbeschäftigungsgleichgewicht zurückführen. Diese Analyse erfolgt graphisch anhand der Abbildung 4.7.

Infolge des Rückgangs der Staatsnachfrage verschieben sich die IS(G_0)-Kurve nach IS(G_1) und die D(G_0)-Kurve nach D(G_1). Wird zunächst angenommen, dass P_0 konstant bleibt, d. h., dass sich das Güterangebot an die Güternachfrage anpasst, so sinken Güternachfrage und Volkseinkommen auf Y_1 (Punkt B).

Während also die gleichgewichtige und finanzierbare Güternachfrage bei P_0 den Wert Y_1 annimmt, wollen die Unternehmer bei diesem Preisniveau und dem Nominallohn W_0 jedoch die Menge Y_0 anbieten. Bei P_0 besteht also eine sog. deflatorische Lücke ($Y_0 - Y_1$). Infolge dieser deflatorischen Lücke sinkt nun das Preisniveau von P_0 auf P_1 (Punkt C). Hierdurch steigt die Güternachfrage wieder an: Niedrigeres Preisniveau bedeutet eine höhere reale Geldmenge (LM(P_0) nach LM(P_1)), wodurch der Zinssatz sinkt (von r_0 auf r_1) und die Investitionsnachfrage angeregt wird, so dass – unter Beachtung des Multiplikatorprozesses – die Güternachfrage von Y_1 entlang D_1 auf Y_0 ansteigt. Das Güterangebot jedoch bleibt konstant: Bei niedrigerem Preisniveau verschieben sich die Arbeitsangebots- und die Arbeitsnachfragekurve nach unten (von $A^a(W/P_0)$ nach $A^a(W/P_1)$ bzw. von $A^n(W/P_0)$ nach $A^n(W/P_1)$). Bei dem ursprünglichen Nominallohn W_0 übersteigt nun das Arbeitsangebot ($\bar{A}$) die Arbeitsnachfrage ($\underline{A}$), wodurch der Nominallohn sinkt. Dieser Rückgang des Nominallohns hält so lange an (W_1), bis der ursprüngliche Reallohn und damit wieder die Beschäftigung A_0 erreicht sind.

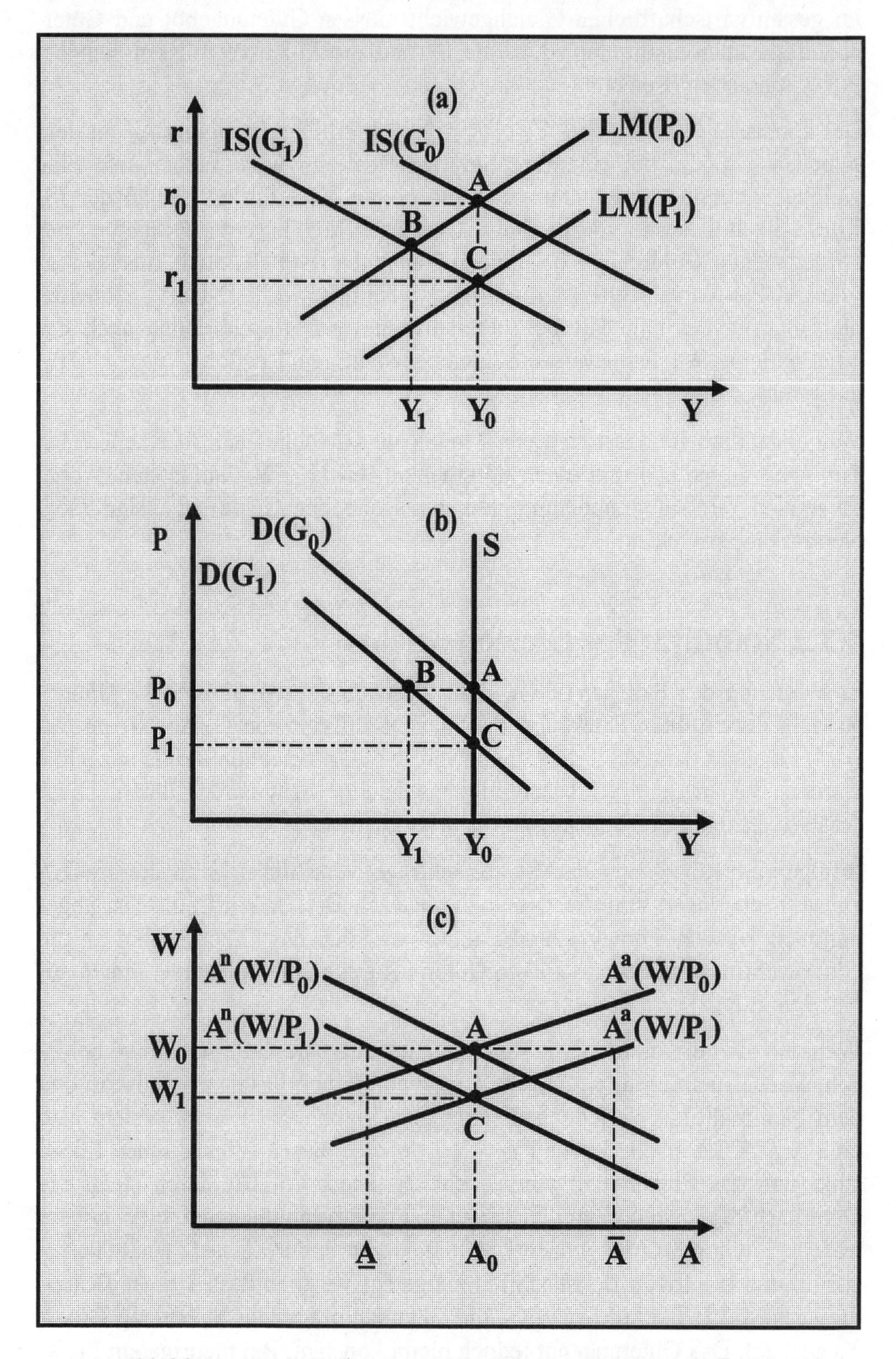

Abbildung 4.7: Störung des Vollbeschäftigungsgleichgewichts

Aufgaben zu Kapitel 4

4.1 Stellen Sie das Gleichgewicht auf dem Arbeitsmarkt in einem A/W- sowie in einem A/w-Diagramm dar (w = W/P). Untersuchen Sie jeweils die Auswirkungen einer Preissenkung.

4.2 Stellen Sie das Gleichgewicht auf dem Arbeitsmarkt in einem A/W-Diagramm dar. Die Arbeitsangebots- und die Arbeitsnachfragekurve seien Geraden. Das Preisniveau steige nun von P_0 auf P_1 an. Zeichnen Sie die Verschiebungen der beiden Kurven maßstabsgetreu.

4.3 Bestimmen Sie den Verlauf der S-Kurve, wenn das Arbeitsangebot bei einem vorgegebenen Nominallohn W_0 vollkommen elastisch ist

4.4 Bestimmen Sie den Verlauf der S-Kurve, wenn das Arbeitsangebot vollkommen unelastisch ist.

4.5 Bestimmen Sie den Verlauf der S-Kurve, wenn der Nominallohn nach unten starr ist. In der Ausgangslage herrsche Gleichgewicht auf dem Arbeitsmarkt.

4.6 Infolge eines Erdbebens verschlechtern sich die Produktionsmöglichkeiten in einer Volkswirtschaft. Untersuchen Sie, welche Auswirkungen dies auf das Güterangebot hat.

4.7 Infolge eines Erdbebens verschlechtern sich die Produktionsmöglichkeiten in einer Volkswirtschaft. Untersuchen Sie, welche Auswirkungen dies auf das Güterangebot hat, wenn der Nominallohn nach unten fix ist.

4.8 Untersuchen Sie, wie sich höhere Lohnforderungen der Gewerkschaften (Linksverschiebung der Arbeitsangebotskurve) auf das Güterangebot auswirken.

4.9 Stellen Sie das Vollbeschäftigungsgleichgewicht in einem Y/r-Diagramm dar.

4.10 Gegeben sei ein Vollbeschäftigungsgleichgewicht. Dieses Gleichgewicht werde nun durch eine Erhöhung der Staatsnachfrage gestört. Leiten Sie graphisch das neue Gleichgewicht ab; erläutern Sie den Anpassungsprozess.

II. Teil

Arbeitslosigkeit und Inflation

In Teil I wurde eine Volkswirtschaft dargestellt, in der die Marktkräfte für Vollbeschäftigung und Preisniveau-Stabilität sorgen. In diesem II. Teil sollen nun Fälle von Marktversagen, nämlich die Phänomene der Arbeitslosigkeit und der Inflation, analysiert werden.

5. Kapitel: Arbeitslosigkeit

Dieses Kapitel befasst sich mit dem Beschäftigungsproblem. Das Lernziel besteht darin, einerseits die Ursachen konjunktureller Arbeitslosigkeit kennenzulernen und andererseits auf dieser theoretischen Basis Möglichkeiten einer Beschäftigungspolitik abzuleiten. Als Analyse-Instrument dient das im I. Teil vorgestellte Makro-Modell, das jedoch noch an die vorliegende Problemstellung angepasst werden muss.

5.1 Konjunkturelle Arbeitslosigkeit[1]

Zur Verdeutlichung des Problems der Vollbeschäftigung werden die Übersicht 5.1 sowie die Abbildung 5.1 herangezogen. Die gesamte Wohnbevölkerung eines Landes gliedert sich in einen erwerbsfähigen und in einen nichterwerbsfähigen Teil. Der nichterwerbsfähige Teil umfasst Kinder, Alte und Kranke. Der erwerbsfähige Teil stellt das Arbeitskräftepotential einer Volkswirtschaft dar. Dieses Arbeitskräftepotential ist exogen gegeben ($\bar{A}$); in Abbildung 5.1 wird es durch eine Parallele zur W-Achse im Abstand $\bar{A}$ angezeigt.

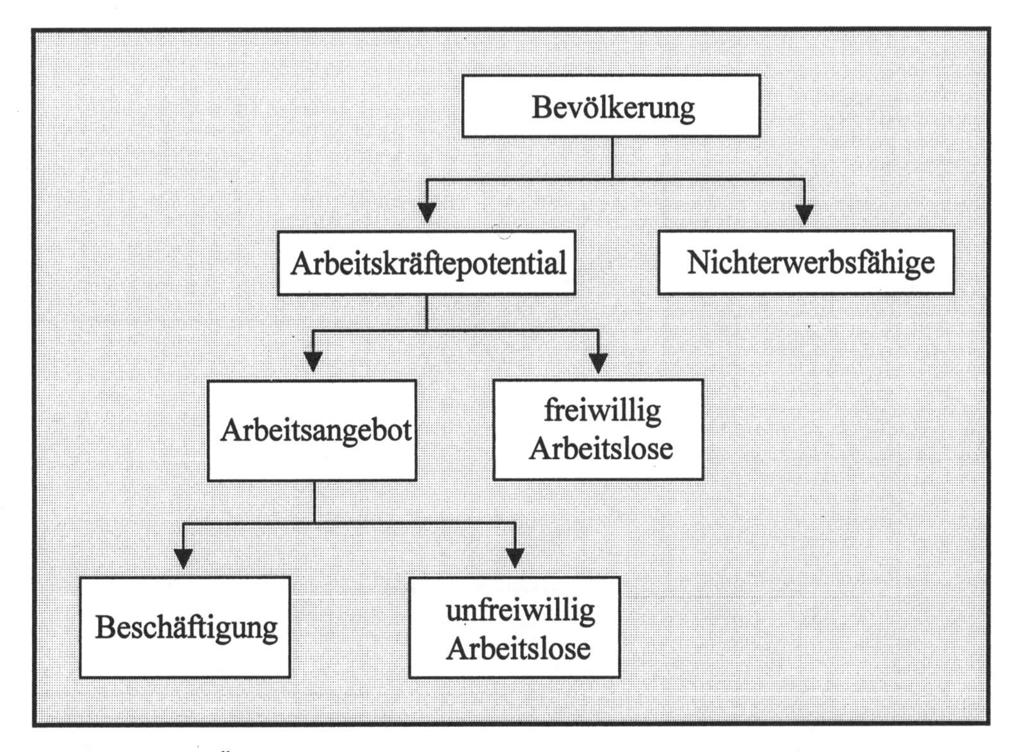

Übersicht 5.1: Untergliederung der Bevölkerung

---

1 Otruba, H. u. a., Makroökonomik, 2. Aufl., Wien/New York 1996, S. 201 ff.

Das Arbeitsangebot ist der Teil des Arbeitskräftepotentials, der bei einem gegebenen Reallohn arbeiten möchte. Beträgt das Preisniveau P_0, so entspricht dieses Arbeitsangebot der $A^a(W/P_0)$-Kurve in Abbildung 5.1. Hierbei ist zu beachten, dass ab einem bestimmten Reallohn jeder Erwerbsfähige auch arbeiten möchte, so dass das Arbeitsangebot mit dem Arbeitskräftepotential zusammenfällt.

Weiterhin enthält Abbildung 5.1 die Arbeitsnachfragekurve ($A^n(W/P_0)$). Der Schnittpunkt zwischen der Arbeitsangebots- und der Arbeitsnachfragekurve (Punkt A) gibt eine Vollbeschäftigungssituation wieder i. d. S., dass keine unfreiwillige Arbeitslosigkeit herrscht: Alle Arbeitskräfte, die zu dem Reallohn W_0/P_0 arbeiten wollen (A_0), finden auch Beschäftigung. Die Arbeitskräfte $\bar{A} - A_0$ hingegen suchen bei diesem Reallohn keine Beschäftigung, sie sind freiwillig arbeitslos.

Weichen Arbeitsangebot und Arbeitsnachfrage voneinander ab, so bestimmt die jeweils „kürzere" Marktseite die Beschäftigung: Ist das Arbeitsangebot kleiner als die Arbeitsnachfrage, so richtet sich die Beschäftigung nach dem Angebot; übersteigt das Angebot die Nachfrage, so determiniert die Nachfrage die Höhe der Beschäftigung. Im ersten Fall existieren offene Stellen ($A^n - A^a$), im zweiten Fall liegt unfreiwillige Arbeitslosigkeit vor, die als konjunkturelle Arbeitslosigkeit bezeichnet wird ($A^a - A^n$).

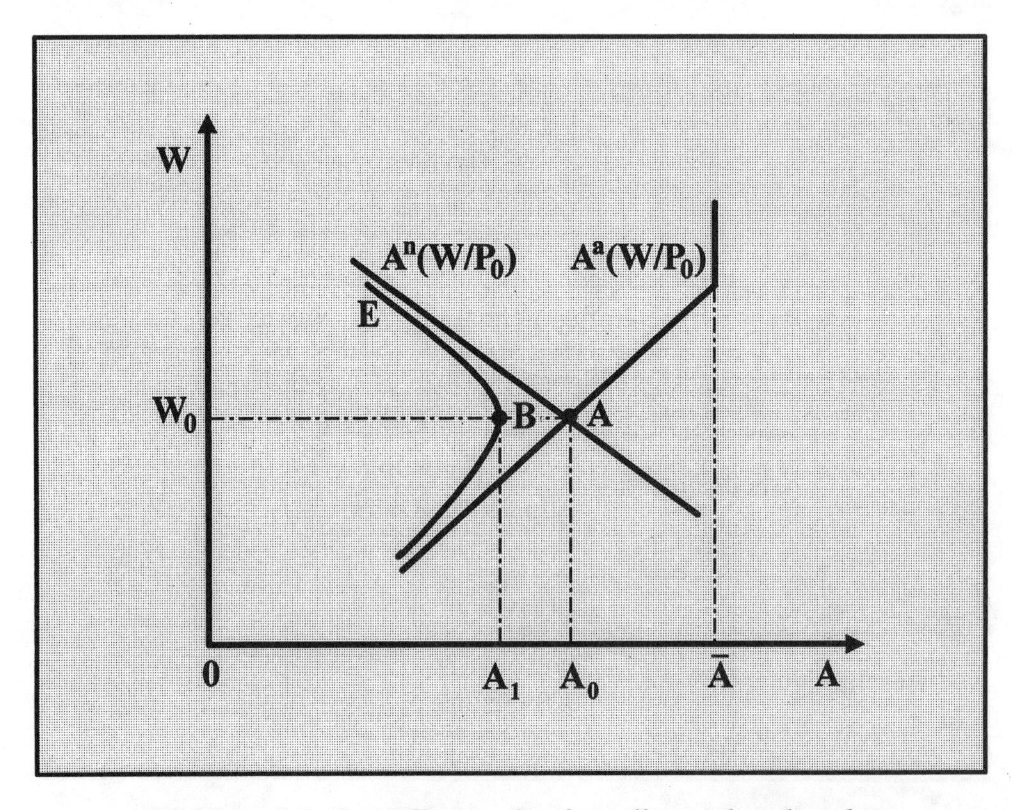

Abbildung 5.1: Freiwillige und unfreiwillige Arbeitslosigkeit

Die obigen Ausführungen gelten für einen vollkommenen Arbeitsmarkt. Der Arbeitsmarkt ist jedoch typischerweise durch Unvollkommenheiten gekennzeichnet (bspw. Fehlqualifikation, Mobilitätshindernisse, fehlende Information bzgl. vorhandener offener Stellen). Die Folge dieser Unvollkommenheiten ist die Existenz offener Stellen selbst bei einem Angebotsüberschuss bzw. von Arbeitslosigkeit selbst bei einem Nachfrageüberschuss auf dem Arbeitsmarkt. Die effektive Beschäftigung lässt sich somit durch die E-Kurve in Abbildung 5.1 angeben, die links von der „kürzeren" Marktseite verläuft, wobei sie sich im oberen Bereich der Nachfragekurve (mit steigender Arbeitslosigkeit geht die Zahl der offenen Stellen zurück), im unteren Bereich der Angebotskurve (mit steigendem Nachfrageüberschuss sinkt die Arbeitslosigkeit) nähert.

Vollbeschäftigung liegt auf dem unvollkommenen Arbeitsmarkt dann vor, wenn die Zahl der Arbeitslosen gleich der Zahl der offenen Stellen ist (Punkt B in Abbildung 5.1). Die in dieser Situation existierende Arbeitslosigkeit ($A_0 - A_1$) ist auf die Unvollkommenheiten am Arbeitsmarkt zurückzuführen; es handelt sich um sog. friktionelle und strukturelle Arbeitslosigkeit.[1] Die Ausführungen in den nachfolgenden Abschnitten konzentrieren sich auf konjunkturelle Arbeitslosigkeit, wobei zur Vereinfachung von friktioneller und struktureller Arbeitslosigkeit abgesehen wird.

Die Beschäftigungssituation wird entweder mit Hilfe des Verhältnisses von Arbeitslosen zu offenen Stellen oder mit Hilfe der sog. Arbeitslosenquote gemessen. Letztere ist (angenähert) definiert als der Quotient aus unfreiwilliger Arbeitslosigkeit und Arbeitsangebot. Im Gleichgewicht auf dem unvollkommenen Arbeitsmarkt wird sie durch das Verhältnis der beiden Strecken A_1A_0 zu $0A_0$ gemessen; diese Arbeitslosenquote wird als gleichgewichtige oder natürliche Arbeitslosenquote bezeichnet.

5.2 Ursachen konjunktureller Arbeitslosigkeit

Die Höhe der Beschäftigung lässt sich mit Hilfe der in Teil I dargestellten dritten Version des Makro-Modells (AD/AS-Modell) bestimmen – jedoch nur mittelfristig. Während die Marktkräfte hiernach mittelfristig zu Vollbeschäftigung führen, tritt kürzerfristig konjunkturelle Arbeitslosigkeit auf. Um diese zu erklären, muss das obige Makro-Modell folglich um kurzfristige Aspekte ergänzt werden.

Konjunkturelle Arbeitslosigkeit folgt aus einem Rückgang der Güternachfrage, weil die Wirtschaft kürzerfristig hierauf nicht, wie in dieser dritten Version des Makro-Modells dargestellt wurde, reagiert. Bezüglich der adäquaten Modellierung dieser kürzerfristigen Reaktionen existieren bei allen Verästelungen zum einen und Annäherungen in Detailfragen zum anderen zwei grundsätzlich unterschiedliche Vorstellungen, nämlich die der Keynesianer und die der Neoklassiker.

Nach der dritten Version des Makro-Modells erreicht die Güternachfrage nach einem exogen bedingten Rückgang über flexible Löhne und Preise bei vollkommener Information wieder ihr ursprüngliches Niveau, so dass Voll-

---

[1] Vollbeschäftigung bedeutet also, dass keine konjunkturelle Arbeitslosigkeit existiert.

beschäftigung erhalten bleibt. Die Keynesianer erkennen diese Zusammenhänge zwar mittelfristig an, weisen jedoch darauf hin, dass der Wiederanstieg der Güternachfrage auf das ursprüngliche Niveau kürzerfristig aufgrund von (nach unten) starren Löhnen und Preisen verhindert wird, so dass unfreiwillige Arbeitslosigkeit entsteht.

Die Neoklassiker hingegen gehen davon aus, dass Arbeitslosigkeit auf unvollkommene Information zurückzuführen ist. Zwar gleichen flexible Löhne den Arbeitsmarkt aus, aufgrund unvollkommener Preisinformation ist das Arbeitsangebot jedoch verzerrt. Dies führt dazu, dass die Beschäftigung unter ihren Wert bei vollkommener Information sinkt.

5.2.1 Keynesianische Vorstellungen

Nach keynesianischer Vorstellung sind Lohn- und Preisrigiditäten ursächlich für Arbeitslosigkeit. Hierbei werden zwei Fälle unterschieden, zum einen starre Löhne und Preise (sog. Hicks'sche Version) und zum anderen lediglich starre Löhne (sog. neoklassische Synthese).

(1) Starre Löhne und Preise[1]

Wird ein Vollbeschäftigungsgleichgewicht durch einen Rückgang der Güternachfrage gestört, so bleiben sowohl der Nominallohn als auch das Preisniveau trotz deflatorischer Lücke unverändert ($W = W_0$ für $A < A_0$, $P = P_0$ für $Y < Y_0$). Bei konstantem Preisniveau unterbleibt ein Wiederanstieg der Güternachfrage. Die Unternehmer passen somit ihre Produktion und ihre Arbeitsnachfrage an die gesunkene Güternachfrage an. Das Makro-Modell lautet in diesem Fall:[2]

(1)	$Y = C(Y) + I(r) + G_0$	(IS-Kurve)
(2)	$M_0/P_0 = l(Y,r)$	(LM-Kurve)
(3)	$A = A(Y), \quad dA/dY > 0$	

Übersicht 5.2: Starre Löhne und Preise

Abbildung 5.2 gibt dieses Modell zunächst für ein Vollbeschäftigungsgleichgewicht als Ausgangssituation wieder (Punkt A). Die beiden Restriktionen äußern sich darin, dass weder der Teil der S-Kurve noch der Teil der A^a-Kurve unterhalb von Punkt A erreicht werden. M. a. W., effektives Güter- und Arbeitsangebot sind bei P_0 bzw. W_0 bis A vollkommen elastisch.

---

[1] Dieckheuer, G., Makroökonomik, a. a. O., S. 241 ff; Heubes, J., Grundlagen der modernen Makroökonomie, a. a. O., S. 184 ff.

[2] Dieses Modell entspricht der zweiten Version des Makro-Modells (IS/LM-Schema).

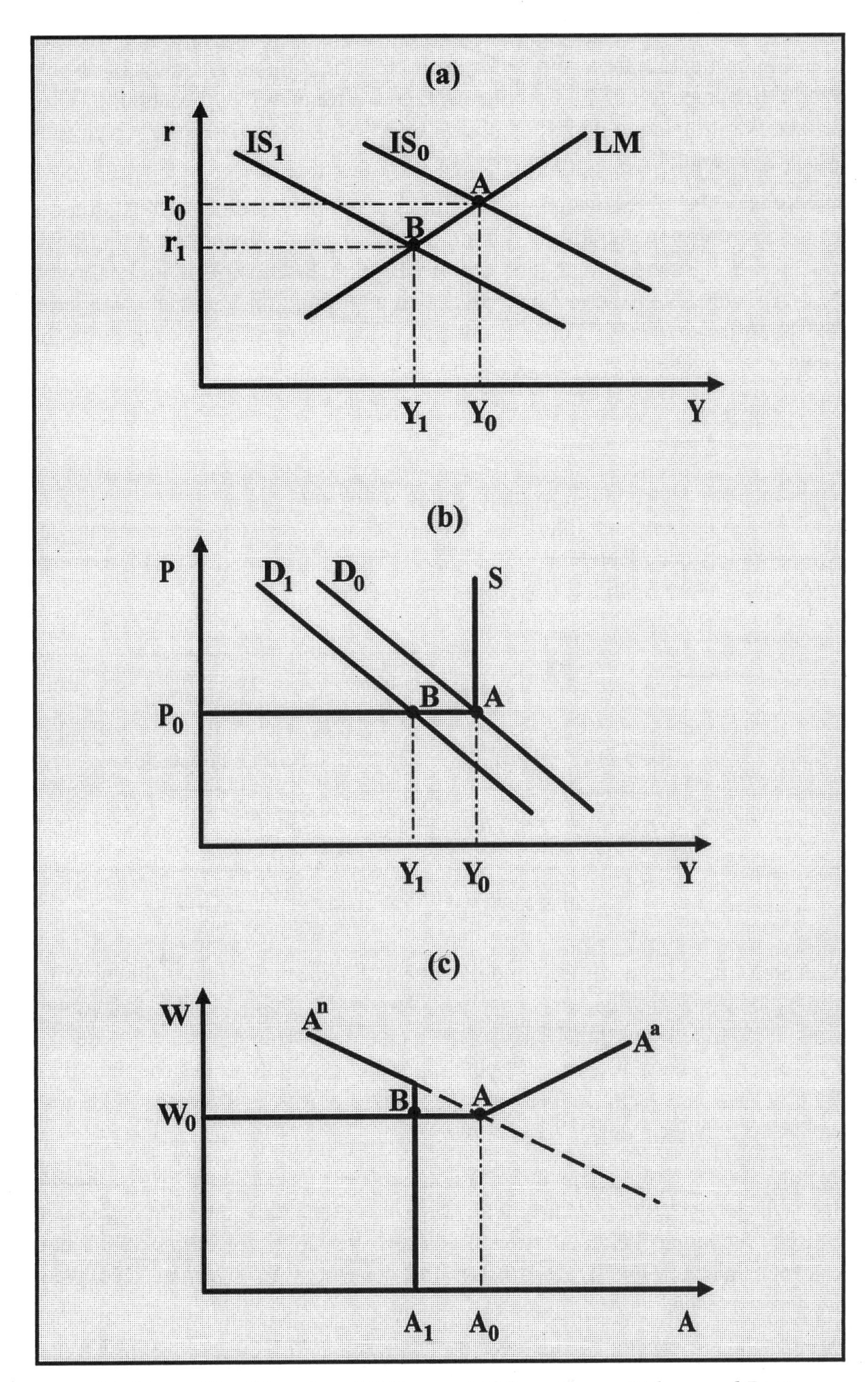

Abbildung 5.2: Unterbeschäftigung infolge starrer Löhne und Preise

Geht nun bspw. die Staatsnachfrage bei konstantem Preisniveau P_0 zurück, so verschiebt sich die IS-Kurve nach links (IS_1). Güternachfrage und Volkseinkommen stellen sich bei Y_1 ein. Damit verschiebt sich auch die D-Kurve nach links (D_1) und verläuft durch den Punkt Y_1/P_0 (Punkt B).

Obwohl die Unternehmer bei P_0 und W_0 die Menge Y_0 anbieten wollen, unterbleibt hier annahmegemäß dennoch eine Preissenkung. Damit bleibt die Produktionsmenge auf Y_1 und die Arbeitsnachfrage auf A_1 beschränkt. Dies drückt sich graphisch darin aus, dass die A^n-Kurve bei A_1 einen Knick aufweist und parallel zur W-Achse verläuft.[1]

Infolge des Nachfragerückgangs kommt es also auch zu einem Rückgang der Beschäftigung von A_0 auf A_1. Unter Beachtung, dass weiterhin A_0 Arbeitskräfte Arbeit suchen, liegt hier unfreiwillige Arbeitslosigkeit in Höhe von $A_0 - A_1$ vor. Da in dieser Unterbeschäftigungssituation kurzfristig keinerlei Kräfte auftreten, die zu Vollbeschäftigung führen, wird diese wirtschaftliche Lage auch als Gleichgewicht bei Unterbeschäftigung bezeichnet.

(2) Starre Löhne[2]

Während die Nominallöhne nach unten starr sind (W_0), sinkt bei einem Nachfragerückgang nun das Preisniveau so weit, bis der Grenzertrag der Arbeit gleich dem Reallohn ist ($\partial Y/\partial A = W_0/P$). Damit lässt sich das entsprechende Makro-Modell wie folgt formulieren:

(1)	$Y = C(Y) + I(r) + G_0$	(IS-Kurve)
(2)	$M_0/P = l(Y,r)$	(LM-Kurve)
(3)	$W_0/P = \partial Y/\partial A$	

Übersicht 5.3: Starre Löhne

In Abbildung 5.3 ist dieses Modell zunächst wieder für ein Vollbeschäftigungsgleichgewicht als Ausgangspunkt dargestellt (Punkt A). Ein Rückgang einer exogenen Nachfragekomponente verschiebt bei $P_0 = \text{const.}$ die IS-Kurve von IS_0 nach IS_1; es stellt sich die gleichgewichtige und finanzierbare Güternachfrage Y_1 ein. In Teil (b) verschiebt sich die D-Kurve nach D_1 und verläuft durch den Punkt Y_1/P_0 (Punkt B).

In Punkt B ist nun wiederum die Güternachfrage (Y_1) kleiner als das bei P_0 und W_0 gewünschte Güterangebot (Y_0). Während dies im vorangehenden Fall per Annahme keine Auswirkungen auf die Höhe des Preisniveaus hat, kommt es nun infolge der deflatorischen Lücke $Y_0 - Y_1$ zu einem Rückgang des Preisniveaus.

Der Rückgang des Preisniveaus hat zwei Effekte. Einerseits steigt die Güternachfrage an (entlang der D_1-Kurve): Mit niedrigerem Preisniveau erhöht

---

[1] In Punkt B auf dem Arbeitsmarkt ist der Reallohn (W_0/P_0) kleiner als der Grenzertrag der Arbeit.

[2] Branson, W. H., Makroökonomie, a. a. O., S. 185 ff; Heubes, J., Grundlagen der modernen Makroökonomie, a. a. O., S. 187 ff.

sich die reale Geldmenge (LM(P_0) nach LM(P_2)), was einen Rückgang des Zinssatzes und einen Anstieg der Investitionsnachfrage zur Folge hat (sog. **Keynes-Effekt**); über den Multiplikator erhöht sich dann auch die gesamtwirtschaftliche Güternachfrage von Y_1 auf Y_2.

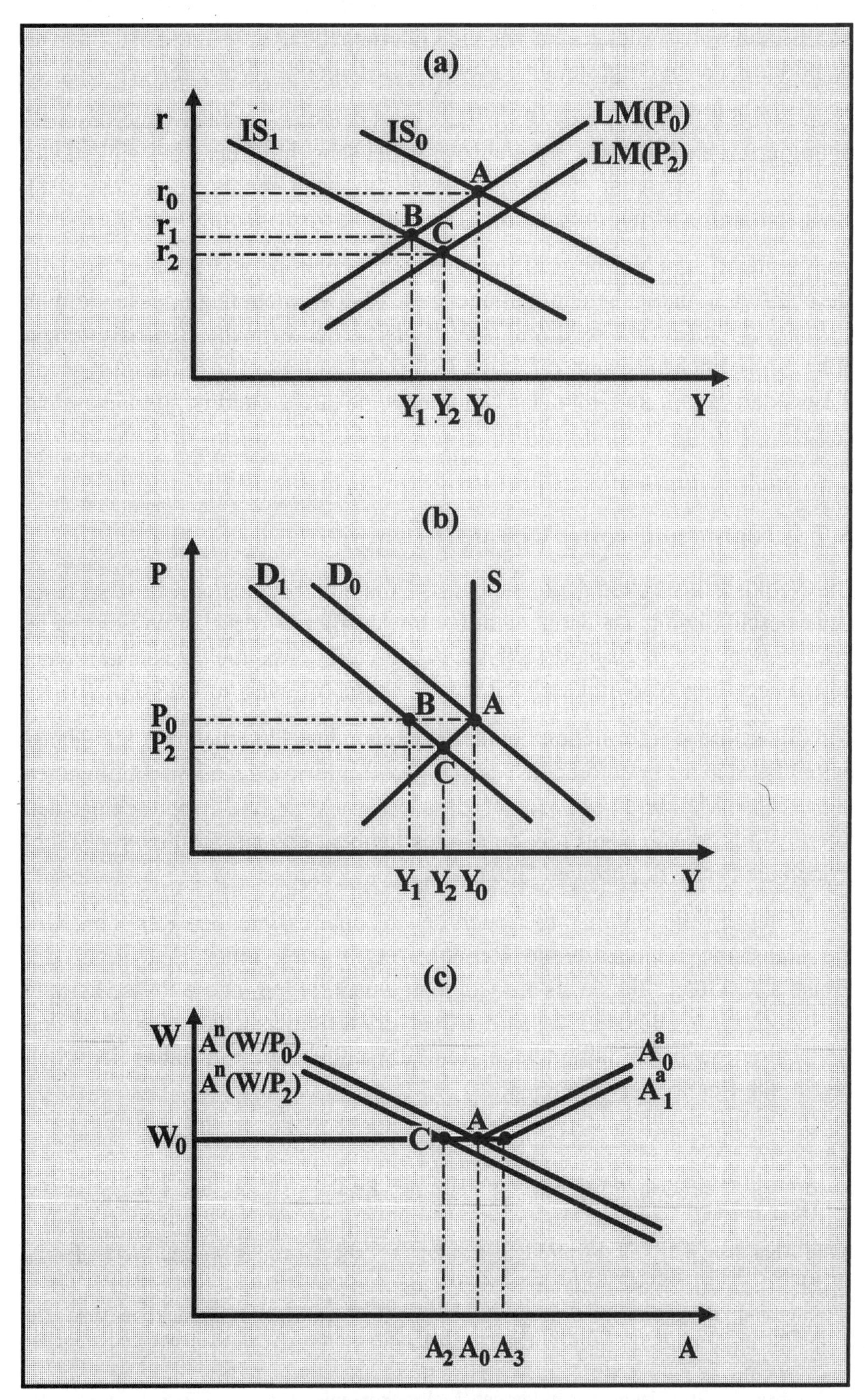

Abbildung 5.3: Unterbeschäftigung infolge starrer Löhne

Andererseits sinkt das Güterangebot (von Y_0 auf Y_2): Niedrigeres Preisniveau bedeutet bei unverändertem Nominallohn (W_0) einen höheren Reallohn. Hierdurch geht die Arbeitsnachfrage zurück (Linksverschiebung der Arbeitsnachfragekurve von $A^n(W/P_0)$ nach $A^n(W/P_2)$), so dass die Beschäftigung sinkt (von A_0 auf A_2).[1] Da mit sinkendem Preisniveau Beschäftigung und Produktion zurückgehen, hat die Güterangebotskurve kurzfristig den in Abbildung 5.3 (b) dargestellten, teilweise ansteigenden Verlauf.[2]

Damit wird hier bei Y_2 bzw. A_2 wieder ein Gleichgewicht bei Unterbeschäftigung erreicht (Punkt C). Da sich die Arbeitsangebotskurve bei sinkendem Preisniveau und damit steigendem Reallohn nach rechts verschiebt (A_1^a), stellt sich unfreiwillige Arbeitslosigkeit in Höhe von $A_3 - A_2$ ein.[3]

Im Vergleich zum Vollbeschäftigungsgleichgewicht ist zu beachten, dass die Beschäftigung in den beiden vorangehenden Fällen nicht mehr ausschließlich auf dem Arbeitsmarkt bestimmt wird. Entscheidend für die Beschäftigungshöhe ist vielmehr die sog. effektive (Güter-)Nachfrage (Lage der D-Kurve), die wiederum von der Höhe der Geldmenge abhängt; Geld ist hier also nicht neutral.

5.2.2 Neoklassische Vorstellungen[4]

Die Neoklassiker gehen davon aus, dass Löhne und Preise voll flexibel sind. Unterbeschäftigung ist dann darauf zurückzuführen, dass unvollkommene Information der Wirtschaftssubjekte verhindert, dass die Wirtschaft nach einem negativen Nachfrageschock zur Vollbeschäftigung zurückkehrt.

Unvollkommene Information beinhaltet bspw., dass Unternehmen und Haushalte über den sie betreffenden Teilmarkt voll informiert sind, nicht hingegen über andere Märkte. Dies bedeutet, dass Unternehmer und Arbeitnehmer den Nominallohn sowie den Preis des Gutes kennen, das sie produzieren, nicht jedoch die Preise der übrigen Güter.

Somit kennen die Unternehmer auch den sie interessierenden Reallohn. Der die Haushalte interessierende Reallohn ergibt sich unter Beachtung der Preise aller Güter, die sie als Konsumenten nachfragen. Diese Preise kennen sie jedoch nicht alle; sie müssen hierüber Erwartungen bilden. Damit ist den Haushalten auch der tatsächliche Reallohn unbekannt, sie haben lediglich bestimmte Reallohnerwartungen.

---

[1] In Punkt C auf dem Arbeitsmarkt stimmen nun Reallohn (W_0/P_2) und Grenzertrag der Arbeit überein.

[2] In Abbildung 5.3, Teil (b) wird lediglich Punkt C abgeleitet. Für weitere Werte $P < P_0$ ergibt sich der ansteigende Ast der S-Kurve.

[3] Aufgrund der gegenüber dem vorangehenden Fall gestiegenen Produktion sinkt die Arbeitslosigkeit; aufgrund des höheren Reallohns steigen Arbeitsangebot und Arbeitslosigkeit.

[4] Heubes, J., Grundlagen der modernen Makroökonomie, a. a. O., S. 216 ff; Otruba, H. u. a., Makroökonomik, a. a. O., S. 208 ff.

Aus diesen Überlegungen folgt, dass die Arbeitsnachfrage weiterhin vom geltenden Reallohn abhängt, während sich das Arbeitsangebot nach dem erwarteten Reallohn richtet.

(1) Güterangebot bei unvollkommener Information

Die Berücksichtigung unvollkommener Information hat Auswirkungen auf das Güterangebot. Diese Auswirkungen werden in Abbildung 5.4 abgeleitet. Hierzu wird noch einmal auf die frühere Darstellung der S-Kurve zurückgegriffen. Bei der Herleitung dieser Kurve wurde implizit unterstellt, dass die Haushalte vollkommene Information und damit korrekte Preiserwartungen haben: Gilt das Preisniveau P_0, so erwarten sie auch dieses Preisniveau ($P^e = P_0$, P^e = erwartetes Preisniveau); es folgt die Arbeitsangebotskurve $A^a(W/P_0)$, die nun – zur Verdeutlichung der Preiserwartungen der Haushalte – als $A^a(P^e = P_0)$ bezeichnet wird. Zusammen mit der Arbeitsnachfrage $A^n(W/P_0)$ ergeben sich dann die Beschäftigung A_0 und somit das Güterangebot Y_0 (Punkt A in Abbildung 5.4).

Bei dem niedrigeren Preisniveau P_1 steigt bei jedem W der Reallohn an, so dass die Unternehmer weniger Arbeitskräfte nachfragen (die Arbeitsnachfragekurve verlagert sich nach $A^n(W/P_1)$), während die Haushalte mehr Arbeit anbieten (die Arbeitsangebotskurve verlagert sich nach $A^a(P^e = P_1)$). Im neuen Gleichgewicht sinkt der Nominallohn auf W_1, wobei $W_0/P_0 = W_1/P_1$ gilt, so dass der Gleichgewichtswert A_0 sowie das Güterangebot Y_0 erhalten bleiben (Punkt B). Weitere Preisniveau-Variationen ergeben bei stets korrekten Preiserwartungen insgesamt die senkrechte Güterangebotskurve, die jetzt als langfristige Angebotskurve (S_l) bezeichnet wird, da die Haushalte nur längerfristig korrekte Preiserwartungen haben.

Es wird nun der Fall unvollkommener Information betrachtet. Hierzu wird angenommen, dass zunächst das Preisniveau P_0 gilt und die Haushalte dies korrekt erwarten; es folgen also die Beschäftigung A_0 sowie das Güterangebot Y_0. Nun sinke das Preisniveau auf P_1. Diese Preissenkung wird von den Unternehmern sofort erkannt; die Haushalte hingegen erkennen dies nicht sofort, sie erwarten vielmehr, dass weiterhin das Preisniveau P_0 gilt. Damit verschiebt sich in Abbildung 5.4 (b) die Arbeitsnachfragekurve nach $A^n(W/P_1)$, während die Arbeitsangebotskurve zunächst unverändert bleibt. Bei W_0 entsteht nun ein Angebotsüberschuss auf dem Arbeitsmarkt ($A_0 - \underline{A}$) mit der Folge, dass der Nominallohn sinkt, bis bei W_2 ein neues Gleichgewicht erreicht ist (Punkt C). Die Beschäftigung geht auf A_1 zurück: Da im Vergleich zur Ausgangssituation der tatsächliche Reallohn gestiegen ist ($W_2/P_1 > W_0/P_0 = W_1/P_1$), fragen die Unternehmer weniger Arbeit nach; gleichzeitig bieten die Haushalte weniger Arbeit an, da der von ihnen erwartete Reallohn gesunken ist ($W_0/P_0 > W_2/P_0$).

Bei der niedrigeren Beschäftigung A_1 geht das Güterangebot auf Y_1 zurück (Punkt C in Teil (a)). Werden alternative Werte für P vorgegeben, so ergibt sich bei weiterhin $P^e = P_0$ insgesamt die ansteigende Güterangebotskurve, die als kurzfristige Angebotskurve ($S_k(P^e = P_0)$) bezeichnet wird, da die Haushalte nur kurzfristig von gegebenen Erwartungen ausgehen.

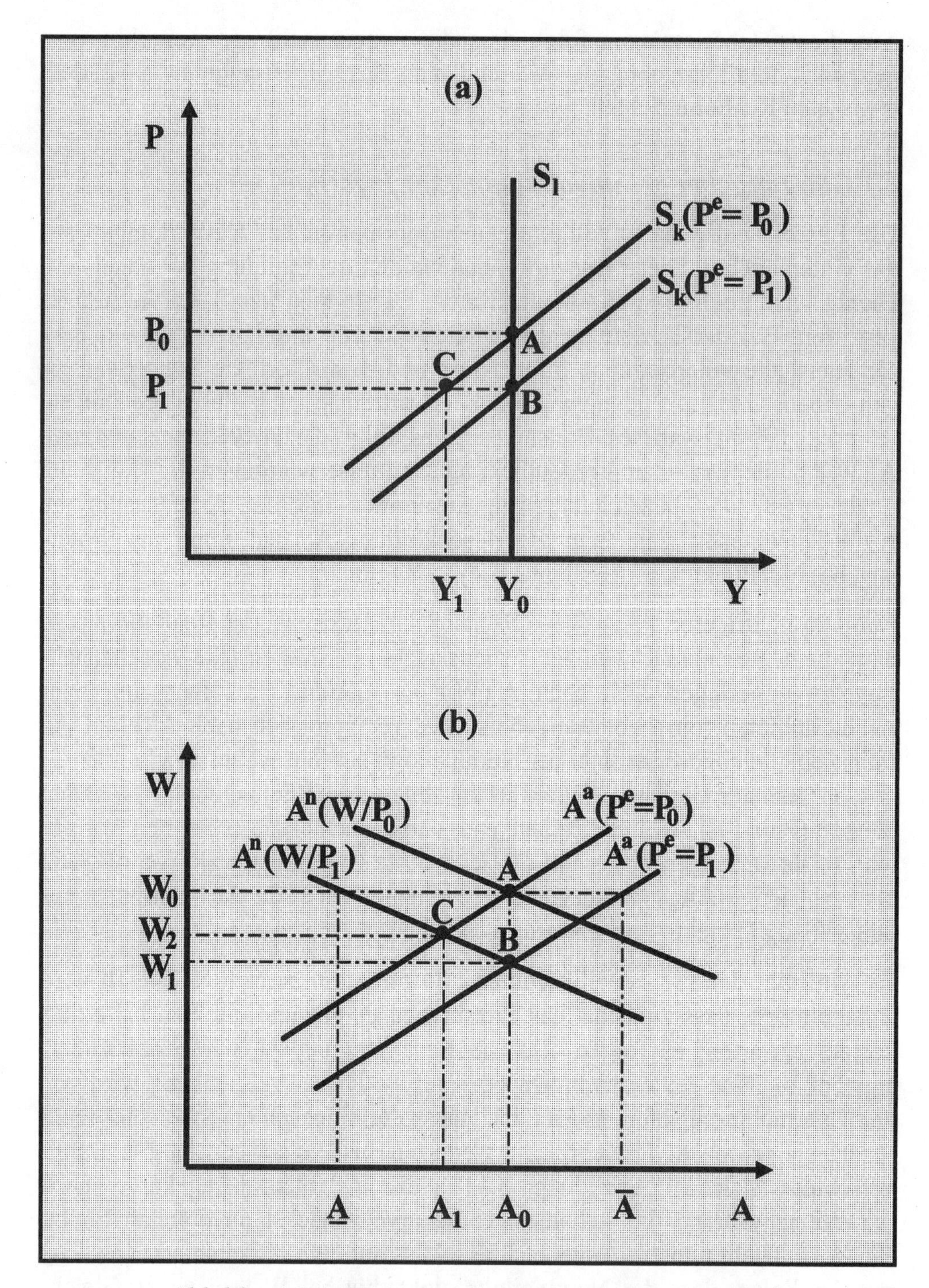

Abbildung 5.4: Kurz- und langfristiges Güterangebot

Korrigieren die Haushalte in der nächsten Periode ihre Erwartungen auf $P^e = P_1$ (statische Erwartungen), so verlagert sich auch die Arbeitsangebotskurve nach unten ($A^a(P^e = P_1)$), so dass Punkt B realisiert wird. Für alternative Werte des Preisniveaus ergibt sich nun (bei $P^e = P_1$) eine neue kurzfristige Angebotskurve ($S_k(P^e = P_1)$), die durch Punkt B verläuft. Die Lage einer kurzfristigen Angebotskurve hängt also von den Preiserwartungen der Haushalte ab; die kurzfristige Angebotskurve schneidet die langfristige, wenn die Haushalte korrekte Erwartungen haben ($P^e = P$).

Die obigen Zusammenhänge lassen sich mit Hilfe einer sog. **Lucas-Angebotsfunktion** erfassen:

$$(1) \quad Y = Y_0 + \alpha(P - P^e), \qquad \alpha > 0.$$

Nach Gleichung (1) beträgt das Güterangebot Y_0, wenn die Haushalte korrekte Preiserwartungen haben ($P = P^e$), bei falschen Erwartungen hingegen weicht das Angebot von Y_0 ab (bei $P^e < P$ gilt $Y > Y_0$, bei $P^e > P$ entsprechend $Y < Y_0$).

(2) Die Beschäftigungssituation

Zur Darstellung der Beschäftigungssituation nach Vorstellung der Neoklassiker ist somit die Güterangebotsfunktion ($Y = Y_0$) im Rahmen der dritten Version des Makro-Modells durch obige Lucas-Angebotsfunktion zu ersetzen. Bei statischen Erwartungen ergibt sich somit folgendes Beschäftigungsmodell:

(1)	$Y = C(Y) + I(r) + G_0$	(IS-Kurve)
(2)	$M_0/P = l(Y,r)$	(LM-Kurve)
(3)	$Y = Y_0 + \alpha(P - P^e)$	(S-Kurve)
(4)	$P^e = P_{-1}$	

Übersicht 5.4: Unvollkommene Information

Die Gleichungen (1) – (4) sind in Abbildung 5.5 veranschaulicht. Hierbei werden die Gleichungen (1) und (2) wieder zur D-Kurve zusammengefasst. Der Arbeitsmarkt dient der Erläuterung der Angebotssituation, nämlich der Gleichung (3). Ausgangspunkt sei das Vollbeschäftigungsgleichgewicht A.

Dieses Ausgangsgleichgewicht werde wieder durch einen Rückgang der Staatsnachfrage gestört. Bei unverändertem Preisniveau P_0 sinkt die gleichgewichtige und finanzierbare Güternachfrage auf $\underline{Y}$, wie durch die Verschiebung der D_0-Kurve nach D_1 angezeigt wird.

Während somit die Güternachfrage bei P_0 den Wert $\underline{Y}$ annimmt, wollen die Unternehmer bei dem Reallohn W_0/P_0 die Gütermenge Y_0 anbieten. Es besteht also wieder eine deflatorische Lücke ($Y_0 - \underline{Y}$), die zu Preissenkungen (auf P_1) führt.

Hierdurch steigt einerseits die Güternachfrage wieder an (von $\underline{Y}$ auf Y_1 entlang D_1), während andererseits das Güterangebot zurückgeht (von Y_0 auf Y_1 entlang $S_k(P^e = P_0)$. Es wird somit ein neues (kurzfristiges oder temporäres) Gleichgewicht bei Y_1/P_1 bzw. A_1/W_1 (Punkt B) erreicht. Dieses Gleichgewicht ist dadurch gekennzeichnet, dass Angebot und Nachfrage auf den einzelnen Märkten übereinstimmen. Im Vergleich zur Ausgangssituation, d. h. bei korrekten Erwartungen, ist die Beschäftigung von A_0 auf A_1 gesunken. Da die Haushalte jedoch ihr gewünschtes Arbeitsangebot realisieren können, wird diese Arbeitslosigkeit üblicherweise als freiwillig bezeichnet.[1]

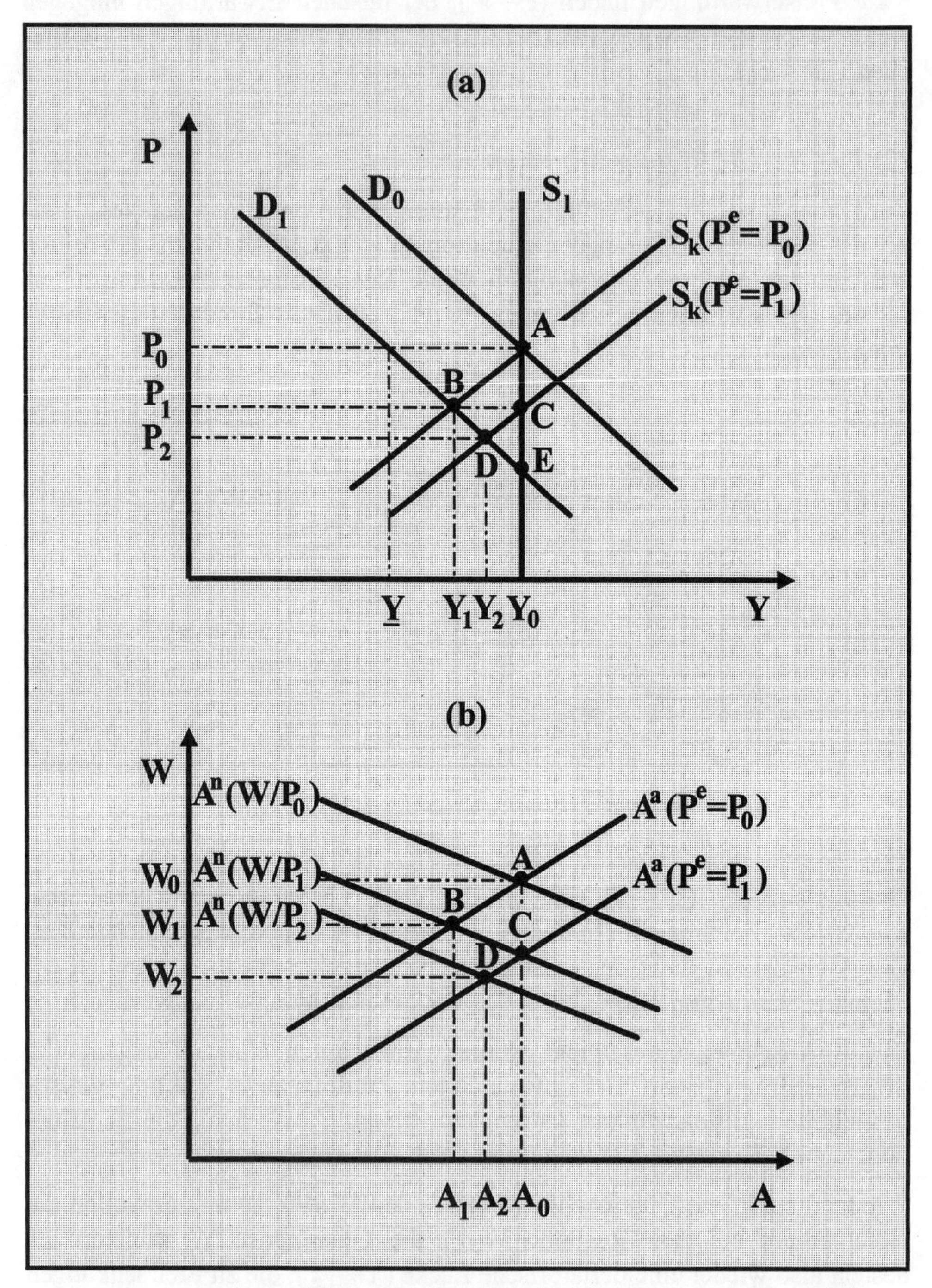

Abbildung 5.5: Arbeitslosigkeit infolge falscher Preiserwartungen

[1] Da die Haushalte glauben, dass ihr Reallohn gesunken ist, bieten sie weniger Arbeit an. Angesichts der falschen Preiserwartungen lässt sich diese Arbeitslosigkeit jedoch auch als unfreiwillig bezeichnen.

Erkennen die Haushalte – in der nächsten Periode – ihren Irrtum, so werden sie ihre Preiserwartungen korrigieren. Bei statischen Erwartungen verschiebt sich die Arbeitsangebotskurve nach $A^a(P^e = P_1)$ und damit die kurzfristige Angebotskurve nach $S_k(P^e = P_1)$. Damit entsteht bei P_1 erneut eine deflatorische Lücke $(Y_0 - Y_1)$, die zu weiteren Preissenkungen führt (auf P_2), so dass sich die Situation D ergibt. Weitere Erwartungskorrekturen führen dann nach einiger Zeit wieder zu Vollbeschäftigung (Punkt E) i. S. einer Beschäftigungssituation bei korrekten Erwartungen.

5.3 Beschäftigungspolitik

Wie gezeigt wurde, führen die Marktkräfte nicht stets zu Vollbeschäftigung. Vollbeschäftigung ist andererseits ein Ziel der Wirtschaftspolitik. Im Falle von Unterbeschäftigung ist somit der Staat (inklusive Zentralbank) gefordert, durch beschäftigungspolitische Maßnahmen für Vollbeschäftigung zu sorgen. Er muss also durch Erhöhung der Güternachfrage (Nachfragesteuerung, demand-management) das für die konjunkturelle Unterbeschäftigung ursächliche Nachfragedefizit beseitigen. Zur Vermeidung von unerwünschten Allokationswirkungen ist diese Nachfragesteuerung auf globaler Ebene (Globalsteuerung) mittels Fiskalpolitik (Variation der staatlichen Einnahmen und Ausgaben) oder Geldpolitik (Variation der Geldmenge) durchzuführen.

Nachfolgend werden zunächst die verschiedenen Möglichkeiten der Globalsteuerung dargestellt. Daran anschließend wird anhand zweier beschäftigungspolitischer Konzeptionen diskutiert, auf welche dieser Möglichkeiten der Staat zurückgreifen sollte.

5.3.1 Beschäftigungspolitische Alternativen[1]

Ausgangspunkt der nachfolgenden Überlegungen ist eine Unterbeschäftigungssituation, die sich typischerweise durch das IS/LM-Modell darstellen lässt. Obwohl sich die verschiedenen theoretischen Vorstellungen in ihren Annahmen über die hierdurch ausgelösten Anpassungsvorgänge unterscheiden, wird nachfolgend zur Vereinfachung die Annahme der Preiskonstanz übernommen, d. h. das Preisniveau bleibt mit steigender Nachfrage bis zur Erreichung der Vollbeschäftigung unverändert. Wird dieses konstante Preisniveau gleich eins gesetzt, so lautet das der Beschäftigungspolitik zugrundeliegende IS/LM-Modell:[2]

---

[1] Dornbusch, R. und St. Fischer, Makroökonomik, 6. Aufl., München/Wien 1995, S. 147 ff; Heubes J., Grundlagen der modernen Makroökonomie, a. a. O., S. 241 ff; Wachtel, P., Makroökonomik, München/Wien 1994, S. 265 ff.

[2] Da nachfolgend auch die Steuern variiert werden, sind sie hier explizit in der Konsumfunktion zu berücksichtigen.

(1)	$Y = C(Y - T) + I(r) + G$	(IS-Kurve)
(2)	$M = l(Y,r)$	(LM-Kurve)

Übersicht 5.5: Beschäftigungspolitik im Rahmen des IS/LM-Modells

Die Wirkungen der verschiedenen Politikmaßnahmen auf die Höhe des Volkseinkommens lassen sich mit Hilfe des totalen Differentials der Gleichungen (1) und (2) bestimmen:

$$(3) \quad dY = c(dY - dT) + idr + dG$$

$$(4) \quad dM = kdY + hdr.$$ [1]

Aus den Gleichungen (3) und (4) folgt für dY:

$$(5) \quad dY = \frac{1}{1 - c + \frac{ik}{h}}\left(-cdT + dG + i\frac{dM}{h}\right).$$

Die nachfolgenden Ausführungen befassen sich zunächst mit der Fiskalpolitik ($dM = 0$), daran anschließend mit der Geldpolitik ($dG = dT = 0$) sowie mit einer Kombination dieser beiden Möglichkeiten.

(1) Fiskalpolitik

Zur Erhöhung der Güternachfrage ist die Fiskalpolitik expansiv einzusetzen, d. h. die Ausgaben sind zu erhöhen ($dG > 0$) und/oder die Einnahmen zu senken ($dT < 0$).

Erhöhung der Staatsausgaben

Die Wirkungen einer Staatsausgabenerhöhung ($dG > 0$, $dT = dM = 0$) auf die Höhe der Güternachfrage und damit auf das Volkseinkommen folgen unmittelbar aus Gleichung (5):

$$(6) \quad dY = \frac{1}{1 - c + \frac{ik}{h}} dG.$$

Diese Wirkungen sind in Abbildung 5.6 veranschaulicht; die Ausgangssituation wird durch Punkt A angezeigt, das Vollbeschäftigungsgleichgewicht durch Punkt B (dem Schnittpunkt zwischen der unveränderten LM- und der

---

[1] Mit: $c = dC/d(Y - T) > 0$, $\quad i = dI/dr < 0$, $\quad k = \partial l/\partial Y > 0$, $\quad h = \partial l/\partial r < 0$.

S-Kurve).[1] Die Fiskalpolitik muss die IS-Kurve folglich so verschieben, dass sie ebenfalls durch Punkt B verläuft.

Eine Erhöhung der staatlichen Güternachfrage wirkt multiplikativ auf die Güternachfrage: Die gestiegenen Staatsausgaben erhöhen die Güternachfrage und damit das Volkseinkommen direkt um dG. Darüber hinaus induzieren sie zusätzliche Konsumnachfrage, so dass die Güternachfrage – bei noch unverändertem Zinssatz $\underline{r}$ – insgesamt um $dY = Y_1 - \underline{Y} = \frac{1}{1-c} dG$ zunimmt. Dies führt in Abbildung 5.6 zu einer Rechtsverschiebung der IS_0-Kurve um diesen Betrag nach IS_1, so dass das Volkseinkommen von Y_0 nach Y_1 ansteigt (Punkt C).

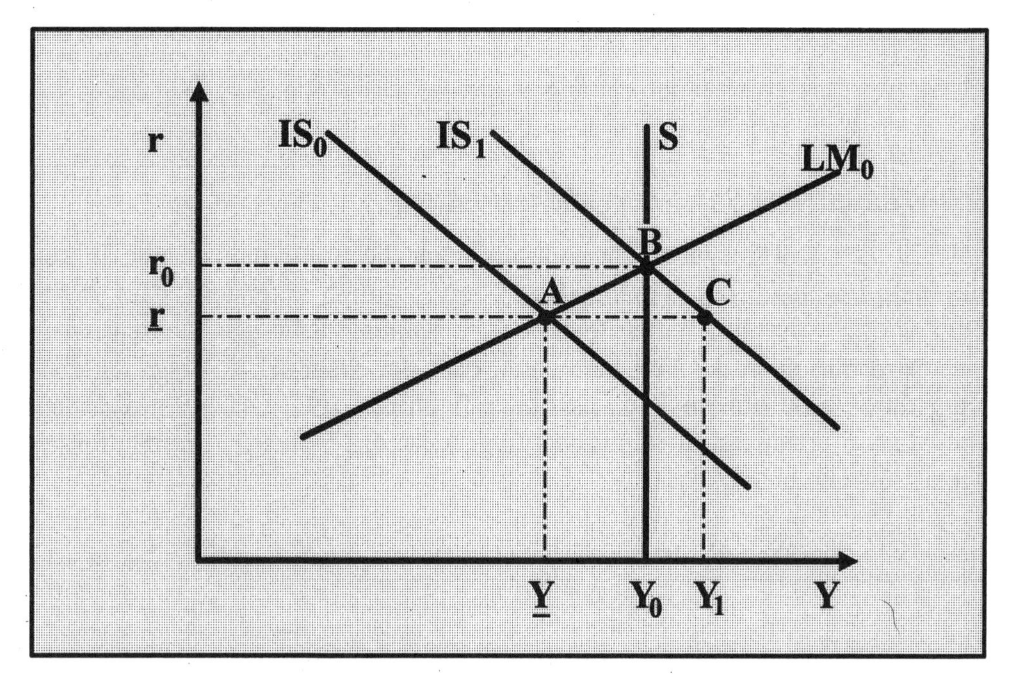

Abbildung 5.6: Expansive Fiskalpolitik

Das Einkommen Y_1 ist bei konstanter Geldmenge jedoch nicht finanzierbar. Geld ist also knapp, wodurch der Zinssatz ansteigt (auf r_0). Hierdurch wird einerseits die private Investitionsnachfrage zurückgedrängt (crowding out), was sich (unter Beachtung der multiplikativen Wirkung) in einer Bewegung von Punkt C nach Punkt B entlang der IS_1-Kurve äußert. Andererseits wird die vorhandene Geldmenge zugunsten der Transaktionskasse umgeschichtet, so dass ein höheres Einkommen finanzierbar ist. Dies entspricht einer Bewegung von Punkt A zu Punkt B entlang der LM_0-Kurve. Bei richtiger Dosierung steigt die Güternachfrage auf den Wert Y_0 an (Punkt B), wie durch Gleichung (6) angezeigt wird ($dY = Y_0 - \underline{Y}$).

---

[1] Da das Güterangebot unabhängig vom Zinssatz ist, lässt sich das Vollbeschäftigungseinkommen auch im Y/r-Diagramm als senkrechte S-Kurve darstellen.

Senkung der Steuern

Im Falle einer Senkung der Pauschalsteuer ($dT < 0$, $dG = dM = 0$) ergibt sich aus Gleichung (5) für die daraus resultierende Einkommensänderung:

$$(7) \quad dY = -\frac{1}{1 - c + \frac{ik}{h}} cdT.$$

Infolge der Steuersenkung erhöht sich das verfügbare Einkommen der Haushalte um dT. Ein Teil dieses zusätzlichen Einkommens wird für Konsumzwecke verwandt (cdT), der Rest wird gespart. Diese zusätzliche Konsumnachfrage erhöht das Einkommen und damit wiederum den einkommensabhängigen Konsum, was eine multiplikative Wirkung zur Folge hat.

Graphisch ergibt sich wieder Abbildung 5.6, wobei die Verschiebung der IS-Kurve hier durch die Steuersenkung ausgelöst wird $\left(Y_1 - \underline{Y} = \frac{-1}{1-c} cdT\right)$.

Steuerfinanzierte Staatsausgabenerhöhung

Sowohl die Staatsausgabenerhöhung als auch die Steuerreduzierung führen zu einem Budgetdefizit. Vorangehend wurde implizit unterstellt, dass dieses Budgetdefizit durch Kreditaufnahme am Kapitalmarkt geschlossen wird. Hier wird nun noch der Fall betrachtet, dass der Staat seine Ausgabenerhöhung durch eine höhere Pauschalsteuer finanziert ($dG = dT > 0$, $dM = 0$). Die Auswirkungen auf die Güternachfrage bzw. das Volkseinkommen folgen wieder aus Gleichung (5):

$$(8) \quad dY = \frac{1}{1 - c + \frac{k}{h} i}(1 - c)dG.$$

Wird ein konstanter Zinssatz unterstellt, so vereinfacht sich Gleichung (8) zu:

$$(9) \quad dY = \frac{1}{1 - c}(1 - c)dG = dG.$$

Gleichung (9) ist die übliche Formulierung des sog. **Haavelmo-Theorems**. Sie besagt, dass der Multiplikator eines ausgeglichenen Budgets gleich eins ist, d. h., dass die Nachfrageänderung genauso groß ist wie die Änderung der Staatsausgaben.

Konstanter Zinssatz bedeutet, dass die Geldmenge entsprechend der Nachfragesteigerung erhöht wird. Bleibt hingegen die Geldmenge konstant, so kommt es zu einem Zinsanstieg und damit zu einem gewissen crowding-out. Die Nachfragesteigerung fällt entsprechend geringer aus (Gleichung (8)).

Das zunächst vielleicht überraschende Ergebnis einer Nachfragesteigerung bei einer steuerfinanzierten Staatsausgabenerhöhung lässt sich wie folgt erklären. Die Staatsausgabenerhöhung bewirkt einen expansiven Nachfrageeffekt in gleicher Höhe, nämlich dG. Die Steuererhöhung hat jedoch nur einen Nachfrageausfall in Höhe von $cdT = cdG$ zur Folge, da sie teilweise durch Konsumverzicht und teilweise durch verringertes Sparen aufgebracht wird. Die exogene Nachfrageänderung beträgt somit $dG - cdG = (1 - c)dG$ und wirkt wieder über den Multiplikator auf die gleichgewichtige Gesamtnachfrage.

(2) Geldpolitik

Aus Gleichung (5) folgt für die Geldpolitik ($dM > 0$, $dG = dT = 0$):[1,2]

$$(10)\quad dY = \frac{1}{1 - c + \frac{ik}{h}} i \frac{dM}{h}.$$

Die Wirkungen der Geldpolitik sind in Abbildung 5.7 veranschaulicht; die Ausgangslage entspricht Punkt A, das Vollbeschäftigungsgleichgewicht Punkt B (dem Schnittpunkt zwischen der unveränderten IS- und der S-Kurve). Eine Erhöhung der Geldmenge (Verschiebung der Kurve LM_0 nach LM_1) bedeutet, dass Geld nun reichlich vorhanden ist, so dass der Zinssatz c. p. von $\underline{r}$ um dM/h auf r_1 sinkt (Punkt C).[3] Hierdurch steigt die private Investitionsnachfrage um i·dM/h an. Unter Beachtung der multiplikativen

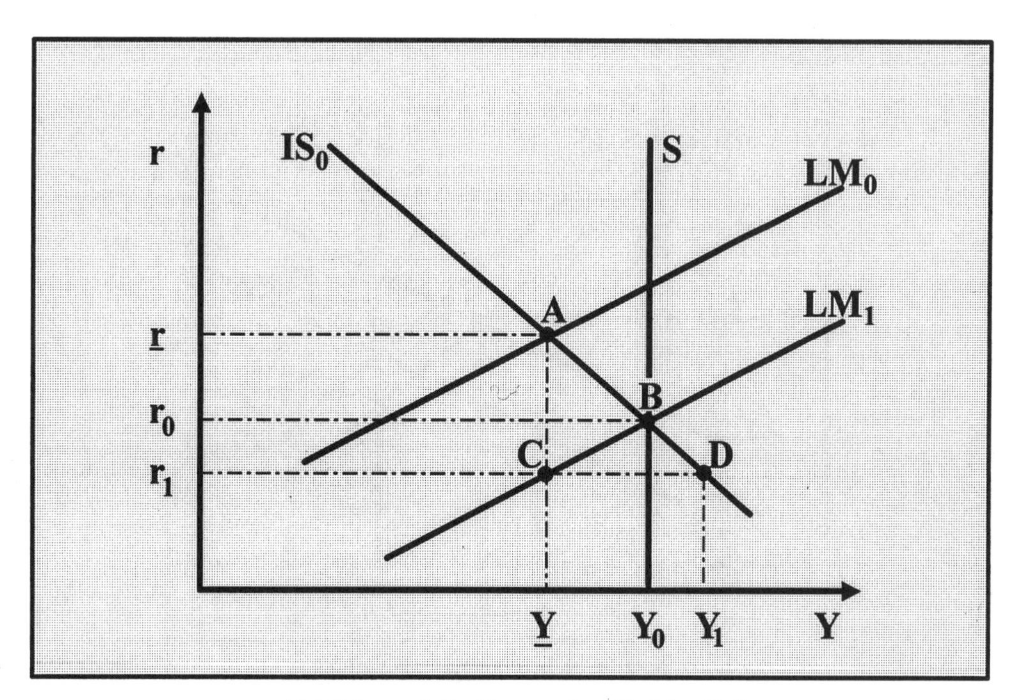

Abbildung 5.7: Expansive Geldpolitik

---

[1] Zu den Instrumenten der Geldpolitik, siehe Issing, O., Einführung in die Geldpolitik, 6. Aufl., München 1996, S. 71 ff; Jarchow, H.-J., Theorie und Politik des Geldes, II. Geldpolitik, 7. Aufl., Göttingen 1995, S. 100 ff.

[2] Gleichung (5) lautet:

$$(5)\quad dY = \frac{1}{1 - c + \frac{ik}{h}} \left(- cdT + dG + i\frac{dM}{h} \right).$$

[3] Aus Gleichung (4): $dM = kdY + hdr$ folgt bei $dY = 0$:
$dr = dM/h$.

Wirkung [1/(1 – c)] erhöht sich die gesamte Güternachfrage entlang der IS_0-Kurve auf Y_1 (Punkt D).[1]

Die Güternachfrage Y_1 ist jedoch wiederum nicht finanzierbar, so dass der Zinssatz von r_1 auf r_0 ansteigt. Daraufhin geht die Güternachfrage entlang IS_0 von Y_1 auf Y_0 zurück, während die Transaktionsmöglichkeiten entlang LM_1 von $\underline{Y}$ auf Y_0 zunehmen. Bei richtigem Einsatz steigt die Güternachfrage auf Y_0 an, was Gleichung (10) entspricht ($dY = Y_0 - \underline{Y}$).

(3) Geld- und Fiskalpolitik

Finanziert der Staat seine Ausgabenerhöhung durch Kreditaufnahme bei der Zentralbank ($dG = dM > 0$,[2] $dT = 0$), so folgt aus Gleichung (5):

$$(11)\quad dY = \frac{1}{1 - c + \frac{ik}{h}}\left(i\frac{dM}{h} + dG\right) = \frac{i + h}{(1 - c)h + ik}\,dG.$$

Wie nicht anders zu erwarten, führen in diesem Fall beide exogenen Nachfrageänderungen zu einer Erhöhung der Güternachfrage gemäß dem bekannten Multiplikator.

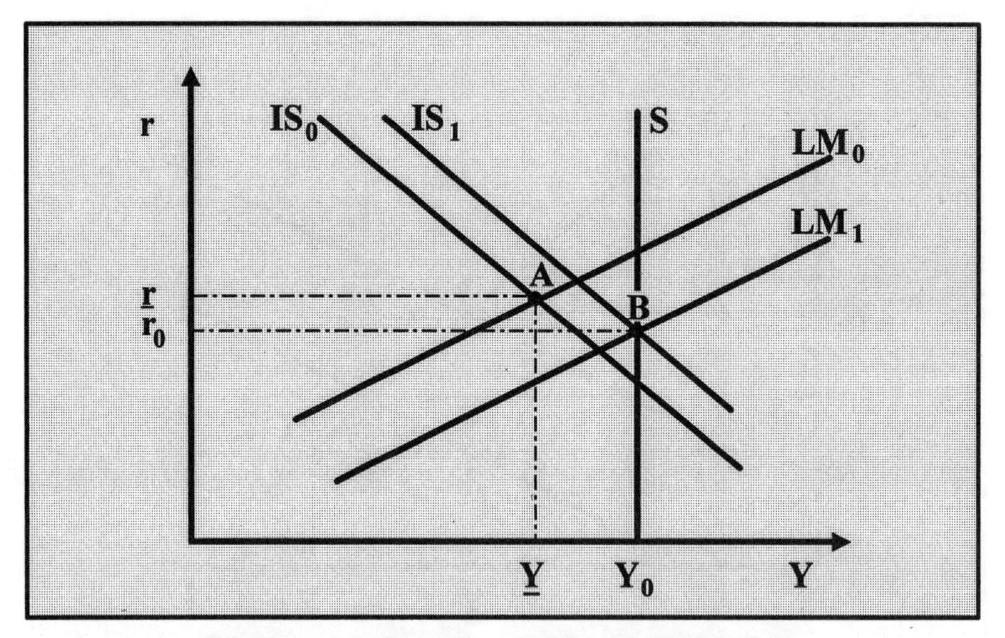

Abbildung 5.8: Expansive Geld- und Fiskalpolitik

In Abbildung 5.8 verschieben sich in diesem Fall sowohl die IS- als auch die LM-Kurve nach rechts, so dass sich bei richtiger Dosierung das Vollbeschäftigungseinkommen Y_0 einstellt ($dY = Y_0 - \underline{Y}$; Punkt A nach Punkt B).[3]

---

[1] Es gilt $Y_1 - \underline{Y} = \frac{1}{1-c}\, i\, \frac{dM}{h}$.

[2] Der Geldschöpfungsmultiplikator sei eins.

[3] Die IS-Kurve verschiebt sich um $[1/(1 - c)]dG$ (aus Gleichung (3) bei $dr = 0$), die LM-Kurve um dM/k (aus Gleichung (4) bei $dr = 0$) nach rechts. Mit $1/(1 - c) < 1/k$ verschiebt sich die LM-Kurve weiter nach rechts, so dass der Zinssatz sinkt.

5.3.2 Die Fiskalismus-Monetarismus-Kontroverse[1]

Es bleibt nun noch zu untersuchen, auf welche der dargestellten Möglichkeiten der Staat zurückgreifen sollte. Hier lassen sich zwei beschäftigungspolitische Konzeptionen unterscheiden: Während die Keynesianer der Fiskalpolitik den Vorzug geben, präferieren die Neoklassiker die Geldpolitik. Die Keynesianer werden deshalb als Fiskalisten, die Neoklassiker als Monetaristen bezeichnet.

Ausgangspunkt der nachfolgenden Gegenüberstellung dieser beiden Konzeptionen ist wieder Gleichung (5).[2] Diese Gegenüberstellung erfordert nun eine detailliertere Betrachtung des obigen IS/LM-Modells, d. h. die bisherigen Annahmen sind entsprechend zu modifizieren.

(1) Fiskalisten

Die erste Änderung des IS/LM-Modells nach Meinung der Fiskalisten betrifft die Investitionsnachfrage. Die Keynesianer nehmen an, dass die Zinsen in einer Rezession, d. h. bei sehr pessimistischen Absatzerwartungen, keinen Einfluss auf die Investitionsnachfrage haben: Sind die Unternehmer der Meinung, dass die durch die Investitionen geschaffenen Kapazitäten in Zukunft nicht ausgelastet sind (Ertragsseite), so werden sie auch bei sinkenden Zinsen (Kostenseite) ihre Investitionsnachfrage nicht ausdehnen. Die Investitionsnachfrage ist dann zinsunabhängig (sog. Investitionsfalle).

Die zweite Änderung betrifft die Nachfrage nach Spekulationskasse. Die Keynesianer gehen davon aus, dass bei sehr niedrigem Zinssatz alle Anleger eine Rendite der Wertpapieranlage von null erwarten. In diesem Fall sind sie indifferent gegenüber einer Vermögensanlage in Form von Geld oder in Form von Wertpapieren. Die Anleger sind somit bereit, Wertpapiere zu kaufen (Verringerung der Spekulationskasse) oder zu verkaufen (Erhöhung der Spekulationskasse), ohne dass sich der Zinssatz ändert; die Nachfrage nach Spekulationskasse ist bei diesem niedrigen Zinssatz unendlich elastisch (sog. Liquiditätsfalle).

Im Falle der Investitionsfalle gilt $i = 0$, im Falle der Liquiditätsfalle $h = -\infty$. In beiden Fällen reduziert sich Gleichung (5) auf:

$$(12)\quad dY = \frac{1}{1-c}(-cdT + dG).$$

Gleichung (12) zeigt, dass die Geldpolitik in den dargestellten Fällen keinen Einfluss auf die Höhe des Volkseinkommens hat, während die Fiskalpolitik ihre größte Wirksamkeit entfaltet.

---

[1] Branson, W. H., Makroökonomie, a. a. O., S. 376 ff; Heubes, J., Grundlagen der modernen Makroökonomie, a. a. O., S. 262 ff.

[2] Gleichung (5) lautet:

$$(5)\quad dY = \frac{1}{1-c+\frac{ik}{h}}\left(-cdT + dG + i\frac{dM}{h}\right).$$

Der Transmissions-Mechanismus der Geldpolitik ist wie folgt: Eine Erhöhung der Geldmenge führt zu niedrigeren Zinsen, wodurch die Investitionsnachfrage ansteigt, was via Multiplikator ein höheres Volkseinkommen zur Folge hat. Dieser Transmissions-Mechanismus wird bei Auftreten einer Investitions- oder Liquiditätsfalle unterbrochen; die Investitionsfalle verhindert einen Anstieg der Investitionsnachfrage bei sinkenden Zinsen, die Liquiditätsfalle verhindert eine Zinssenkung bei erhöhter Geldmenge.

Die gleichen Ursachen, die dazu führen, dass die Geldpolitik unwirksam ist, bewirken, dass die Fiskalpolitik höchst wirksam ist, da sie ein crowding-out verhindern. Crowding-out besagt, dass aufgrund höherer Zinsen infolge fiskalpolitischer Maßnahmen die private Investitionstätigkeit teilweise zurückgedrängt wird. Bei zinsunelastischer Investitionsnachfrage reagiert nun die Investitionsnachfrage nicht auf einen derartigen Zinsanstieg; bei völlig zinselastischer Geldnachfrage kommt es erst gar nicht zu einem Zinsanstieg.

Graphisch äußert sich die Investitionsfalle darin, dass die IS-Kurve senkrecht verläuft, wie in Abbildung 5.9 dargestellt ist; die Ausgangssituation sei Punkt A.

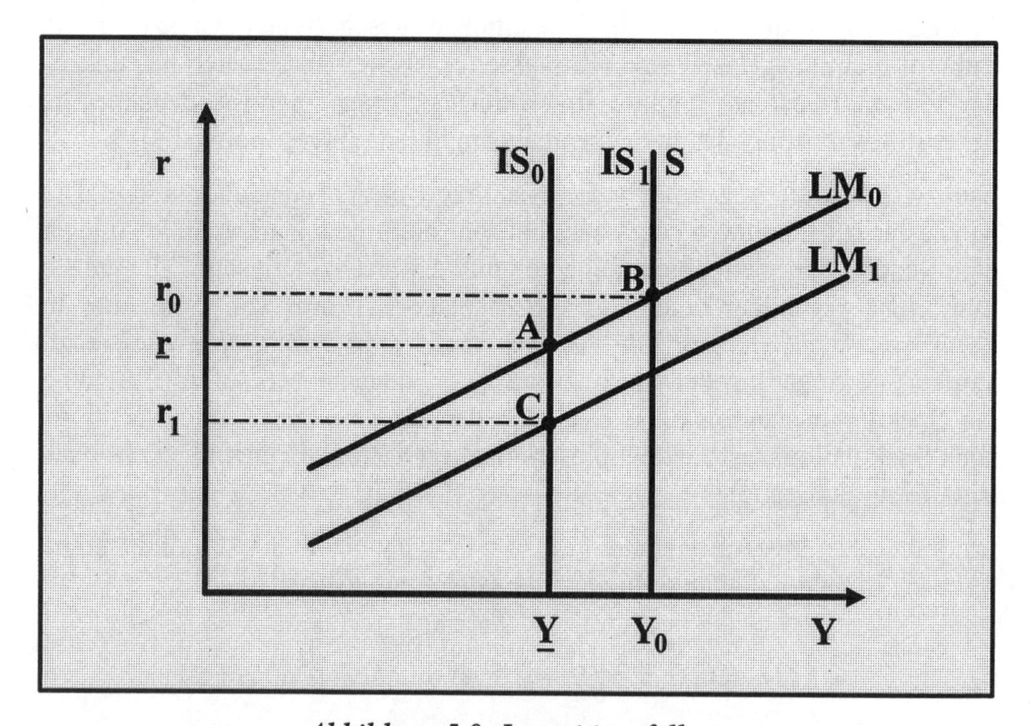

Abbildung 5.9: Investitionsfalle

Infolge einer Geldmengenerhöhung verschiebt sich die LM-Kurve nach rechts (LM_0 nach LM_1). Hierdurch sinkt der Zinssatz von $\underline{r}$ auf r_1; dies hat jedoch keine positiven Auswirkungen auf die Investitionsnachfrage, so dass das Einkommen $\underline{Y}$ erhalten bleibt (Punkt C). Fiskalpolitische Maßnahmen verschieben die IS-Kurve von IS_0 nach IS_1. Dies hat zur Folge, dass der Zinssatz ansteigt (auf r_0), was jedoch keine negativen Rückwirkungen auf die Investitionsnachfrage hat, so dass sich das Einkommen auf Y_0 erhöht (Punkt B).

Bei Auftreten einer Liquiditätsfalle verläuft die LM-Kurve parallel zur Y-Achse, was in Abbildung 5.10 dargestellt ist; die Ausgangssituation sei wiederum Punkt A.

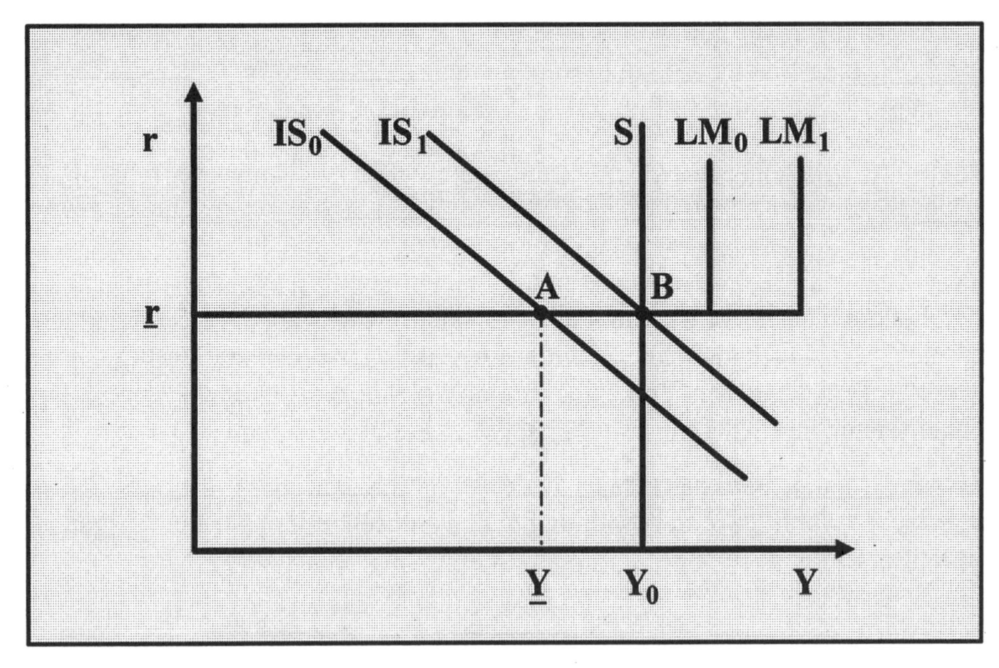

Abbildung 5.10: Liquiditätsfalle

Expansive Geldpolitik verschiebt die LM-Kurve von LM_0 nach LM_1, ohne dass der Zinssatz sinkt. Folglich bleibt das Volkseinkommen $\underline{Y}$ erhalten. Expansive Fiskalpolitik verschiebt die IS-Kurve von IS_0 nach IS_1, ohne dass sich der Zinssatz erhöht. In diesem Fall steigt das Volkseinkommen auf Y_0 (Punkt B).

(2) Monetaristen

Die Änderung des IS/LM-Modells nach Meinung der Monetaristen betrifft ebenfalls die Geldnachfrage. Nach ihrer Vorstellung ist die Geldnachfrage zinsunabhängig. Dies bedeutet, dass bspw. mit steigendem Zinssatz keine Spekulationskasse in Transaktionskasse überführt wird. Damit kann mit der vorhandenen Geldmenge auch nur ein ganz bestimmtes Einkommen finanziert werden.

Bei zinsunelastischer Geldnachfrage gilt $h = 0$. Damit folgt aus Gleichung (5) unmittelbar,[1] dass Fiskalpolitik keinen Einfluss auf die Höhe des Volkseinkommens hat (der Multiplikator nimmt den Wert Null an). Zur Bestimmung der Wirksamkeit der Geldpolitik (der Ausdruck dM/h geht gegen unendlich) wird Gleichung (5) (für $dG = dT = 0$) wie folgt umgeformt:

---

[1] Gleichung (5) lautet:

$$(5) \quad dY = \frac{1}{1 - c + \frac{ik}{h}}\left(- cdT + dG + i\frac{dM}{h}\right).$$

$$(13)\quad dY = \frac{i/h}{1 - c + \frac{ik}{h}} dM$$

$$(14)\quad dY = \frac{1}{\frac{h(1-c)}{i} + k} dM.$$

Für $h = 0$ ergibt sich:

$$(15)\quad dY = vdM; \qquad v = 1/k.$$

Die Geldpolitik ist in diesem Fall also höchst wirksam. Die Geldmengenerhöhung steht hier ausschließlich für Transaktionszwecke zur Verfügung, so dass die Erhöhung des Volkseinkommens gleich dem Produkt aus zusätzlicher Geldmenge (dM) und Umlaufsgeschwindigkeit (v) ist.

Zinsunelastische Geldnachfrage bedeutet graphisch, dass die LM-Kurve senkrecht verläuft, wie in Abbildung 5.11 veranschaulicht ist; die Ausgangssituation sei Punkt A.

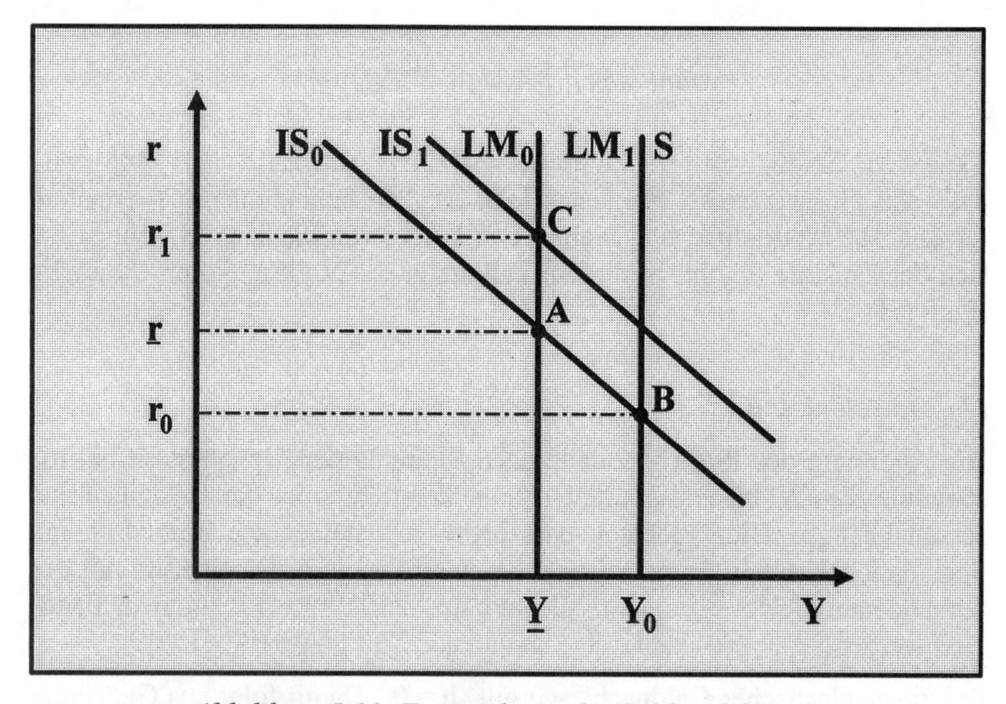

Abbildung 5.11: Zinsunelastische Geldnachfrage

Eine Erhöhung der Staatsnachfrage verschiebt die IS-Kurve nach rechts (von IS_0 nach IS_1). Hierdurch wird eine so starke Zinssteigerung ausgelöst (von $\underline{r}$ auf r_1), dass die private Investitionsnachfrage im Umfang der Staatsausgabenerhöhung zurückgedrängt wird (vollständiges crowding-out, Punkt C); die Güternachfrage bleibt also insgesamt unverändert. Eine Geldmengenerhöhung hingegen (Rechtsverschiebung der LM-Kurve von LM_0 nach LM_1) führt über sinkende Zinsen ($\underline{r}$ nach r_0) zu einem Anstieg der Güternachfrage von $\underline{Y}$ auf Y_0 (Punkt B).

Zusammenfassend lässt sich festhalten, dass nach Meinung der Fiskalisten die Fiskalpolitik, nach Meinung der Monetaristen die Geldpolitik aufgrund obiger Überlegungen die wirksamste Maßnahme darstellt. Die Fiskalisten fordern deshalb den fallweisen Einsatz der Fiskalpolitik (diskretionäre Fiskalpolitik) zur Beseitigung von Arbeitslosigkeit. Die Monetaristen lehnen hingegen jede Art von diskretionärer Beschäftigungspolitik ab, da die praktische Umsetzung der theoretisch konzipierten Stabilisierungspolitik auf erhebliche Probleme stößt.

So stehen dem Erfolg einer diskretionären Geldpolitik insbesondere verschiedene Zeitverzögerungen (time lags) entgegen. Aufgrund dieser Zeitverzögerungen besteht die Gefahr, dass diskretionäre Geldpolitik zum falschen Zeitpunkt wirksam wird, so dass sie eine zusätzliche Störung des wirtschaftlichen Systems darstellt. Aus diesem Grund schlagen die Monetaristen eine Verstetigung der Geldpolitik als sichere Planungsgrundlage für den privaten Sektor der Wirtschaft vor.[1]

---

[1] Neben anderen Maßnahmen, die die Marktkräfte stärken, wie bspw. Deregulierung.

Aufgaben zu Kapitel 5

5.1 Gegeben sei ein Vollbeschäftigungsgleichgewicht. Infolge eines Nachfragerückgangs sowie starrer Löhne und Preise entstehe ein Unterbeschäftigungsgleichgewicht. Die Gewerkschaften fordern nun höhere Nominallöhne mit der Begründung, dass hierdurch die Güternachfrage ansteigt und somit die Beschäftigung zunimmt. Die Arbeitgeber lehnen dies mit dem Hinweis ab, dass sich hierdurch die Kosten erhöhen, so dass die Beschäftigung weiter zurückgeht; sie fordern statt dessen eine Senkung der Nominallöhne. Nehmen Sie zu diesen Vorschlägen im Rahmen des zugrunde liegenden Modells Stellung.

5.2 Gegeben sei ein Gleichgewicht bei Vollbeschäftigung. Diese Ausgangssituation werde durch einen Rückgang der Güternachfrage gestört. Untersuchen Sie mit Hilfe eines Y/P-, eines A/W- sowie eines A/w-Diagramms (w = Reallohn), welches neue kurzfristige Gleichgewicht sich einstellt, wenn die Nominallöhne nach unten starr sind.

5.3 Gegeben sei ein Vollbeschäftigungsgleichgewicht. Dieses Gleichgewicht werde durch einen Rückgang der Staatsnachfrage gestört. Untersuchen Sie die Auswirkungen auf den Arbeitsmarkt bei starren Preisen aber flexiblen Löhnen.

5.4 Gegeben sei ein Vollbeschäftigungsgleichgewicht. Dieses Gleichgewicht werde durch ein Erdbeben gestört. Untersuchen Sie die Auswirkungen auf die Beschäftigungshöhe bei nach unten starren Nominallöhnen.

5.5 Diskutieren Sie folgende These: Eine Erhöhung der Arbeitsproduktivität verringert bei nach unten starrem Nominallohn die Beschäftigung.

5.6 Leiten Sie das langfristige Güterangebot sowie das kurzfristige Güterangebot bei unvollkommener Information ab. Untersuchen Sie hierbei den Fall, dass ein höheres Preisniveau vorgegeben wird.

5.7 Vergleichen Sie die langfristige Angebotssituation sowie das kurzfristige Güterangebot bei unvollkommener Information mit dem Angebot im Rahmen der neoklassischen Synthese.

5.8 Untersuchen Sie die Auswirkungen einer Preiserhöhung auf Arbeitsangebot und Arbeitsnachfrage im Rahmen der neoklassischen Angebotstheorie. Gehen Sie hierbei von einem A/W- sowie von einem A/w-Diagramm aus (w = Reallohn).

5.9 Gegeben sei ein Vollbeschäftigungsgleichgewicht. Nun verringere sich die gesamtwirtschaftliche Güternachfrage. Stellen Sie graphisch das erste temporäre Gleichgewicht mit Hilfe des Güter- und Arbeitsmarktes dar. Tragen Sie hierzu auf der Ordinate des Arbeitsmarkt-Diagramms den Reallohn ab. Welche Auswirkungen hat eine Erwartungsrevision auf dem Arbeitsmarkt?

5.10 Ein Vollbeschäftigungsgleichgewicht werde durch einen Rückgang der Staatsnachfrage gestört; die Investitionen seien zinsunabhängig. Welche Auswirkungen ergeben sich auf die Beschäftigung bei variablen Preisen sowie

(a) konstantem Nominallohn und

(b) unvollständiger Information?

5.11 Gegeben sei ein Gleichgewicht bei Unterbeschäftigung; das Preisniveau sei konstant ($P = 1$). Zur Erhöhung der Beschäftigung senke der Staat den Steuersatz einer proportionalen Einkommensteuer ($T = tY$). Untersuchen Sie algebraisch die Auswirkungen auf die Höhe des Volkseinkommens. Interpretieren Sie das Ergebnis.

5.12 Ausgangspunkt sei ein Gleichgewicht bei Unterbeschäftigung; es gelte $P, r = \text{const.}$ Nun erhöhe der Staat seine Ausgaben; zum Budgetausgleich erhöhe er die Pauschalsteuer. Stellen Sie Ausgangs- und Endgleichgewicht sowie den Anpassungsprozess graphisch dar (45°-Diagramm). Wie groß ist der expansive Effekt auf das Volkseinkommen?

5.13 Es gelte:

(1) $Y = \bar{C} + c(Y - T) + \bar{I} + ir + G$

(2) $M/P = kY + \bar{l} + hr$

mit: $\bar{C} = 70$, $T = G = 100$, $\bar{I} = 75$, $M = 700$, $P = 1$,
$\bar{l} = 200$, $c = 0{,}7$, $i = -100$, $k = 1$, $h = -500$.

Das Vollbeschäftigungseinkommen betrage 600. Um welchen Betrag müssen die Staatsausgaben erhöht werden, um Vollbeschäftigung zu erreichen bei Finanzierung durch

(a) Kreditaufnahme am Kreditmarkt,

(b) Erhöhung der Pauschalsteuer.

5.14 Gegeben sei ein Unterbeschäftigungsgleichgewicht; Zinssatz und Preisniveau seien konstant. Untersuchen Sie graphisch die Auswirkungen auf die Höhe des Volkseinkommens, wenn der Staat in der Periode $t = 1$ seine Ausgaben um dG erhöht, während er ab $t = 2$ wieder die ursprüngliche Ausgabenhöhe realisiert. Gehen Sie davon aus, dass die Haushalte ihre Konsumnachfrage nach dem erwarteten Einkommen richten; es gelten statische Einkommenserwartungen. Halten Sie ein derartiges Konjunkturprogramm für sinnvoll?

5.15 Untersuchen Sie die Wirksamkeit expansiver Fiskalpolitik, wenn
(a) die IS-Kurve und
(b) die LM-Kurve
völlig zinsunabhängig verlaufen.

5.16 Im Rahmen expansiver Fiskalpolitik erhöhe der Staat seine Ausgaben; das Preisniveau sei konstant (P = 1). Die Finanzierung der zusätzlichen Ausgaben erfolge durch Kreditaufnahme bei der Zentralbank. Untersuchen Sie algebraisch, welchen Einfluss diese Politik auf die Höhe des Zinssatzes hat (der Geldschöpfungsmultiplikator sei eins).

5.17 Untersuchen Sie die Wirksamkeit expansiver Geldpolitik, wenn
(a) die IS-Kurve und
(b) die LM-Kurve
völlig zinsunabhängig verlaufen.

5.18 Gegeben sei ein Vollbeschäftigungseinkommen; Investitionen und Geldnachfrage seien zinsunabhängig. Nun verringere der Staat seine Güternachfrage. Lässt sich Vollbeschäftigung durch eine Steuersenkung erreichen? Vergleichen Sie das Ergebnis mit den Vorstellungen der Monetaristen.

5.19 Bleibt die in Aufgabe 5.18 auftretende Arbeitslosigkeit erhalten, wenn der Staat keine expansive Fiskalpolitik betreibt?

5.20 Die Neoklassiker werden als Monetaristen bezeichnet, da sie diskretionäre Geldpolitik zur Beseitigung von Unterbeschäftigung fordern. Nehmen Sie hierzu Stellung.

6. Kapitel: Inflation

Gegenstand dieses Kapitels ist das Inflationsproblem. Das Lernziel besteht darin, einerseits einen Überblick über Ursachen und Folgen einer Inflation zu gewinnen und andererseits unter Verwendung der theoretischen Zusammenhänge Maßnahmen einer Anti-Inflationspolitik abzuleiten. Hierbei wird wieder auf das in Teil I entwickelte Makro-Modell zurückgegriffen, das wiederum entsprechend der speziellen Fragestellung modifiziert werden muss.

6.1 Messung der Inflation

Preisniveaustabilität bedeutet Konstanz des Preisniveaus (P), d. h. Abwesenheit von Inflation. Unter Beachtung, dass der Reziprokwert des Preisniveaus (1/P) die Kaufkraft des Geldes angibt (die Gütermenge, die pro Geldeinheit gekauft werden kann), lässt sich Preisniveaustabilität auch als Konstanz der Kaufkraft des Geldes definieren.

Unter Inflation hingegen wird ein anhaltender Anstieg des Preisniveaus bzw. ein anhaltender Rückgang der Kaufkraft des Geldes verstanden. Als Inflationsmaß dient die jährliche Inflationsrate, nämlich die Änderungsrate des Preisniveaus, wobei das Preisniveau – in einer Mehr-Güter-Wirtschaft – durch einen Preisindex erfasst wird.

Ein Preisindex gibt die relative Preishöhe in einer Berichtsperiode (Periode „t") gegenüber einer Basisperiode (Periode „0") an.[1] Diese relative Preishöhe wird mit Hilfe der Umsätze (Preise p mal Menge x aller Güter) in den beiden Perioden ermittelt, wobei in beiden Perioden die gleichen Mengen herangezogen werden. Gehen die Mengen des Basisjahres in die Berechnung ein, so ergibt sich der Preisindex von Laspeyres P^L (i = 1...n, Anzahl der erfassten Güter):

$$(1) \quad P_t^L = \frac{\sum_i p_i^t x_i^0}{\sum_i p_i^0 x_i^0}.$$

Der Preisindex von Laspeyres gibt also an, wie sich die Kosten des Warenkorbes der Basisperiode in der Berichtsperiode gegenüber der Basisperiode geändert haben.

Werden die Mengen der Berichtsperiode herangezogen, so folgt der Preisindex von Paasche P^P:

$$(2) \quad P_t^P = \frac{\sum_i p_i^t x_i^t}{\sum_i p_i^0 x_i^t}.$$

---

[1] Haslinger, F., Volkswirtschaftliche Gesamtrechnung, 7. Aufl., München/Wien 1995, S. 157 ff; Wachtel, P., Makroökonomik, a. a. O., S. 33 ff.

Der Preisindex von Paasche zeigt an, um wie viel sich die Kosten des Warenkorbes der Berichtsperiode in der Berichtsperiode gegenüber der Basisperiode geändert haben.[1]

Die jährliche Inflationsrate in Prozent ($\hat{P}$) entspricht der relativen Veränderung des Preisindex in der Periode t gegenüber der Vorperiode t – 1; für den Laspeyres-Preisindex ergibt sich:

$$(3) \quad \hat{P}_t^L = \frac{P_t^L - P_{t-1}^L}{P_{t-1}^L} \cdot 100.^2$$

Aus einer nach Gleichung (2) aufgestellten Preisindexreihe nach Paasche lässt sich hingegen die jährliche Inflationsrate aufgrund der jährlichen Neugewichtung nicht durch direkten Vergleich zweier aufeinander folgender Perioden berechnen.[3] Hierzu ist vielmehr eine Umbasierung erforderlich: Der Wert von P_{t-1}^P ist für die Mengen x_t neu zu berechnen; damit ergibt sich für den umbasierten Paasche-Preisindex $\widetilde{P}_{t-1}^P$:

$$(4) \quad \widetilde{P}_{t-1}^P = \frac{\sum p_i^t x_i^t}{\sum p_i^{t-1} x_i^t}.$$

Die jährliche Inflationsrate ($\hat{P}_t^P$) lässt sich dann unter Verwendung von $\widetilde{P}_{t-1}^P$ nach Gleichung (3) berechnen, wobei zu beachten ist, dass die Periode $t-1$ durch die Neugewichtung jeweils zur Basisperiode wird ($\widetilde{P}_{t-1}^P = 100$).

6.2 Ursachen eines Inflationsprozesses

Inflation entsteht, wenn die Güternachfrage das Güterangebot übersteigt, wenn also eine sog. inflatorische Lücke entsteht. Damit kann zur Erklärung eines Inflationsprozesses grundsätzlich auf das in Teil I dargestellte AD/AS-Modell zurückgegriffen werden. Wie dargestellt wurde, gibt dieses Modell

---

[1] Die beiden Preisindizes unterscheiden sich also darin, wie Substitutionsvorgänge bei relativen Preisänderungen erfasst werden. Beim Laspeyres-Preisindex bleibt die teilweise Substitution relativ verteuerter Güter unberücksichtigt, was sich in einem hohen Ausgabenniveau der Berichtsperiode niederschlägt. Der Paasche-Preisindex übernimmt die erhöhten Mengen relativ verbilligter Güter auch für die Basisperiode, was zu einem hohen Ausgabenniveau der Basisperiode führt.

[2] Es gilt:

$$P_t^L = \sum p_i^t x_i^0 / \sum p_i^0 x_i^0$$

$$P_{t-1}^L = \sum p_i^{t-1} x_i^0 / \sum p_i^0 x_i^0 .$$

Damit folgt für die Inflationsrate nach Gleichung (3):

$$\hat{P}_t^L = \left(\frac{\sum p_i^t x_i^0}{\sum p_i^{t-1} x_i^0} - 1 \right) 100.$$

Diese Inflationsrate erfasst, da die Mengen konstant bleiben, ausschließlich die Preisentwicklung.

[3] Eine derart berechnete Inflationsrate würde Preis- und Mengenänderungen beinhalten.

eine Gleichgewichtssituation bei korrekten Preiserwartungen wieder. Soll auch der Anpassungsprozess an dieses Gleichgewicht dargestellt werden, so bietet sich wieder der Rückgriff auf die Lucas-Angebotsfunktion an. Damit lautet das Inflationsmodell wie folgt:[1]

(1)	$Y = C(Y) + I(r) + G$	(IS-Kurve)
(2)	$M/P = l(Y,r)$	(LM-Kurve)
(3)	$Y = Y_0 + \alpha(P - P^e)$	(S-Kurve)
(4)	$P^e = P_{-1}$	

Übersicht 6.1: Modell einer inflationären Wirtschaft

Das voranstehende Modell gibt (für gegebene exogene Größen und $P^e = P$) das Ausgangsgleichgewicht an. Eine inflatorische Lücke entsteht nun, wenn aufgrund einer exogenen Störung entweder

- die Güternachfrage steigt (Nachfrageinflation), oder
- das Güterangebot sinkt (Angebotsinflation).

Mit Hilfe des obigen Inflationsmodells lassen sich dann das neue gleichgewichtige Preisniveau sowie der Anpassungsprozess zu diesem Gleichgewicht darstellen.

6.2.1 Nachfrageinflation[2]

Während sich die Vorstellungen sowohl der Keynesianer als auch der Neoklassiker bezüglich des Modells einer inflationären Wirtschaft durch das obige Modell erfassen lassen, unterscheiden sich diese beiden Richtungen doch erheblich in ihrer Einschätzung, wodurch eine Nachfrageinflation ausgelöst wird. Nach keynesianischer Vorstellung wird ein Inflationsprozess insbesondere durch eine Erhöhung einer autonomen Nachfragekomponente ausgelöst; nach neoklassischer Vorstellung durch eine Erhöhung der Geldmenge, die eine höhere Investitionsnachfrage induziert.

Nachfolgend wird zunächst der Preisniveauanstieg untersucht, der durch einen (dauerhaften) positiven Nachfrageimpuls ausgelöst wird. In diesem Fall bleibt das Preisniveau im neuen Gleichgewicht auf höherem Niveau konstant (einmaliger Preisniveauanstieg). Erst daran anschließend folgt die

---

[1] Dieses Modell ist gleich dem Beschäftigungsmodell der Neoklassiker (Abschnitt 5.2.2). Während im Rahmen des 5. Kapitels Entstehung und Auswirkungen einer deflatorischen Lücke untersucht wurden, geht es in diesem Kapitel um Entstehung und Auswirkungen einer inflatorischen Lücke.

[2] Claassen E.-M., Grundlagen der makroökonomischen Theorie, München 1980, S. 271 ff; Pohl, R., Theorie der Inflation, München 1981, S. 84 ff; Ströbele, W., Inflation, 4. Aufl., München/Wien 1995, S. 44 ff.

Darstellung des eigentlichen Inflationsprozesses. In diesem Fall führen immer wieder neue positive Nachfrageimpulse zu einer fortlaufenden Erhöhung des gleichgewichtigen Preisniveaus (fortlaufender Preisniveauanstieg).

(1) Einmaliger Preisniveauanstieg

In diesem Zusammenhang konzentrieren sich die Ausführungen zunächst auf das neue, langfristige Gleichgewicht (Existenz). Die Analyse des Anpassungspfades zum neuen Gleichgewicht erfolgt anschließend (Stabilität).

Gleichgewichtslösung

Der Fall einer **autonomen Nachfrageerhöhung** ist in Abbildung 6.1 dargestellt. Das Ausgangsgleichgewicht wird durch Punkt A angezeigt. Eine auto-

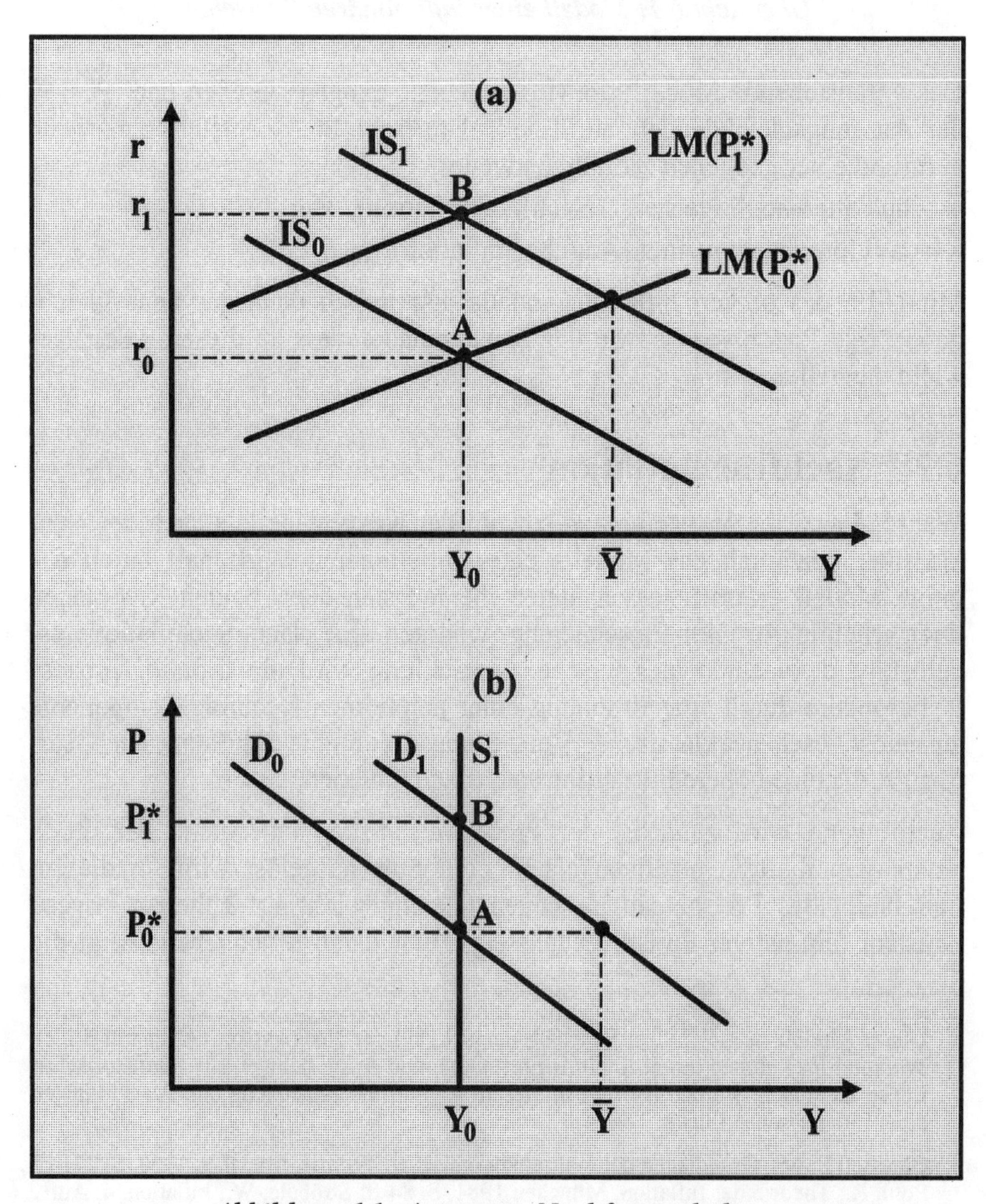

Abbildung 6.1: Autonome Nachfrageerhöhung

nome Nachfrageerhöhung bewirkt eine Rechtsverschiebung der IS-Kurve von IS_0 nach IS_1; bei konstantem Preisniveau (P_0^*) erhöht sich die Güternachfrage unter Beachtung des Multiplikatorprozesses auf $\overline{Y}$. In Teil (b) der Abbildung 6.1 verschiebt sich die D-Kurve von D_0 nach D_1; bei dem Preisniveau P_0^* entsteht somit eine inflatorische Lücke ($\overline{Y} - Y_0$), die zu Preissteigerungen führt.

Das neue (langfristige) Gleichgewicht ist erreicht, wenn die Haushalte korrekte Preiserwartungen haben. In diesem Fall stellt sich das Volkseinkommen Y_0 ein. Graphisch wird das neue Gleichgewicht durch den Schnittpunkt zwischen der D_1-Kurve und der S_l-Kurve angezeigt (Punkt B in Abbildung 6.1, Teil (b)).

Langfristig wird die inflatorische Lücke durch einen Rückgang der Güternachfrage auf ihr Ausgangsniveau geschlossen:[1] Der Preisniveauanstieg auf P_1^* verringert die reale Geldmenge, was Zinssteigerungen und einen Rückgang der privaten Investitionsnachfrage zur Folge hat. Graphisch kommt dies in einer Verlagerung der LM-Kurve nach links zum Ausdruck ($LM(P_0^*)$ nach $LM(P_1^*)$); das neue Gleichgewicht entspricht dem Schnittpunkt zwischen der IS_1- und der $LM(P_1^*)$-Kurve; der Zinssatz steigt auf r_1 (Punkt B in Abbildung 6.1, Teil (a)).

Abbildung 6.2 gibt den Fall einer **induzierten Nachfrageerhöhung** wieder. Das Ausgangsgleichgewicht wird durch Punkt A angezeigt. Nun werde die Geldmenge erhöht, hierdurch verschiebt sich die LM-Kurve von $LM(M_0/P_0^*)$ nach $LM(M_1/P_0^*)$. Infolge der höheren Geldmenge sinkt der Zinssatz, wodurch eine höhere Investitionsnachfrage induziert wird. Bei konstantem Preisniveau (P_0^*) steigt die Güternachfrage unter Beachtung der multiplikativen Wirkungen auf einen Wert, der wieder als $\overline{Y}$ bezeichnet wird. In Teil (b) der Abbildung 6.2 verlagert sich die D-Kurve von D_0 nach D_1; bei P_0^* entsteht somit wieder eine inflatorische Lücke ($\overline{Y} - Y_0$), die zu Preissteigerungen führt.

Im neuen Gleichgewicht gelten wieder korrekte Preiserwartungen. In Abbildung 6.2, Teil (b) entspricht das langfristige Gleichgewicht dem Schnittpunkt B zwischen der neuen D-Kurve (D_1) und der langfristigen Angebotskurve (S_l); das Preisniveau steigt auf P_1^* an. Infolge dieser Preissteigerung sinkt die reale Geldmenge auf ihr Ausgangsniveau (die LM-Kurve in Teil (a) verlagert sich nach $LM(M_1/P_1^*)$), wodurch Zinssteigerungen auf das Ausgangsniveau ausgelöst werden. Hierdurch geht die zinsinduzierte Investitionsnachfrage wieder auf ihren ursprünglichen Wert zurück (Punkt B). Wiederum wird die inflatorische Lücke ausschließlich durch einen Rückgang der Güternachfrage geschlossen.

---

[1] Bei korrekten Preiserwartungen treten keine Beschäftigungseffekte auf.

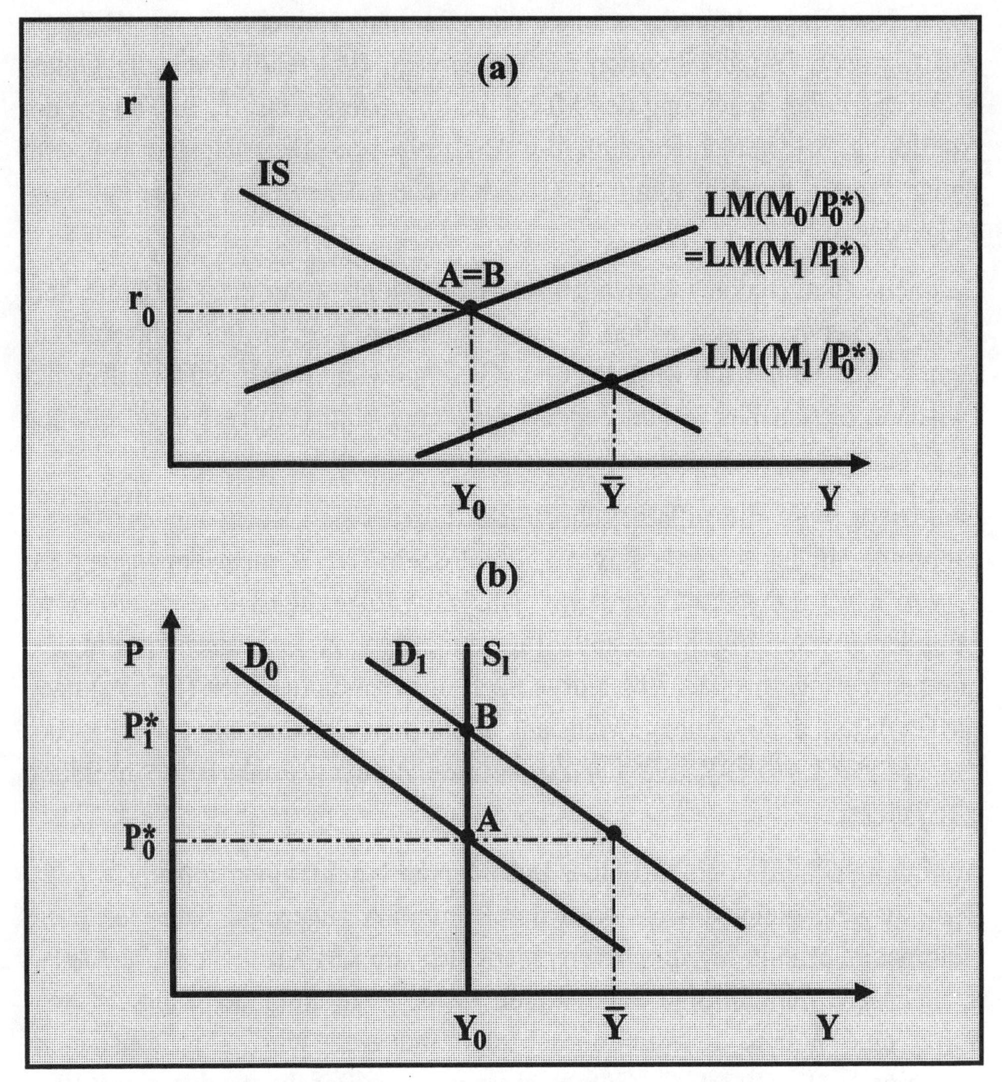

Abbildung 6.2: Induzierte Nachfrageerhöhung

Anpassungspfad

Korrekte Erwartungen stellen sich erst längerfristig ein. Es bleibt also noch zu untersuchen, wie die Wirtschaft kürzerfristig, d. h. bei gegebenen und somit u. U. falschen Preiserwartungen, auf einen (autonomen oder induzierten) Nachfrageschock reagiert. Hierzu wird in Abbildung 6.3 (a) die durch die Erhöhung der gesamtwirtschaftlichen Güternachfrage ausgelöste Rechtsverschiebung der D-Kurve von D_0 nach D_1 wiederholt. Die bei dem unveränderten Preisniveau P_0^* entstehende inflatorische Lücke sei wieder $\bar{Y} - Y_0$.

Infolge dieser inflatorischen Lücke steigt das Preisniveau wiederum an, kurzfristig jedoch nur auf P_1. Hierdurch sinkt einerseits die Güternachfrage (von $\bar{Y}$ auf Y_1), andererseits steigt das Güterangebot an (von Y_0 auf Y_1).

Der Rückgang der Güternachfrage wird auch jetzt durch den vorangehend dargestellten Keynes-Effekt ausgelöst. Der Anstieg des Güterangebots ist wie folgt zu erklären: Die Unternehmer erkennen, dass der Reallohn bei höherem Preisniveau und gegebenem Nominallohn sinkt. Sie erhöhen somit ihre Arbeitsnachfrage, d. h. die Arbeitsnachfragekurve verschiebt sich in Abbildung 6.3 (b) nach rechts (nach $A^n(W/P_1)$). Da die Haushalte annahmegemäß den Preisniveauanstieg noch nicht erkennen (statische Preiserwartungen), bleibt die Arbeitsangebotskurve unverändert.

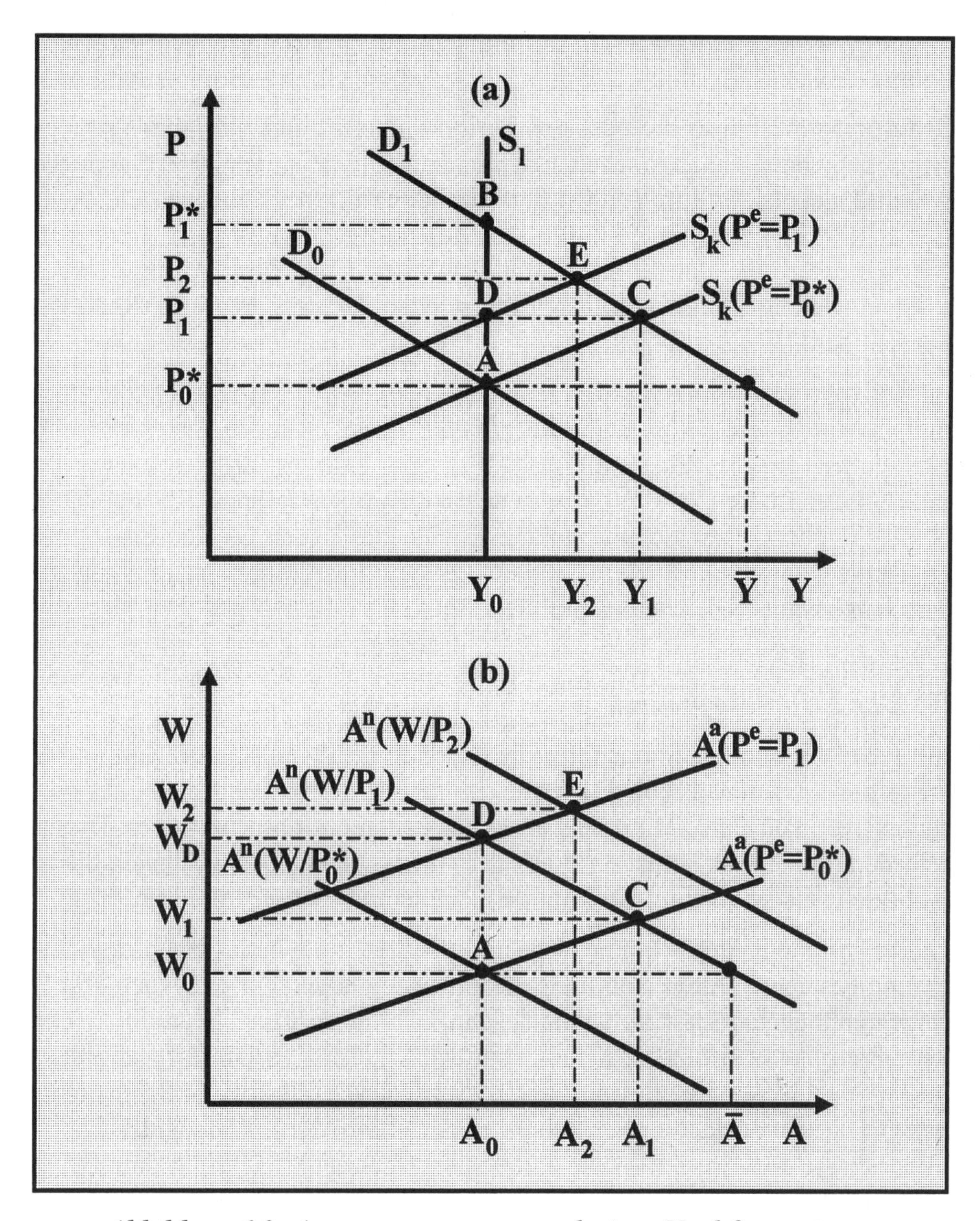

Abbildung 6.3: Anpassungsprozess nach einer Nachfragestörung

Bei dem Nominallohn W_0 übersteigt nun die Arbeitsnachfrage $(\bar{A})$[1] das Arbeitsangebot (A_0), so dass der Nominallohn ansteigt (auf W_1). Dies bedeutet, dass sich der Reallohn von dem Wert W_0/P_1 auf W_1/P_1 erhöht, wodurch die Arbeitsnachfrage wieder etwas sinkt (von $\bar{A}$ auf A_1). Der steigende Nominallohn wird von den Haushalten als ein Anstieg des Reallohns von W_0/P_0^* auf W_1/P_0^* interpretiert, so dass sie ihr Arbeitsangebot von A_0 auf A_1 ausdehnen.

---

[1] $\bar{A}$ und $\bar{Y}$ sind unabhängig voneinander.

Der Beschäftigung in Höhe von A_1 entspricht das Güterangebot Y_1 gemäß der kurzfristigen Güterangebotskurve $S_k(P^e=P_0^*)$. Mit P_1/Y_1, dem Schnittpunkt zwischen dieser S_k-Kurve und der D_1-Kurve, ist also das erste temporäre Gleichgewicht erreicht (Punkt C). Im Unterschied zum langfristigen Gleichgewicht treten kurzfristig (infolge falscher Preiserwartungen) Beschäftigungseffekte auf.

Erwartungsrevision in der nächsten Periode führt zu einer Veränderung des Arbeitsangebots. Bei statischen Erwartungen ($P_t^e = P_{t-1}$) verschiebt sich die Arbeitsangebotskurve in Teil (b) der Abbildung 6.3 nach links in die Position $A^a(P^e=P_1)$. Sie schneidet die Arbeitsnachfragekurve $A^n(W/P_1)$ bei dem Abszissenwert A_0; der Nominallohn (W_D) ist in gleichem Ausmaß angestiegen wie das Preisniveau, so dass wieder der ursprüngliche Reallohn erreicht wird ($W_0/P_0^* = W_D/P_1$).

In Teil (a) der Abbildung 6.3 reduziert sich das Güterangebot bei dem Preisniveau P_1 auf Y_0, d. h. die kurzfristige Angebotskurve verschiebt sich nach oben in die Position $S_k(P^e=P_1)$. Es entsteht also wieder eine inflatorische Lücke ($Y_1 - Y_0$), die zu dem zweiten temporären Gleichgewicht bei P_2/Y_2 führt, dem Schnittpunkt zwischen der neuen S_k-Kurve und der D_1-Kurve (Punkt E). Weitere Erwartungsrevisionen führen schließlich zu dem langfristigen Gleichgewicht P_1^*/Y_0 (Punkt B).

(2) Der Inflationsprozess

Infolge eines autonomen oder eines induzierten positiven Nachfrageimpulses steigt das Preisniveau schließlich auf ein höheres Niveau und bleibt auf diesem Niveau konstant. Damit liegt aber noch kein Inflationsprozess vor. Dieser erfordert, dass in der Situation P_1^*/Y_0 der vorangehenden Abbildungen, die in Abbildung 6.4 wiederholt ist (Punkt B), ein neuer Inflationsimpuls auftritt.

Dieser Inflationsimpuls könnte in einer erneuten autonomen Nachfragesteigerung bestehen. Durch eine laufende Erhöhung bspw. der exogenen Nachfragekomponenten lässt sich jedoch kein Inflationsprozess begründen: Mit dem Preisniveauanstieg sind die gesamtwirtschaftlichen Umsätze angestiegen ($P_1^*Y_0 > P_0^*Y_0$). Zur Bewältigung dieser Umsätze ist eine größere (nominelle) Transaktionskasse erforderlich. Die erforderliche Erhöhung der Transaktionskasse kam im Fall einer autonomen Nachfragesteigerung durch eine Umschichtung der Geldmenge infolge steigender Zinsen zustande. Eine derartige Umschichtung von Spekulations- in Transaktionskasse endet jedoch, wenn die gesamte Geldmenge bereits als Transaktionskasse gehalten wird.[1] In diesem Fall führt eine Erhöhung der autonomen Nachfrage zu einem derartigen Zinsanstieg, dass die zinsinduzierte Investitionsnachfrage im gleichen Umfang zurückgeht, so dass insgesamt keine Nachfragesteigerung eintritt (vollständiges crowding-out).

Ein andauernder Inflationsprozess erfordert also früher oder später, dass die Geldmenge immer wieder erhöht wird. Diese Erhöhung der Geldmenge folgt

[1] Von einer Erhöhung der Umlaufsgeschwindigkeit der Geldmenge wird abgesehen.

nach Meinung der Keynesianer passiv der gestiegenen Güternachfrage; nach Meinung der Neoklassiker löst sie aktiv die Steigerung der Güternachfrage erst aus.

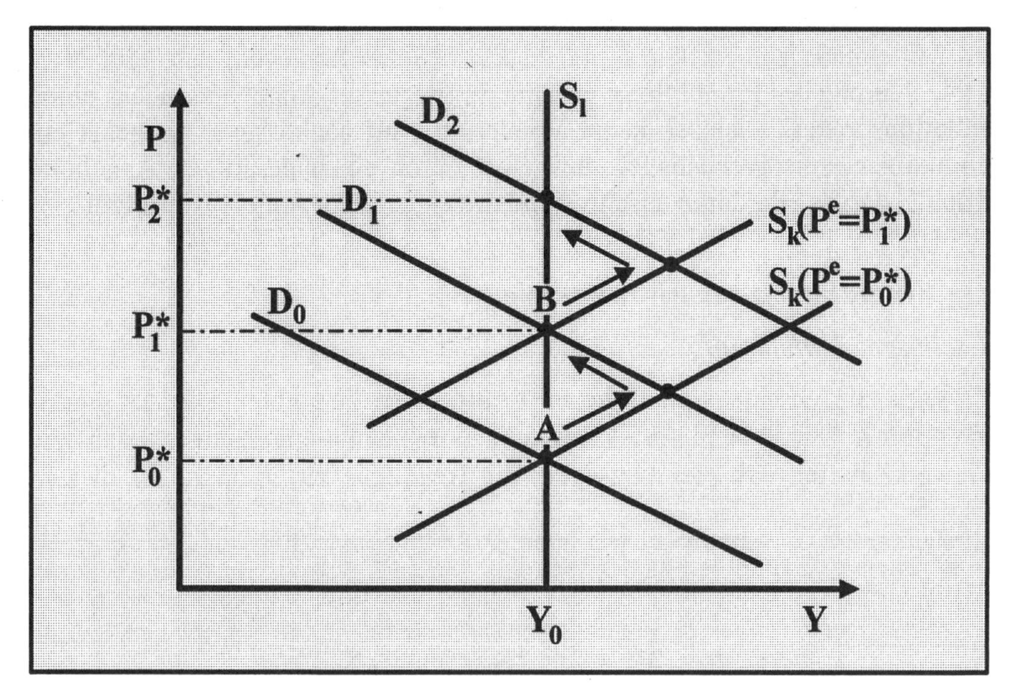

Abbildung 6.4: Preis-Lohn-Spirale

Es wird deshalb angenommen, dass in der Situation P_1^*/Y_0 (Punkt B in Abbildung 6.4) die Geldmenge ansteigt. Infolge der Geldmengenerhöhung sinkt der Zinssatz, wodurch eine Investitionssteigerung induziert wird, die wiederum eine inflatorische Lücke (wie in der Ausgangssituation) zur Folge hat (Verschiebung der D_1-Kurve nach D_2 in Abbildung 6.4). Aufgrund der erneuten inflatorischen Lücke steigt das (gleichgewichtige) Preisniveau (bei statischen Erwartungen in mehreren Zwischenschritten) auf P_2^* an. Weitere Geldmengenerhöhungen führen dann schließlich zu einem fortlaufenden Anstieg des Preisniveaus. Da dieser Prozess durch eine Nachfragesteigerung ausgelöst wird, die zu Preissteigerungen führt, die Lohnerhöhungen nach sich ziehen, wird dieser Inflationsprozess als **Preis-Lohn-Spirale** bezeichnet.[1,2]

---

[1] Diese Darstellung ist jedoch nicht in allen Punkten überzeugend. Bei der Abbildung 6.4 zugrunde liegenden Geldpolitik sinkt die Inflationsrate fortlaufend (z. B. gilt $(P_2^* - P_1^*)/P_1^* < (P_1^* - P_0^*)/P_0^*$). Konstanz der Inflationsrate erfordert, dass die Abstände zwischen den D-Kurven immer größer werden, so dass in den temporären Gleichgewichten immer größere Abweichungen von Y_0 auftreten. Überzeugend hingegen ist das Resultat, dass die Wachstumsrate der Geldmenge ($\hat{M}$) die gleichgewichtige Inflationsrate ($\hat{P}$) bestimmt.

[2] Die neuere Inflationstheorie kritisiert am obigen Inflationsmodell, dass die Haushalte auch während eines Inflationsprozesses Erwartungen bzgl. des Preisniveaus bilden. Wird diese Annahme durch die realistischere Hypothese ersetzt, dass die Haushalte während eines Inflationsprozesses Erwartungen bzgl. der Inflationsrate bilden, so gilt im Inflationsgleichgewicht $\hat{P} = \hat{M}$ (bei $Y, v = \text{const.}$), ohne dass während des Anpassungsprozesses immer größere Abweichungen von Y_0 auftreten. Heubes, J., Makroökonomie, 4. Aufl., München 2001, S. 139 ff.

6.2.2 Angebotsinflation[1]

Die Ursachen für eine Angebotsinflation (Rückgang des Güterangebots) sind nach Meinung der Keynesianer vor allem in einer Erhöhung einer der Preiskomponenten aufgrund von Marktmacht zu suchen, wobei die Lohnkosten im Mittelpunkt stehen. Die Neoklassiker betonen hingegen, dass eine Verschlechterung der Produktionsverhältnisse (negativer Angebotsschock) einen Inflationsprozess auslösen kann. Wiederum wird nachfolgend zunächst ein einmaliger Preisniveauanstieg, ausgelöst durch einen derartigen Angebotsimpuls, dargestellt, daran anschließend die eigentliche Angebotsinflation.

(1) Einmaliger Preisniveauanstieg

Gleichgewichtslösung

Es wird zunächst der Fall **höherer Lohnkosten** betrachtet. Die Ausgangssituation sei Punkt A in Abbildung 6.5. Es wird nun angenommen, dass die Gewerkschaften das Ziel verfolgen, die Reallöhne zu erhöhen. Zu diesem

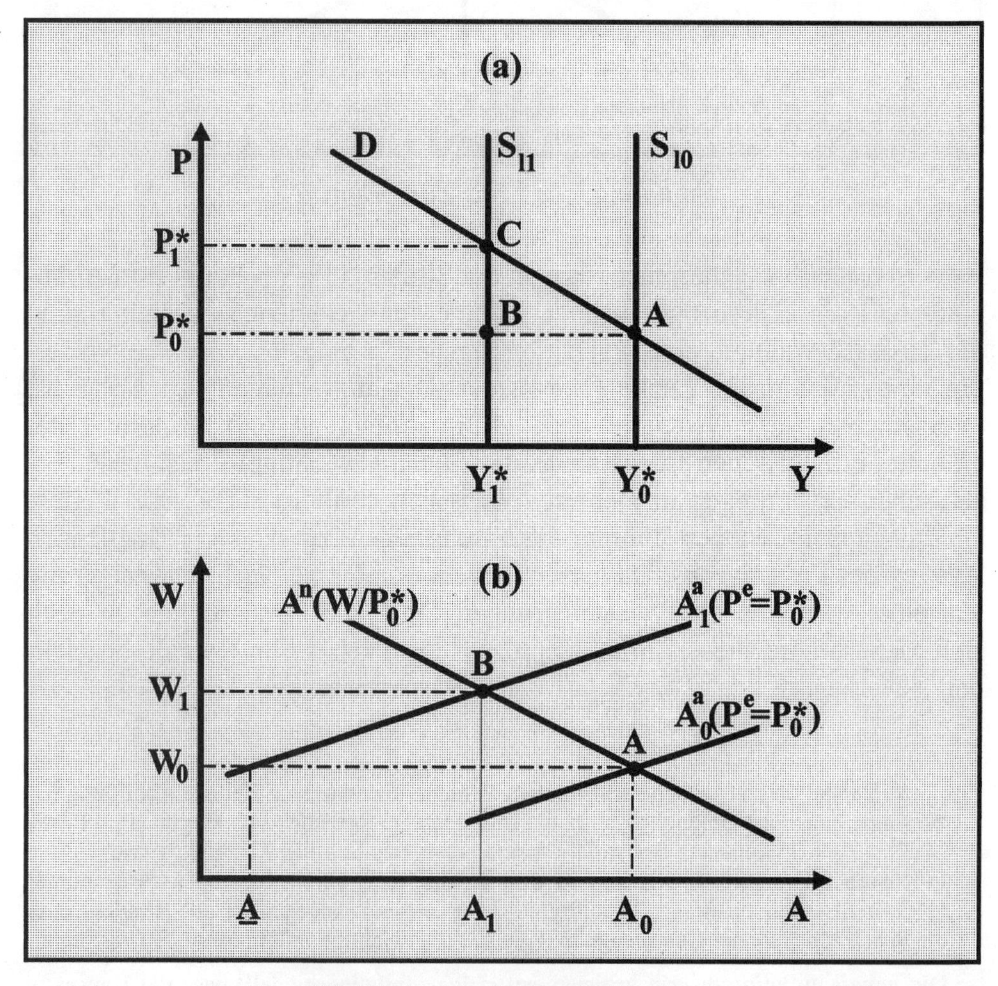

Abbildung 6.5: Lohnerhöhungen

[1] Issing, O., Einführung in die Geldtheorie, 11. Aufl., München 1998, S. 204 ff; Pohl, R., Theorie der Inflation, a. a. O., S. 87 ff; Dornbusch, R. und St. Fischer, Makroökonomie, a. a. O., S. 278 ff.

Zweck fordern sie bei jedem Arbeitseinsatz einen höheren Nominallohn, d. h. die Arbeitsangebotskurve verschiebt sich nach oben von A_0^a ($P^e = P_0^*$) nach $A_1^a(P^e = P_0^*)$.

Aufgrund des reduzierten Arbeitsangebots stellt sich ein neues Gleichgewicht auf dem Arbeitsmarkt bei höherem Nominallohn (W_1) und geringerer Beschäftigung (A_1) ein (Punkt B). Die geringere Beschäftigung führt zu einem niedrigeren Güterangebot (Y_1^*), d. h. die langfristige Güterangebotskurve verschiebt sich nach links (von S_{l0} nach S_{l1}).

Infolge des gesunkenen Güterangebots und noch unveränderter Güternachfrage entsteht nun bei P_0^* eine inflatorische Lücke ($Y_0^* - Y_1^*$), die längerfristig durch einen Preisanstieg auf P_1^* (Punkt C) geschlossen wird.[1,2]

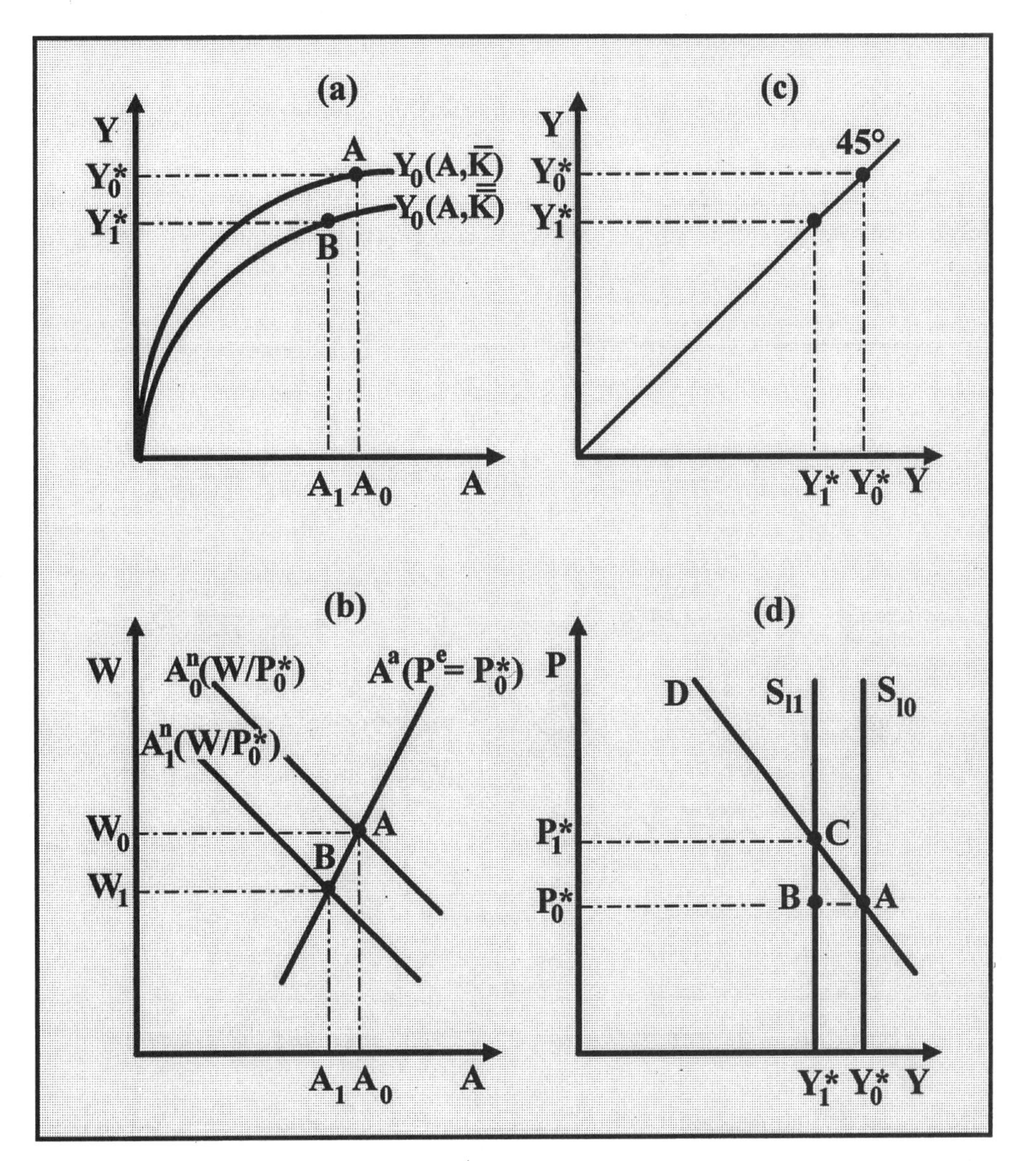

Abbildung 6.6: Negativer Angebotsschock

---

1 Die entsprechenden Verschiebungen der A^a- und A^n-Kurve sind nicht dargestellt.

2 Während eine Nachfrageinflation langfristig lediglich zu steigenden Preisen führt, geht bei einer Angebotsinflation die Beschäftigung zurück. Rückläufige Beschäftigung bei steigenden Preisen wird als Stagflation bezeichnet.

Ein **negativer Angebotsschock** (bspw. Krieg, Erdbeben, Rohstoffpreiserhöhung) führt zu einer Verschlechterung der Produktionsbedingungen. In Abbildung 6.6 wird das Ausgangsgleichgewicht durch Punkt A angezeigt. Diese Ausgangssituation werde nun durch einen negativen Angebotsschock in Form eines Erdbebens, das einen Teil des volkswirtschaftlichen Kapitalstocks vernichtet ($\bar{\bar{K}} < \bar{K}$), gestört. Dies drückt sich in einem flacheren Verlauf der Produktionsfunktion aus ($Y_0(A,\bar{\bar{K}})$), d. h. der Grenzertrag der Arbeit sinkt. Damit geht auch die Nachfrage nach Arbeit zurück ($A_1^n(W/P_0^*)$).

Infolge der geringeren Arbeitsnachfrage sinkt die Beschäftigung auf A_1. Das Güterangebot geht entsprechend auf Y_1^* zurück (Punkt B), d. h. die langfristige Güterangebotskurve verlagert sich von S_{l0} nach S_{l1}. Bei P_0^* entsteht nun wieder eine inflatorische Lücke ($Y_0^* - Y_1^*$), die langfristig zu Preissteigerungen auf P_1^* führt (Punkt C).[1]

Anpassungspfad

Mit der langfristigen verschiebt sich auch die kurzfristige Angebotskurve infolge einer Angebotsstörung nach links (von $S_{k0}(P^e=P_0^*)$ nach $S_{k1}(P^e=P_0^*)$ in Abbildung 6.7).

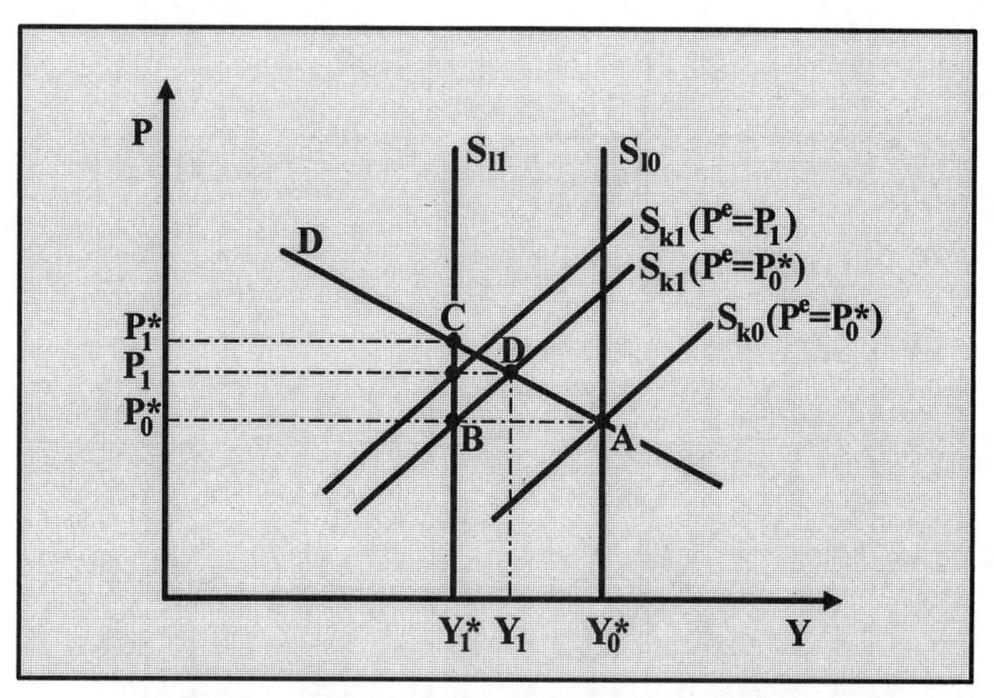

Abbildung 6.7: Anpassungsprozess nach einer Angebotsstörung

Infolge der inflatorischen Lücke ($Y_0^* - Y_1^*$) steigt das Preisniveau kurzfristig auf P_1. Im ersten temporären Gleichgewicht D wird die inflatorische Lücke durch einen Rückgang der Güternachfrage von Y_0 auf Y_1 und eine Ausdehnung des Güterangebots von Y_1^* auf Y_1 geschlossen.

---

[1] Auf dem Arbeitsmarkt sind die entsprechenden Kurven $A_1^n(W/P_1^*)$ und $A^a(P^e=P_1^*)$ nicht eingezeichnet.

Erwartungsrevisionen führen (bei statischen Preiserwartungen) in der nächsten Periode zu einer Verschiebung der kurzfristigen Angebotskurve von $S_{kl}(P^e=P_0^*)$ nach $S_{kl}(P^e=P_1)$. Das zweite temporäre Gleichgewicht ist dann im Schnittpunkt dieser Kurve mit der D-Kurve erreicht. Nach weiteren Erwartungskorrekturen wird dann schließlich das langfristige Gleichgewicht (Punkt C) erreicht.

(2) Der Inflationsprozess

Wiederum bleibt noch ein andauernder Anstieg des Preisniveaus darzustellen. Hierzu wird Abbildung 6.8 herangezogen, die zunächst mit den Punkten A und C die voranstehenden Ergebnisse wiederholt.

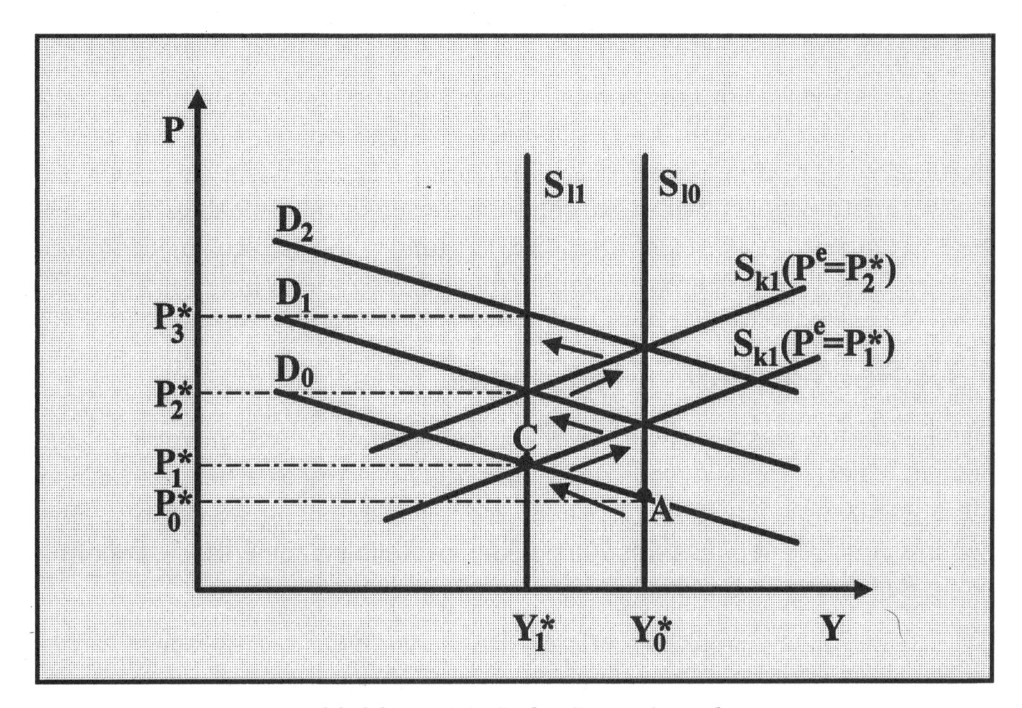

Abbildung 6.8: Lohn-Preis-Spirale

Ein weiterer Preisanstieg setzt in der Situation Y_1^*/P_1^* (Punkt C) eine erneute inflatorische Lücke voraus. Angesichts des Beschäftigungsrückgangs sind jedoch kaum weitere Lohnerhöhungen seitens der Gewerkschaften zu erwarten; auch neue negative Angebotsschocks sind sehr unwahrscheinlich. Ein Andauern der Inflation kann jedoch durch den Staat bewirkt werden, der versucht, die Beschäftigung unter Zugrundelegung der kurzfristigen Angebotsreaktion $S_{kl}(P^e=P_1^*)$ bei A_0 zu stabilisieren. Hierzu ist es erforderlich, dass die D_0-Kurve nach D_1 verschoben wird, so dass sich wieder die Produktion Y_0^* ergibt.

Der Beschäftigungsgewinn geht jedoch wieder verloren, sobald die Haushalte ihre Erwartungen korrigieren; es stellt sich schließlich (bei statischen Erwartungen in mehreren Zwischenschritten) die Situation $P_2^*Y_1^*$ ein. Weitere Rechtsverschiebungen der D-Kurve (letztlich mittels Erhöhung der Geldmenge) sowie stets erneut falsche Preiserwartungen führen dann zu dem in Abbildung 6.8 angedeuteten Inflationsprozess. Wird dieser Prozess durch

Lohnerhöhungen ausgelöst, die zu Preiserhöhungen führen, dann wird dieser Inflationsprozess als **Lohn-Preis-Spirale** bezeichnet.[1]

6.3 Inflationswirkungen[2]

Die vorangehende Analyse hat gezeigt, dass ein marktwirtschaftliches System nicht stets zu Preisniveaustabilität führt. Da Preisniveaustabilität ein Ziel der Wirtschaftspolitik ist, muss der Staat im Falle der Verletzung dieses Ziels geeignete Maßnahmen zur Inflationsbekämpfung ergreifen. Bevor derartige Maßnahmen diskutiert werden, sollen zunächst die Auswirkungen eines Inflationsprozesses aufgezeigt werden. Erst negative Inflationswirkungen rechtfertigen das Ziel der Preisniveaustabilität und somit Maßnahmen einer Anti-Inflationspolitik.

Im Mittelpunkt der Diskussion über die Auswirkungen eines Inflationsprozesses stehen traditionellerweise die Beschäftigungs- und die Umverteilungswirkungen. Bezüglich dieser Wirkungen lässt sich generell sagen, dass sie immer dann im Rahmen eines Inflationsprozesses auftreten, wenn die Wirtschaftssubjekte entweder falsche Inflationserwartungen haben oder nicht die Macht besitzen, korrekte Inflationserwartungen in entsprechendes ökonomisches Verhalten umzusetzen (sog. nicht voll antizipierte Inflation).

6.3.1 Beschäftigungswirkungen

Die Beschäftigungswirkungen von Preissteigerungen wurden vorangehend mit Hilfe der Lucas-Angebotsfunktion bereits dargestellt. Hier wird dieser Zusammenhang noch einmal in etwas anderer Darstellung wiederholt, nämlich mit Hilfe der sog. **Phillips-Kurve**, die im Rahmen der Wirtschaftspolitik große Bedeutung erlangt hat.

Die Lucas-Angebotsfunktion erfasst den Zusammenhang zwischen Preisniveau und Höhe des Güterangebots. Dieser Zusammenhang ist in Quadrant (a) der Abbildung 6.9 wiederholt: Alternativen Werten des Preisniveaus entsprechen bei falschen Preiserwartungen unterschiedliche Werte des Güterangebots, während sich bei korrekten Inflationserwartungen stets Y_0 einstellt. Die Phillips-Kurve gibt einen Zusammenhang zwischen Preisniveau und Arbeitslosenquote (u) an.[3] Zur Ableitung der Phillips-Kurve aus der Lucas-Angebotsfunktion bleiben somit die unterschiedlichen Y-Werte in die entsprechenden u-Werte zu transformieren.

Die Umformung der Produktionshöhe in die entsprechende Arbeitslosenquote erfolgt mit Hilfe des sog. Okun'schen Gesetzes. Nach diesem Gesetz besteht ein fester Zusammenhang zwischen Güterproduktion und Arbeits-

---

[1] Auch hier gelten die zur Preis-Lohn-Spirale gemachten Anmerkungen.

[2] Cassel, D., Inflation, in: Vahlens Kompendium der Wirtschaftstheorie und Wirtschaftspolitik, Bd. 1, 7. Aufl., München 1999, S. 287 ff; Pohl, R., Theorie der Inflation, a. a. O., S. 134 ff; Ströbele, W., Inflation, a. a. O., S. 7 ff.

[3] Die Phillips-Kurve, die den Zusammenhang zwischen Inflationsrate und Arbeitslosenquote erfasst, wird hier vereinfacht dargestellt.

losenquote: Je höher die Güterproduktion (und damit die Beschäftigung), umso niedriger ist die Arbeitslosenquote. Dieser Zusammenhang wird durch die Gerade U in Teil (b) ausgedrückt.

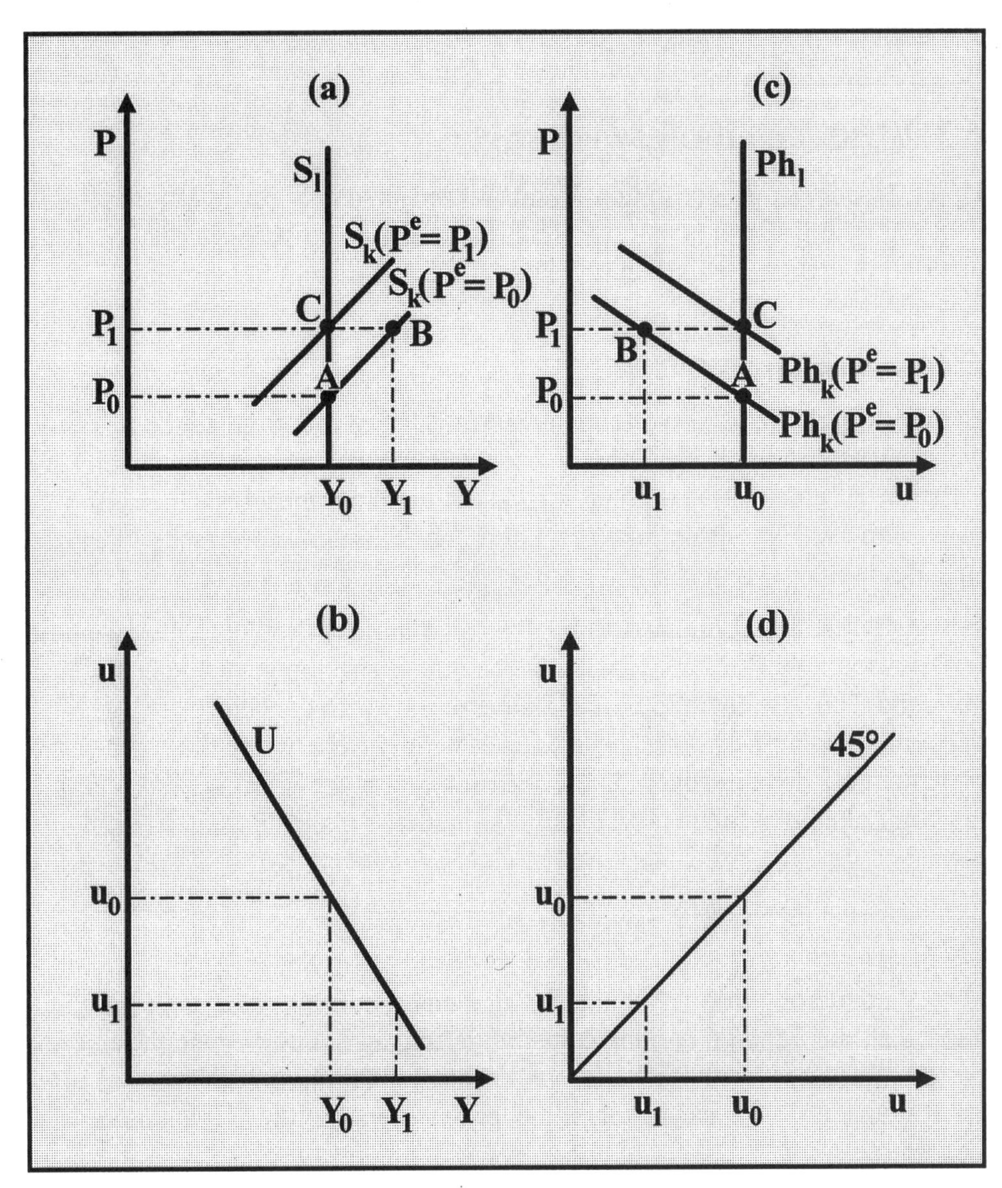

Abbildung 6.9: Die Phillips-Kurve

Mit Hilfe der Geraden U lassen sich nun die Y-Werte (bspw. Y_0 und Y_1) in die entsprechenden u-Werte (u_0 und u_1) umformen. Diese u-Werte werden nun mit Hilfe des 45°-Diagramms in Teil (c) übertragen. Wird weiterhin das entsprechende Preisniveau berücksichtigt, so ergeben sich die gesuchten Phillips-Kurven: Es existiert offensichtlich eine Schar von kurzfristigen Phillips-Kurven (Ph_k), die der Schar kurzfristiger Angebotskurven entspricht,[1] sowie eine langfristige Phillips-Kurve (Ph_l), die entsprechend der langfristigen Angebotskurve bei korrekten Inflationserwartungen realisiert wird.

---

[1] Lageparameter der kurzfristigen Phillips-Kurve sind wiederum die Preiserwartungen.

Damit lässt sich der von der Lucas-Angebotskurve bekannte Zusammenhang auch mit Hilfe der Phillips-Kurve formulieren: Beschäftigungseffekte ($u \neq u_0$) treten auf, wenn die Haushalte (kurzfristig) falsche Preiserwartungen haben; bei (längerfristig) korrekten Preiserwartungen ist die Beschäftigungssituation (u_0) unabhängig vom Preisniveau.

6.3.2 Umverteilungswirkungen

Unter den eingangs genannten Voraussetzungen kann ein Inflationsprozess weiterhin die Einkommens- und Vermögensverteilung beeinflussen sowie zu einer Umverteilung zwischen privatem und öffentlichem Sektor führen.

Einkommensumverteilung

Bei den Einkommensumverteilungswirkungen der Inflation stehen üblicherweise zwei Probleme im Vordergrund, nämlich die Fragen, inwieweit eine Inflation zu einer Umverteilung zu Lasten der Lohnbezieher einerseits (die sog. Lohn-lag-Hypothese) bzw. zu Lasten der Rentner andererseits führt (die sog. Renten-lag-Hypothese).

Bei der **Lohn-lag-Hypothese** handelt es sich um das Problem, inwieweit ein Inflationsprozess die funktionelle Einkommensverteilung, nämlich die Verteilung des Volkseinkommens auf Löhne und Gewinne, beeinflusst. Als Maß der funktionellen Einkommensverteilung wird üblicherweise die Lohn- bzw. Gewinnquote herangezogen. Die Lohnquote (α) ist definiert als das Verhältnis von Lohneinkommen (WA) zum nominellen Volkseinkommen (PY):

$$(1) \quad \alpha_t = \frac{W_t A_t}{P_t Y_t}.$$

Eine Veränderung der Lohnquote infolge eines Lohn-lags ist dann möglich, wenn sich die Löhne mit einer Zeitverzögerung an die gestiegenen Preise anpassen. Wird zur Vereinfachung von konstanter Produktion ($\hat{Y} = 0$) und Beschäftigung ($\hat{A} = 0$) ausgegangen, so ergibt sich für die Veränderung der Lohnquote:

$$(2) \quad \hat{\alpha}_t = \hat{W}_t - \hat{P}_t.$$ [1]

Passen sich die Löhne in vollem Umfang an die erwartete Preissteigerung an, so gilt:

$$(3) \quad \hat{W}_t = \hat{P}_t^e.$$

Bei statischen Erwartungen $\hat{P}_t^e = \hat{P}_{t-1}$ folgt dann:

$$(4) \quad \hat{\alpha}_t = \hat{P}_{t-1} - \hat{P}_t.$$

---

[1] Es ist $\hat{x} = dx/x$.

Die Veränderung der Lohnquote ist hier also auf falsche Erwartungen zurückzuführen. Beschleunigt sich der Inflationsprozess, so sinkt die Lohnquote; verringert sich das Inflationstempo, so steigt sie an. Im Inflationsgleichgewicht schließlich bleibt die Lohnquote konstant. Eine dauerhafte Verschlechterung der Situation der Lohnbezieher kann hierauf jedoch kaum begründet werden.

Die **Renten-lag-Hypothese** behauptet, dass die Rentenempfänger Inflationsverlierer sind. Die Renten (oder allgemeiner: die Transferzahlungen) sind das Ergebnis einer politischen Entscheidung. Sie werden in bestimmter Höhe nominell festgesetzt. Bei nomineller Fixierung sinkt jedoch die Kaufkraft der Renten im Inflationsprozess.

Dieser Kaufkraftverlust lässt sich vermeiden, wenn die Renten an die allgemeine Preisentwicklung angepasst werden (Dynamisierung der Renten). Ein Verfahren besteht darin, dass die Veränderung der Renten an die Entwicklung der Löhne gekoppelt wird. Sind die Lohnbezieher längerfristig keine Inflationsverlierer, so gilt dies dann auch für die Bezieher dynamischer Renten.

Vermögensumverteilung

Im Vordergrund der Vermögensumverteilungseffekte einer Inflation steht die Gläubiger-Schuldner- oder **Zins-lag-Hypothese**. Nach dieser Hypothese führt ein Inflationsprozess zu einer Begünstigung der Schuldner und zu einer Benachteiligung der Gläubiger, da Zinszahlungen sowie die Rückzahlung einer Geldschuld in Geldeinheiten erfolgen, deren Realwert gesunken ist (entwertetes Geld).

Die Vermeidung von Vermögensumverteilungseffekten erfordert, dass der Realwert eines Kredits (K) zuzüglich der Zinszahlungen im Inflationsprozess unverändert bleibt. Bei Preisniveaukonstanz beträgt der Realwert dieses Kredits inklusive Zinszahlungen nach Ablauf einer Periode $K(1 + \rho)/P_0$, wobei ρ den Realzins angibt. Steigt das Preisniveau hingegen auf $P_0(1 + P)$ an, so ist der Nominalzins r so festzusetzen, dass gilt:

$$(5) \quad \frac{K(1+\rho)}{P_0} = \frac{K(1+r)}{P_0(1+\hat{P})}.$$

Hieraus folgt:

$$(6) \quad r = \rho + \hat{P} + \rho\hat{P}.$$

Zur Aufrechterhaltung des Realwertes des Kreditbetrages K muss der Nominalzins (r) den Realzins (ρ) um die Inflationsrate ($\hat{P}$) übersteigen. Zur Aufrechterhaltung auch des Realwertes der Zinszahlung ist ein weiterer Anstieg des Nominalzinses um das Produkt aus Realzins und Inflationsrate ($\rho\hat{P}$) erforderlich.[1]

---

[1] Da der Term $\rho\hat{P}$ relativ klein ist, wird der Realzins üblicherweise durch $\rho = r - \hat{P}$ angenähert.

Infolge von Erwartungsirrtümern, zeitlichen Verzögerungen, unvollständiger Anpassung sowie Berücksichtigung nur der Neuverschuldung lassen sich jedoch inflationsbedingte Vermögenseffekte nicht völlig ausschließen. Neben den Besitzern von Geld sind insbesondere die Besitzer von Sparguthaben (geringe Verzinsung) als Inflationsverlierer anzusehen. Dass dies vor allem die Besitzer nur kleiner Vermögen (und Einkommen) sind, begründet die besondere soziale Problematik dieser Umverteilungseffekte.

Umverteilung zwischen privatem und öffentlichem Sektor

Bezüglich der Umverteilungswirkungen eines Inflationsprozesses zwischen privatem und öffentlichem Sektor soll noch kurz der Fall einer progressiven Einkommensteuer erwähnt werden. Eine umfassende Beantwortung der Frage, inwieweit der Staat Inflationsgewinner oder -verlierer ist, erfordert eine Analyse aller Einnahmen und Ausgaben sowie der Vermögenssituation des Staates, worauf hier jedoch verzichtet wird.

Eine **progressive Einkommensteuer** liegt dann vor, wenn der durchschnittliche Steuersatz mit steigendem Einkommen ansteigt. Ein einfaches Beispiel einer (indirekt) progressiven Einkommensteuer (T) ist:

$$(7) \quad T = t(PY - F),$$

wobei t den marginalen Steuersatz und F einen konstanten Grundfreibetrag darstellen. Hieraus folgt für den durchschnittlichen Steuersatz ($\tau = T/PY$):

$$(8) \quad \tau = t(1 - F/PY).$$

Wie aus Gleichung (8) ersichtlich ist, steigt der durchschnittliche Steuersatz mit steigendem Nominaleinkommen (PY) an. Dieser Anstieg beruht hier auf der Konstanz des nominellen Grundfreibetrages.

Mit dem Anstieg der durchschnittlichen Steuerbelastung soll eine gewisse Steuergerechtigkeit im Sinne des Leistungsfähigkeitsprinzips erreicht werden: Wer leistungsfähiger ist, soll relativ mehr Steuern zahlen. Offensichtlich wird die Leistungsfähigkeit eines Steuerzahlers durch sein Realeinkommen (Y) angezeigt. Insoweit ist der Anstieg des durchschnittlichen Steuersatzes mit steigendem Realeinkommen Ausdruck des politischen Willens einer Gesellschaft. Bei steigendem Preisniveau hingegen kommt es zu einer zufälligen Steuererhöhung, die politisch nicht beabsichtigt ist (sog. kalte Progression).[1]

---

[1] Diese Umverteilung lässt sich verhindern, indem der Freibetrag mit dem Preisniveau ansteigt.

6.4. Anti-Inflationspolitik[1]

Anti-Inflationspolitik ist auf eine Senkung der Inflationsrate gerichtet (sog. Disinflation). Im Rahmen des vorliegenden Inflationsmodells ist dieses Ziel in eine Senkung des Preisniveaus umzuformulieren. Dieses Ziel ist zwar wenig sinnvoll, es erlaubt jedoch, wichtige Probleme in einfachem Rahmen aufzuzeigen.

6.4.1 Reduzierung der Güternachfrage

Abbildung 6.10 gibt mit Punkt A zunächst ein Gleichgewicht bei Vollbeschäftigung und Preisniveau-Stabilität wieder. Das Preisniveau P_0 soll nun auf P_1 gesenkt werden; hierzu wird die Güternachfrage auf D_1 reduziert.

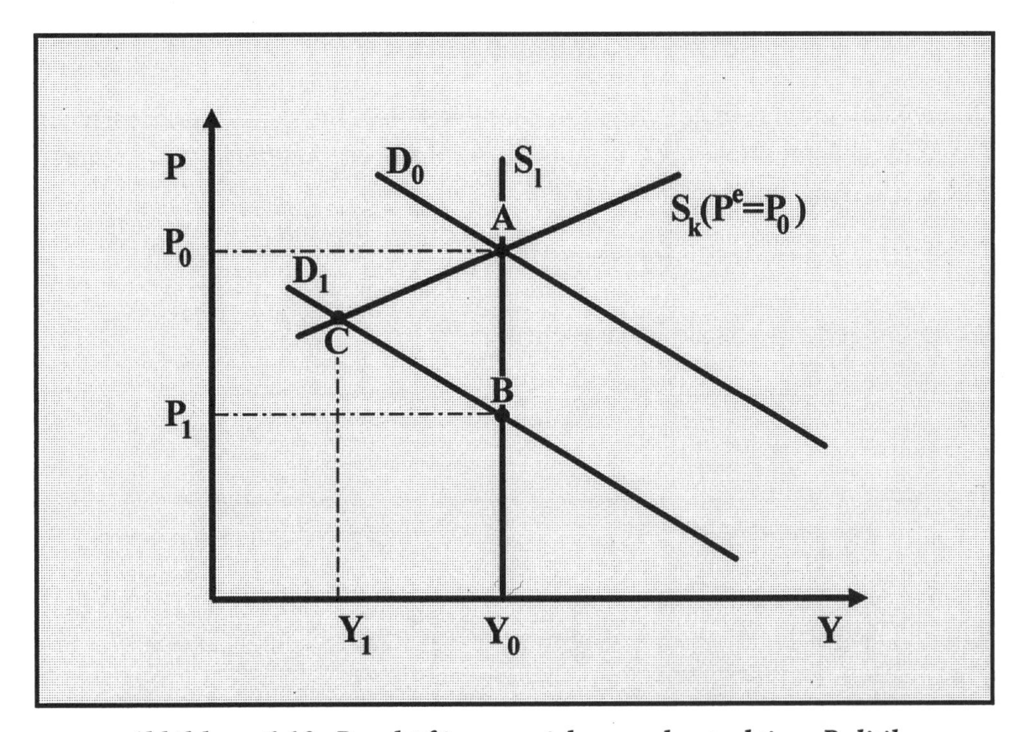

Abbildung 6.10: Beschäftigungswirkungen kontraktiver Politik

Bei statischen Preiserwartungen sinkt dann das Einkommen vorübergehend auf Y_1 (Punkt C); die Beschäftigung geht entsprechend zurück. Erst nach Abschluss des Anpassungsprozesses (bei korrekten Preiserwartungen) werden schließlich wieder Y_0 und das ursprüngliche Beschäftigungsniveau erreicht (Punkt B).[2] Dieses Beispiel zeigt, dass eine Anti-Inflationspolitik vorübergehend zu einem Beschäftigungsrückgang führt; dieser Beschäftigungsrückgang ist umso ausgeprägter, je stärker das Preisniveau (bzw. die Inflationsrate) reduziert werden.

---

[1] Borchert, M., Geld und Kredit, a. a. O., S. 188 ff; Heubes, J., Grundlagen der modernen Makroökonomie, a. a. O., S. 382 ff; Ströbele, W., Inflation, a. a. O., S. 175 ff.

[2] Diese Ausführungen sind spiegelbildlich zu denen in Abschnitt 6.2.1.

6.4.2 Optimale Anti-Inflationspolitik

Eine Möglichkeit, den dargestellten Zielkonflikt zwischen Preisniveau-Stabilität und Vollbeschäftigung zu entschärfen, besteht darin, beide Ziele bei der Geldpolitik gleichzeitig zu berücksichtigen. Dies kann dadurch geschehen, dass die sozialen Kosten beider Zielverletzungen erfasst und diese Gesamtkosten minimiert werden.

Bezüglich der sozialen Kosten wird angenommen, dass Abweichungen sowohl des Preisniveaus von P_1 als auch des Volkseinkommens von Y_0 Kosten verursachen, wobei diese Kosten mit der Abweichung überproportional ansteigen. Dieser Zusammenhang lässt sich durch folgende Kostenfunktion (Θ) erfassen:

$$(1) \quad \Theta_t = \alpha_1(P_1 - P_t)^2 + \alpha_2(Y_0 - Y_t)^2$$

mit: α_1, α_2 = Gewichtungsfaktoren.

Obige Kostenfunktion (Zielfunktion) ist unter Beachtung der ökonomischen Zusammenhänge (Nebenbedingung) zu minimieren. Letztere werden durch eine Lucas-Angebotsfunktion erfasst:

$$(2) \quad Y_t = Y_0 + \alpha(P_t - P_t^e).$$

Weiterhin gelten statische Erwartungen:

$$(3) \quad P_t^e = P_{t-1}.$$

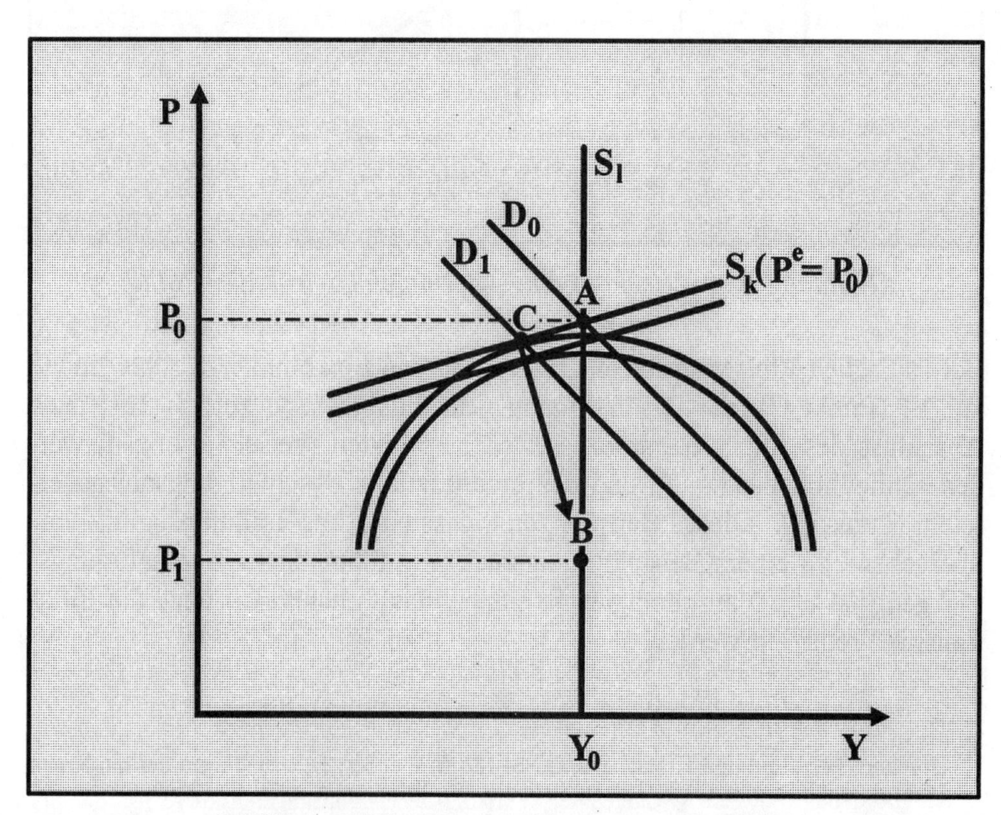

Abbildung 6.11: Optimale Anti-Inflationspolitik

Abbildung 6.11 dient der graphischen Ableitung des Kosten minimierenden Anpassungspfades. Die Kostenfunktion (1) lässt sich mit Hilfe von Isokostenkurven darstellen, die bei $\alpha_1 = \alpha_2$ Kreise um Punkt B darstellen. Im Zielpunkt B sind die sozialen Kosten gleich null; die eingezeichneten Kreise repräsentieren somit mit ihrer Entfernung von Punkt B zunehmende Kosten. Die Nebenbedingung (2) wird durch die langfristige und die kurzfristigen Angebotskurven wiedergegeben.

Ausgangspunkt ist A. Die optimale Anti-Inflationspolitik besteht nun darin, bei jeweils gegebener kurzfristiger Angebotskurve eine möglichst niedrige Isokostenkurve zu erreichen. Bei $P^e = P_0$ ist somit die Güternachfrage so zu verringern, dass die D_1-Kurve durch den Berührpunkt C verläuft. Nach Erwartungskorrektur ist erneut die Güternachfrage so zu verändern, dass der jeweilige Berührpunkt mit einer Isokostenkurve realisiert wird. Insgesamt ergibt sich der eingezeichnete Anpassungspfad. Wie ein Vergleich mit dem vorangehenden Fall zeigt, erfolgt die Anpassung an das neue Gleichgewicht im vorliegenden Beispiel langsamer (die D_1-Kurve verläuft hier weiter rechts).

6.4.3 Lohnindexierung

Eine weitere Möglichkeit, den Konflikt zwischen den beiden Zielen Preisniveaustabilität und Vollbeschäftigung zu lösen, besteht darin, neben der kontraktiven Geldpolitik ein weiteres unabhängiges Mittel einzusetzen (sog. **Tinbergen-Regel**). Als ein derartiges zusätzliches Mittel schlagen vor allem die Neoklassiker eine Lohnindexierung vor.

Punkt A in Abbildung 6.12 gibt die Ausgangssituation an; das Preisniveau soll wieder auf P_1 gesenkt werden. Im Rahmen einer Lohnindexierung vereinbaren die Tarifparteien, dass der gleichgewichtige Nominallohn (W_0) konstant bleibt, solange das Preisniveau unverändert ist (P_0). Das Arbeitsangebot ist also während der Dauer des Tarifvertrags zu diesem Lohnsatz bis A_0 vollkommen elastisch. Weiterhin wird vereinbart, dass sich bei einer Änderung des Preisniveaus der Nominallohn automatisch anpasst, so dass der Reallohn erhalten bleibt.

Punkt A in Abbildung 6.12 gibt wieder die Ausgangssituation an; das Preisniveau soll wieder auf P_1 gesenkt werden. Wird nun die oben beschriebene kontraktive Politik betrieben (D_0 nach D_1), so verlagert sich mit dem niedrigeren Preisniveau nicht nur die Arbeitsnachfragekurve, sondern auch die Arbeitsangebotskurve nach unten, wobei ihr Schnittpunkt bei A_0 erhalten bleibt. In Teil (a) der Abbildung 6.12 verschiebt sich die S_k-Kurve durch Punkt B.[1] Die Lohnindexierung verhindert also den in Abschnitt 6.4.1 dargestellten Beschäftigungsrückgang.

Die dargestellte Lohnindexierung ist jedoch nicht ganz unproblematisch. So ist insbesondere zu beachten, dass Beschäftigungseffekte einer Angebotsstörung bei Lohnindexierung verstärkt werden, wie in Abbildung 6.13 demonstriert wird (Teil (a) mit, Teil (b) ohne Lohnindexierung).

---

[1] Aufgrund des teilweise waagerechten Verlaufs der Arbeitsangebotskurve hat die S_k-Kurve bei Y_0 einen Knick.

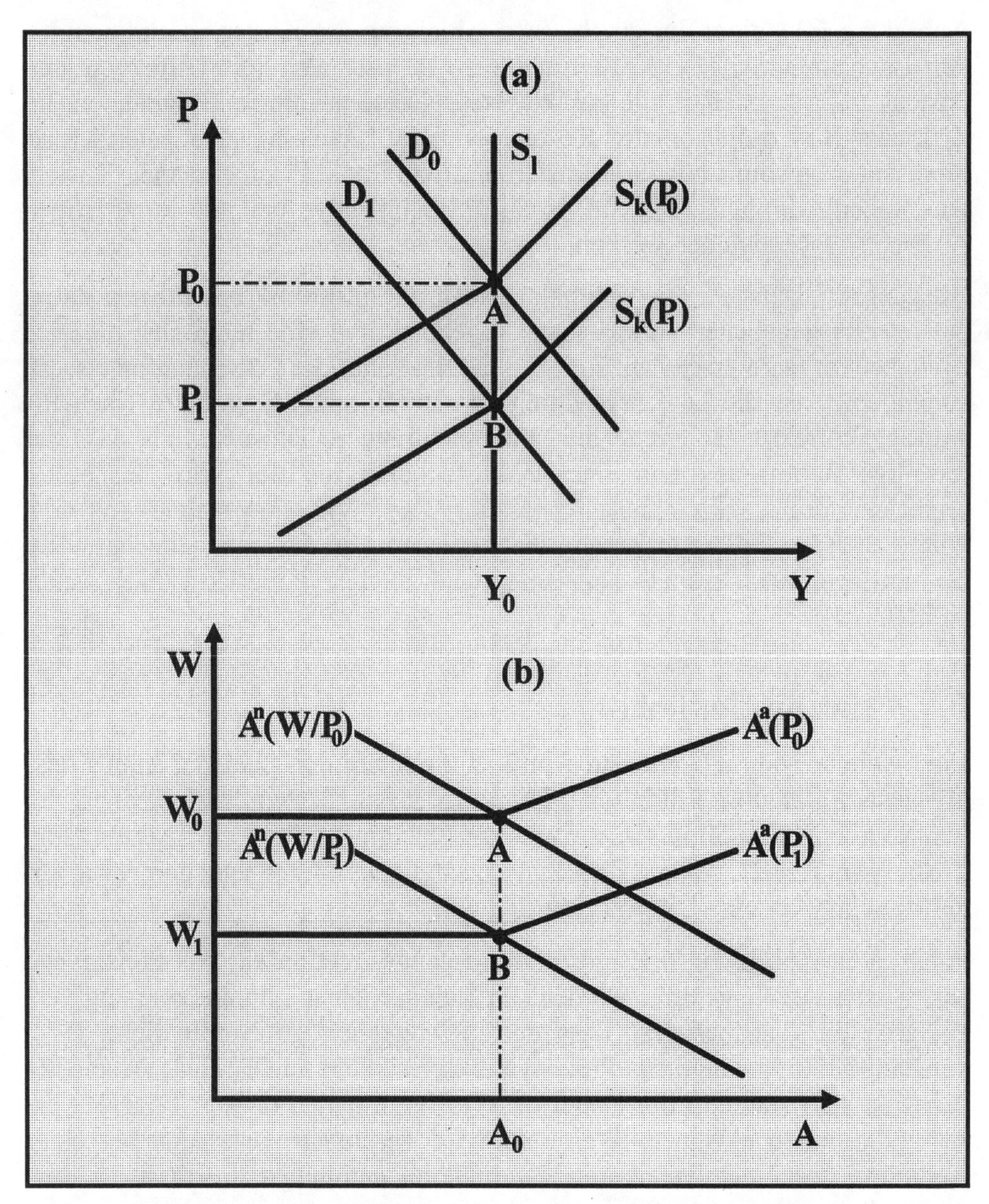

Abbildung 6.12: Kontraktive Politik bei Lohnindexierung

Das Ausgangsgleichgewicht A werde durch einen negativen Angebotsschock gestört, der die Arbeitsproduktivität senkt. Hierdurch fragen die Unternehmer weniger Arbeit nach, die Arbeitsnachfragekurve verschiebt sich nach $A_1^n(W/P_0)$. Bei Lohnindexierung sinkt die Beschäftigung auf A_1 (Punkt B); ohne Lohnindexierung geht sie lediglich auf A_1' zurück (Punkt B').[1]

In beiden Fällen geht mit der Beschäftigung auch das Güterangebot zurück. Bei gegebener D-Kurve entsteht somit eine inflatorische Lücke, die zu Preissteigerungen führt. Im Falle der Lohnindexierung steigt dann auch der Nominallohn entsprechend an, so dass der Reallohn und damit die Beschäf-

---

[1] Bei Lohnindexierung bleibt mit dem Nominallohn auch der Reallohn erhalten; ohne Lohnindexierung sinkt mit dem Nominallohn auch der Reallohn. Infolge des niedrigeren Reallohns ist die Beschäftigung somit ohne Lohnindexierung größer als mit Lohnindexierung.

tigung A_1 erhalten bleiben.[1] Ohne Lohnindexierung und bei unveränderten Preiserwartungen steigt die Arbeitsnachfrage an, so dass sich ein temporäres Gleichgewicht bei einer Beschäftigung größer als A_1' einstellt.[2]

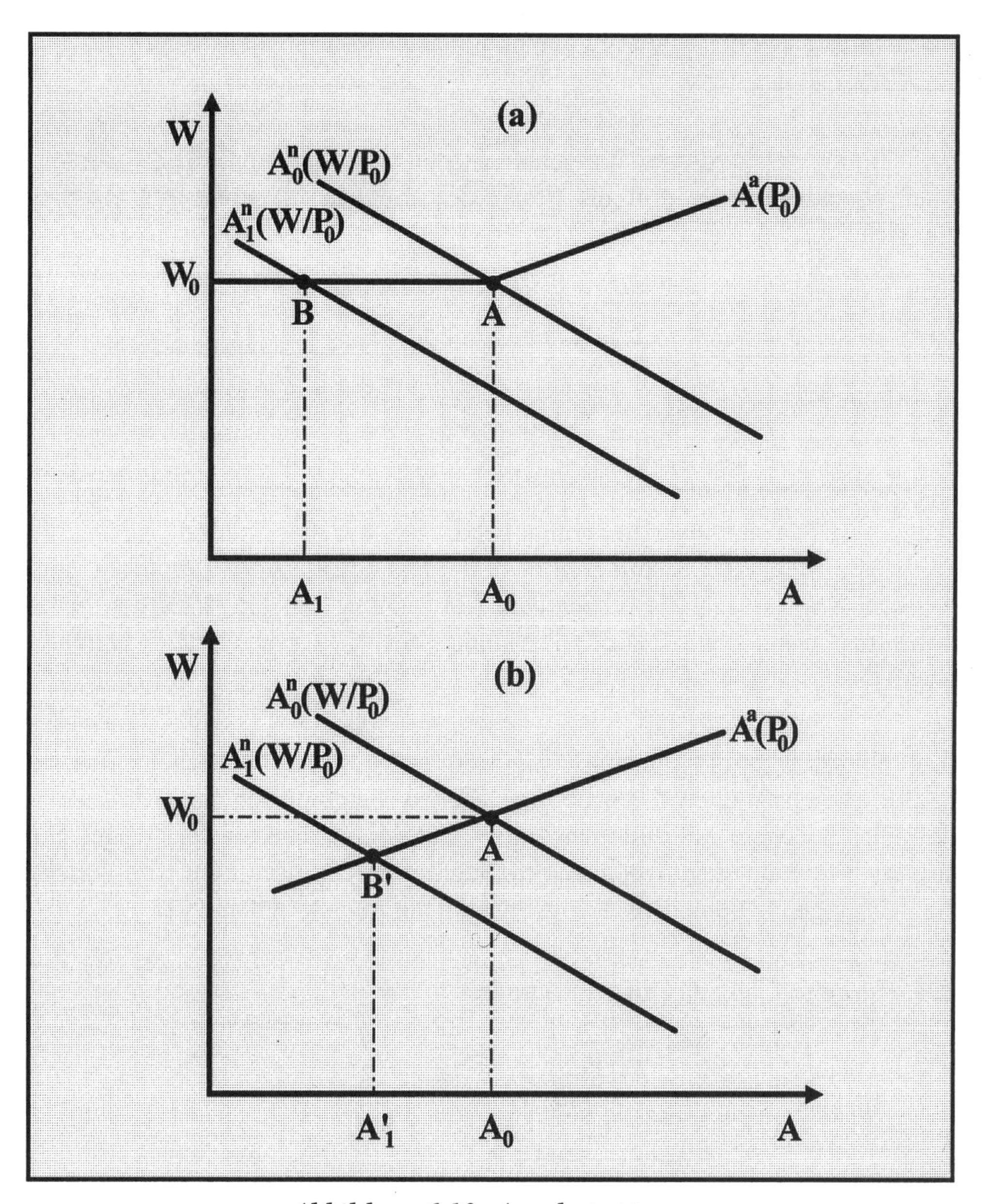

Abbildung 6.13: Angebotsstörung

Es zeigt sich also, dass der Beschäftigungseinbruch bei Lohnindexierung ausgeprägter ist. Dieser Effekt verschwindet jedoch mit neuen Lohnverhandlungen einerseits und Erwartungsrevision andererseits, die zu der Beschäftigung A_1' führen.

---

[1] Arbeitsangebots- und Arbeitsnachfragekurve verschieben sich nach oben, wobei der Schnittpunkt bei A_1 erhalten bleibt.

[2] Es verschiebt sich lediglich die Arbeitsnachfragekurve nach oben. Aufgrund des geringeren Beschäftigungsrückgangs (auf A_1') sind auch die Preiserhöhung sowie die Verschiebung der A^n-Kurve weniger ausgeprägt als bei Lohnindexierung.

Aufgaben zu Kapitel 6

6.1 Gegeben sei eine Preisindexreihe nach Laspeyres und nach Paasche. Überprüfen Sie, inwieweit sich die jährliche Inflationsrate jeweils als relative Veränderung des Preisindex in der Periode t gegenüber der Vorperiode t – 1 berechnen lässt.

6.2 Betrachtet wird eine Wirtschaft, in der zwei Güter produziert werden. Nachfolgende Tabelle gibt die Produktionsmengen (x) sowie die entsprechenden Preise (p) für drei Jahre an:

Güter / Jahr	x_1	p_1	x_2	p_2
1	100	1	50	1
2	200	2	50	1
3	300	3	50	1

Berechnen Sie die Preissteigerung gegenüber der Basisperiode sowie die jährliche Inflationsrate mit Hilfe der Preisindizes von Laspeyres und Paasche. Wie groß ist die prozentuale Abweichung bei den jährlichen Inflationsraten, wenn beim Paasche-Preisindex auf die Umbasierung verzichtet wird?

6.3 Gegeben sei ein Vollbeschäftigungsgleichgewicht. Nun erhöhe sich die gesamtwirtschaftliche Güternachfrage. Stellen Sie graphisch das erste temporäre Gleichgewicht mit Hilfe des Güter- und Arbeitsmarktes dar. Tragen Sie auf der Ordinate des Arbeitsmarkt-Diagramms den Reallohn ab. Welche Auswirkungen hat eine Erwartungsrevision auf dem Arbeitsmarkt?

6.4 Es gelte folgendes Inflationsmodell:

$$(1) \quad Y_t^n = v\frac{M_t}{P_t}$$

$$(2) \quad Y_t^a = Y_0\left(\frac{P_t}{P_t^e}\right)^{\alpha}, \qquad \alpha > 0$$

$$(3) \quad P_t^e = P_{t-1}.$$

Ein Gleichgewicht bei Preisniveaustabilität werde durch eine Erhöhung der Geldmenge gestört. Berechnen Sie die Zeitpfade für Preisniveau und Volkseinkommen. (Wählen Sie eine logarithmische Schreibweise!)

6.5 Überprüfen Sie anhand des IS/LM-Schemas, inwieweit sich durch wiederholte Erhöhung der autonomen Güternachfrage die gesamtwirtschaftliche Güternachfrage steigern lässt.

6.6 Zeigen Sie anhand des älteren Inflationsmodells, dass im Inflationsgleichgewicht die Inflationsrate gleich der Wachstumsrate der Geldmenge ist.

6.7 Erläutern Sie die Linksverschiebung der D-Kurve infolge kontraktiver Geld- und Fiskalpolitik mit Hilfe des IS/LM-Modells. Welche Rückwirkungen hat die sich längerfristig ergebende Preisniveausenkung auf die IS- bzw. LM-Kurve?

6.8 Gegeben sei ein Vollbeschäftigungsgleichgewicht. Leiten Sie graphisch die Auswirkungen höherer Reallohnvorstellungen der Gewerkschaften auf die Höhe des Preisniveaus ab. Gehen Sie hierbei davon aus, dass sich die Gewerkschaftsmacht in einem nach unten starren Nominallohn äußert.

6.9 Es gelte folgendes Inflationsmodell:

$$(1) \quad Y_t^n = v\frac{M_0}{P_t}$$

$$(2) \quad Y_t^a = Y_0\left(\frac{P_t}{P_t^e}\right)^{\alpha}\Delta_t^a, \qquad \alpha > 0$$

$$(3) \quad P_t^e = P_{t-1}.$$

Ein Gleichgewicht bei Preisniveaustabilität werde durch einen negativen Angebotsschock gestört ($\Delta_t^a = 1$ für $t \leq 0$; $\Delta_t^a < 1$ für $t > 0$). Berechnen Sie die Zeitpfade für Preisniveau und Volkseinkommen. (Wählen Sie eine logarithmische Schreibweise.)

6.10 Ergänzen Sie die Lohn-Preis-Spirale (Y/P-Diagramm) um den Arbeitsmarkt (A/W-Diagramm). Gehen Sie davon aus, dass die Verringerung des Güterangebots auf höhere Lohnforderungen zurückgeht.

6.11 Ergänzen Sie die Lohn-Preis-Spirale (Y/P-Diagramm) um das IS/LM-System (Y/r-Diagramm). Gehen Sie davon aus, dass der Staat Geldpolitik betreibt, um die ursprüngliche Beschäftigung wieder zu erreichen.

6.12 In einer inflationären Wirtschaft ist zwischen nominellem Zinssatz (r) und realem Zinssatz (ρ) zu unterscheiden. Nach dem sog. Fisher-Theorem gilt hierbei der Zusammenhang $\rho = r - \hat{P}^e$.

Gegeben sei ein Vollbeschäftigungsgleichgewicht bei Preisniveaukonstanz. Nun werde die Wachstumsrate der Geldmenge auf $\hat{M} > 0$ angehoben. Stellen Sie das Ausgangs- und das Endgleichgewicht mittels des IS/LM-Schemas in einem Y/r-Diagramm dar. (Beachten Sie hierbei, welcher Zinssatz als Determinante der Investitionsnachfrage einerseits und der Geldnachfrage andererseits erscheint.)

6.13 Bilden die Haushalte ihre Preiserwartungen rational, so bedeutet dies im vorliegenden Modell, dass sie bei einer Änderung der Güternachfrage das neue gleichgewichtige Preisniveau erwarten, sobald sie diese Nachfrageänderung erkannt haben.

Ausgangspunkt sei ein Gleichgewicht bei P_0. Nun senke der Staat die Güternachfrage, so dass im neuen Gleichgewicht P_1 erreicht wird. Welches Preisniveau ergibt sich kurzfristig, wenn

(a) der Staat diese Politik ankündigt und

(b) der Staat diese Politik nicht ankündigt?

6.14 Das nominelle Volkseinkommen verteilt sich auf das Lohn- und Gewinneinkommen. Hiervon werden Sozialversicherungsbeiträge abgezogen, die als Transferzahlungen an Rentner ausgezahlt werden. Zeigen Sie, dass die Rentner bei nominell fixierten Renten Inflationsverlierer sind, nicht hingegen, wenn die Renten an die Lohnentwicklung gekoppelt sind.

6.15 Nach der neueren Inflationstheorie lässt sich für Güterangebot und Güternachfrage schreiben:

$$(1) \quad Y_t^a = Y_0 + \alpha(\hat{P}_t - \hat{P}_t^e)$$

$$(2) \quad Y_t^n = Y_{t-1}^n + \beta(\hat{M}_t - \hat{P}_t).$$

Interpretieren Sie diese Gleichungen. Stellen Sie die Gleichgewichtslösung für $\hat{M} = \text{const.} > 0$ graphisch dar.

III. Teil

Offene Volkswirtschaft

In diesem Teil wird die Betrachtung auf eine offene Volkswirtschaft ausgedehnt, d. h. es werden auch die ökonomischen Beziehungen zum Ausland berücksichtigt. Lernziel dieses Kapitels ist es, einen Überblick über die makroökonomischen Wirkungen des internationalen Handels und Kapitalverkehrs zu gewinnen. Der Betrachtung liegt wieder das in Teil I vorgestellte Makro-Modell zugrunde, das nun noch um die ökonomischen Aktivitäten zwischen In- und Ausland zu ergänzen ist.

7. Kapitel: Kleine offene Volkswirtschaft

In diesem Kapitel werden die makroökonomischen Wirkungen des internationalen Handels und Kapitelverkehrs unter der vereinfachten Annahme untersucht, dass es sich bei dem betrachteten Land (Inland) um ein kleines Land handelt. In diesem Fall hängt die wirtschaftliche Situation des Inlandes zwar von der ökonomischen Lage des Auslandes (als Gesamtheit der übrigen Länder) ab, sie beeinflusst ihrerseits jedoch nicht die ökonomische Situation im Ausland (es besteht eine Dependenz, aber keine Interdependenz zwischen In- und Ausland).

7.1 Der Wechselkurs[1]

In diesem Kapitel werden nun noch ökonomische Beziehungen zum Ausland berücksichtigt. Der Übergang von der bisher geschlossenen zu einer nun offenen Volkswirtschaft erfordert, dass das in Teil I dargestellte Makro-Modell um den Auslandssektor sowie um den Devisenmarkt erweitert wird.

Mit der Berücksichtigung des Devisenmarktes wird ein weiterer Preis in das Modell eingeführt, der sog. Wechselkurs. Damit ökonomische Beziehungen zwischen verschiedenen Ländern mit unterschiedlicher nationaler Währung entstehen können, müssen diese Währungen ineinander umrechenbar sein. Diese Umrechnung geschieht mit Hilfe des Wechselkurses. Dieser Wechselkurs kann in Preis- oder in Mengennotierung angegeben werden.

Der Wechselkurs in Preisnotierung e gibt den Preis einer ausländischen Währungseinheit an, bspw.:

$$(1) \quad e = \frac{x€}{\$}.$$

Der Wechselkurs in Mengennotierung f ist der Reziprokwert der Preisnotierung:

$$(2) \quad f = \frac{y\$}{€} = \frac{1}{e}$$

und damit gleich der Preisnotierung der inländischen Währungseinheit im Ausland. Neben dem obigen nominellen Wechselkurs wird weiter ein realer Wechselkurs unterschieden. Dieser ist definiert als:

$$(3) \quad \theta = e\frac{P_a}{P},$$

---

1 Heubes, J., Grundlagen der modernen Makroökonomie, a. a. O., S. 415 ff; Willms, M., Internationale Währungspolitik, 2. Aufl., München 1995, S. 3 ff.

d. h. er ist gleich dem nominellen Wechselkurs, der mit dem Preisverhältnis zwischen Ausland und Inland gewichtet wird, wobei P_a das Preisniveau im Ausland und P das Preisniveau im Inland (bzw. den Preis des jeweiligen Einheitsgutes) darstellen. Der reale Wechselkurs gibt die Höhe des ausländischen Preisniveaus (in inländischer Währung) im Verhältnis zum inländischen Preisniveau und damit die Wettbewerbsfähigkeit des Inlandes auf dem Weltmarkt an: Je höher der reale Wechselkurs, umso größer ist die internationale Wettbewerbsfähigkeit des Inlandes.[1]

Im Hinblick auf die Preisbildung auf dem Devisenmarkt lassen sich verschiedene Möglichkeiten, sog. Wechselkurssysteme oder -regime, unterscheiden, die in Übersicht 7.1 zusammengestellt sind.

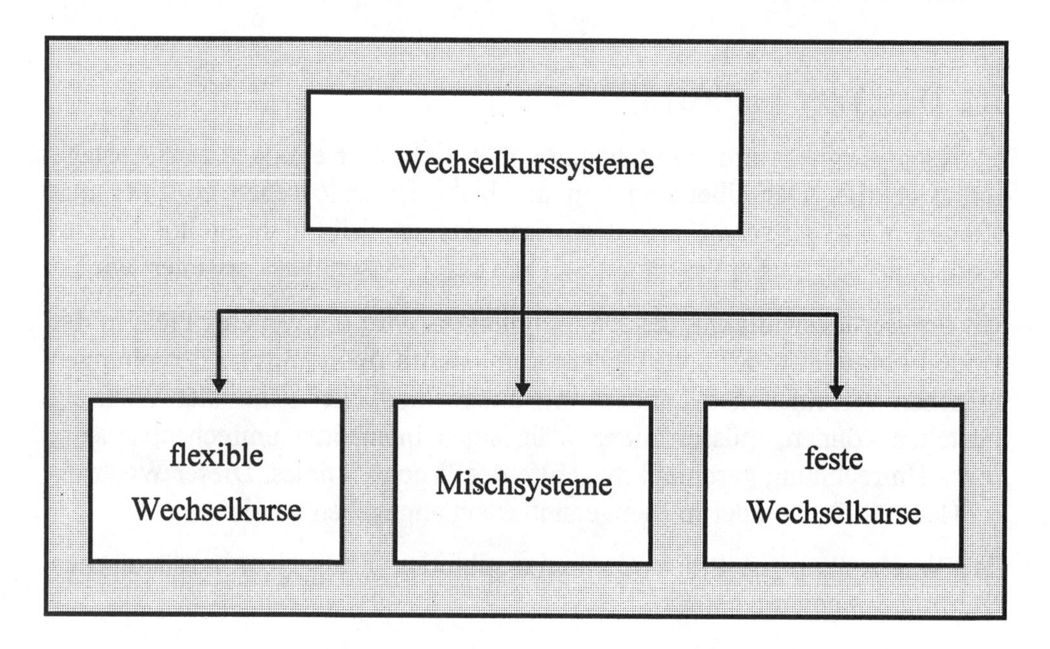

Übersicht 7.1: Wechselkursregime

Bei freien oder flexiblen Wechselkursen bildet sich der Wechselkurs durch Angebot und Nachfrage auf dem Devisenmarkt – grundsätzlich ohne Intervention der Währungsbehörde (Zentralbank). Bei festen Wechselkursen wird der Wechselkurs entweder aufgrund internationaler Vereinbarungen oder aufgrund einseitiger Festlegung fixiert. Hierbei kann der Wechselkurs sowohl an eine einzelne Währung (Leitwährung) als auch an einen Währungskorb (bspw. ECU) gebunden sein. Mischsysteme umfassen mehrere Möglichkeiten, in denen Elemente freier und fester Wechselkurse miteinander verbunden werden.[2]

---

[1] Die sog. terms of trade τ (reales Austauschverhältnis) sind gleich dem Quotienten aus den Exportgüterpreisen und den Importgüterpreisen. Im vorliegenden Fall (keine nicht-handelbaren Güter) ist der Reziprokwert des realen Wechselkurses gleich dem realen Austauschverhältnis.

[2] Bandbreitenfixierung, Stufenflexibilität, gleitende Paritäten.

7.2 Modell und Gleichgewichtslösung[1]

In einer offenen Volkswirtschaft ist neben dem binnenwirtschaftlichen Gleichgewicht noch ein außenwirtschaftliches Gleichgewicht zu unterscheiden. Die makroökonomischen Wirkungen des internationalen Handels und Kapitalverkehrs erfordern, dass zur Aufrechterhaltung des binnenwirtschaftlichen Gleichgewichts zugleich auch ein außenwirtschaftliches Gleichgewicht erreicht sein muss.

In diesem Abschnitt geht es nun um die Frage nach diesem simultanen binnen- und außenwirtschaftlichen Gleichgewicht. Hierzu wird zunächst ein Modell einer kleinen offenen Volkswirtschaft entwickelt, daran anschließend wird die Gleichgewichtslösung dargestellt.

7.2.1 Auslandssektor und Devisenmarkt

Ausgangspunkt ist die zweite Version des in Teil I dargestellten makroökonomischen Modells einer geschlossenen Volkswirtschaft (IS/LM-Modell). Dieses Modell ist nun um den Auslandssektor sowie um den Devisenmarkt zu erweitern.[2]

(1) Der Auslandssektor

Zunächst wird untersucht, welche Modifikationen sich auf den bisher betrachteten Märkten ergeben, wenn das Ausland als weiterer Sektor berücksichtigt wird.

Zur Vereinfachung wird angenommen, dass sich durch die Berücksichtigung des Auslandes auf dem Arbeitsmarkt keinerlei Veränderungen ergeben. Ebenfalls zur Vereinfachung wird davon ausgegangen, dass auch die Geldnachfrage von der Einbeziehung des Auslandes unbeeinflusst bleibt. Bezüglich des Geldangebots ist jedoch zu beachten, dass die Zentralbankgeldmenge, die Basis des Geldangebots, nun sowohl durch Kreditgewährung an das Inland als auch an das Ausland entsteht. Die Kreditgewährung an das Ausland ist gleich dem Devisenbestand (Währungsreserven) der Zentralbank.[3]

Weiterhin wird vereinfachend angenommen, dass das Güterangebot auch unter Berücksichtigung des Auslandes bei einem konstanten Preisniveau völlig elastisch ist.

---

[1] Borchert, M., Außenwirtschaftslehre, 6. Aufl., Wiesbaden 1999, S. 272 ff; Heubes, J., Grundlagen der modernen Makroökonomie, a. a. O., S. 435 ff; Jarchow, H.-J. und P. Rühmann, Monetäre Außenwirtschaft, I. Monetäre Außenwirtschaftstheorie, 5. Aufl., Göttingen 2000, S. 149 ff.

[2] Es handelt sich hier um das Standardmodell der monetären Außenwirtschaftstheorie, nämlich ein Mundell/Fleming-Modell. Dies ist ein um Außenbeziehungen erweitertes keynesianisches Modell einer geschlossenen Volkswirtschaft.

[3] Bei einem Geldschöpfungsmultiplikator von eins gilt: $M = KR + R$, wobei KR die Kredite an die inländische Wirtschaft und R die Währungsreserven angibt.

Wesentliche Veränderungen ergeben sich jedoch bezüglich der Güternachfrage. Die Güternachfrage setzt sich in einer offenen Volkswirtschaft aus der Nachfrage der Inländer und der Nachfrage der Ausländer (Exporte) zusammen. Die Güternachfrage der Inländer richtet sich zum Teil auf inländische Güter, zum Teil aber auch auf ausländische Güter (Importe).

Es wird angenommen, dass im In- und im Ausland je ein Gut produziert wird, wobei diese beiden Güter unvollkommene Substitute sind.[1] Weiter wird davon ausgegangen, dass die mengenmäßigen Exporte (X) mit zunehmender internationaler Wettbewerbsfähigkeit des Inlandes ($\theta = eP_a/P$) sowie mit steigendem ausländischen Einkommen (Y_a) ansteigen:

$$(1) \quad X = X(\theta, Y_a); \quad \partial X/\partial\theta > 0, \quad \partial X/\partial Y_a > 0.$$

Umgekehrt gehen die mengenmäßigen Importe (J) mit zunehmender Wettbewerbsfähigkeit zurück, steigen jedoch mit dem inländischen Einkommen an:

$$(2) \quad J = J(\theta, Y); \quad \partial J/\partial\theta < 0, \quad \partial J/\partial Y > 0.$$

Bei der Frage nach dem Einfluss des Auslandes auf die binnenwirtschaftliche Güternachfrage geht es darum, wieviel Güter aufgrund der Exporte mehr und aufgrund der Importe weniger nachgefragt werden. Da X die Exporte in Einheiten des inländischen Gutes ausgedrückt sind, steigt die heimische Güternachfrage um diese Menge an. Da J die Importe in Einheiten des ausländischen Gutes angibt, ist diese Größe noch in Einheiten des inländischen Gutes umzurechnen. Dies geschieht mit Hilfe des realen Wechselkurses θ.[2] Die Güternachfrage in einer offenen Volkswirtschaft ist somit:

$$(3) \quad Y = C(Y) + I(r) + G + X(\theta, Y_a) - \theta J(\theta, Y)$$

bzw.:

$$(4) \quad Y = HA(\underset{+}{Y}, \underset{-}{r}, \underset{+}{G}) + AB(\underset{-}{\theta}, Y, \underset{+}{Y_a})$$

mit:

$$HA = C(Y) + I(r) + G \quad \text{(heimische Absorption)}$$

$$AB = X(\theta, Y_a) - \theta J(\theta, Y) \quad \text{(realer Außenbeitrag).}$$

In Gleichung (4) ist der Einfluss von θ auf Y noch unbestimmt: Nach Gleichung (3) steigt X mit zunehmendem θ an, während J zurückgeht. Über die Veränderung von θJ ist jedoch keine Aussage möglich. Es wird nun die Annahme gemacht, dass die Importe preiselastisch sind. In diesem Fall überwiegt die Veränderung von J, d. h. bei einem Anstieg von θ geht der Ausdruck θJ zurück, so dass $\partial AB/\partial\theta > 0$ gilt.

Gleichung (4) lässt sich in einem Y/r-Diagramm wieder mit Hilfe einer IS-Kurve darstellen. Diese Kurve hat ebenfalls einen fallenden Verlauf. Ihre Steigung ist jetzt jedoch betragsmäßig größer als in einer geschlossenen

---

[1] Bei vollkommenen Substituten gilt die sog. Kaufkraftparitätentheorie, d. h. es gilt weltweit ein einheitlicher Preis für diese Güter (in gleicher Währung); bei unvollkommenen Substituten hingegen können die Preise in In- und Ausland differieren.

[2] $\theta J = eP_aJ/P$. Der Ausdruck eP_aJ gibt die Ausgaben für Importe in inländischer Währung an. Werden diese Ausgaben durch P dividiert, so ergibt sich die Menge des inländischen Gutes, die aufgrund dieser Importe nicht nachgefragt wird.

Volkswirtschaft: Sinkt der Zinssatz, so steigen die Investitionen sowie die Konsumnachfrage (Multiplikatorprozess) an. Da ein Teil der zusätzlichen Güternachfrage ins Ausland abfließt, ist die Nachfragesteigerung im Inland nun geringer als in einer geschlossenen Volkswirtschaft.

Die Lage der IS-Kurve ist wie in einer geschlossenen Volkswirtschaft u. a. von der Höhe der Staatsausgaben abhängig; höhere Staatsausgaben verschieben die IS-Kurve nach rechts. In einer offenen Volkswirtschaft sind nun weiterhin P, eP_a sowie Y_a als Lageparameter zu beachten. Unter der obigen Elastizitäts-Annahme besteht ein negativer (positiver) Zusammenhang zwischen P (eP_a) und der Güternachfrage, d. h. eine Verringerung von P (Erhöhung von eP_a) verschiebt die IS-Kurve nach rechts. Ein positiver Zusammenhang besteht auch zwischen Y_a und der Güternachfrage.

(2) Der Devisenmarkt

Dem Modell eines kleinen Landes entsprechend wird angenommen, dass die ausländische Währung ($) bei internationalen Transaktionen verwendet wird (internationales Zahlungsmittel). Der Devisenmarkt ist dann ein Markt, auf dem die ausländische Währung gehandelt (gegen die inländische Währung getauscht) wird. Als Anbieter und Nachfrager auf dem Devisenmarkt treten nur Inländer auf (kleines Land). Das Devisenangebot resultiert in diesem Fall aus

- den Erlösen aus den inländischen Güterexporten. (Die Exporteure erhalten am Weltmarkt $, benötigen im Inland aber €.)
- dem Kapitalimport. (Inländische Kapitalanleger verkaufen ausländische Wertpapiere; auch sie tauschen die erhaltenen $ in € um.)[1]

Entsprechend ergibt sich die Devisennachfrage aus

- den Ausgaben für inländische Güterimporte. (Die Importeure benötigen $, um am Weltmarkt Käufe tätigen zu können.)
- dem Kapitalexport. (Kapitalanleger kaufen ausländische Wertpapiere; auch sie benötigen $.)

Es wird angenommen, dass die inländischen Güter zum €-Preis P am Weltmarkt angeboten werden, die ausländischen Güter zum $-Preis P_a. Damit beträgt das $-Angebot auf dem Devisenmarkt aufgrund der Güterexporte $PX(\theta,Y_a)/e$; die $-Nachfrage aufgrund der Güterimporte entsprechend $P_aJ(\theta,Y)$.

Für die weiteren Ausführungen ist es zweckmäßig, Exporterlöse und Ausgaben für Importe in € umzurechnen und zu saldieren. Die Differenz zwischen Exporterlösen und Ausgaben für Importe in €, der sog. nominelle Außenbeitrag (AB^n), beträgt:

$$(5) \quad AB^n = PX(\theta,Y_a) - eP_aJ(\theta,Y) = AB^n(\underset{+}{\theta},\underset{-}{Y},\underset{+}{Y_a}).^2$$

[1] Das inländische Wertpapier wird nur von Inländern nachgefragt.

[2] Es wird eine sog. Normalreaktion des nominellen Außenbeitrags unterstellt: $\partial AB^n/\partial\theta > 0$, was bei einer Änderung von P preiselastische Exporte erfordert.

Es bleiben noch Devisenangebot und Devisennachfrage aufgrund des internationalen Kapitalverkehrs zu bestimmen. Bei dem internationalen Kapitalverkehr handle es sich um Vermögensanlagen (Portfolio-Investitionen).[1] Inwieweit das Vermögen der inländischen Anleger im Inland oder im Ausland angelegt wird, hängt von den geltenden Zinssätzen im In- und Ausland ab (r bzw. r_a):[2] Je größer diese Zinsdifferenz zugunsten des Inlandes ist, umso mehr verkaufen Inländer das ausländische Wertpapier (Kapitalimport); im umgekehrten Fall kaufen Inländer verstärkt ausländische Wertpapiere (Kapitalexport). Für die Differenz zwischen Kapitalimport und Kapitalexport f (Nettokapitalimport) lässt sich somit schreiben:

$$(6) \quad f = f(r - r_a), \qquad f' > 0.$$

Zur Vereinfachung wird angenommen, dass f den realen Nettokapitalimport darstellt.[3] Der nominelle Nettokapitalimport in € ist dann Pf.

Das Ausmaß der internationalen Kapitalbewegungen, die internationale Kapitalmobilität, hängt – in Abwesenheit von Kapitalverkehrskontrollen u. ä. – von den Substitutionsbeziehungen zwischen den in- und ausländischen Wertpapieren ab. Sind diese Wertpapiere vollkommene Substitute, so finden so lange internationale Kapitalbewegungen statt, bis die Zinssätze im In- und Ausland übereinstimmen (vollständige Kapitalmobilität),[4] wobei sich der Zinssatz eines kleinen Landes an den Zinssatz auf dem Weltmarkt anpasst. Sind diese Wertpapiere hingegen unvollkommene Substitute, so ist eine gewisse Zinsdifferenz zwischen In- und Ausland erforderlich, um internationale Kapitalbewegungen zu induzieren (unvollständige Kapitalmobilität).

Ein außenwirtschaftliches Gleichgewicht ist dann erreicht, wenn der Devisenmarkt im Gleichgewicht ist, d. h., wenn Devisenangebot und Devisennachfrage bei dem geltenden Wechselkurs (gleichgewichtiger Wechselkurs) übereinstimmen, bzw., wenn die Differenz zwischen Devisenangebot und Devisennachfrage gleich Null ist. Im Gleichgewicht gilt somit (in €):

$$(7) \quad PX(\theta, Y_a) - eP_aJ(\theta, Y) + Pf(r - r_a) = 0$$

bzw.:

$$(8) \quad AB^r(\theta, Y, Y_a) + f(r - r_a) = 0.$$

Der hinter dem Devisenangebot und der Devisennachfrage stehende internationale Güter- und Kapitalverkehr wird auf der sog. **Zahlungsbilanz** statistisch erfasst. Hierbei werden gleichartige Transaktionen zusammengefasst

---

[1] Zinszahlungen bleiben unberücksichtigt.

[2] Außerdem von der erwarteten Wechselkursänderung, wovon hier jedoch abgesehen wird. Da nachfolgend vorwiegend Gleichgewichtssituationen betrachtet werden, ist diese Einschränkung ohne große Bedeutung.

[3] Bezeichnet $f(r - r_a)$ den nominellen Nettokapitalimport, so ändert sich mit P die Lage der ZG-Kurve in nachfolgender Abbildung 7.1, selbst wenn der reale Wechselkurs konstant bleibt.

[4] In diesem Fall gilt die sog. Zinsparität.

und auf Teilbilanzen der Zahlungsbilanz ausgewiesen: Der Güterverkehr wird auf der Leistungsbilanz, der Kapitalverkehr auf der Kapitalverkehrsbilanz verbucht. Neben diesen beiden Teilbilanzen wird hier noch eine dritte Teilbilanz unterschieden, die sog. Devisenbilanz. Die Devisenbilanz erfasst die Zu- oder Abnahme des Devisenbestandes (Währungsreserven) der Zentralbank.

Auf der Leistungsbilanz werden einerseits die Exporterlöse und andererseits die Ausgaben für Importe (in €) erfasst. Die Differenz $PX - eP_aJ$ (der nominelle Außenbeitrag) ist somit der Saldo der Leistungsbilanz. Entsprechend stellt der nominelle Nettokapitalimport Pf (in €) den Saldo der Kapitalverkehrsbilanz dar. Ein Gleichgewicht auf dem Devisenmarkt bedeutet also, dass die Leistungs- und Kapitalverkehrsbilanz bei dem gegebenen Wechselkurs zusammen ausgeglichen sind,[1] was auch als Zahlungsbilanzgleichgewicht bezeichnet wird.[2]

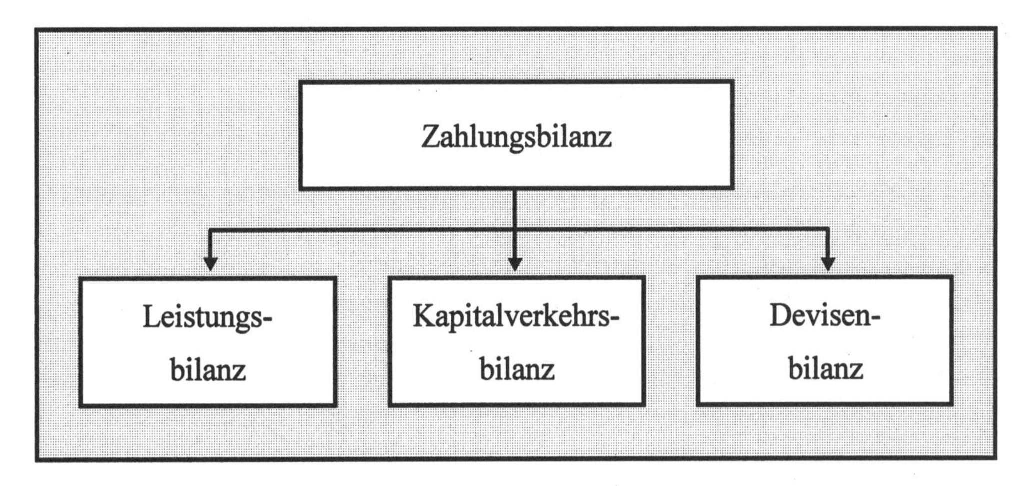

Übersicht 7.2: Vereinfachte Gliederung der Zahlungsbilanz

Sind bei dem geltenden Wechselkurs Leistungs- und Kapitalverkehrsbilanz zusammen nicht ausgeglichen, so liegt ein Zahlungsbilanz-Ungleichgewicht vor. Ist der gemeinsame Saldo dieser beiden Teilbilanzen größer als Null (das Devisenangebot ist größer als die Devisennachfrage), so liegt ein Zahlungsbilanzüberschuss, im umgekehrten Fall ein Zahlungsbilanzdefizit vor. Im Beispiel des Zahlungsbilanzüberschusses kommt es bei flexiblen Wechselkursen zu einer Aufwertung der inländischen Währung; bei festen Wechselkursen tritt die Währungsbehörde als Nachfrager am Devisenmarkt

[1] Gilt $PX - eP_aJ > 0$ (Leistungsbilanzüberschuss), so muss $Pf < 0$ sein (Kapitalverkehrsbilanzdefizit, Nettokapitalexport) und umgekehrt.

[2] Da jeder Buchung auf der Zahlungsbilanz eine Gegenbuchung gegenübersteht (System der doppelten Buchführung), ist die Zahlungsbilanz insgesamt stets ausgeglichen (der Saldo aller Teilbilanzen ist gleich Null): Einem $-Angebot aus Exporten (Buchung in € auf der Handelsbilanz) steht eine $-Nachfrage entweder seitens der Importeure (Buchung in € auf der Handelsbilanz) oder der Kapitalexporteure (Buchung in € auf der Kapitalverkehrsbilanz) oder die Nachfrage der Währungsbehörde (Buchung in € auf der Devisenbilanz) gegenüber. Das Problem des Zahlungsbilanzausgleichs besteht also darin, inwieweit einzelne Teilbilanzen ausgeglichen sind.

auf, wodurch sich ihre Währungsreserven erhöhen.[1,2] Liegt ein Zahlungsbilanzdefizit vor, so wird die heimische Währung bei flexiblen Wechselkursen abgewertet; bei festen Wechselkursen verkauft die Währungsbehörde Devisen, wodurch sich ihre Währungsreserven verringern.[3] Ein Zahlungsbilanz-Gleichgewicht lässt sich also auch dadurch charakterisieren, dass bei flexiblen Wechselkursen der Wechselkurs und bei festen Wechselkursen die Währungsreserven der Zentralbank konstant bleiben.

Im Falle des Zahlungsbilanz-Ungleichgewichts verändern sich der Wechselkurs oder die Währungsreserven. Verändern sich die Währungsreserven, so variiert die inländische Geldmenge: Kauft die Zentralbank Devisen an (im Falle eines Zahlungsbilanzüberschusses bei festen Wechselkursen), so erhöht sich die inländische Geldmenge und umgekehrt.[4] Änderungen des Wechselkurses bzw. der Geldmenge haben nun wiederum Auswirkungen auf das wirtschaftliche Geschehen im Inland. Mit anderen Worten, ein binnenwirtschaftliches Gleichgewicht kann nur bestehen bleiben, wenn auch ein außenwirtschaftliches Gleichgewicht erreicht ist. Somit sind die makroökonomischen binnenwirtschaftlichen Ziele wie bspw. Vollbeschäftigung und Preisniveaustabilität um das Ziel eines außenwirtschaftlichen Gleichgewichts zu ergänzen.[5]

Abschließend soll noch die außenwirtschaftliche Situation graphisch dargestellt werden. Hierzu wird auf Gleichung (8) zurückgegriffen, die der ZG-Kurve in Abbildung 7.1 entspricht. Die ZG-Kurve gibt also alle Y/r-Kombinationen an, für die ein Zahlungsbilanzgleichgewicht vorliegt. Zur Bestimmung der Steigung der ZG-Kurve wird von einer Y/r-Kombination ausgegangen, bei der ein Zahlungsbilanzgleichgewicht realisiert ist. Bei einer Erhöhung des Einkommens entsteht dann über erhöhte Importausgaben ein Zahlungsbilanzdefizit. Zum Ausgleich der Zahlungsbilanz ist jetzt ein verstärkter Netto-Kapitalimport erforderlich, der durch einen höheren Zinssatz induziert wird. Die ZG-Kurve verläuft somit ansteigend.

Das Ausmaß der Steigung hängt von dem erforderlichen Zinsanstieg zur Induzierung des benötigten Netto-Kapitalimports ab. Je größer die Kapitalmobilität, umso geringer ist der erforderliche Zinsanstieg, d. h. umso flacher verläuft die ZG-Kurve. Bei vollständiger Kapitalmobilität verläuft sie waagerecht; findet kein internationaler Kapitalverkehr statt, so verläuft die ZG-Kurve senkrecht.

---

[1] Sind Leistungs- und Kapitalverkehrsbilanz zusammen ausgeglichen, so gilt dies auch für die Devisenbilanz (der Saldo der Devisenbilanz ist gleich Null). Ist der gemeinsame Saldo der Leistungs- und Kapitalverkehrsbilanz größer als Null, so steht dem bei festen Wechselkursen ein negativer, betragsmäßig gleich großer Saldo der Devisenbilanz gegenüber.

[2] Es wird angenommen, dass nur die inländische Zentralbank interveniert.

[3] Wechselkurs-Änderungen bzw. Eingriffe der Währungsbehörden führen jeweils zum Ausgleich von Devisenangebot und -nachfrage.

[4] Die Zentralbank kauft die Devisen gegen Hingabe von Zentralbankgeld, d. h. die Geldbasis erhöht sich u. u.

[5] Darüber hinaus erfordert auch die Aufrechterhaltung des internationalen Handels letztlich eine ausgeglichene Zahlungsbilanz.

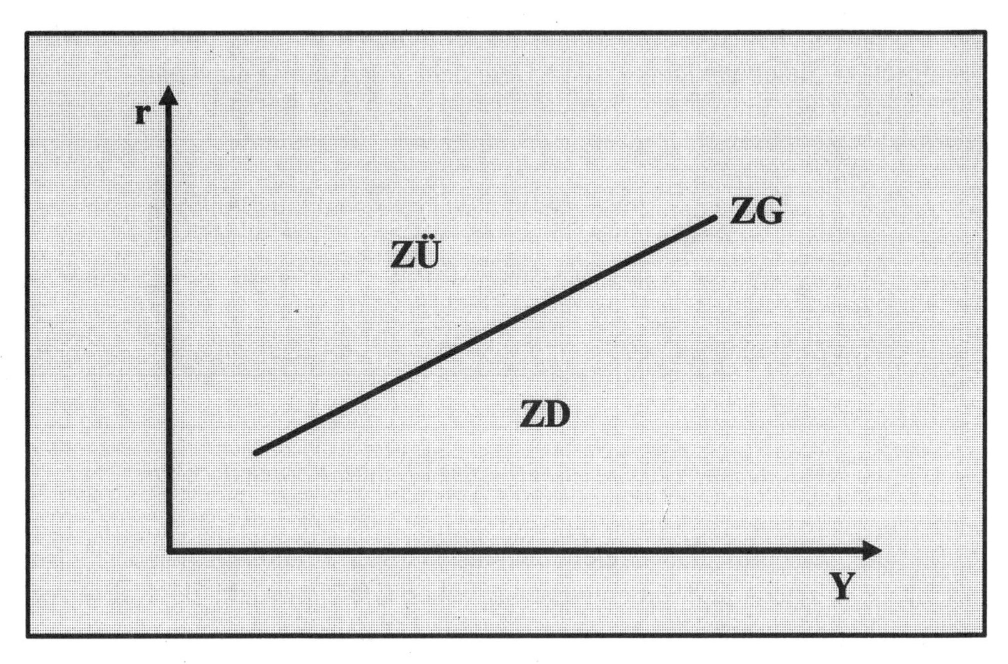

Abbildung 7.1: Zahlungsbilanzsituationen

Bleibt der Zinsanstieg hinter dem das erforderlichen Ausmaß zum Ausgleich der Zahlungsbilanz zurück, so entsteht ein Zahlungsbilanzdefizit und umgekehrt. Damit liegt oberhalb der ZG-Kurve ein Zahlungsbilanzüberschuss (ZÜ) vor, unterhalb dieser Kurve ein Zahlungsbilanzdefizit (ZD).

Die ZG-Kurve wurde für gegebene Werte von P, eP_a, Y_a und r_a abgeleitet; diese Größen sind Lageparameter. Eine Verringerung von P oder r_a bzw. eine Erhöhung von eP_a oder Y_a bewirken bei konstanten r und Y einen Zahlungsbilanzüberschuss; in diesem Fall kann die Zahlungsbilanz bei konstantem Zinssatz durch ein höheres Einkommen (höhere Importe) ausgeglichen werden,[1] d. h. die ZG-Kurve verschiebt sich nach rechts.[2]

7.2.2 Die Gleichgewichtslösung

Es wird zunächst die Existenz eines binnen- und außenwirtschaftlichen Gleichgewichts, daran anschließend dessen Stabilität untersucht.

(1) Existenz

Die Gleichgewichtslösung des IS/LM-Modells einer offenen Volkswirtschaft stellt ein simultanes binnen- und außenwirtschaftliches Gleichgewicht dar. Das binnenwirtschaftliche Gleichgewicht ist im Schnittpunkt zwischen der IS- und der LM-Kurve erreicht, das außenwirtschaftliche Gleichgewicht auf

---

[1] Bzw. bei konstantem Einkommen durch einen niedrigeren Zinssatz (geringerer Nettokapitalimport).

[2] Bei vollkommener Kapitalmobilität bleibt die Lage der ZG-Kurve unverändert.

der ZG-Kurve. Die Bedingungen eines simultanen binnen- und außenwirtschaftlichen Gleichgewichts sind in Übersicht 7.3 zusammengestellt.[1,2]

(9)	$Y = HA(Y,r,G) + AB^r(e,Y)$	(IS-Kurve)
(10)	$KR + R = l(Y,r)$	(LM-Kurve)
(11)	$AB^r(e,Y) + f(r) = 0$	(ZG-Kurve)

Übersicht 7.3: IS/LM-Modell einer offenen Volkswirtschaft

Abbildung 7.2 gibt die Gleichgewichtssituation graphisch wieder.[3] Ein simultanes binnen- und außenwirtschaftliches Gleichgewicht liegt also vor, wenn sich die IS- und die LM-Kurve auf der ZG-Kurve schneiden (Punkt A).

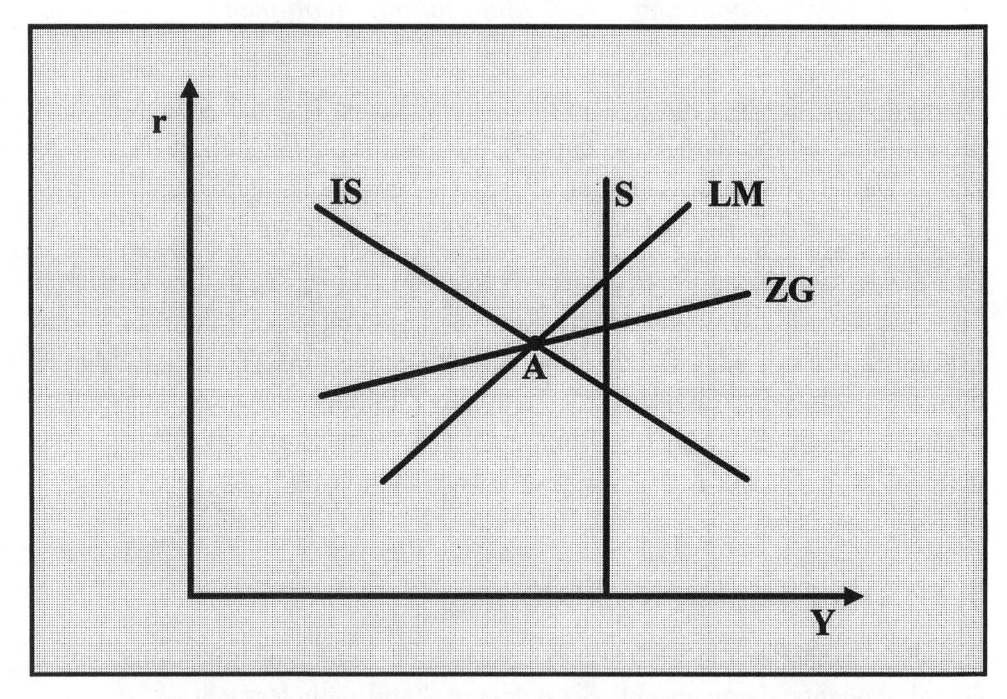

Abbildung 7.2: Simultanes binnen- und außenwirtschaftliches Gleichgewicht

Preisniveaukonstanz ist ein typisches Merkmal einer unterbeschäftigten Wirtschaft. Das binnenwirtschaftliche Gleichgewicht ist also ein Gleich-

---

1 Die Größen Y_a und r_a werden als konstant angenommen und deshalb nicht mit aufgeführt; weiterhin wird $P = P_a = m = 1$ gesetzt (m = Geldschöpfungsmultiplikator).

2 Bei vollkommener Kapitalmobilität ist Gleichung (3) durch die Zinsparität $r = r_a$ zu ersetzen.

3 In Abbildung 7.2 ist eine „relativ" hohe Kapitalmobilität unterstellt, d. h. die ZG-Kurve verläuft flacher als die LM-Kurve.

gewicht bei Unterbeschäftigung.[1] Graphisch äußert sich dies darin, dass sich die IS- und die LM-Kurve links von der S-Kurve schneiden, die Vollbeschäftigung repräsentiert.

Die Gleichgewichtslösung der Abbildung 7.2 gilt sowohl für feste als auch für flexible Wechselkurse. Sie ist erreicht, wenn die endogenen Größen die entsprechenden Gleichgewichtswerte erreicht haben. Als endogene Größen existieren wie in einer geschlossenen Volkswirtschaft u. a. r und Y sowie jetzt zusätzlich M (über R) bei festen Wechselkursen bzw. e bei flexiblen Wechselkursen. Die exogenen Größen sind u. a. P, G, P_a, r_a, Y_a sowie e bei festen bzw. M bei flexiblen Wechselkursen.

(2) Stabilität

Zur Untersuchung der Stabilität des binnen- und außenwirtschaftlichen Gleichgewichts wird der Fall eines Zahlungsbilanzüberschusses betrachtet. In diesem Fall liegt der Schnittpunkt zwischen der IS- und der LM-Kurve oberhalb der ZG-Kurve: Bei dem entsprechenden Einkommen ist der Zinssatz zu hoch, um die Zahlungsbilanz auszugleichen. Diese Situation wird durch Punkt A in den Abbildungen 7.3 und 7.4 angezeigt.

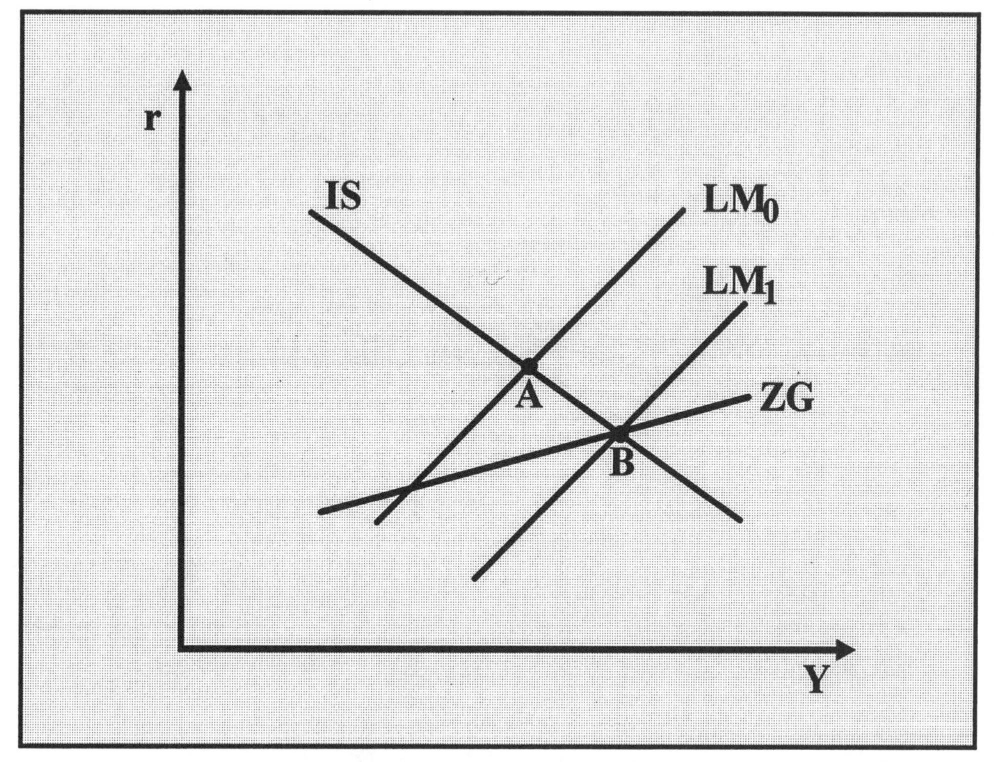

Abbildung 7.3: Zahlungsbilanzüberschuss, feste Wechselkurse

[1] Nicht alle Märkte sind im Gleichgewicht. Da jedoch (kürzerfristig) keine Marktkräfte auftreten, die die wirtschaftliche Situation verändert, liegt dennoch ein Gleichgewicht i. d. S. vor, dass alle Größen konstant bleiben.

Bei festen Wechselkursen erfordert das Zahlungsbilanzungleichgewicht ein Eingreifen der (inländischen) Zentralbank: Sie kauft den Angebotsüberschuss an Devisen auf, wodurch sich die inländische Geldmenge erhöht.

Infolge der höheren inländischen Geldmenge verschiebt sich die LM-Kurve nach rechts. Dieser Prozess hält so lange an, bis ein Zahlungsbilanzgleichgewicht erreicht ist, nämlich bis sich IS- und neue LM-Kurve (LM_1) auf der unveränderten ZG-Kurve schneiden (Punkt B). Da das Zahlungsbilanzgleichgewicht hier über eine Veränderung der Geldmenge erreicht wird, wird dieser Prozess als **Geldmengen-Mechanismus** bezeichnet.

Die erhöhte Geldmenge bewirkt einen niedrigeren inländischen Zinssatz, wodurch die Investitionsnachfrage angeregt wird, was, verstärkt über den Multiplikator, zu steigendem Einkommen führt. Niedrigerer Zinssatz und höheres Volkseinkommen bewirken dann den Ausgleich der Zahlungsbilanz.[1]

Bei flexiblen Wechselkursen hat der Zahlungsbilanzüberschuss eine Aufwertung der inländischen Währung zur Folge. Mit niedrigerem nominellen sinkt auch der reale Wechselkurs, d. h. die internationale Wettbewerbsfähigkeit des Inlandes geht zurück.

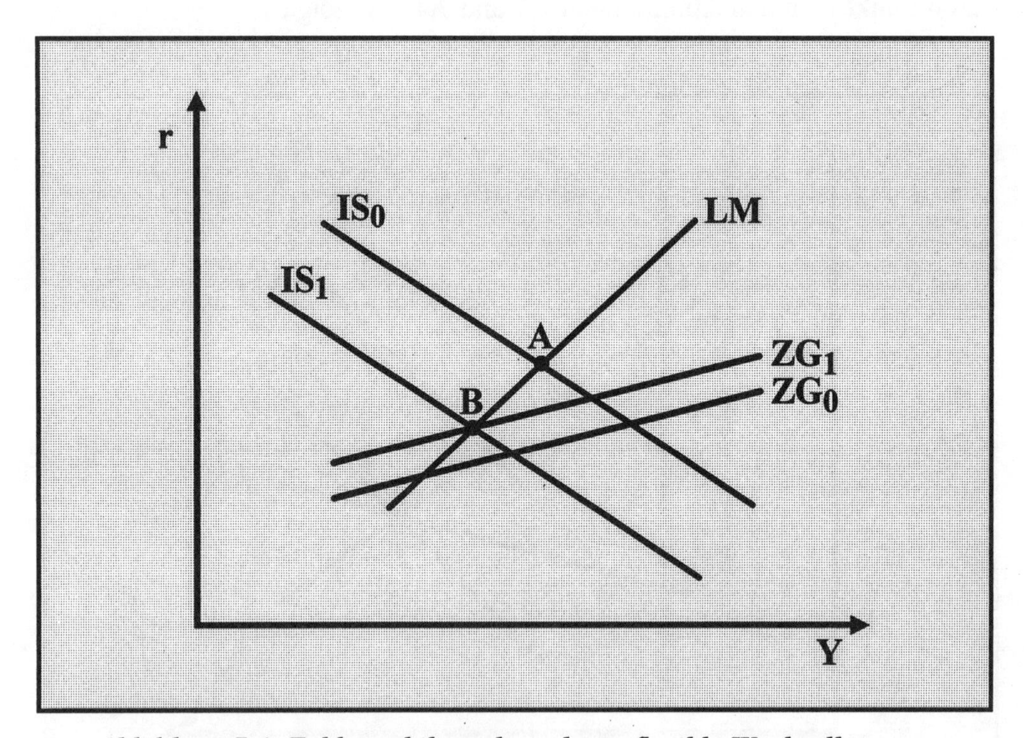

Abbildung 7.4: Zahlungsbilanzüberschuss, flexible Wechselkurse

Aufgrund der niedrigeren Wettbewerbsfähigkeit fällt der reale Außenbeitrag. Dies hat zum einen eine niedrigere Güternachfrage zur Folge, so dass sich die IS-Kurve nach links verschiebt. Zum anderen resultiert hieraus ein Zah-

[1] Das ursprüngliche binnenwirtschaftliche Gleichgewicht bleibt also infolge des Zahlungsbilanzüberschusses nicht bestehen.

lungsbilanzdefizit, wodurch sich die ZG-Kurve ebenfalls nach links verschiebt. Die Aufwertung hält so lange an, bis ein Zahlungsbilanzgleichgewicht erreicht ist, d. h. bis sich IS- und ZG-Kurve auf der unveränderten LM-Kurve schneiden (Punkt B). Da hier der Zahlungsbilanzausgleich über eine Wechselkursänderung erfolgt, wird dieser Prozess als **Wechselkursmechanismus** bezeichnet. Der Zahlungsbilanzausgleich erfolgt hier infolge verschlechterter Wettbewerbsfähigkeit und niedrigerer Zinsen trotz geringeren Volkseinkommens.[1]

7.3 Stabilisierungspolitik und internationaler Konjunktur-Zusammenhang

Im Zusammenhang mit der Vorstellung des AD/AS-Modells wurde gezeigt, dass der Preismechanismus zu Vollbeschäftigung führt. Diese Ausführungen werden hier noch insoweit ergänzt, dass der Geldmengen- bzw. der Wechselkursmechanismus ein Zahlungsbilanzgleichgewicht bewirkt. Der **Geldmengen-Preis-** bzw. der **Wechselkurs-Preis-Mechanismus** führt somit in einer offenen Volkswirtschaft (bei Stabilität) zu einem simultanen binnen- und außenwirtschaftlichen Gleichgewicht. Es wurde aber auch bereits darauf hingewiesen, dass diese Mechanismen möglicherweise zu langsam wirken. Außerdem ist zu beachten, dass eventuell negative Nebenwirkungen auftreten.[2] In diesen Fällen ist somit ein Eingreifen des Staates zur Sicherung seiner makroökonomischen Ziele erforderlich.

Das vorangehend dargestellte Gleichgewicht bei Unterbeschäftigung ist deshalb Ausgangspunkt der nachfolgenden Untersuchung, wie sich die Beschäftigungssituation im Inland verbessern lässt. Hierbei werden zunächst die beschäftigungspolitischen Möglichkeiten des Inlandes dargestellt; daran anschließend wird der Frage nachgegangen, inwieweit ein Konjunkturaufschwung im Ausland die Arbeitsmarktlage im Inland beeinflusst.

7.3.1 Stabilisierungspolitik des Inlandes[3]

Hier werden zwei Fälle unterschieden, nämlich zum einen, dass der Staat lediglich das Ziel der Vollbeschäftigung verfolgt, und zum anderen, dass der Staat neben dem Vollbeschäftigungsziel auch ein Zahlungsbilanzgleichgewicht anstrebt.

---

[1] Wie unmittelbar ersichtlich, gilt auch hier, dass das ursprüngliche binnenwirtschaftliche Gleichgewicht infolge des Zahlungsbilanzüberschusses nicht erhalten bleibt.

[2] Im vorangehenden Beispiel wird die Arbeitsmarktsituation bei flexiblen Wechselkursen vorübergehend verschärft. Das gleiche Ergebnis tritt bei festen Wechselkursen und einem Zahlungsbilanzdefizit ein.

[3] Dieckheuer, G., Internationale Wirtschaftsbeziehungen, 3. Aufl., München/Wien 1995, S. 169 ff; Heubes, J., Grundlagen der modernen Makroökonomie, a. a. O., S. 491 ff; Jarchow, H.-J., und P. Rühmann, Monetäre Außenwirtschaft, Bd. I, a. a. O., S. 171 ff.

(1) Vollbeschäftigung

Da die Wirkungsweise beschäftigungspolitischer Maßnahmen sowie diese Maßnahmen selbst teilweise vom Wechselkurssystem abhängen, wird zwischen festen und flexiblen Wechselkursen unterschieden.

(1.1) Feste Wechselkurse

Als beschäftigungspolitische Maßnahmen stehen dem Staat wie in einer geschlossenen Volkswirtschaft Geld- und Fiskalpolitik zur Verfügung, deren Wirkungen sich jetzt jedoch zum Teil erheblich von denen in einer geschlossenen Volkswirtschaft unterscheiden. In einer offenen Volkswirtschaft kann der Staat darüber hinaus bei festen Wechselkursen auch noch Wechselkurspolitik (= Änderung des Wechselkurses) betreiben.

Geldpolitik

Zur Erläuterung der Geldpolitik wird Abbildung 7.5 herangezogen. Die Ausgangssituation ist durch Punkt A gekennzeichnet. Unter Beachtung, dass Vollbeschäftigung im Schnittpunkt zwischen der IS- und der LM-Kurve auf der S-Kurve erreicht ist, möge die Geldpolitik die LM-Kurve nach LM_1 verschieben; es stellt sich dann Punkt B ein, nämlich Vollbeschäftigung bei einem Zahlungsbilanzdefizit.

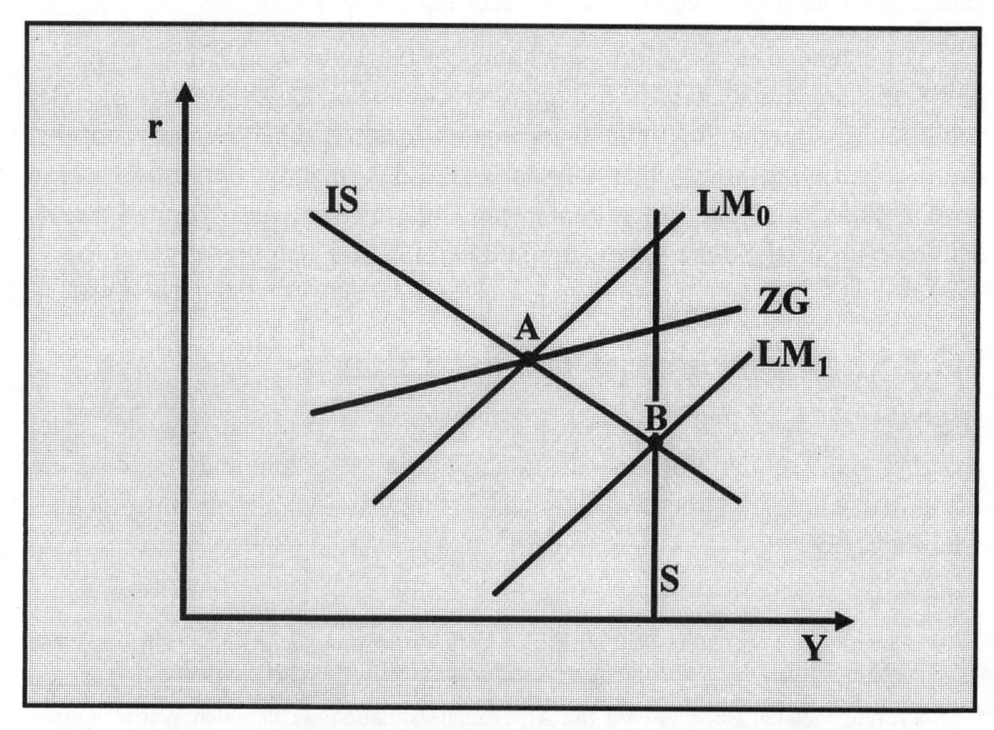

Abbildung 7.5: Expansive Geldpolitik bei festen Wechselkursen

Das höhere Einkommen führt zu einem Leistungsbilanzdefizit; der niedrigere Zinssatz zu einem Kapitalverkehrsbilanzdefizit (beide Teilbilanzen seien in der Ausgangssituation ausgeglichen). Damit muss die Zentralbank am Devisenmarkt als zusätzlicher Anbieter von Devisen auftreten. Diese Devisen verkauft sie gegen inländische Währung, wodurch die Geldmenge sinkt.[1] Graphisch drückt sich dies in einer Linksverschiebung der LM-Kurve aus. Dieser Geldmengenmechanismus endet, wenn wieder ein Zahlungsbilanzgleichgewicht erreicht ist, d. h. in der Ausgangssituation.

Damit lässt sich festhalten, dass der Geldmengenmechanismus die Primärwirkung der Geldpolitik wieder aufhebt. Die Wirkungsweise der Geldpolitik in einer offenen Volkswirtschaft ist also völlig verschieden von der in einer geschlossenen Volkswirtschaft.

Fiskalpolitik

Die Wirkungsweise der Fiskalpolitik wird anhand der Abbildung 7.6 dargestellt, wobei in Teil (a) eine hohe und in Teil (b) eine niedrige Kapitalmobilität unterstellt wird. Die Ausgangssituation entspricht Punkt A.

Da die ZG-Kurve bei fiskalpolitischen Maßnahmen unverändert bleibt, wird die anzustrebende Vollbeschäftigungssituation durch den Schnittpunkt der ZG-Kurve mit der S-Kurve angegeben (Punkt B). Infolge der Erhöhung der Staatsnachfrage muss also die IS-Kurve so weit verschoben werden, dass sie ebenfalls durch Punkt B verläuft. Es stellt sich dann zunächst die Situation C ein: Bei hoher Kapitalmobilität herrscht weiterhin Unterbeschäftigung bei einem Zahlungsbilanzüberschuss; bei niedriger Kapitalmobilität Überbeschäftigung bei einem Zahlungsbilanzdefizit.[2,3]

Der Geldmengenmechanismus führt nun im ersten Fall zu einer Erhöhung, im zweiten Fall zu einer Verringerung der inländischen Geldmenge, bis ein Zahlungsbilanzgleichgewicht erreicht ist. In Abbildung 7.6 verschiebt sich also die LM-Kurve, bis sie ebenfalls durch Punkt B verläuft.

Zusammenfassend zeigt sich also, dass der Geldmengenmechanismus die Wirkung der Fiskalpolitik in einer offenen Volkswirtschaft bei hoher Kapitalmobilität verstärkt, bei niedriger Kapitalmobilität hingegen abschwächt.

---

[1] Die Zentralbank könnte versuchen, durch Ausdehnung der heimischen Kreditkomponente die Geldmenge auf höherem Niveau konstant zu halten (sog. Neutralisierungspolitik). Hiervon wird jedoch abgesehen.

[2] Die Fiskalpolitik löst zwei gegenläufige Wirkungen auf die Zahlungsbilanz aus: Die Einkommenserhöhung verschlechtert, die Zinserhöhung verbessert die Zahlungsbilanzsituation. Bei hoher Kapitalmobilität überwiegt der erste Effekt, so dass aus einem Zahlungsbilanzgleichgewicht ein Überschuss entsteht und umgekehrt.

[3] Wie vorangehend, so wird hier wie auch in den nachfolgenden Fällen stets davon ausgegangen, dass zunächst die wirtschaftspolitische Maßnahme ihre volle Wirkung entfaltet, bevor Geldmengen- bzw. Wechselkursreaktionen erfolgen.

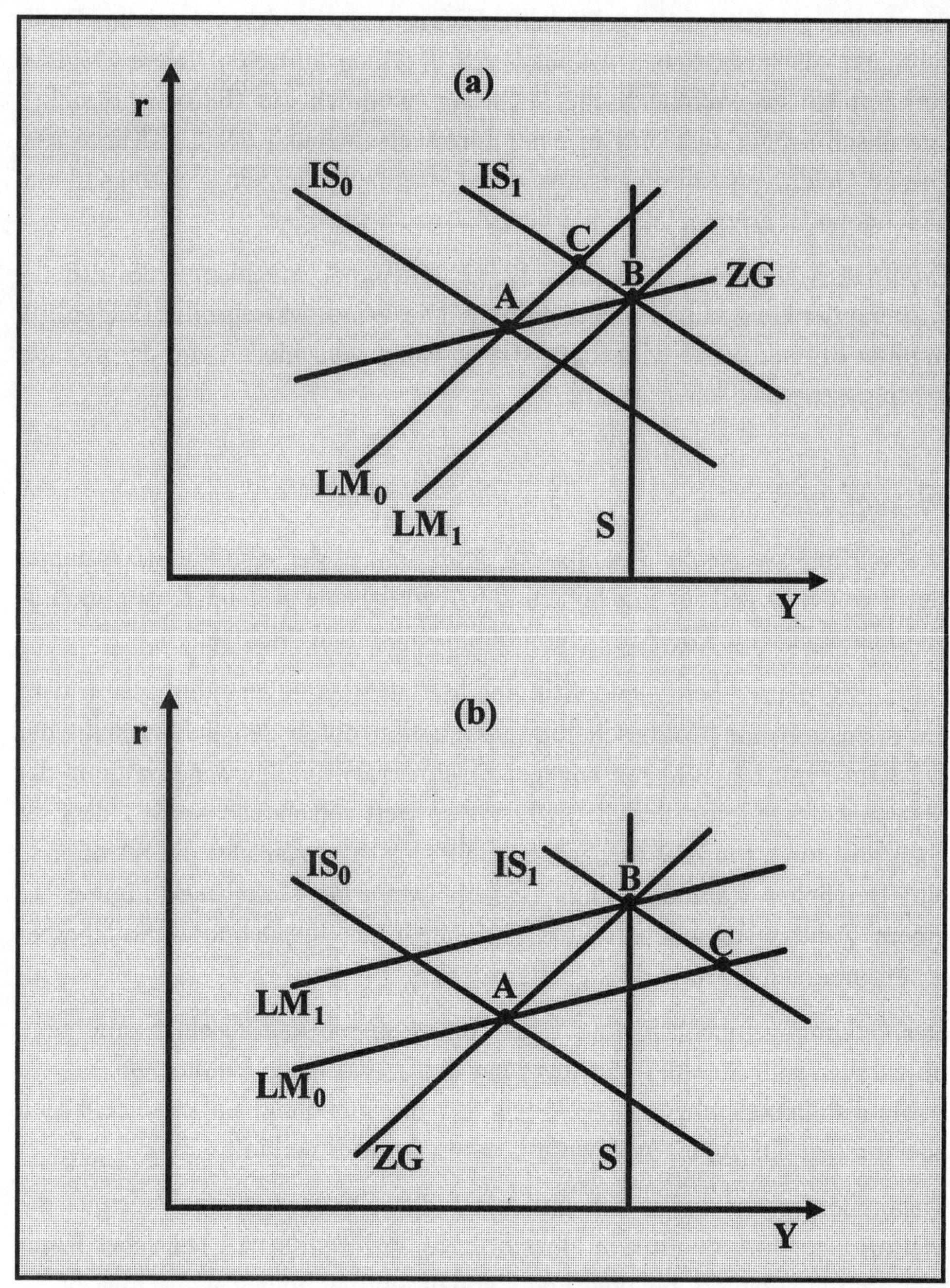

Abbildung 7.6: Expansive Fiskalpolitik bei festen Wechselkursen

Wechselkurspolitik

Als weitere beschäftigungspolitische Maßnahme bietet sich an, die Güternachfrage durch eine (nominelle) Abwertung der inländischen Währung (die bei $P, P_a = \text{const.}$ zugleich eine reale Abwertung bedeutet) zu erhöhen. Zur graphischen Veranschaulichung dieses Ergebnisses wird Abbildung 7.7 herangezogen; die Ausgangssituation entspricht wieder Punkt A.

Zur Erreichung der Vollbeschäftigung ist die inländische Währung so weit abzuwerten, bis sich IS- und ZG-Kurve auf der S-Kurve schneiden

(Punkt B).[1] Damit wird zunächst Punkt C erreicht, nämlich Unterbeschäftigung bei einem Zahlungsbilanzüberschuss.[2] Infolge des Zahlungsbilanzüberschusses erhöht sich die inländische Geldmenge (LM_0-Kurve nach LM_1), was weitere positive Beschäftigungseffekte auslöst. Der Geldmengenmechanismus unterstützt also den Primäreffekt einer Abwertung.

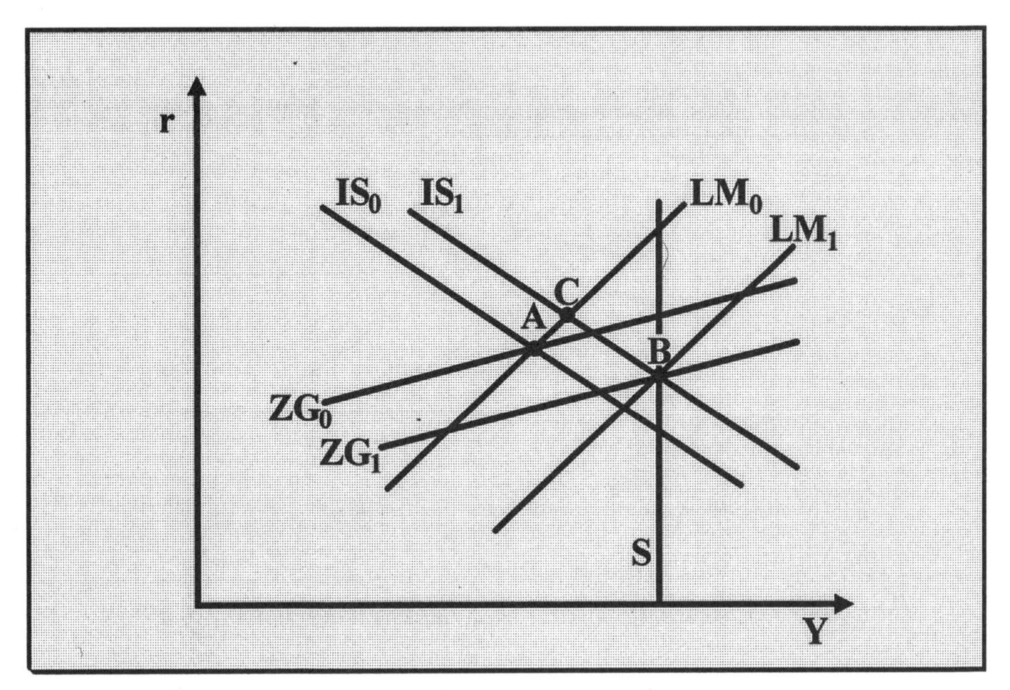

Abbildung 7.7: Abwertung, Normalreaktion der Leistungsbilanz

Vorangehend wurde davon ausgegangen, dass sich IS- und ZG-Kurve infolge der Abwertung nach rechts verschieben. Dies erfordert, dass der reale Außenbeitrag zunimmt, was durch die Annahme preiselastischer Importe sichergestellt wurde. Diese Annahme ist jedoch kürzerfristig bspw. aufgrund bestehender Verträge oder der Zeitdauer von Substitutionsprozessen äußerst fraglich. Wird kürzerfristig von konstanten Ex- und Importen ausgegangen, so sinkt der reale Außenbeitrag aufgrund einer Abwertung, da die Importe in inländischen Gütereinheiten gemessen (θJ) ansteigen (zunehmen); die Leistungsbilanz reagiert anomal.

In diesem Fall verschieben sich IS- und ZG-Kurve nach links, wie in Abbildung 7.8 dargestellt ist. Damit tritt die Situation B ein, d. h. eine Verschlechterung der Beschäftigungs- und der Zahlungsbilanzsituation. Zur Beseitigung des Zahlungsbilanzdefizits werden häufig weitere Abwertungen vorgenommen, wodurch sich die Zahlungsbilanzsituation jedoch noch weiter

---

[1] Mit dem nominellen steigt auch der reale Wechselkurs an. Hierdurch erhöht sich der reale Außenbeitrag, was sich graphisch in einer Rechtsverschiebung der IS- bzw. der ZG-Kurve ausdrückt.

[2] Es lässt sich zeigen, dass sich die ZG-Kurve weiter als die IS-Kurve nach rechts verschiebt. Damit entsteht unabhängig von der Höhe der Kapitalmobilität stets ein Zahlungsbilanzüberschuss.

verschlechtert (sog. Teufelskreis, circulus vitiosus). Erst im Laufe der Zeit steigt die Preiselastizität der Ex- und Importe an, so dass dann das Zahlungsbilanzdefizit schrittweise abgebaut wird.

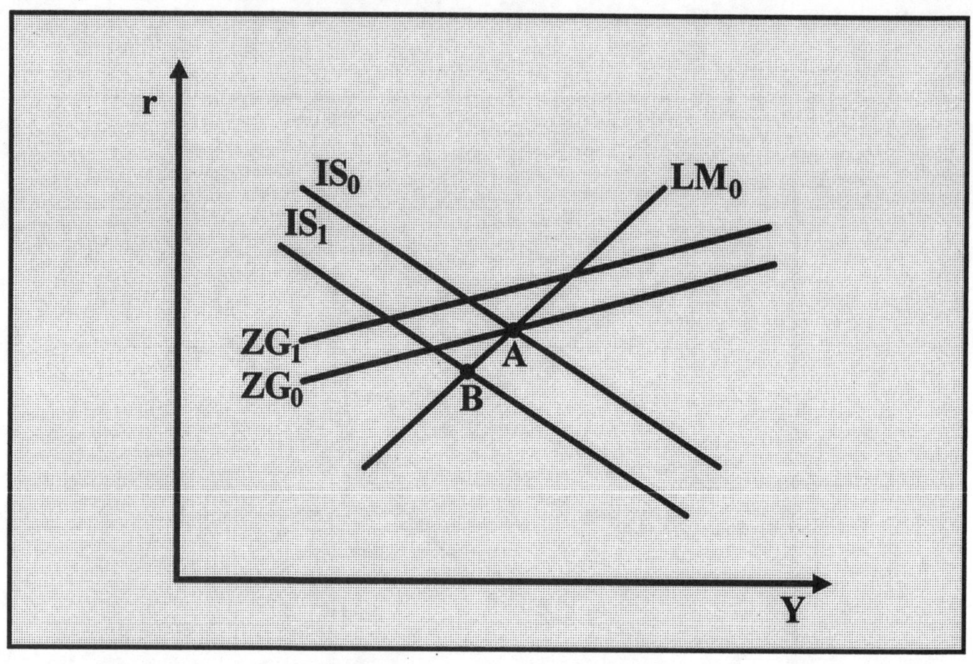

Abbildung 7.8: Abwertung, anomale Reaktion der Leistungsbilanz

Abbildung 7.9 zeigt den entsprechenden zeitlichen Verlauf des Leistungsbilanzsaldos. Aufgrund des typischen Verlaufs der sich ergebenden Kurve wird obiger Zusammenhang auch als J-Kurven-Effekt einer Abwertung bezeichnet.

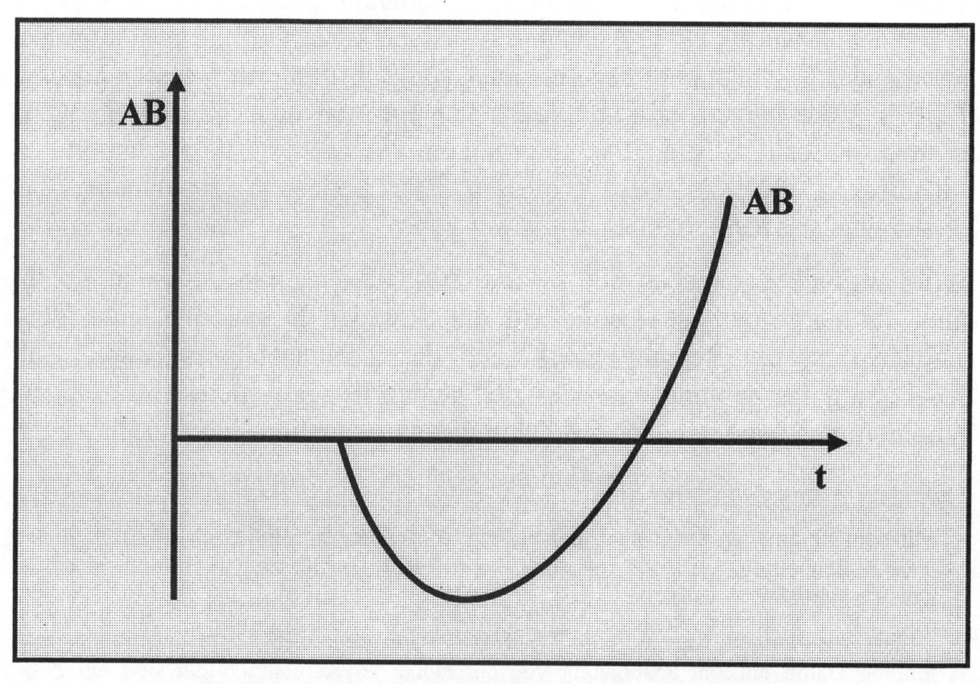

Abbildung 7.9: J-Kurven-Effekt einer Abwertung

(1.2) Flexible Wechselkurse

Die beschäftigungspolitischen Alternativen reduzieren sich bei flexiblen Wechselkursen auf Geld- und Fiskalpolitik.

Geldpolitik

In Abbildung 7.10 wird die Ausgangslage durch Punkt A angezeigt.

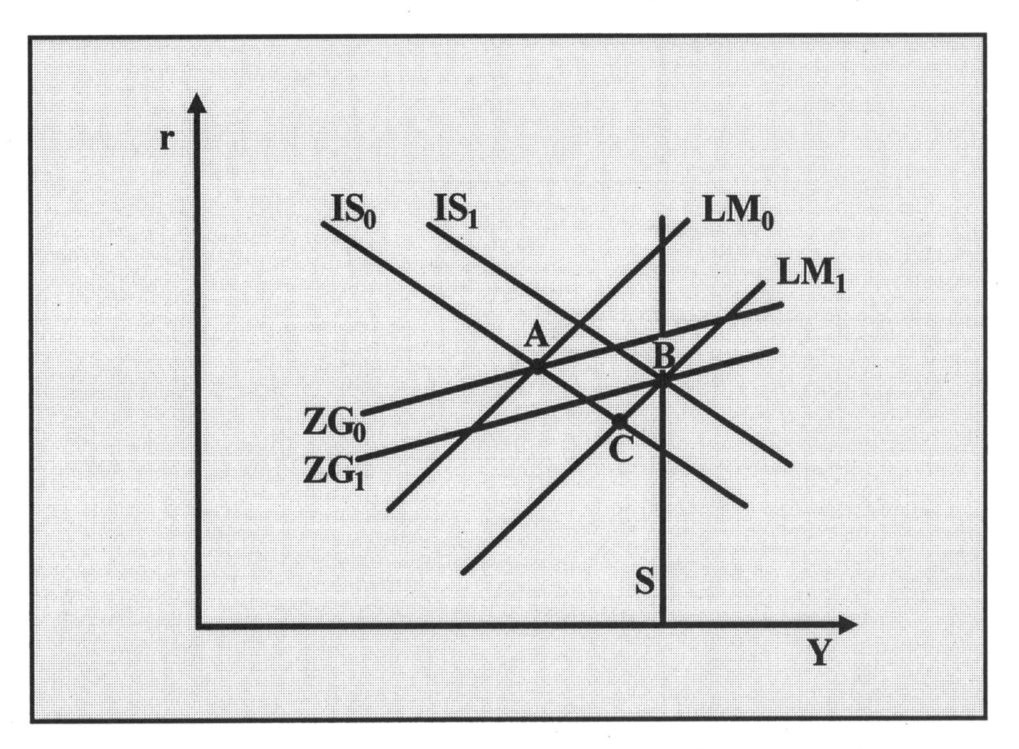

Abbildung 7.10: Expansive Geldpolitik bei flexiblen Wechselkursen

Die expansive Geldpolitik führt zu einer Verschiebung der LM-Kurve nach LM_1. Es stellt sich dann zunächst die Situation C ein, nämlich weiterhin Unterbeschäftigung, aber bei einem Zahlungsbilanzdefizit (infolge niedrigerer Zinsen und höheren Volkseinkommens). Bei einem Zahlungsbilanzungleichgewicht kommt es bei flexiblen Wechselkursen zu einer Wechselkursänderung, die zu einem Zahlungsbilanzgleichgewicht führt (Wechselkursmechanismus). Im vorliegenden Fall wird die inländische Währung abgewertet, wodurch sich die IS-Kurve nach IS_1 und die ZG-Kurve nach ZG_1 verschieben.[1] Bei richtiger Dosierung der Geldpolitik schneiden sich alle Kurven im Vollbeschäftigungspunkt B. Der Wechselkursmechanismus bewirkt also eine weitere Einkommenserhöhung und unterstützt somit den Primäreffekt der Geldpolitik.

---

[1] Mit dem nominellen Wechselkurs e erhöht sich auch der reale Wechselkurs θ, so dass der reale Außenbeitrag ansteigt. Hierdurch verlagern sich sowohl die IS- als auch die ZG-Kurve nach rechts, wobei die Verschiebung der ZG-Kurve ausgeprägter ist.

Fiskalpolitik

Abbildung 7.11 dient der Erläuterung der Fiskalpolitik, wobei in Teil (a) eine hohe und in Teil (b) eine niedrige Kapitalmobilität unterstellt ist. Die Ausgangssituation wird durch Punkt A angegeben.

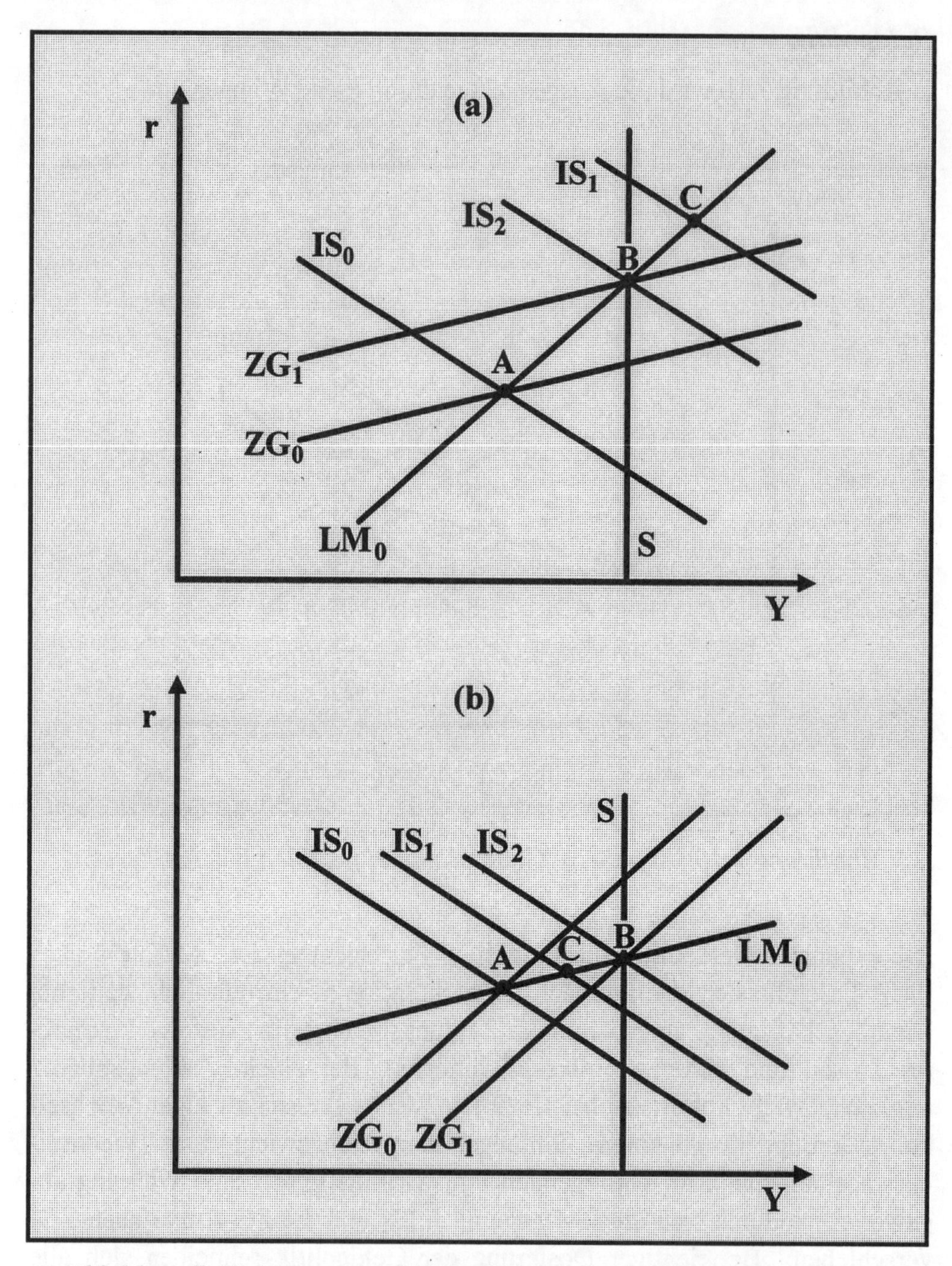

Abbildung 7.11: Expansive Fiskalpolitik bei flexiblen Wechselkursen

Da die Geldmenge bei flexiblen Wechselkursen unverändert bleibt, liegt mit dem Schnittpunkt zwischen der LM_0-Kurve und der S-Kurve das anzustrebende Vollbeschäftigungsgleichgewicht fest (Punkt B). Bei der Realisierung dieses Gleichgewichts ist nun zu beachten, dass infolge der Fiskalpolitik ein Zahlungsbilanzungleichgewicht entsteht, wodurch sich der Wechselkurs ändert, was wieder Rückwirkungen auf die IS- und die ZG-Kurve hat.

In Teil (a) entsteht bei einer Staatsausgabenerhöhung (IS-Kurve nach rechts) ein Zahlungsbilanzüberschuss,[1] was eine Aufwertung zur Folge hat. Hierdurch verlagern sich die IS_1- und die ZG_0-Kurve nach links. Die Staatsausgabenerhöhung muss also so dimensioniert sein, dass sich zunächst eine Überbeschäftigungssituation ergibt (IS_1, Punkt C). Bei niedrigerem Wechselkurs stellt sich dann mit IS_2 und ZG_1 das Vollbeschäftigungsgleichgewicht B ein.

In Teil (b) führt eine Erhöhung der Staatsausgaben zu einem Zahlungsbilanzdefizit mit anschließender Abwertung der inländischen Währung. Da eine Abwertung positive Nachfrageeffekte auslöst, ist hier die Staatsausgabenerhöhung so zu wählen, dass zunächst weiterhin Unterbeschäftigung bestehen bleibt (IS_1, Punkt C). Bei höherem Wechselkurs ergibt sich dann mit IS_2 und ZG_1 das Vollbeschäftigungsgleichgewicht B.[2]

(2) Vollbeschäftigung und Zahlungsbilanzgleichgewicht

Wie die vorangehenden Ausführungen zeigen, treten bei ausschließlicher Beschäftigungspolitik weiterhin kurzfristige Ungleichgewichte auf. Es wird deshalb noch untersucht, wie der Staat gleichzeitig Vollbeschäftigung und ein Zahlungsbilanzgleichgewicht erreichen kann. Unter Zahlungsbilanzgleichgewicht ist hierbei Konstanz der Währungsreserven bei festen Wechselkursen bzw. Konstanz des Wechselkurses bei flexiblen Wechselkursen zu verstehen.

Da die beiden Ziele in dem gewählten Beispiel miteinander konkurrieren, muss der Staat nach der Tinbergen-Regel nun zwei (unabhängige) Instrumente einsetzen. Der Staat steht also zunächst vor der Frage nach den geeigneten Mittel-Kombinationen (policy mix).

(2.1) Mittel-Kombinationen

Als erste Mittel-Kombination wird die **Geld- und Fiskalpolitik** betrachtet. Diese Kombination kann bei festen und bei flexiblen Wechselkursen eingesetzt werden. Abbildung 7.12 veranschaulicht diese Politikmaßnahmen.

Die Ausgangssituation entspricht Punkt A. Da die ZG-Kurve von den getroffenen Maßnahmen nicht berührt wird, ist der Schnittpunkt zwischen der ZG_0- und der S-Kurve die anzustrebende Gleichgewichtssituation. Dieser Punkt lässt sich realisieren bei

- hoher Kapitalmobilität (Teil (a)) durch expansive Fiskalpolitik und expansive Geldpolitik;
- niedriger Kapitalmobilität (Teil (b)) durch expansive Fiskalpolitik und kontraktive Geldpolitik.

---

[1] Der Kapitalverkehrsbilanzüberschuss infolge gestiegener Zinsen ist größer als das Leistungsbilanzdefizit aufgrund höheren Volkseinkommens.

[2] Bei vollkommener Kapitalmobilität ist die Fiskalpolitik unwirksam.

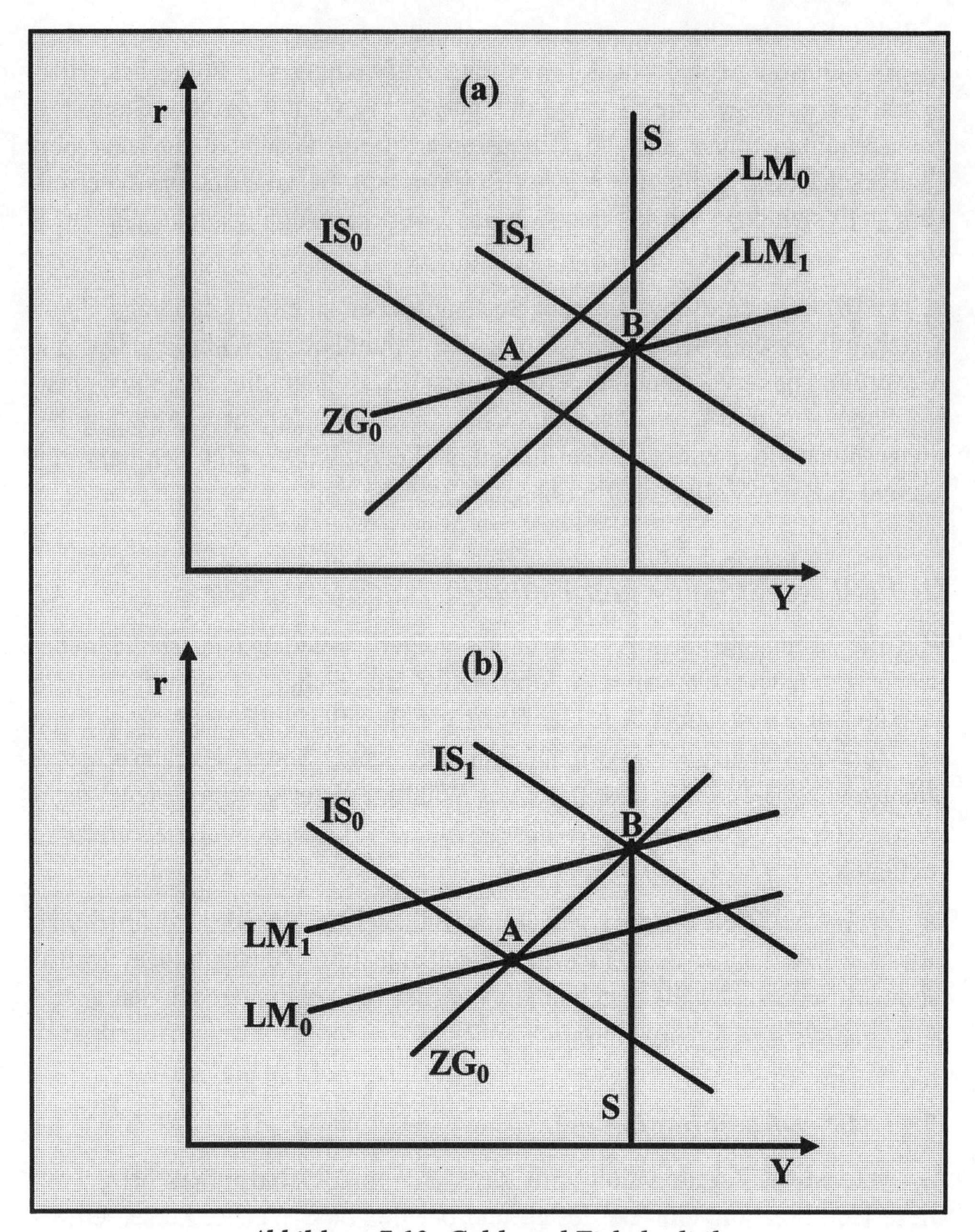

Abbildung 7.12: Geld- und Fiskalpolitik

Bei festen Wechselkursen besteht eine weitere Möglichkeit, die angestrebten Ziele zu verwirklichen, in einer Kombination aus **Geld- und Wechselkurspolitik**. Dieser Fall ist in Abbildung 7.13 veranschaulicht.

Die Ausgangssituation entspricht Punkt A. Unabhängig von der Kapitalmobilität ist die inländische Währung so lange abzuwerten, bis sich die IS- und die ZG-Kurve auf der S-Kurve schneiden (Punkt B). Durch expansive Geldpolitik ist sicherzustellen, dass auch die LM-Kurve durch diesen Punkt verläuft.[1]

---

[1] Die letzte Möglichkeit besteht in einer Kombination aus **Fiskal- und Wechselkurspolitik**: Expansive Fiskalpolitik ist bei hoher Kapitalmobilität durch eine Aufwertung, bei niedriger Kapitalmobilität durch eine Abwertung zu ergänzen.

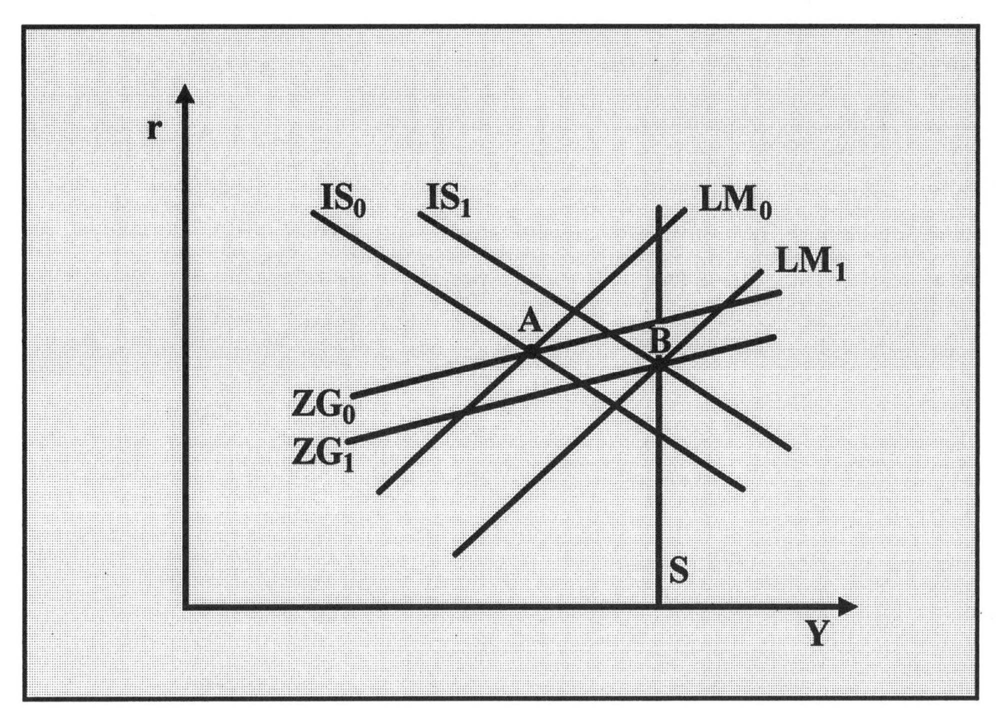

Abbildung 7.13: Geld- und Wechselkurspolitik

(2.2) Das Zuordnungsproblem

Vorangehend wurde unterstellt, dass nur ein Entscheidungsträger bei vollkommener Information den Mitteleinsatz festlegt. Werden diese Annahmen aufgegeben, so stellt sich die Frage, welches Instrument im Hinblick auf welches Ziel einzusetzen ist, das sog. Zuordnungsproblem (assignment problem). Dieses Problem wird nachfolgend am Beispiel der Geld- und Fiskalpolitik bei hoher Kapitalmobilität diskutiert.

Nach dem sog. **Mundell'schen Prinzip** ist ein Instrument im Hinblick auf das Ziel einzusetzen, auf das es den größten Einfluss hat. Eine derartige Zuordnung ist erforderlich, da im umgekehrten Fall möglicherweise ein binnen- und außenwirtschaftliches Gleichgewicht nicht erreicht wird. Die traditionelle Zuordnung ist die, dass die Fiskalpolitik auf das binnenwirtschaftliche, die Geldpolitik auf das außenwirtschaftliche Ziel ausgerichtet wird: Die Fiskalpolitik wirkt über die Staatsausgaben direkt, eine Geldpolitik über induzierte Investitionen nur indirekt auf das binnenwirtschaftliche Ziel. Umgekehrt sind die Effekte der Geldpolitik (bspw. steigendes Einkommen bei sinkenden Zinsen) gleichgerichtet in Bezug auf das außenwirtschaftliche Ziel, während die Effekte der Fiskalpolitik (bspw. steigendes Einkommen bei steigenden Zinsen) entgegengerichtet sind.

In Abbildung 7.14 ist zunächst die Ausgangssituation wiederholt (Punkt A). Das angestrebte gesamtwirtschaftliche Gleichgewicht ist in Punkt B erreicht, dem Schnittpunkt zwischen der unveränderten ZG- und der S-Kurve.

Nun existieren mit Staat und Zentralbank zwei Entscheidungsträger, die sich nach obiger Regel richten: Zunächst betreibt der Staat expansive Fiskalpolitik zur Realisierung der Vollbeschäftigung (IS_0 nach IS_1, Punkt C). Dann erhöht die Zentralbank die Geldmenge zum Ausgleich der Zahlungsbilanz

(LM_0 nach LM_1, Punkt D). Wie in Abbildung 7.14 angezeigt, führt diese Zuordnung in mehreren Schritten schließlich zum Gleichgewichtspunkt B.

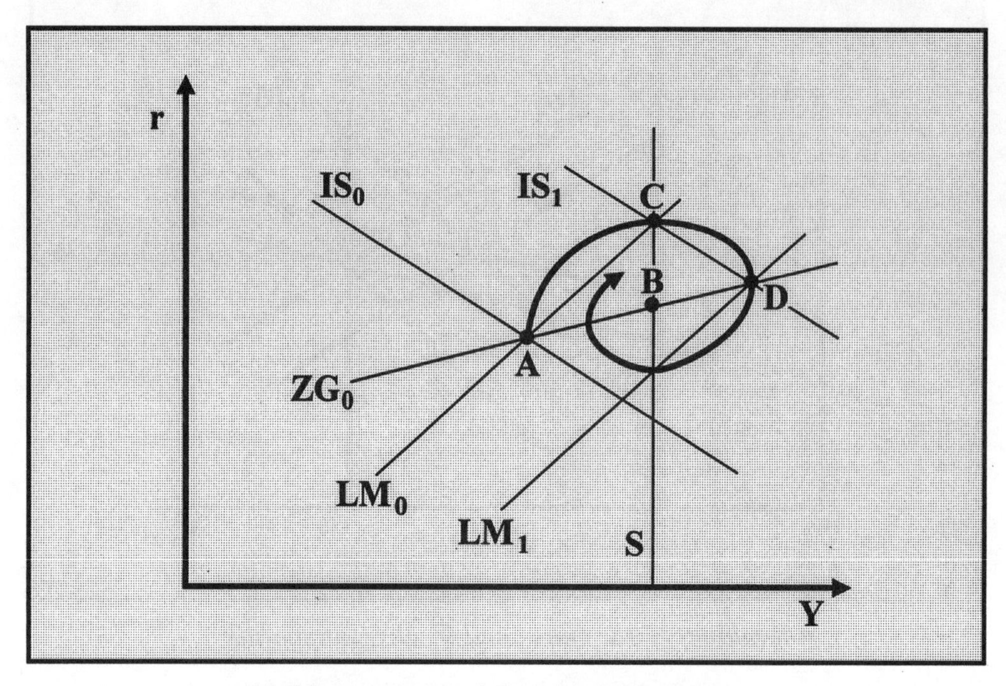

Abbildung 7.14: Stabilisierende Zuordnung

In Abbildung 7.15 ist die Zuordnung geändert. Zunächst realisiert die Zentralbank durch expansive Geldpolitik Vollbeschäftigung (LM_0 nach LM_1, Punkt C). Daran anschließend betreibt der Staat expansive Fiskalpolitik zur Wiederherstellung des außenwirtschaftlichen Gleichgewichts (IS_0 nach IS_1, Punkt D).

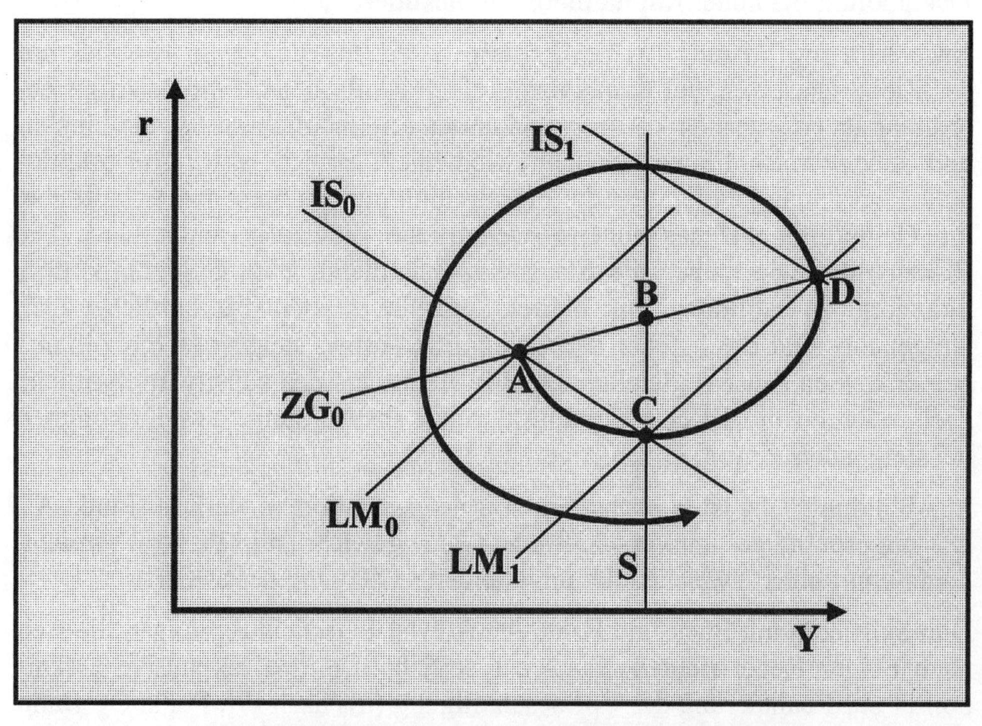

Abbildung 7.15: Destabilisierende Zuordnung

Aus dieser Abfolge wird bereits deutlich, dass diese Zuordnung destabilisierend wirkt, d. h. die Wirtschaft entfernt sich immer weiter von dem Gleichgewichtspunkt B.[1]

7.3.2 Internationaler Konjunkturzusammenhang

Abschließend wird noch der Fall betrachtet, dass das Ausland Maßnahmen ergreift, um die eigene Arbeitslosigkeit zu bekämpfen. Es stellt sich die Frage, inwieweit erfolgreiche Beschäftigungspolitik im Ausland auch positive Beschäftigungseffekte im Inland bewirkt (sog. Lokomotiv-Funktion des Auslandes).

Erfolgreiche Beschäftigungspolitik im Ausland äußert sich in einem Anstieg des ausländischen Einkommens; die Auswirkungen auf das Inland hängen wieder vom Wechselkurssystem ab.

(1) Feste Wechselkurse

Die Ausgangssituation entspricht Punkt A in Abbildung 7.16.

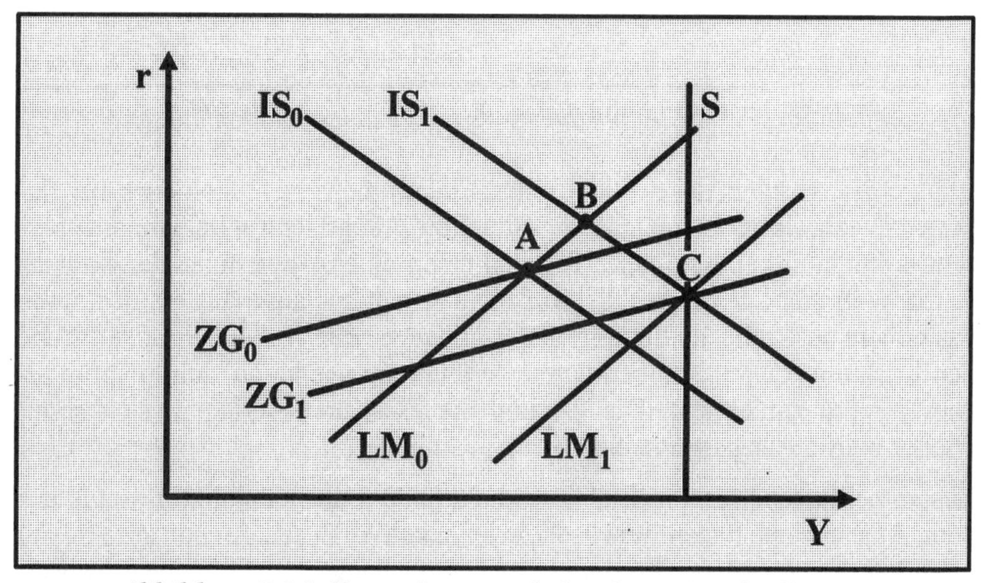

Abbildung 7.16: Konjunkturimpuls bei festen Wechselkursen

Aufgrund der Erhöhung des ausländischen Volkseinkommens steigen die inländischen Exporte, so dass sich der reale Außenbeitrag erhöht. Die IS- und die ZG-Kurve verschieben sich also nach rechts (IS_1, ZG_1). Die binnenwirtschaftliche Situation B beinhaltet einen Zahlungsbilanzüberschuss. Der einsetzende Geldmengenmechanismus verschiebt die LM-Kurve von LM_0 nach LM_1, bis zum Schnittpunkt zwischen der IS_1- und der ZG_1-Kurve (Punkt C). In Abbildung 7.16 wurde unterstellt, dass der Konjunkturimpuls

[1] Die Wirksamkeit der Geld- und Fiskalpolitik äußert sich in den Steigungen der verschiedenen Kurven. Verläuft bspw. die LM-Kurve bei hoher Kapitalmobilität relativ steil, so kehrt sich die obige Zuordnung um: Bei relativ steiler LM-Kurve hat die Fiskalpolitik nur geringe binnenwirtschaftliche Effekte, sie ist deshalb nun zur Realisierung des außenwirtschaftlichen Ziels einzusetzen.

aus dem Ausland gerade zu Vollbeschäftigung im Inland führt (Punkt C liegt auf der S-Kurve).

(2) Flexible Wechselkurse

Die Ausgangssituation wird durch Punkt A in Abbildung 7.17 dargestellt.

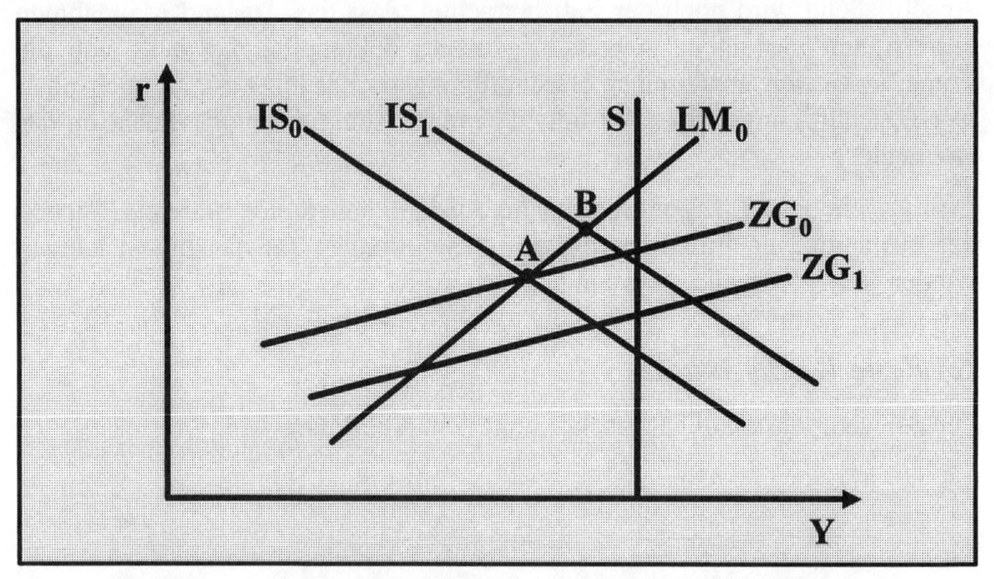

Abbildung 7.17: Konjunkturimpuls bei flexiblen Wechselkursen

Infolge des Anstiegs des ausländischen Einkommens stellt sich auch bei flexiblen Wechselkursen zunächst die Situation B ein. Der Zahlungsbilanzüberschuss hat nun bei flexiblen Wechselkursen eine Aufwertung der inländischen Währung zur Folge. Die Aufwertung hält so lange an, bis der durch das höhere ausländische Einkommen gestiegene reale Außenbeitrag aufgrund der durch die Aufwertung bedingten Verteuerung wieder auf sein ursprüngliches Niveau zurückgeht. Die IS- und die ZG-Kurve verlagern sich somit wieder in ihre Ausgangsposition.

Zusammenfassend lässt sich also festhalten, dass der Konjunkturimpuls aus dem Ausland bei festen Wechselkursen positive Beschäftigungseffekte im Inland auslöst (positiver Konjunkturzusammenhang); bei flexiblen Wechselkursen hingegen kommt es zu keiner Verbesserung der Beschäftigungssituation (flexible Wechselkurse schirmen das Inland vor Störungen aus dem Ausland ab).[1,2]

---

[1] Grundsätzlich gilt, dass bei festen Wechselkursen sowohl monetäre (P_a ändert sich) als auch reale Störungen (Y_a ändert sich) aus dem Ausland Nachfrageeffekte im Inland auslösen. Welche Auswirkungen dies im Inland hat, hängt von der Ausgangssituation ab (bei Unterbeschäftigung verbessert sich die Beschäftigungslage; bei Vollbeschäftigung kommt es zu Preissteigerungen). Flexible Wechselkurse hingegen verhindern sowohl bei monetären als auch bei realen Störungen aus dem Ausland Nachfrageeffekte im Inland und isolieren so das Inland vom Ausland.

[2] Dies gilt jedoch nur, solange diese Störungen unmittelbar Handelsbilanz-Ungleichgewichte verursachen. Kommt es aufgrund einer Störung aus dem Ausland unmittelbar zu einem Kapitalverkehrsbilanz-Ungleichgewicht, so hat dies sehr wohl Effekte im Inland. Steigt bspw. der ausländische Zinssatz an, so entsteht ein Kapitalverkehrsbilanz- und damit c. p. auch ein Zahlungsbilanzdefizit. Die hierdurch induzierte Abwertung erhöht dann die Güternachfrage im Inland.

Aufgaben zu Kapitel 7

7.1 An der Frankfurter Börse gelten folgende Wechselkurse:

$$e_1 = 0{,}85\ €/\$$$

$$e_2 = 1{,}36\ €/£;$$

an der New Yorker Börse gilt:

$$e_3 = 1{,}80\ \$/£.$$

Welche Transaktionen (sog. Kursarbitrage) werden hierdurch ausgelöst? Ist die dargestellte Situation von Dauer?

7.2 Es wurde angenommen, dass das Arbeitsangebot von der Öffnung der Volkswirtschaft unberührt bleibt. Ist dies zu erwarten? Welche Konsequenzen ergeben sich für das Güterangebot, wenn obige Annahme unzutreffend ist?

7.3 Eine Normalreaktion der Leistungsbilanz ($\partial AB^n/\partial e > 0$) ist bei preiselastischer Importnachfrage gegeben. Ist diese Bedingung notwendig? (Es gelte $P = P_a = 1$.)

7.4 Stellen Sie das binnen- und außenwirtschaftliche Gleichgewicht in einem Y/r-Diagramm dar, wenn

(a) kein internationaler Kapitalverkehr stattfindet und

(b) vollkommene Kapitalmobilität existiert.

Wie verschieben sich die beiden Kurven, wenn der Zinssatz oder das Einkommen im Ausland ansteigen?

7.5 Gegeben sei ein binnenwirtschaftliches Gleichgewicht bei einem Zahlungsbilanzdefizit. Stellen Sie den Geldmengenmechanismus in einem Y/r-Diagramm dar, wenn

(a) vollkommene Kapitalmobilität existiert,

(b) geringe Kapitalmobilität existiert,

(c) kein internationaler Kapitalverkehr stattfindet.

7.6 Gegeben sei ein binnenwirtschaftliches Gleichgewicht bei einem Zahlungsbilanzdefizit. Stellen Sie den Wechselkursmechanismus dar (Y/r-Diagramm), wenn

(a) vollkommene Kapitalmobilität existiert,

(b) geringe Kapitalmobilität existiert,

(c) kein internationaler Kapitalverkehr stattfindet.

7.7 Ausgangspunkt sei ein binnenwirtschaftliches Vollbeschäftigungsgleichgewicht bei einem Zahlungsbilanzdefizit; die internationale Kapitalmobilität sei gering. Stellen Sie die entsprechenden Anpassungsvorgänge bei festen Wechselkursen dar (Y/r-Diagramm). Wie ändert sich das Ergebnis bei hoher Kapitalmobilität?

7.8 Ausgangspunkt sei ein binnenwirtschaftliches Vollbeschäftigungsgleichgewicht bei einem Zahlungsbilanzdefizit; die internationale Kapitalmobilität sei gering. Stellen Sie die entsprechenden Anpassungsvorgänge bei flexiblen Wechselkursen dar (Y/r-Diagramm). Wie ändert sich das Ergebnis bei hoher Kapitalmobilität?

7.9 Ausgangspunkt sei Unterbeschäftigung bei ausgeglichener Zahlungsbilanz. Untersuchen Sie die Wirksamkeit expansiver Fiskalpolitik bei festen Wechselkursen sowie

(a) vollkommen unelastischem Kapitalverkehr und

(b) vollkommen elastischem Kapitalverkehr.

7.10 In der Ausgangssituation herrsche Überbeschäftigung bei ausgeglichener Zahlungsbilanz. Die Kapitalmobilität sei niedrig. Untersuchen Sie, inwieweit sich die Überbeschäftigung durch Wechselkurspolitik abbauen lässt. Wie ändert sich das Ergebnis bei hoher Kapitalmobilität?

7.11 Gegeben sei ein Unterbeschäftigungsgleichgewicht bei ausgeglichener Zahlungsbilanz. Untersuchen Sie die Wirksamkeit expansiver Geldpolitik bei flexiblen Wechselkursen sowie vollkommen elastischem und vollkommen unelastischem internationalen Kapitalverkehr.

7.12 Gegeben sei ein Unterbeschäftigungsgleichgewicht bei ausgeglichener Zahlungsbilanz. Untersuchen Sie die Wirksamkeit expansiver Fiskalpolitik bei flexiblen Wechselkursen sowie vollkommen elastischem und vollkommen unelastischem internationalen Kapitalverkehr.

7.13 Gegeben sei ein kurzfristiges Überbeschäftigungsgleichgewicht bei ausgeglichener Zahlungsbilanz. Vergleichen Sie die Wirksamkeit der Fiskalpolitik bei festen Wechselkursen, wenn die Kapitalmobilität (a) relativ hoch und (b) relativ niedrig ist.

7.14 Gegeben sei ein kurzfristiges Überbeschäftigungsgleichgewicht bei ausgeglichener Zahlungsbilanz. Vergleichen Sie die Wirksamkeit der Fiskalpolitik bei flexiblen Wechselkursen, wenn die Kapitalmobilität (a) relativ hoch und (b) relativ niedrig ist.

7.15 Ausgangspunkt sei ein binnenwirtschaftliches Vollbeschäftigungsgleichgewicht bei einem Zahlungsbilanzdefizit. Untersuchen Sie, mit welchen Mitteln der Staat Vollbeschäftigung bei einem Zahlungsbilanzgleichgewicht herstellen kann.

7.16 In der Ausgangssituation herrsche Unterbeschäftigung bei ausgeglichener Zahlungsbilanz. Untersuchen Sie, in welcher Form der Staat Fiskal- und Wechselkurspolitik betreiben muss, um gleichzeitig Vollbeschäftigung und ein außenwirtschaftliches Gleichgewicht zu realisieren. Unterscheiden Sie die Fälle hoher und niedriger Kapitalmobilität.

7.17 In der Ausgangssituation herrsche Unterbeschäftigung bei ausgeglichener Zahlungsbilanz; die Kapitalmobilität sei hoch, die IS-Kurve verlaufe deutlich flacher als die LM-Kurve. Es wird nun angenommen, dass der Staat Fiskalpolitik und die Zentralbank Geldpolitik betreibe. Der Einsatz dieser Maßnahmen erfolge nacheinander: Zunächst wird eine Maßnahme zur Realisierung des Vollbeschäftigungsziels ergriffen, dann die andere Maßnahme zur Realisierung des außenwirtschaftlichen Gleichgewichts. In welcher Reihenfolge sind Geld- und Fiskalpolitik einzusetzen, damit das gesamtwirtschaftliche Gleichgewicht erreicht wird? Interpretieren Sie das Ergebnis.

7.18 Im Inland herrsche Unterbeschäftigung bei ausgeglichener Zahlungsbilanz. Untersuchen Sie, welche Auswirkungen ein Anstieg des ausländischen Volkseinkommens und des Zinssatzes bei flexiblen Wechselkursen und vollkommener Kapitalmobilität auf die wirtschaftliche Lage des Inlandes hat.

7.19 Gegeben sei ein Vollbeschäftigungsgleichgewicht bei ausgeglichener Zahlungsbilanz. Nun steigen im Ausland das Preisniveau und der Zinssatz an. Untersuchen Sie graphisch, welche Auswirkungen sich bei festen Wechselkursen auf das inländische Preisniveau ergeben (vollkommene Kapitalmobilität).

7.20 Gegeben sei ein Vollbeschäftigungsgleichgewicht bei ausgeglichener Zahlungsbilanz. Nun steigen im Ausland das Preisniveau und der Zinssatz an. Untersuchen Sie graphisch, welche Auswirkungen sich bei flexiblen Wechselkursen auf das inländische Preisniveau ergeben (vollkommene Kapitalmobilität).

Anhang

1. Musterlösungen zu Kapitel 2

Musterlösung 2.1

Die vorgegebene Konsumfunktion lautet:

$$(1) \quad C = \bar{C} + cY^{v},$$

sie wird durch die Gerade $C(Y^{v})$ in den Abbildungen A.2.1 und A.2.2 wiedergegeben. Unter Beachtung von $Y^{v} = Y - T$ lässt sich im Fall (a) schreiben:

$$(2) \quad C = \bar{C} + c(Y - T_0) = \bar{C} - cT_0 + cY;$$

die Gleichung (2) entspricht der Geraden C(Y) in Abbildung A.2.1

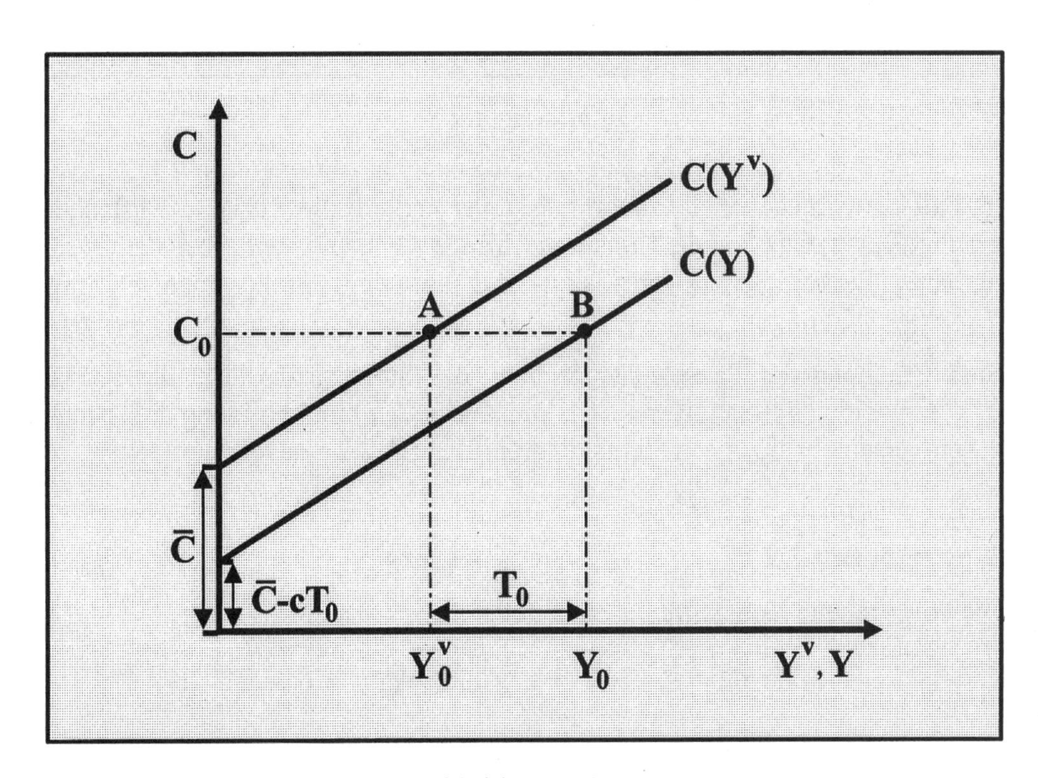

Abbildung A.2.1

Die Kurve C(Y) verläuft um die Strecke T_0 rechts von der Kurve $C(Y^{v})$: Die Konsumnachfrage C_0 bspw. ergibt sich bei einem verfügbaren Einkommen in Höhe von Y_0^{v} (Punkt A); das entsprechende Volkseinkommen (Punkt B) ist um T_0 größer als dieses verfügbare Einkommen ($Y_0 = Y_0^{v} + T_0$).

Im Fall (b) gilt:

$$(3) \quad C = \bar{C} + c(Y - tY) = \bar{C} + c(1 - t)Y;$$

diese Gleichung entspricht der Geraden C(Y) in Abbildung A.2.2.

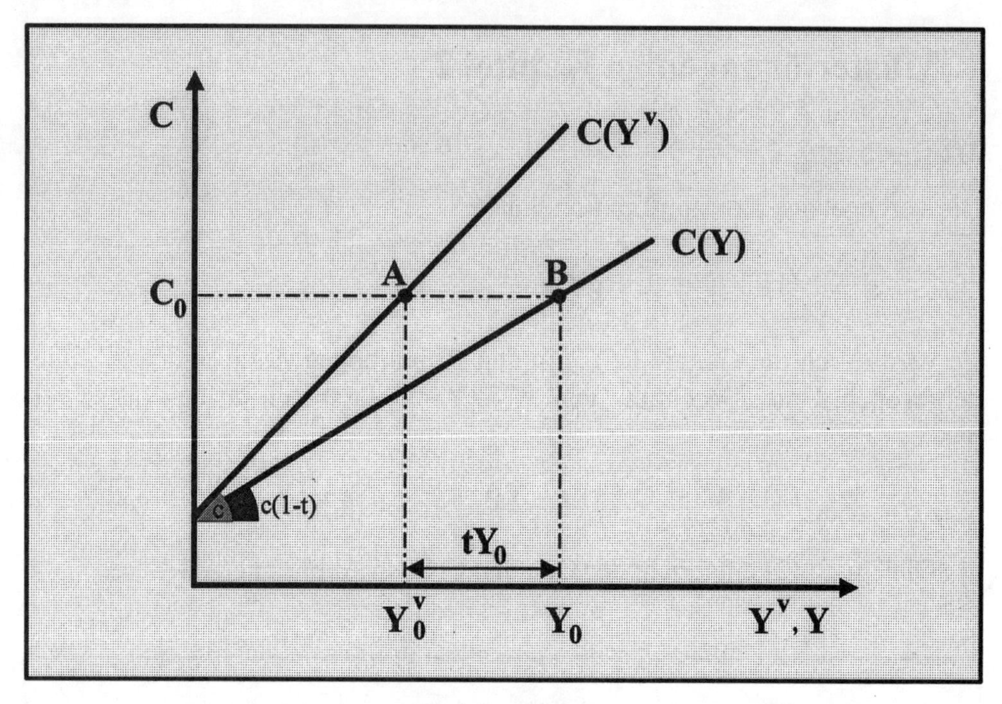

Abbildung A.2.2

Im Fall der vorgegebenen Einkommensteuer verläuft die Kurve C(Y) flacher als die Kurve $C(Y^v)$: Die Konsumnachfrage C_0 bspw. wird bei dem verfügbaren Einkommen Y_0^v realisiert, das aus dem Einkommen Y_0 mit $Y_0^v = Y_0 - tY_0$ folgt.

Eine Erhöhung der Pauschalsteuer bzw. des Steuersatzes lässt die Kurve $C(Y^v)$ in beiden Fällen unverändert. Die Kurve C(Y) in Abbildung A.2.1 hingegen verschiebt sich nach rechts; in Abbildung A.2.2 verläuft sie flacher.

Musterlösung 2.2

Die vorgegebene Konsumfunktion lautet:

$$(1) \quad C = \bar{C} + cY^v = \bar{C} + c(Y - tY) = \bar{C} + c(1 - t)Y.$$

Die marginale Konsumneigung ist definiert als dC/dY^v, sie ist also gleich c.

Aus:

$$(2) \quad Y^v = C + S$$

folgt für die Sparfunktion:

$$(3) \quad S = Y^v - \bar{C} - cY^v = -\bar{C} + sY^v; \qquad s = 1 - c.$$

Die Sparfunktion (3) ist also eine Gerade mit dem Ordinatenabschnitt $-\bar{C}$ und der Steigung s. In Abbildung A.2.3 lässt sie sich mit Hilfe einer 45°-Geraden ableiten: Der Abstand zwischen der Konsumkurve und dieser Geraden stellt die Ersparnisbildung dar.

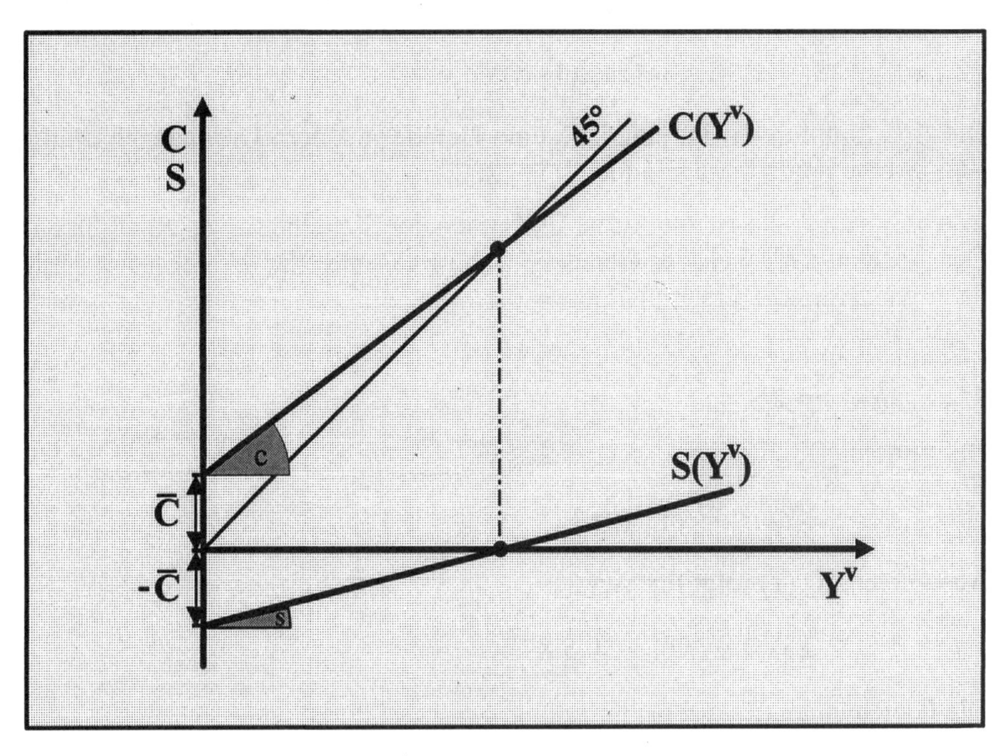

Abbildung A.2.3

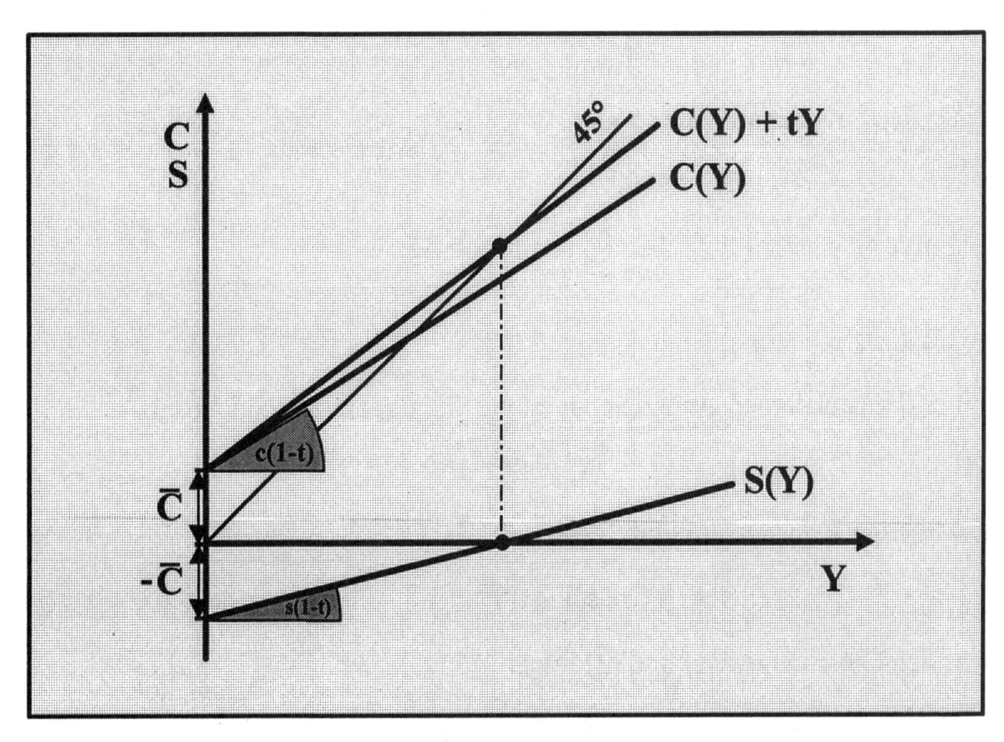

Abbildung A.2.4

Im Hinblick auf das Volkseinkommen gilt:

$$(4) \quad Y = T + C + S.$$

Hieraus ergibt sich für die Sparfunktion:

$$(5) \quad S = Y - (C(Y) + tY) = Y - \bar{C} - c(1-t)Y - tY =$$

$$= -\bar{C} + s(1-t)Y.$$

Die Sparfunktion (5) ist ebenfalls eine Gerade mit dem Ordinatenabschnitt $-\bar{C}$; ihre Steigung beträgt jedoch $s(1-t)$.

In Abbildung A.2.4 ist zur Kurve $C(Y)$ noch der Steuerbetrag tY zu addieren. Der Abstand zwischen der Geraden $C(Y) + tY$ und der 45°-Geraden stellt dann wiederum die Ersparnisbildung dar.

Musterlösung 2.3

Der optimale Kapitalstock ist erreicht bei:

$$(2) \quad \partial Y / \partial K = r.$$

Aus Gleichung (1) folgt für $A = 1$:

$$(3) \quad \partial Y / \partial K = 0{,}5\, K^{-0{,}5}.$$

Die Gleichungen (2) und (3) liefern:

$$(4) \quad K = (0{,}5/r)^2.$$

Für $r = 0{,}0625$ ergibt sich:

$$(5) \quad K_0^* = 64.$$

Sinkt der Zinssatz auf 5%, so gilt:

$$(6) \quad K_1^* = 100.$$

Die Investitionsnachfrage beträgt somit: $I = 36$.

Musterlösung 2.4

Unter der getroffenen Annahme lautet die Gleichgewichtsbedingung:

$$(1) \quad I_0 + G_0 = tY^* + S(Y^*).$$

Bei linearer Konsumfunktion ($S = Y^* - tY^* - C$):

$$(2) \quad S = -\bar{C} + s(1-t)Y^*.$$

Aus den Gleichungen (1) und (2) folgt:

$$(3) \quad Y^* = \frac{1}{1 - c(1-t)}(\bar{C} + I_0 + G_0).$$

Die Nachfrage $I_0 + G_0$ wird in Abbildung A.2.5 durch eine Parallele der Y-Achse erfasst. Die sparfunktion ist eine ansteigende Gerade mit dem Ordinantenabschnitt $-\overline{C}$ und der Steigung $s(1-t)$. Zu dieser Geraden sind die Steuern zu addieren, die mit steigendem Einkommen zunehmen. Der Abstand zwischen $S + T$ und S wird also mit steigendem Einkommen immer größer.

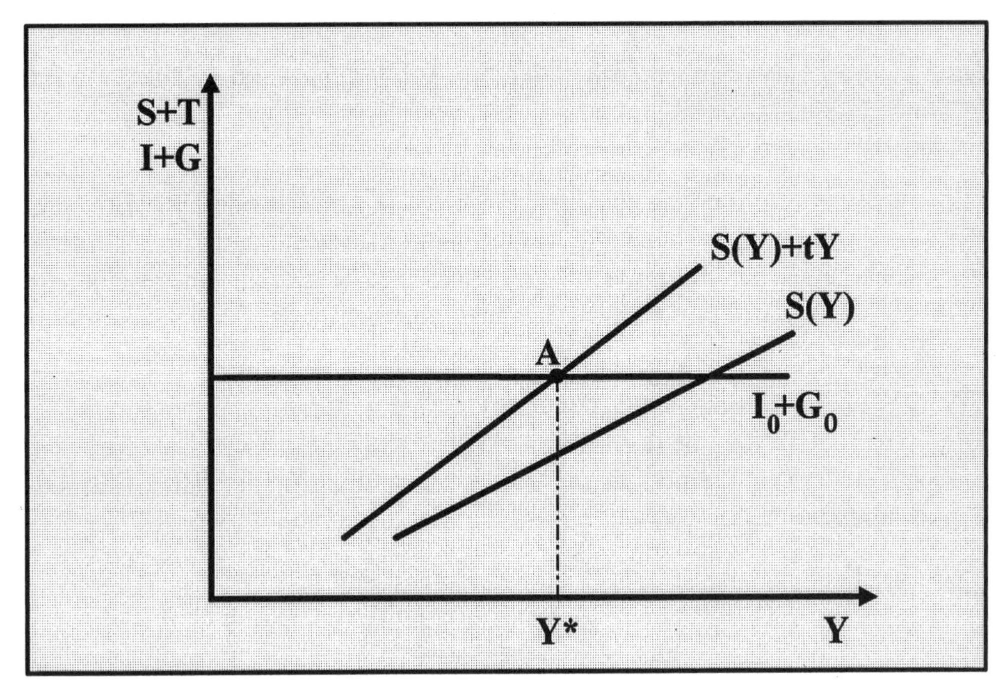

Abbildung A.2.5

Die Höhe des gleichgewichtigen Volkseinkommens entspricht Punkt A.

Musterlösung 2.5

Für das gleichgewichtige Volkseinkommen gilt im Fall einer Pauschalsteuer:

$$(1) \quad Y^* = \frac{1}{1-c}(\overline{C} - cT_0 + I_0 + G_0)$$

sowie bei einer proportionalen Einkommensteuer:

$$(2) \quad Y^* = \frac{1}{1-c(1-t)}(\overline{C} + I_0 + G_0).$$

Die Änderung des gleichgewichtigen Volkseinkommens bei einer Änderung der Staatsnachfrage lässt sich mit Hilfe des totalen Differentials der Gleichungen (1) bzw. (2) bestimmen. Unter Beachtung von $d\overline{C} = dI_0 = dT_0 = 0$ gilt:

$$(3) \quad dY^* = \frac{1}{1-c}dG = 500$$

$$(4) \quad dY^* = \frac{1}{1-c(1-t)}dG = 250.$$

Die Einkommensänderung ist also im Fall einer proportionalen Einkommensteuer geringer als bei einer Pauschalsteuer. Dies liegt daran, dass bei einer proportionalen Einkommensteuer ein Teil des zusätzlichen Einkommens an den Staat fließt und somit den Haushalten nicht für Konsumzwecke zur Verfügung steht.

Musterlösung 2.6

Die Ausgangssituation entspricht Y_0^* in Abbildung A.2.6 (Punkt A). Bei geringerer Staatsnachfrage beträgt das gleichgewichtige Einkommen Y_1^* (Punkt B); Y_0^* ist nun eine Ungleichgewichtssituation.

Die Verringerung der Staatsnachfrage erfolge in der Periode eins. In dieser Periode erwarten die Haushalte weiterhin das Einkommen Y_0^*. Aufgrund des Rückgangs der Staatsnachfrage sinkt die Nachfrage insgesamt um $dG = G_0 - G_1$ auf $Y_1^n = C(Y_0^*) + I_0 + G_1$ und damit das Volkseinkommen auf $Y_1 = Y_1^n$.

Für die zweite Periode erwarten die Haushalte nun das Einkommen Y_1. Die Güternachfrage beträgt also $Y_2^n = C(Y_1) + I_0 + G_1$; sie ist um $c(Y_0^* - Y_1) = cdG$ kleiner als in der Vorperiode. Entsprechend fällt das Einkommen auf Y_2.

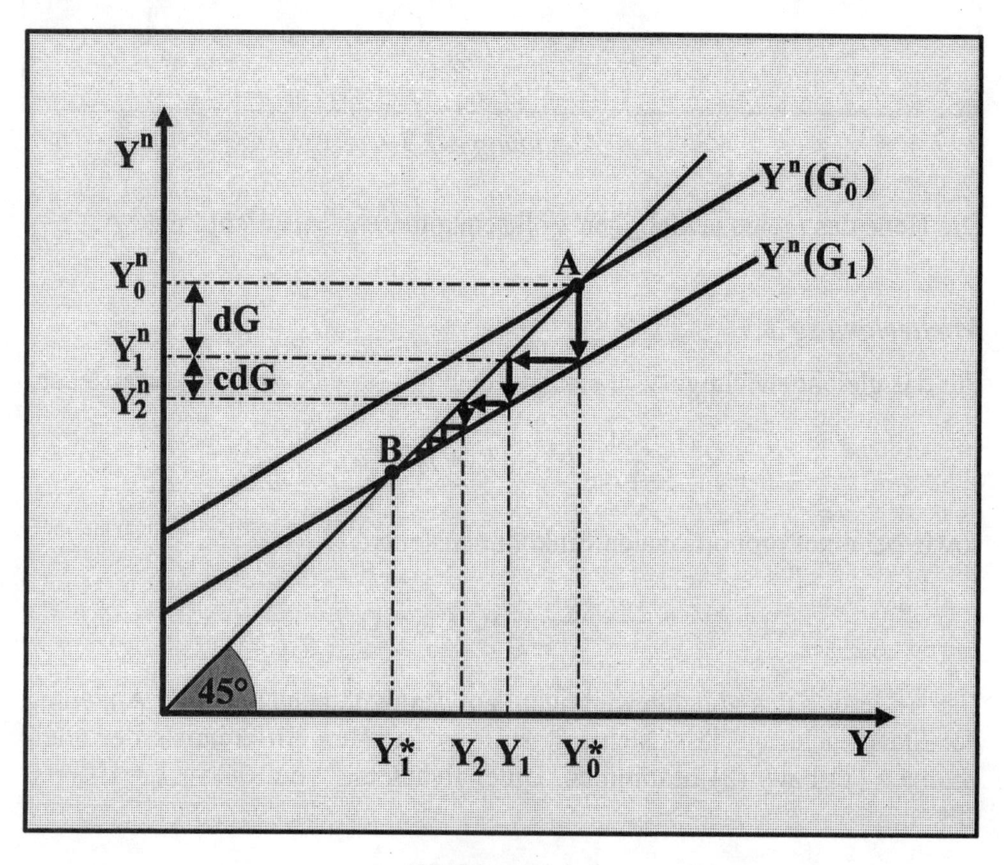

Abbildung A.2.6

Die Nachfragerückgänge werden von Periode zu Periode kleiner, d. h. das Einkommen nähert sich dem Wert Y_1^*; das Gleichgewicht ist also stabil.

Musterlösung 2.7

Die Ausgangssituation wird durch Y_0^* in den Abbildungen A.2.7 und A.2.8 dargestellt (Punkt A); es gilt $Y_0^* = \overline{C} + c(1 - t_0)Y_0^* + \overline{I} + \overline{G}$.

Die Erhöhung der Staatsausgaben von G_0 auf G_1 verschiebt die Nachfragekurve in Abbildung A.2.7 um dG nach oben zu $Y^n(t_0,G_1)$. Das neue Gleichgewicht ist bei Y_1^* erreicht (Punkt B). Der Anpassungsprozess verläuft wie folgt: Die Staatsausgabenerhöhung führt bei noch unveränderten Einkommenserwartungen der Haushalte ($Y^e = Y_0^*$) zu einem Anstieg der Güternachfrage bzw. des Volkseinkommens um dG auf Y_1^n bzw. Y_1. Erkennen die Haushalte die Einkommenssteigerung in der nächsten Periode, so passen sie ihre Konsumnachfrage hieran an, d. h. die Konsumnachfrage und damit die gesamte Güternachfrage sowie das Volkseinkommen erhöhen sich um $c(1 - t_0)dG$ auf Y_2^n bzw. Y_2 usw., bis schließlich Y_1^* erreicht ist.

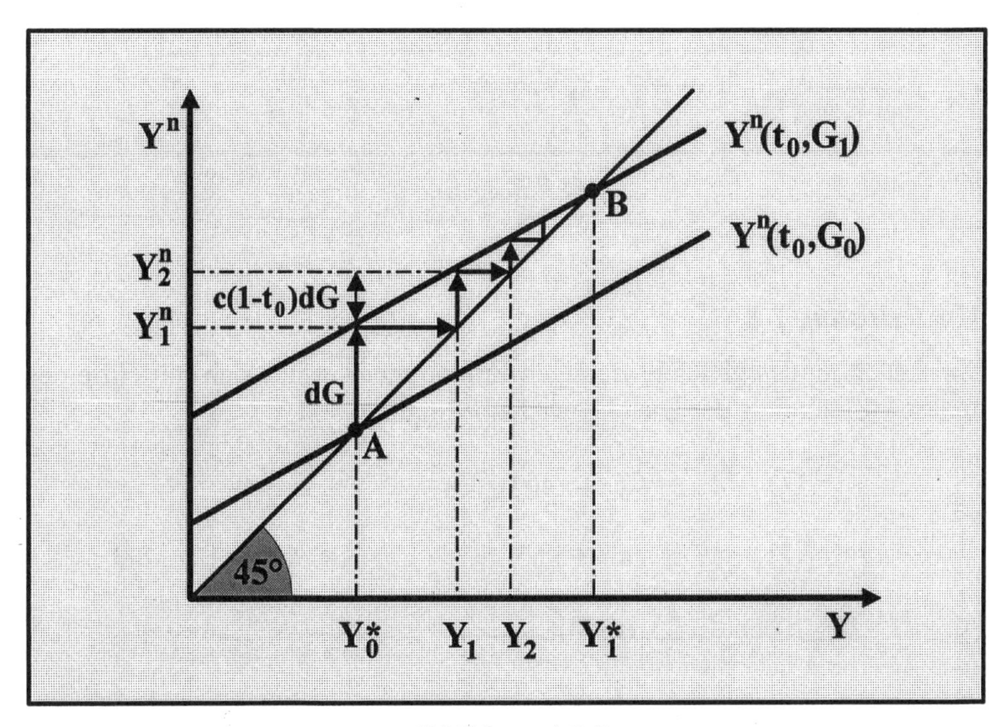

Abbildung A.2.7

Infolge der Senkung des Steuersatzes von t_0 auf t_1 dreht sich die Nachfragekurve in Abbildung A.2.8 von $Y^n(t_0,G_0)$ nach $Y^n(t_1,G_0)$. Das neue Gleichgewicht ist bei Y_1^* erreicht (Y_1^* kann in den Abbildungen A.2.7 und A.2.8 unterschiedliche Werte annehmen). Der Anpassungsprozess verläuft wie folgt:

Infolge der Senkung des Steuersatzes um dt ($dt < 0$) steigt das verfügbare Einkommen der Haushalte um $-dtY_0^* > 0$, so dass sich die Konsumnachfrage um $-cdtY_0^*$ erhöht. Bei noch unveränderten Einkommenserwartungen steigen somit Güternachfrage und Volkseinkommen um diesen Betrag auf Y_1^n bzw. Y_1. Sobald die Haushalte die Einkommenssteigerung erkennen, erhöhen sie ihre Konsumnachfrage weiter um $-c^2(1 - t_1)dtY_0^*$ usw., bis wiederum das neue Gleichgewicht Y_1^* erreicht ist.

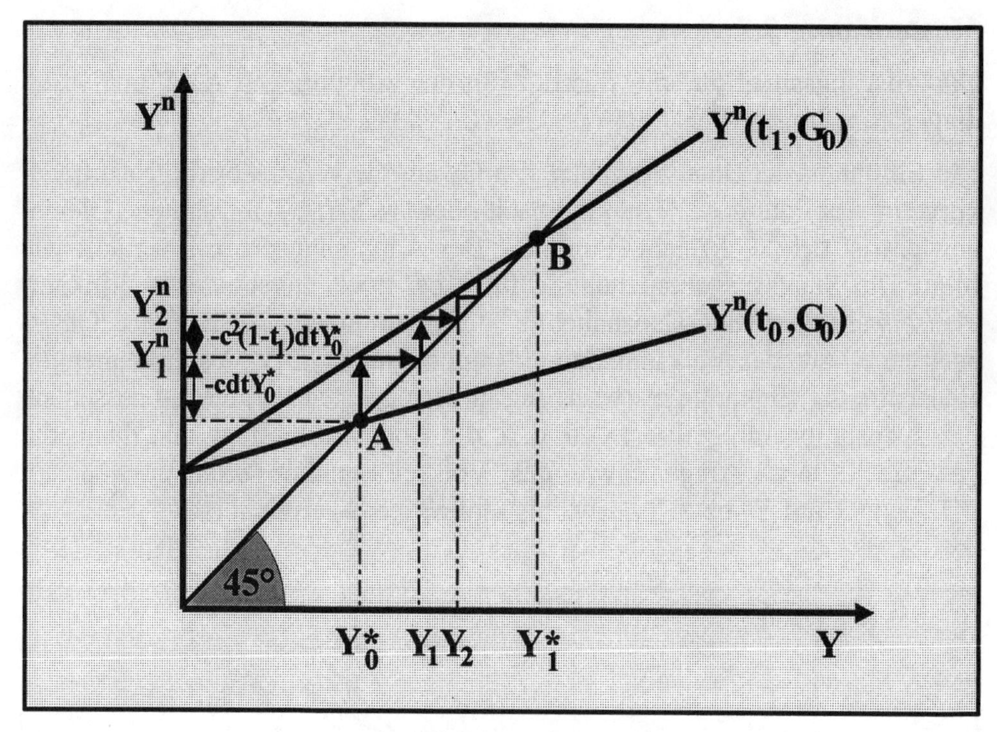

Abbildung A.2.8

Musterlösung 2.8

Die Änderung des gleichgewichtigen Einkommens ergibt sich mit Hilfe des totalen Differentials der Gleichgewichtsbedingung:

$$(1) \quad Y = C(Y) + I(r) + G_0$$

$$(2) \quad dY = cdY + idr + dG; \quad c = dC/dY, \quad i = dI/dr.$$

Für $dG = 0$ gilt bei $dr > 0$ $(i < 0)$:

$$(3) \quad dY = \frac{1}{1-c} idr < 0;$$

für $dr = 0$ folgt bei $dG < 0$:

$$(4) \quad dY = \frac{1}{1-c} dG < 0.$$

Das Ausgangsgleichgewicht ist bei r_0 und Y_0 erreicht (Punkt A in Abbildung A.2.9). Bei höherem Zinssatz sinkt die Investitions- und damit die gesamtwirtschaftliche Nachfragekurve $Y^n(r_1,G_0)$; das entsprechende Gleichgewicht ist bei r_1 und Y_1 realisiert (Punkt B). Mit A und B liegen in Teil (b) zwei Punkte einer IS-Kurve fest (IS_0).

Bei niedrigerer Staatsnachfrage (und $r = r_0$) sinkt auch die gesamtwirtschaftliche Güternachfrage, es gilt die Nachfragekurve $Y^n(r_0,G_1)$, die zur Vereinfachung der Abbildung mit der Kurve $Y^n(r_1,G_0)$ gleichgesetzt wird; das neue

Gleichgewicht ist nun in Punkt C erreicht (Y_1/r_0). Dieser Punkt liegt auf einer neuen IS-Kurve (IS_1).

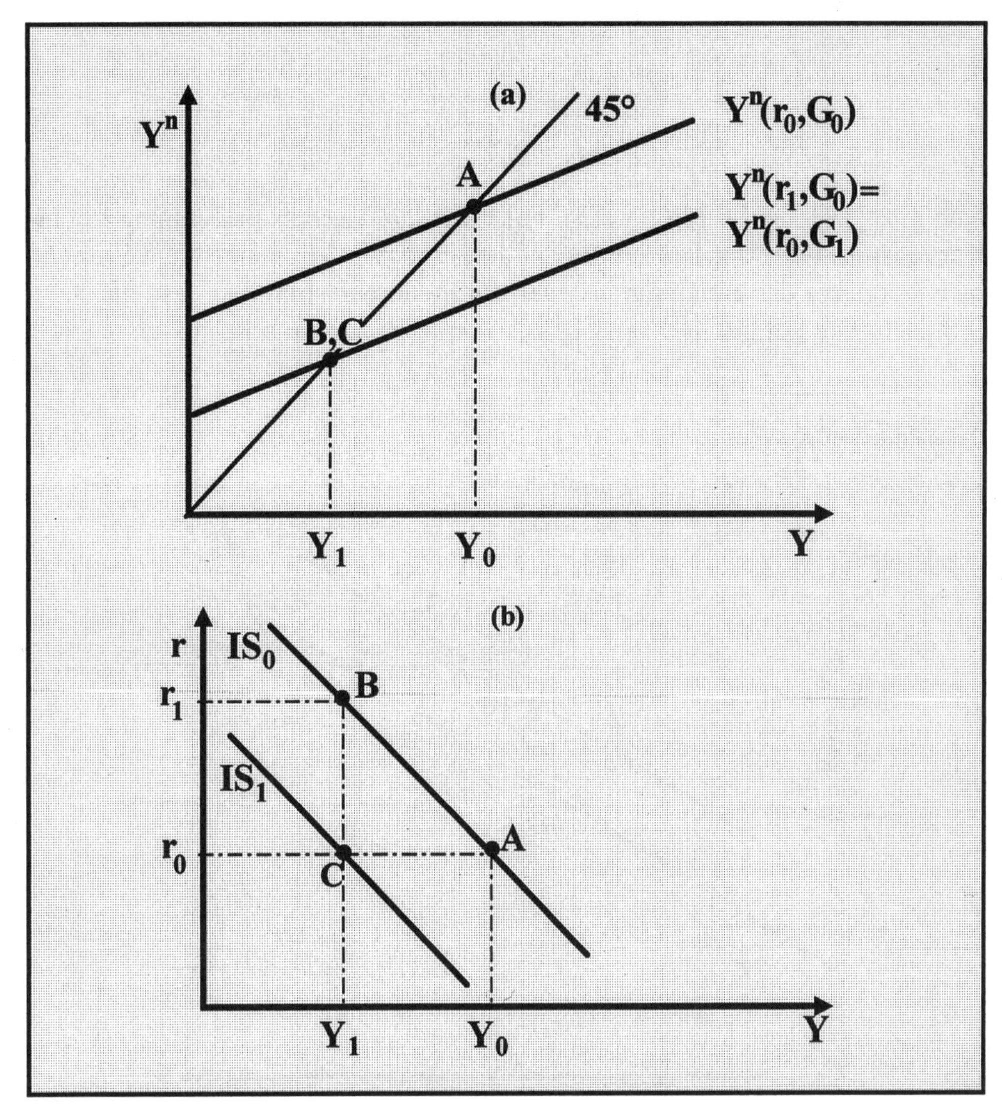

Abbildung A.2.9

Musterlösung 2.9

Die IS-Kurve repräsentiert ein Gleichgewicht auf dem Gütermarkt. Bei linearer Konsumfunktion und vorgegebenem Zinssatz gilt:

$$(1) \quad Y = \frac{1}{1-c}(\bar{C} - cT_0 + I(r_0) + G)$$

im Falle der Pauschalsteuer sowie:

$$(2) \quad Y = \frac{1}{1-c(1-t)}(\bar{C} + I(r_0) + G)$$

im Falle der Einkommensteuer.

Bei einer Veränderung der Staatsnachfrage um dG folgt unmittelbar:

$$(3) \quad dY = \frac{1}{1-c} dG$$

bzw.:

$$(4) \quad dY = \frac{1}{1-c(1-t)} dG.$$

Nun gilt $[1/(1-c)] > [1/(1-c(1-t))]$, d. h. die Rechtsverschiebung der IS-Kurve ist im Falle der Pauschalsteuer ausgeprägter: Mit steigendem Einkommen steigt bei der Einkommensteuer die Steuerbelastung, so dass die Konsumnachfrage nur geringer ansteigt im Vergleich zur Pauschalsteuer.

Musterlösung 2.10

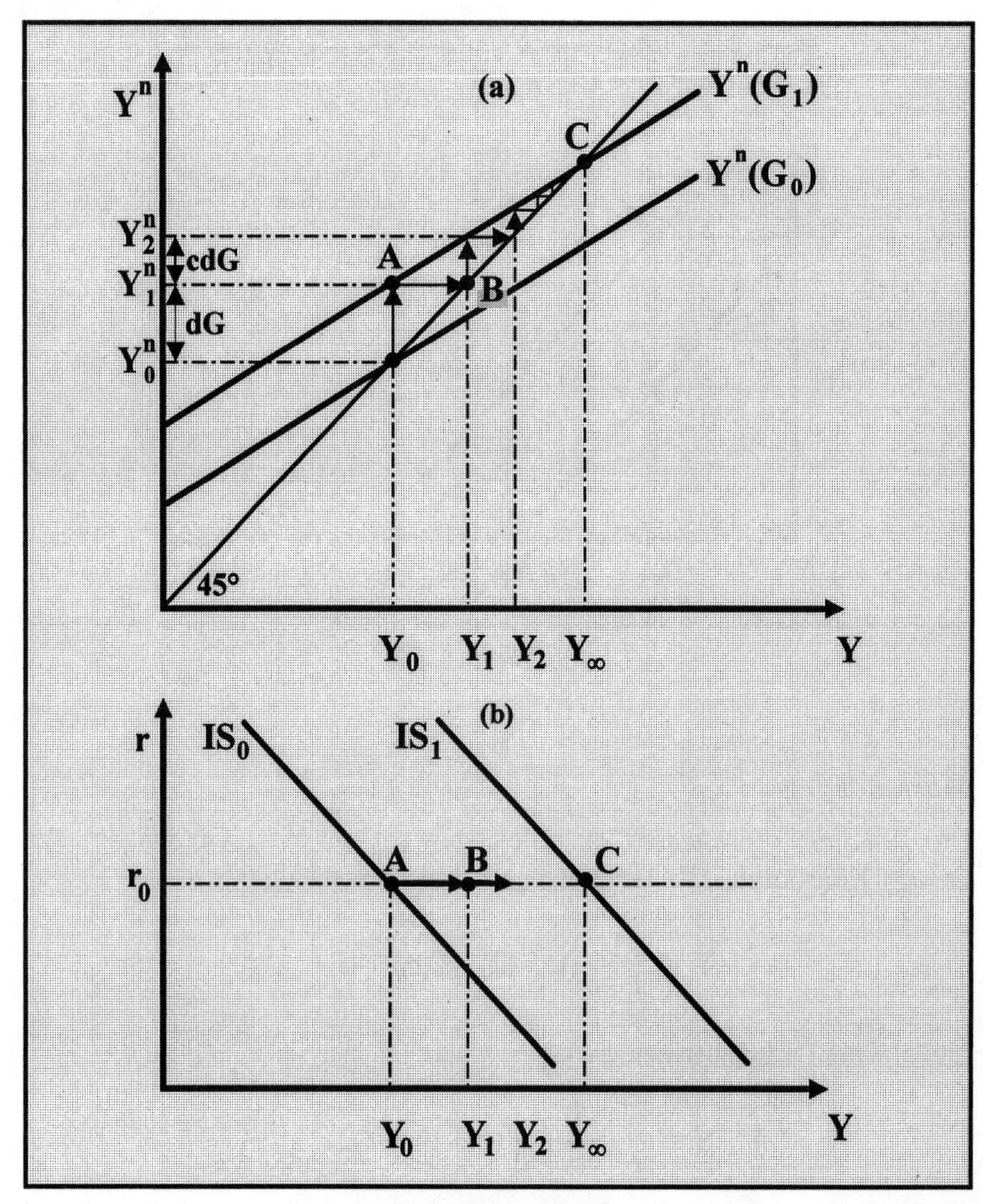

Abbildung A.2.10

Die Ausgangssituation wird in Abbildung A.2.10 durch Punkt A angezeigt. Infolge der Erhöhung der Staatsnachfrage steigt das gleichgewichtige Volkseinkommen auf Y_∞; die IS-Kurve verschiebt sich nach IS_1. Während des Anpassungsprozesses werden die Einkommen Y_1, Y_2 usw. realisiert, wie durch die eingezeichneten Pfeile angedeutet wird.

2. Musterlösungen zu Kapitel 3

Musterlösung 3.1

Die Geschäftsbank 1 schöpft Giralgeld in Höhe ihrer Überschussreserve ΔB. Der Betrag $(1-n)\Delta B$ fließt Geschäftsbank 2 zu, und zwar in Höhe von $d(1-n)\Delta B$ als Sichteinlage und in Höhe von $(1-d)(1-n)\Delta B$ als Termineinlage.

Unter Beachtung der entsprechenden Mindestreserven kann die zweite Geschäftsbank Giralgeld schöpfen in Höhe von $(1-m_S)d(1-n)\Delta B +$ $+ (1-m_T)(1-d)(1-n)\Delta B$. Hieraus lässt sich bereits die Änderung der Geldmenge bestimmen:

$$(1) \quad \Delta M = \Delta B + [(1-m_S)d(1-n) + (1-m_T)(1-d)(1-n)]\Delta B + \ldots$$

bzw.:

$$(2) \quad \Delta M = \frac{1}{1-[d(1-m_S)(1-n)+(1-d)(1-m_T)(1-n)]}\Delta B$$

oder:

$$(3) \quad \Delta M = \frac{1}{n + dm_S(1-n) + (1-d)m_T(1-n)}\Delta B.$$

Musterlösung 3.2

Die LM-Kurve gibt alle Zinssatz-Einkommens-Kombinationen an, die bei vorgegebener Geldmenge ein Gleichgewicht auf dem Geldmarkt beinhalten. Ihr ansteigender Verlauf ist darauf zurückzuführen, dass mit steigendem Zinssatz die Geldmenge umgeschichtet wird: Spekulationskasse fließt in Transaktionskasse, so dass ein höheres Einkommen finanzierbar ist.

Zur Bestimmung der Änderung des finanzierbaren Einkommens bei einer Zinsänderung von dr wird auf die Gleichung der LM-Kurve zurückgegriffen. Für $P = 1$ gilt:

$$(1) \quad M = l(Y,r).$$

Das totale Differential dieser Gleichung lautet:

$$(2) \quad dM = kdY + hdr; \qquad k = \partial l/\partial Y, \qquad h = \partial l/\partial r.$$

Bei konstanter Geldmenge ($dM = 0$) folgt hieraus:

$$(3) \quad dY = -\frac{h}{k}dr.$$

Die finanzierbare Einkommensänderung ist umso größer, je größer die Zinsreagibilität (h) der Spekulationskasse und je kleiner der Kassenhaltungskoeffizient (k) ist.

Musterlösung 3.3

Ausgangspunkt ist ein Gleichgewicht auf dem Geldmarkt (Punkt A in Abbildung A.3.1); es gilt:

$$(1) \quad M/P_0 = l(Y,r).$$

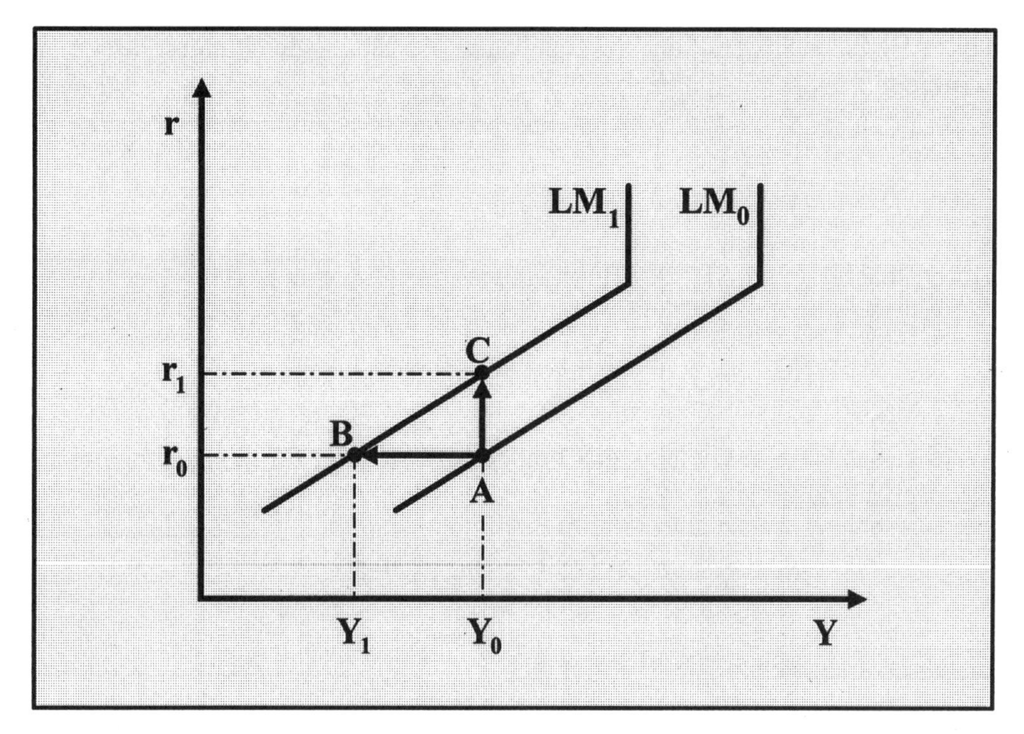

Abbildung A.3.1

Totale Differentiation liefert (bei $dM = 0$ und $P_0 = 1$):

$$(2) \quad -MdP = kdY + hdr; \qquad k = \partial l/\partial Y, \quad h = \partial l/\partial r.$$

Für $dr = 0$ ergibt sich:

$$(3) \quad dY = -\frac{MdP}{k} < 0.$$

Bei $dY = 0$ gilt:

$$(4) \quad dr = -\frac{MdP}{h} > 0.$$

Die Preiserhöhung führt zu einer Verschiebung der LM-Kurve nach links (Gleichung (3), Punkt B) bzw. nach oben (Gleichung (4), Punkt C).

Infolge der Preiserhöhung sinkt die reale Geldmenge. Das Geldangebot ist nun kleiner als die Geldnachfrage. Ein neues Gleichgewicht am Geldmarkt erfordert entweder eine niedrigere Transaktionskasse (Gleichung (3)) oder eine niedrigere Spekulationskasse (Gleichung (4)).

Musterlösung 3.4

Die Gleichgewichtsbedingungen lauten:

$$(4) \quad Y = C(Y) + I(r) + G$$

$$(5) \quad M/P = l(Y,r).$$

Unter Berücksichtigung der vorgegebenen Verhaltensgleichungen lässt sich schreiben:

$$(6) \quad Y = \bar{C} - cT + cY + \bar{I} + ir + G$$

$$(7) \quad M/P = kY + \bar{l} + hr.$$

Unter Beachtung von $P = k = 1$ ergibt sich aus Gleichung (7):

$$(8) \quad r = \frac{M - Y - \bar{l}}{h}.$$

Wird dieser Wert in Gleichung (6) eingesetzt, so folgt für das gleichgewichtige Volkseinkommen:

$$(9) \quad Y = \frac{\bar{C} - cT + \bar{I} + i(M - \bar{l})/h + G}{1 - c + i/h}.$$

Für die vorgegebenen Werte ergibt sich:

$$(10) \quad Y = 1200.$$

Wird dieser Wert in Gleichung (8) eingesetzt, so folgt:

$$(11) \quad r = 0{,}005.$$

Die Änderung des gleichgewichtigen Volkseinkommens bei einer Änderung der Staatsnachfrage beträgt:

$$(12) \quad dY = \frac{dG}{1 - c + i/h} = \frac{60}{0{,}6} = 100.$$

Die Zinsänderung ist:

$$(13) \quad dr = -\frac{dY}{h} = \frac{100}{5000} = 0{,}02.$$

Musterlösung 3.5

Die Gleichgewichtsbedingungen lauten:

$$(1) \quad Y = C(Y) + I(r) + G_0$$

$$(2) \quad M/P = l(Y,r).$$

Das totale Differential ist (bei $P = 1$):

$$(3) \quad dY = cdY + idr; \qquad c = dC/dY, \quad i = dI/dr$$

$$(4) \quad -MdP = kdY + hdr; \qquad k = \partial l/\partial Y, \quad h = \partial l/\partial r.$$

Die Gleichungen (3) und (4) liefern:

$$(5) \quad dY = \frac{1}{1 - c + i\frac{k}{h}}\left(-i\frac{MdP}{h}\right) < 0.$$

Das Ausgangsgleichgewicht wird in Abbildung A.3.2 durch Punkt A angegeben.

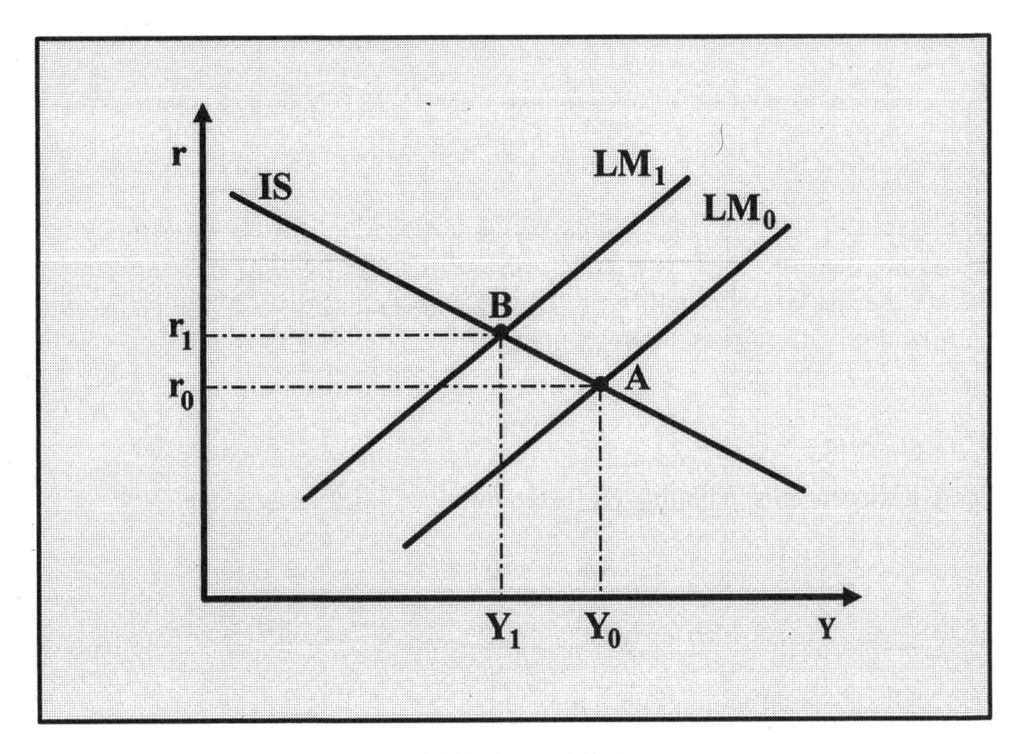

Abbildung A.3.2

Infolge der Preiserhöhung verschiebt sich die LM-Kurve von LM_0 nach LM_1. Das neue Gleichgewicht entspricht Punkt B.

Musterlösung 3.6

Die Ausgangssituation entspricht Punkt A in Abbildung A.3.3. In Punkt A übersteigt die Geldnachfrage das Geldangebot, der Zinssatz steigt auf $\overline{r}$. Laut Annahme sinkt daraufhin das Einkommen auf $\underline{Y}$. Im nächsten Schritt fällt der Zinssatz auf $\underline{r}$, worauf das Einkommen anschließend auf $\overline{Y}$ ansteigt, usw. Wie ersichtlich, wird das neue Gleichgewicht B schrittweise erreicht, das Gleichgewicht ist stabil.

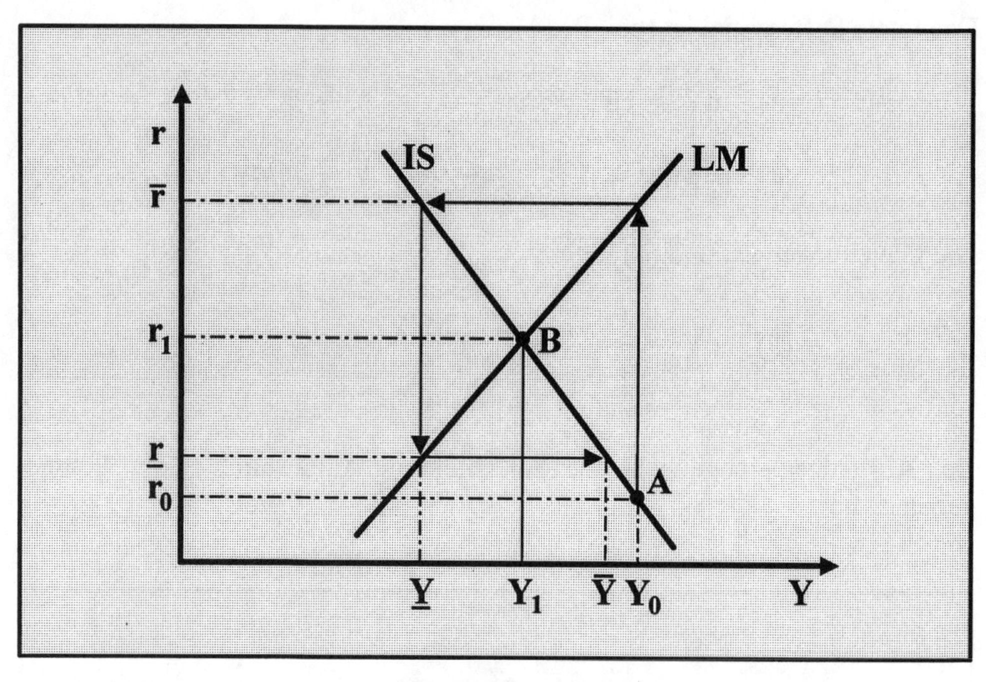

Abbildung A.3.3

Die Stabilität des Gleichgewichts hängt unter den getroffenen Annahmen davon ab, dass die IS-Kurve steiler verläuft als die LM-Kurve. Andernfalls wären die Reaktionen auf eine Ungleichgewichtssituation zu stark und würden vom Gleichgewicht wegführen.

Musterlösung 3.7

Die Gleichgewichtsbedingungen lauten nun:

$$(1) \quad Y = C(Y,M/P) + I(r) + G$$

$$(2) \quad M/P = l(Y,r).$$

Das totale Differential ist ($P_0 = 1$):

$$(3) \quad dY = cdY + m \cdot dPM + idr; \qquad m = \partial C/\partial(M/P) > 0$$

$$(4) \quad -dPM = kdY + hdr.$$

Aus den Gleichungen (3) und (4) folgt:

$$(5) \quad dY = \frac{1}{1 - c + i\frac{k}{h}}\left(mdP - i\frac{dPM}{h}\right).$$

Wie ein Vergleich mit Gleichung (5) der Musterlösung 3.5 zeigt, ist nun die Auswirkung einer Preisänderung auf das Einkommen ausgeprägter, da die Konsumnachfrage im vorliegenden Fall auch infolge der Erhöhung des Realvermögens ansteigt. Graphisch äußert sich dies darin, dass sich neben der LM- auch die IS-Kurve nach rechts verschiebt.

Musterlösung 3.8

Die D-Kurve gibt für jedes Preisniveau die gleichgewichtige und finanzierbare Güternachfrage an. Gleichgewichtig bedeutet, dass die Haushalte korrekte Einkommenserwartungen haben; finanzierbar bedeutet, dass bei Gleichgewicht auf dem Geldmarkt genügend Transaktionskasse zur Bewältigung der gesamtwirtschaftlichen Umsätze vorhanden ist.

Der fallende Verlauf der D-Kurve lässt sich wie folgt erklären: Mit sinkendem Preisniveau steigt die reale Geldmenge an. Hierdurch kommt es zu Zinssenkungen, wodurch die zinsabhängigen Investitionen zunehmen, was sich über den Multiplikatorprozess (Erhöhung der Konsumnachfrage) auf die Höhe der Güternachfrage auswirkt.

Musterlösung 3.9

Bei einer Preissenkung verschieben sich sowohl die LM- als auch die IS-Kurve nach rechts. Damit liegt der Schnittpunkt zwischen den verschobenen Kurven nun bei einem höheren Einkommen. Die D-Kurve verläuft also flacher.

Musterlösung 3.10

Bei zinsunabhängigen Investitionen verläuft die IS-Kurve senkrecht (Abbildung A.3.4 (a)); Verschiebungen der LM-Kurve aufgrund von Preisänderun-

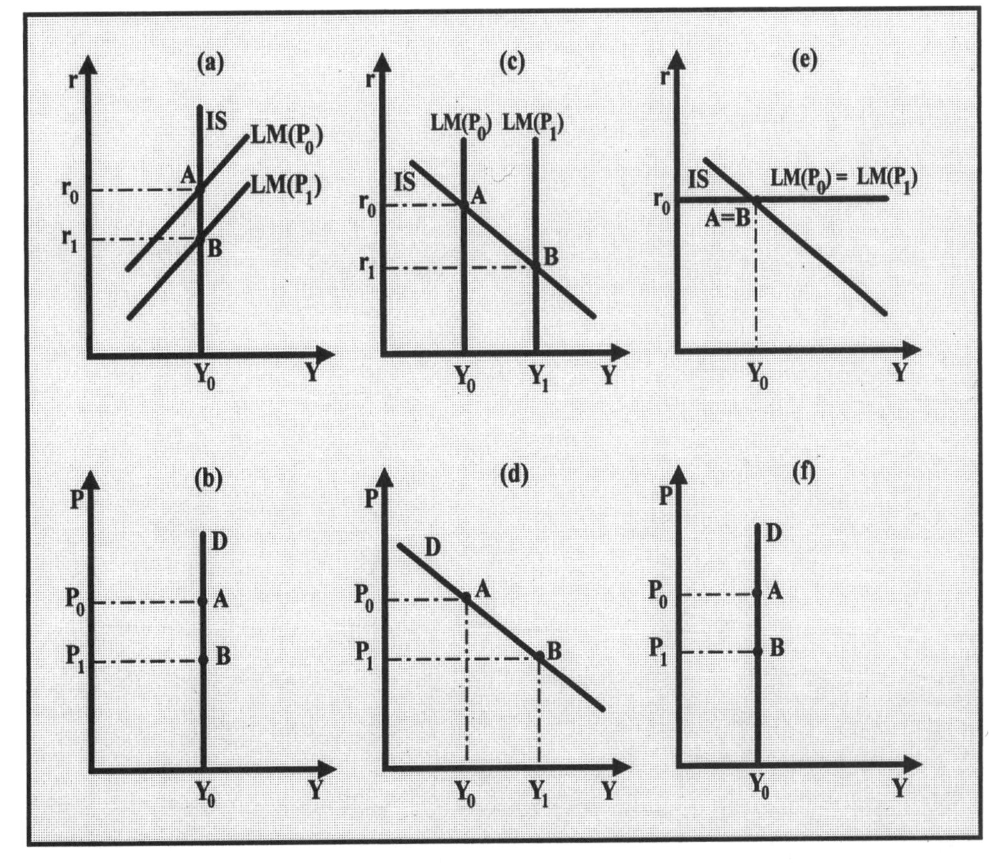

Abbildung A.3.4

gen haben keinen Einfluss auf die gleichgewichtige und finanzierbare Güternachfrage, die D-Kurve verläuft senkrecht (Teil (b)).

Bei zinsunabhängiger Geldnachfrage verläuft die LM-Kurve senkrecht (Teil (c)). Verschiebungen der LM-Kurve aufgrund von Preisänderungen haben Einfluss auf die gleichgewichtige und finanzierbare Güternachfrage, die D-Kurve verläuft fallend (Teil (d)).

Bei vollkommen zinselastischer Geldnachfrage verläuft die LM-Kurve waagerecht (Teil (e)). Preisänderungen haben keine Auswirkungen auf diese Kurve. Damit bleibt das Einkommen Y_0 erhalten; die D-Kurve verläuft senkrecht (Teil (f)).

Gilt $C = C(Y, M/P)$, so verschiebt sich mit sinkendem Preisniveau die IS-Kurve nach rechts. Dann verläuft die D-Kurve in den Fällen (b) und (f) fallend, im Fall (d) flacher.

3. Musterlösungen zu Kapitel 4

Musterlösung 4.1

Das Ausgangsgleichgewicht auf dem Arbeitsmarkt entspricht Punkt A in Abbildung A.4.1. Im A/W-Diagramm ist P ein Lageparameter der Arbeitsangebots- und der Arbeitsnachfragekurve.

Infolge einer Preissenkung verschieben sich die Arbeitsangebots- und die Arbeitsnachfragekurve in Teil (a) der Abbildung A.4.1 nach unten; in Teil (b) steigt der Reallohn auf w_1. Es entsteht ein Angebotsüberschuss in Höhe $\bar{A} - \underline{A}$. Dies führt zu einer Senkung des Nominallohns auf W_1, wodurch der Reallohn wieder auf w_0 zurückgeht.

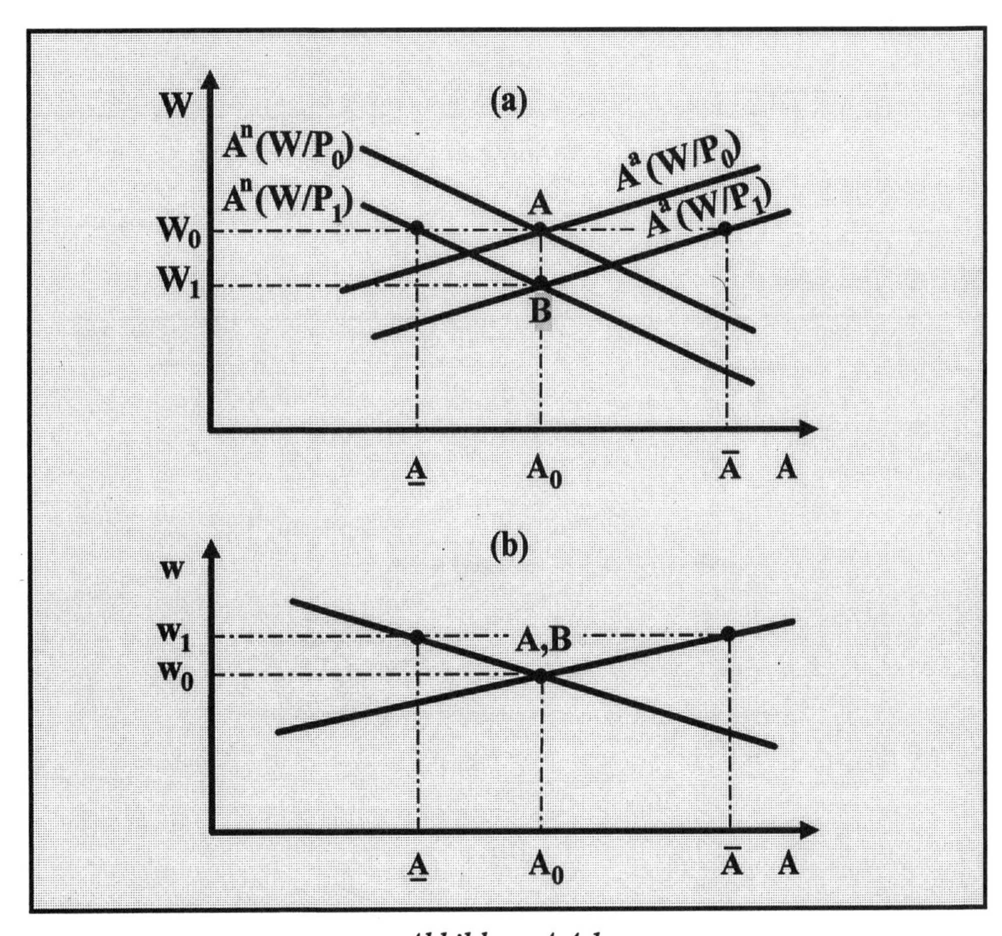

Abbildung A.4.1

Musterlösung 4.2

Zunächst gelten die Kurven $A^a(W/P_0)$ und $A^n(W/P_0)$; das Gleichgewicht entspricht Punkt A.

Eine bspw. Verdoppelung des Preises lässt die Schnittpunkte der beiden Kurven mit der Abszisse unverändert; der gleichgewichtige Nominallohn steigt auf den doppelten Wert W_1 ($= 2W_0$). Damit drehen sich die beiden Kurven nach oben.

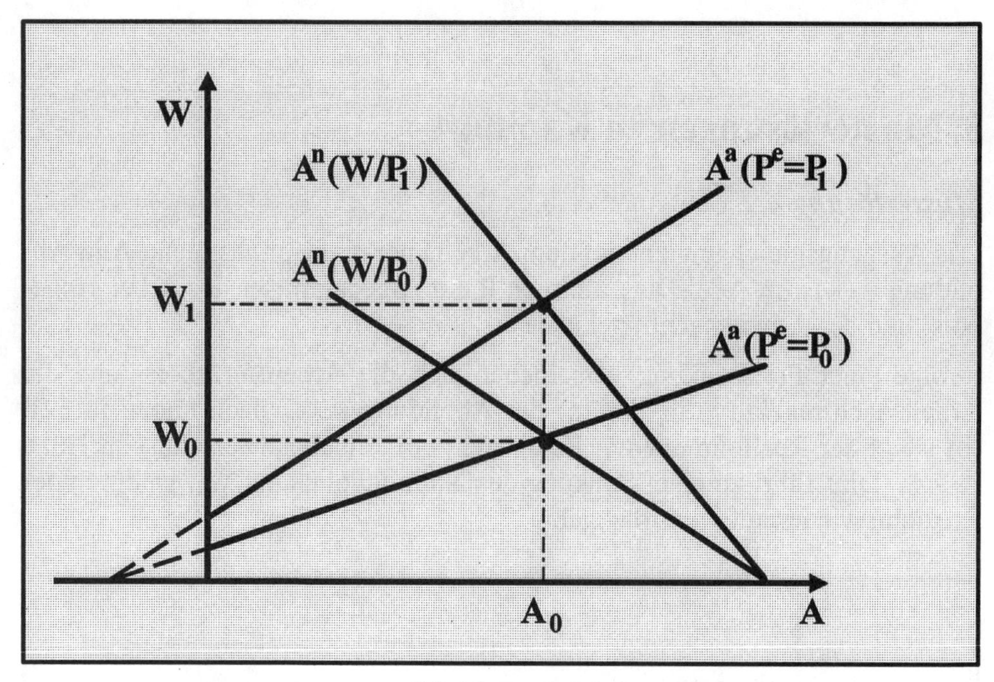

Abbildung A.4.2

Musterlösung 4.3

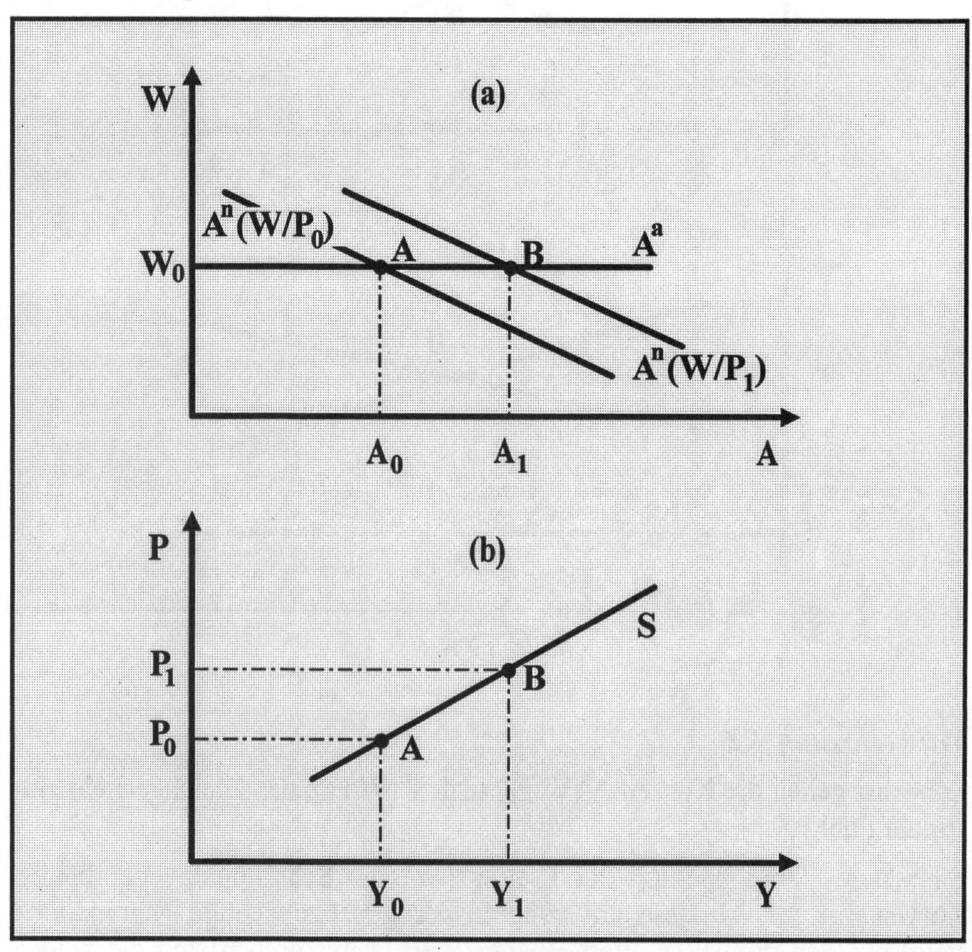

Abbildung A.4.3

In Teil (a) der Abbildung A.4.3 ist der Fall eines vollkommen elastischen Arbeitsangebots durch die waagerechte A^a-Kurve dargestellt. Gilt das Preisniveau P_0, so ist das Gleichgewicht auf dem Arbeitsmarkt bei A_0 erreicht; dem entspricht ein Güterangebot von Y_0 (Skalierung der A-Achse beachten).

Zur Bestimmung des Verlaufs der S-Kurve ist das Preisniveau zu variieren. Variationen des Preisniveaus verschieben die A^n-Kurve. Bei vollkommen elastischem Arbeitsangebot verändert sich hierdurch die Höhe der Beschäftigung: Bei Preissteigerungen erhöht sich die Beschäftigung und umgekehrt; die S-Kurve verläuft also ansteigend (Teil (b)).

Musterlösung 4.4

In Teil (a) der Abbildung A.4.4 ist der Fall eines vollkommen unelastischen Arbeitsangebots durch die senkrechte A^a-Kurve dargestellt. Gilt das Preisniveau P_0, so ist das Gleichgewicht auf dem Arbeitsmarkt bei A_0 erreicht; dem entspricht ein Güterangebot von Y_0 (Skalierung der A-Achse beachten).

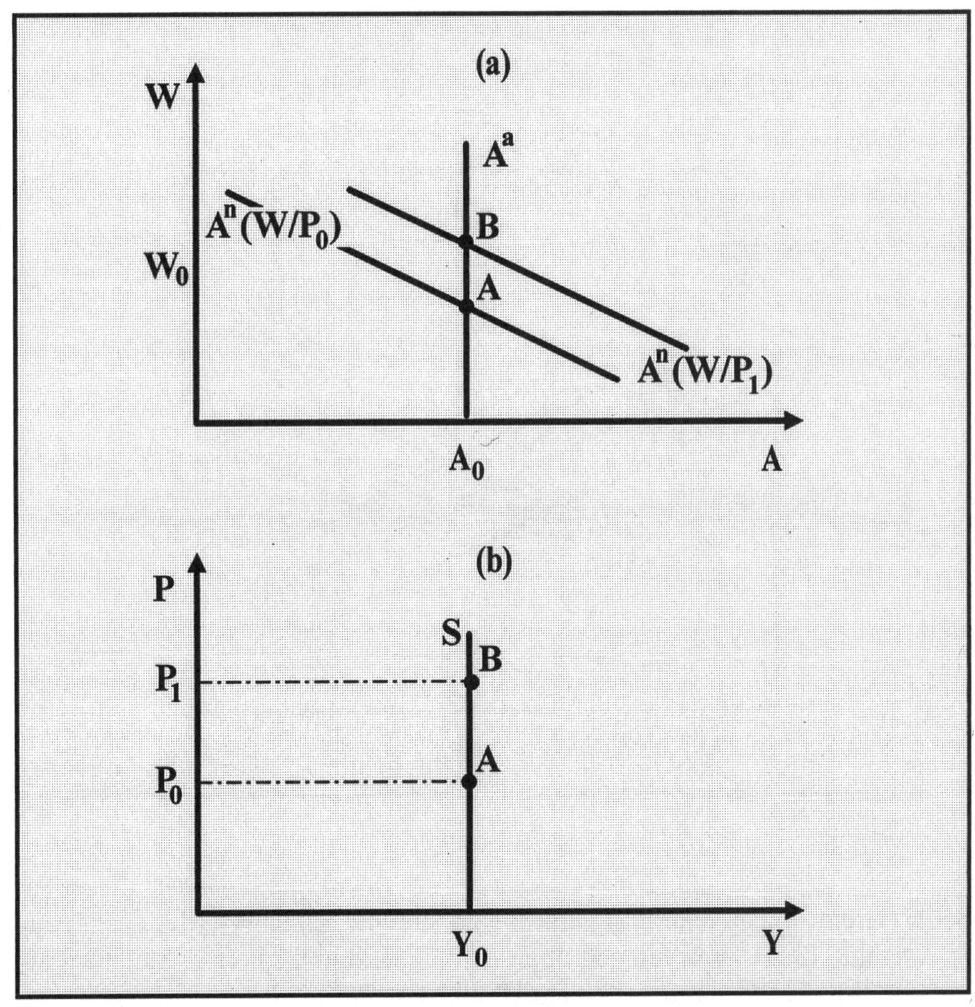

Abbildung A.4.4

Zur Bestimmung des Verlaufs der S-Kurve ist das Preisniveau zu variieren. Variationen des Preisniveaus verschieben die A^n-Kurve. Bei vollkommen unelastischem Arbeitsangebot bleibt die Beschäftigung unverändert; die S-Kurve verläuft senkrecht.

Musterlösung 4.5

Die Ausgangssituation entspricht Punkt A in Abbildung A.4.5. Der gleichgewichtige Reallohn beträgt W_0/P_0; die Beschäftigung ist A_0, die unter Berücksichtigung der Produktionsfunktion zu einem Güterangebot von Y_0 führt.

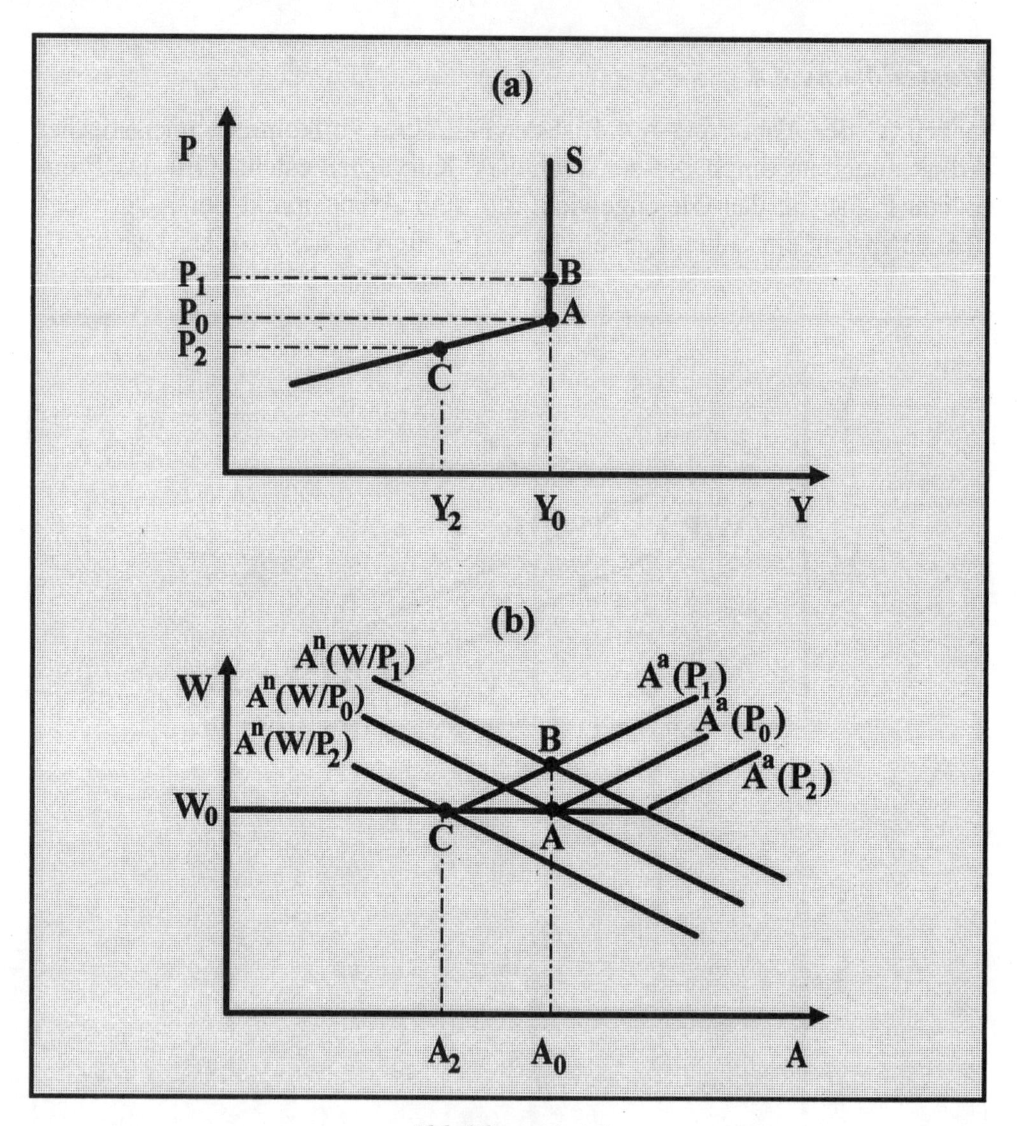

Abbildung A.4.5

Bei höherem Preisniveau (P_1) verschieben sich die A^a-Kurve (der ansteigende Ast) und die A^n-Kurve nach oben. Der Schnittpunkt bei A_0 bleibt erhalten; die S-Kurve verläuft senkrecht (Punkt B). Bei niedrigerem Preisniveau (P_2) verschieben sich beide Kurven nach unten, wobei der waagerechte Teil der A_a-Kurve erhalten bleibt. Die Beschäftigung sinkt entsprechend der Arbeitsnachfrage auf A_2, das Güterangebot auf Y_2 (Punkt C). Die S-Kurve verläuft im unteren Bereich ansteigend.

Musterlösung 4.6

Die Ausgangssituation wird in Abbildung A.4.6 durch Punkt A repräsentiert; das Güterangebot beträgt Y_0 (unabhängig von P), wie durch die Gerade S_0 angezeigt wird.

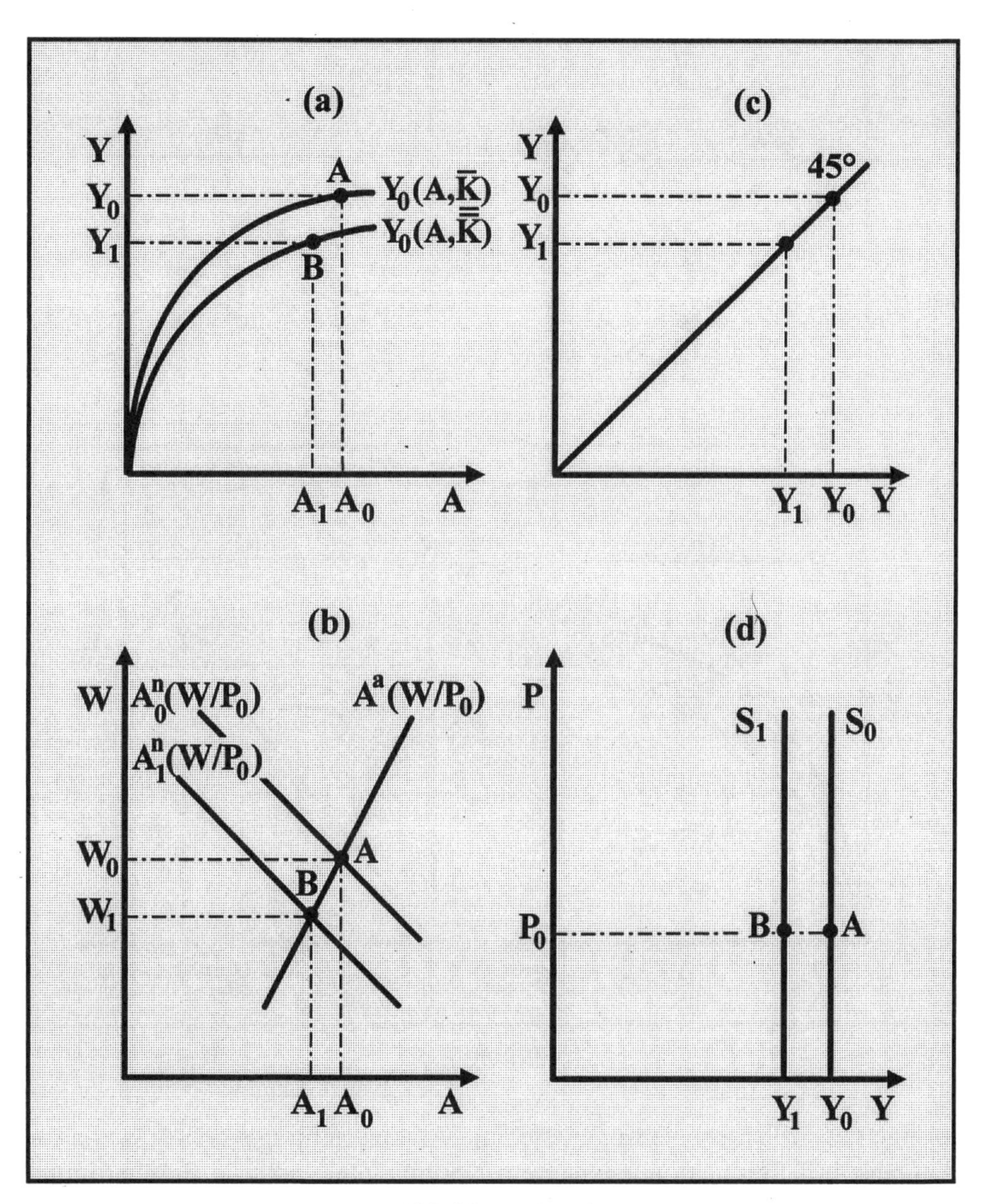

Abbildung A.4.6

Infolge des Erdbebens wird der Kapitalstock zum Teil vernichtet ($\bar{\bar{K}} < \bar{K}$); dies führt in Teil (a) zu einem flacheren Verlauf der Produktionsfunktion ($Y_0(A,\bar{\bar{K}})$). Damit sinkt auch der Grenzertrag der Arbeit, so dass sich die Arbeitsnachfragekurve in Teil (b) nach links verschiebt ($A_1^n(W/P_0)$). Infolge der geringeren Arbeitsnachfrage sinken die Beschäftigung A_1 sowie in Teil (d) das Güterangebot Y_1 (Punkt B). Dieses Güterangebot bleibt auch bei Änderungen des Preisniveaus erhalten; es ergibt sich also die neue Angebotskurve S_1.

Musterlösung 4.7

Die Ausgangssituation entspricht Punkt A in Abbildung A.4.7. Die S-Kurve verläuft im unteren Bereich ansteigend (siehe Aufgabe 4.5).

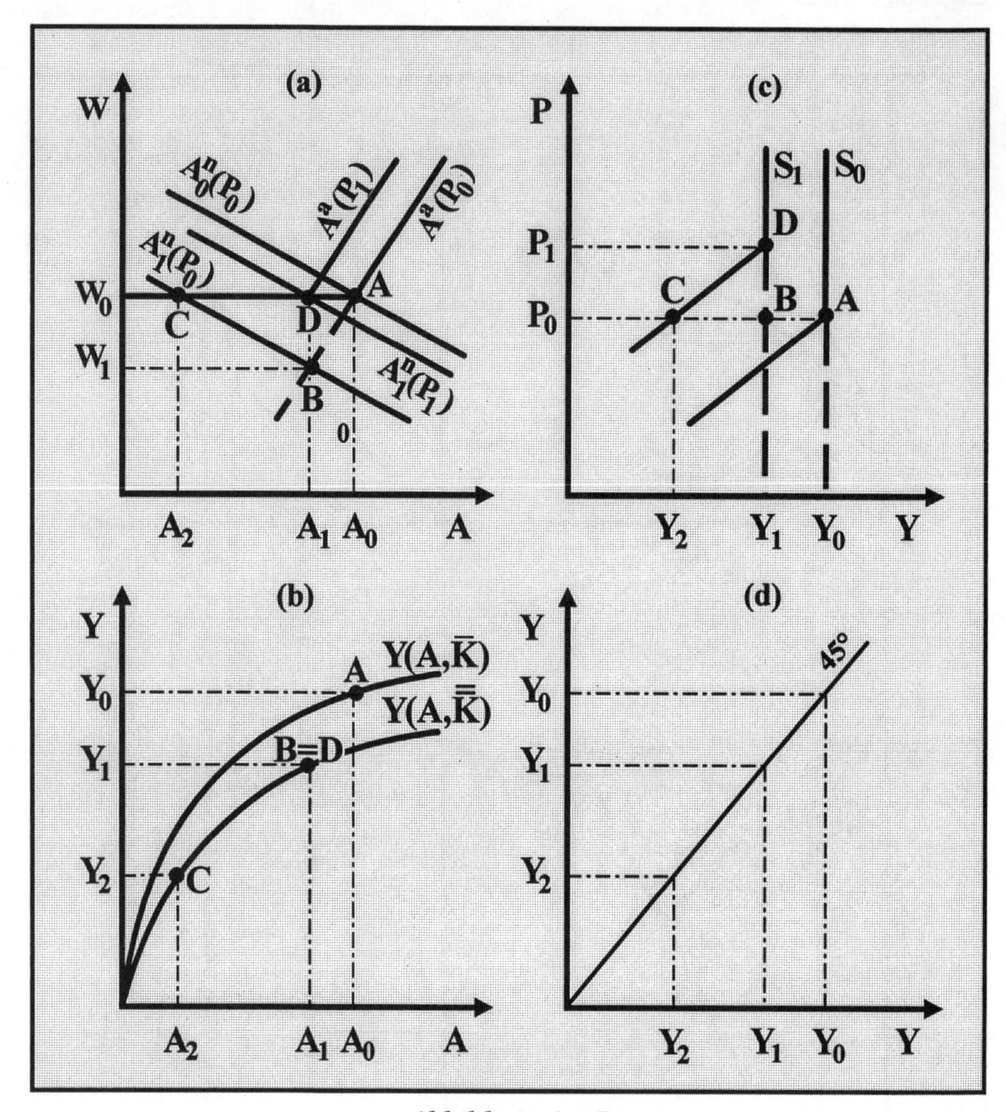

Abbildung A.4.7

Infolge des Erdbebens verringert sich die Arbeitsnachfrage auf $A_1^n(P_0)$ (siehe Aufgabe 4.6). Bei nach unten starrem Nominallohn sinkt die Beschäftigung auf A_2, das Güterangebot geht auf Y_2 zurück (Punkt C).

Sinkt das Preisniveau unter P_0, so verlagert sich die A^n-Kurve weiter nach links (die A^a-Kurve nach rechts), Beschäftigung und Güterangebot gehen noch stärker zurück. Die S-Kurve verläuft also unterhalb von Punkt C fallend.

Steigt das Preisniveau über P_0, so verschieben sich die A^n-Kurve nach rechts und die A^a-Kurve nach links. Hierbei wird zunächst die Beschäftigung weiterhin von der Arbeitsnachfrage bestimmt. Da diese bei konstantem Nominallohn (W_0) ansteigt, erhöhen sich auch Beschäftigung und Output; die S-Kurve verläuft rechts von Punkt C ansteigend.

Erreicht das Preisniveau P_1, so schneiden sich A^a- und A^n-Kurve auf der W_0-Geraden (Punkt D); es herrscht also Gleichgewicht auf dem Arbeitsmarkt (dieser Schnittpunkt liegt senkrecht über Punkt B, der sich bei flexiblen Löhnen und $P = P_0$ einstellen würde). Bei $P > P_1$ verschieben sich die A^a- und die A^n-Kurve nach oben, wobei der Schnittpunkt bei A_1 erhalten bleibt. Die S-Kurve verläuft für $P > P_1$ senkrecht (die Knickstelle liegt höher).

Musterlösung 4.8

Infolge der höheren Lohnforderungen verschiebt sich die Arbeitsangebotskurve in Abbildung A.4.8 von $A_0^a(W/P_0)$ nach $A_1^a(W/P_0)$.

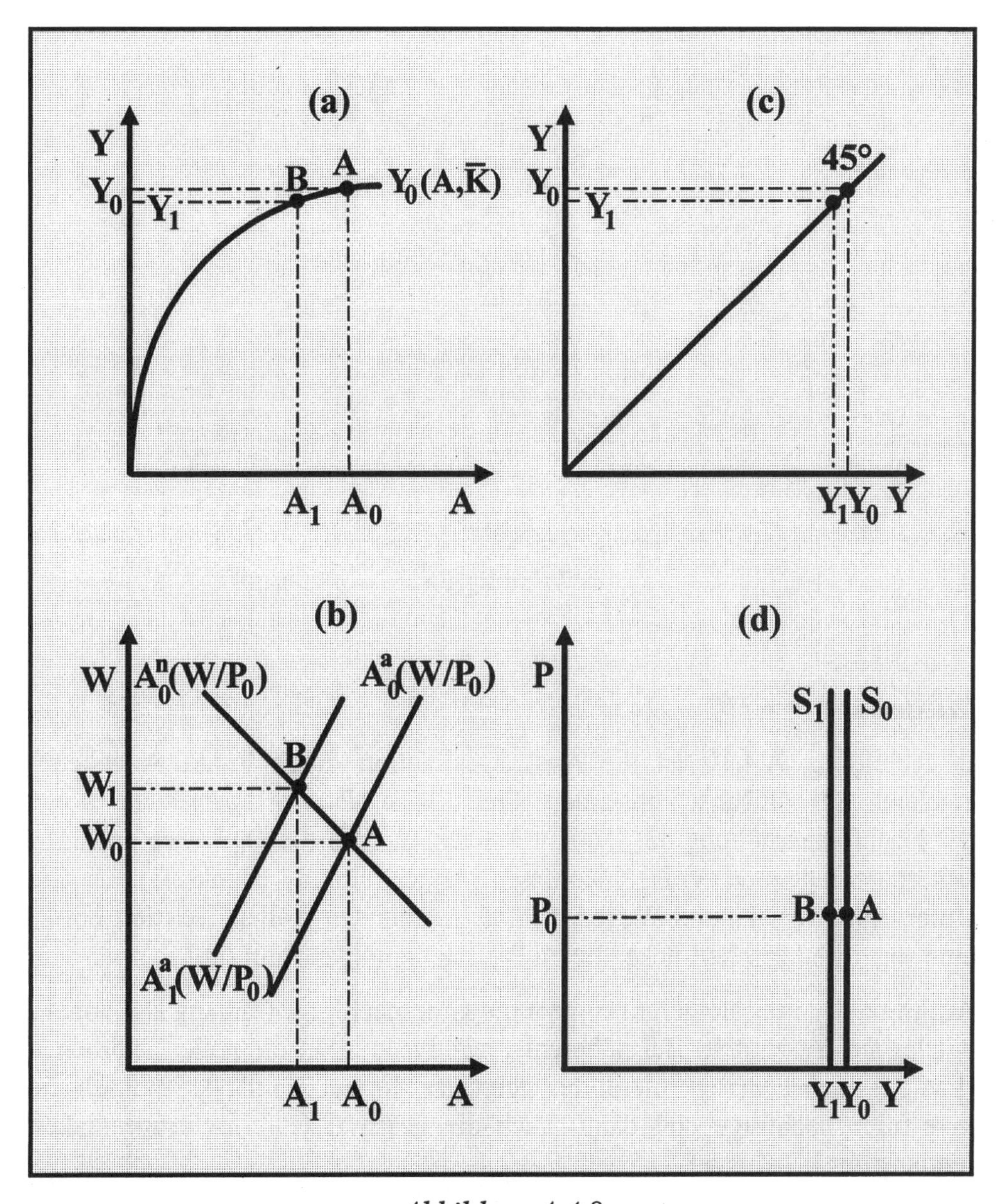

Abbildung A.4.8

Bei unveränderter Ertragsfunktion der Arbeit geht auch in diesem Fall das Güterangebot zurück.

Musterlösung 4.9

Zur Darstellung des Vollbeschäftigungsgleichgewichts ist das IS/LM-Schema (Güternachfrage) um das Güterangebot zu ergänzen. Da das Güterangebot unabhängig vom Zinssatz ist, verläuft die S-Gerade senkrecht. Das gesuchte Gleichgewicht ist im Schnittpunkt aller drei Kurven erreicht (Abbildung A.4.9).

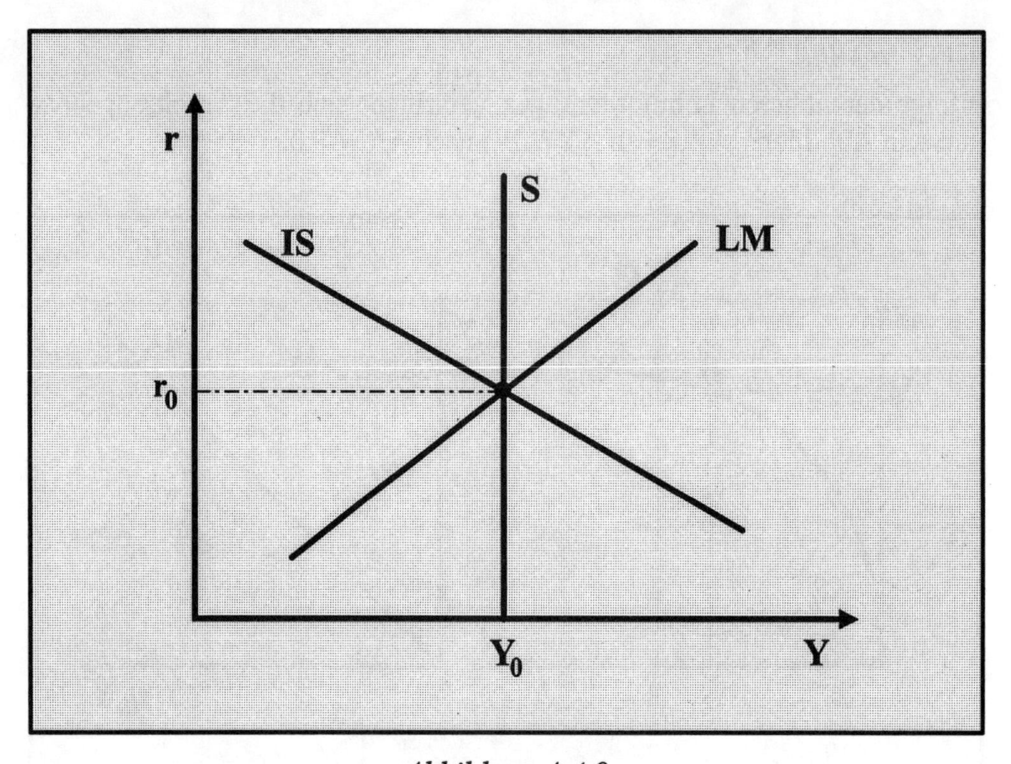

Abbildung A.4.9

Musterlösung 4.10

In Abbildung A.4.10 ist die Ausgangssituation durch Punkt A gekennzeichnet. Bei zunächst konstantem Preisniveau (P_0) verlagern sich infolge der Nachfrageerhöhung die IS_0-Kurve nach IS_1 und die D_0-Kurve nach D_1; Güternachfrage und Volkseinkommen steigen auf Y_1 (Punkt B). Da die Unternehmer bei P_0 und W_0 jedoch nur Y_0 anbieten wollen, existiert bei P_0 eine sog. inflatorische Lücke, die zu Preissteigerungen führt (auf P_1).

Aufgrund der Preissteigerungen geht die Güternachfrage (entlang D_1) von Y_1 wieder auf Y_0 zurück: Bei höherem Preisniveau sinkt die reale Geldmenge ($LM(P_0)$ nach $LM(P_1)$); hierdurch steigt der Zinssatz (auf r_1), wodurch die Investitionsnachfrage und damit auch die gesamte Güternachfrage sinken (entlang der IS_1-Kurve).

Das Güterangebot hingegen bleibt trotz Preissteigerungen konstant (Y_0): Arbeitsangebots- und Arbeitsnachfragekurve verschieben sich nach oben (von $A^a(W/P_0)$ nach $A^a(W/P_1)$ bzw. $A^n(W/P_0)$ nach $A^n(W/P_1)$), wobei der Schnittpunkt bei A_0 erhalten bleibt.

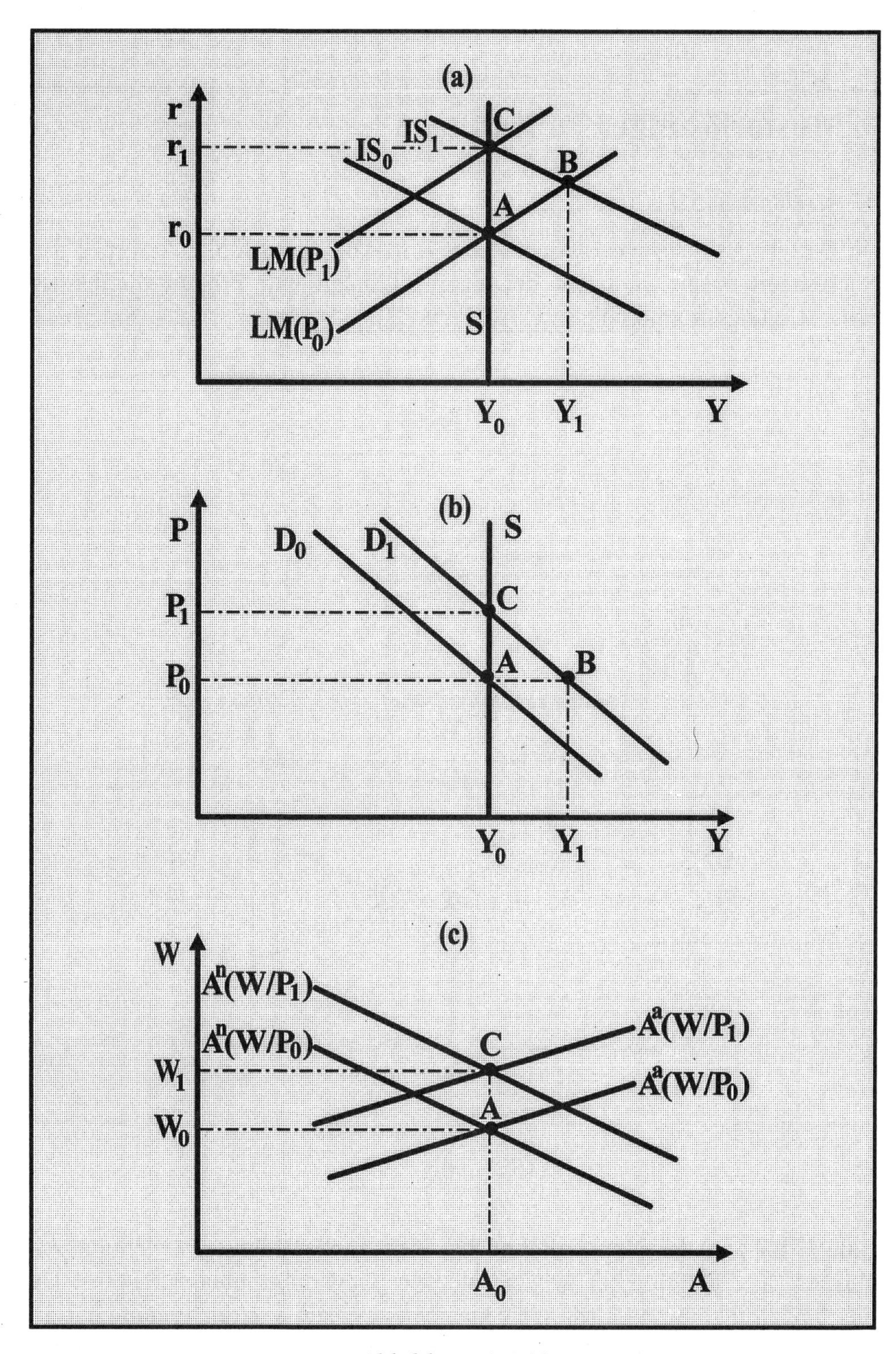

Abbildung A.4.10

Das neue Gleichgewicht ist in Punkt C erreicht; die inflatorische Lücke wurde durch einen Rückgang der Güternachfrage geschlossen.

4. Musterlösungen zu Kapitel 5

Musterlösung 5.1

Die Ausgangssituation entspricht Punkt A in Abbildung A.5.1. Aufgrund des Nachfragerückgangs entsteht bei starren Löhnen und Preisen die Unterbeschäftigungssituation Y_1 bzw. A_1 (Punkt B).

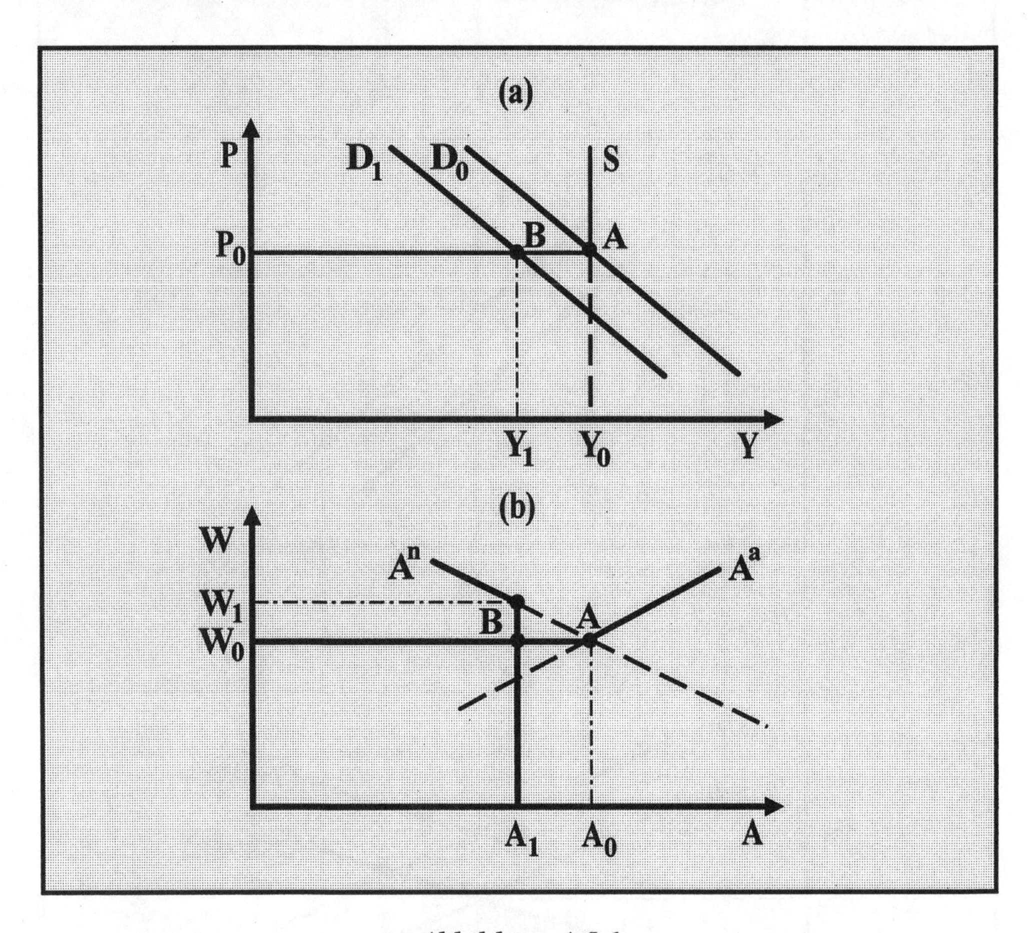

Abbildung A.5.1

Eine Erhöhung der Nominallöhne hat eine Einkommensumverteilung zugunsten der Lohnbezieher und zulasten der Gewinnbezieher zur Folge. Da hier beide Einkommensklassen die gleiche marginale Konsumneigung haben, bleibt die Konsumnachfrage von dieser Einkommensumverteilung unberührt. Da weiterhin die Investitionsnachfrage hier unabhängig von dem Gewinneinkommen ist, wird auch die Höhe der Investitionstätigkeit nicht durch die Gewinnreduktion beeinflusst. Die Erhöhung der Nominallöhne führt im vorliegenden Modell also nicht zu einer Nachfragesteigerung.

Möglicherweise führt die Erhöhung der Nominallöhne jedoch zu einem weiteren Rückgang der Beschäftigung: Die Arbeitsnachfragekurve gibt die Beschäftigungshöhe an, bei der der Grenzertrag der Arbeit gleich dem Reallohn ist. Bei dem Reallohn W_0/P_0 ist dies bei A_0 der Fall. Geht die

Beschäftigung bei unverändertem Reallohn auf A_1 zurück, so übersteigt der Grenzertrag der Arbeit den Reallohn. Nominal- und damit – bei unverändertem Preisniveau – Reallohnsteigerungen bleiben nun so lange ohne Beschäftigungseffekte, bis der Reallohn den Grenzertrag der Arbeit übersteigt. Erst wenn der Nominallohn in Abbildung A.5.1 über W_1 ansteigt, geht die Beschäftigung entlang der A^n-Kurve zurück.

Aus den ähnlichen Überlegungen folgt, dass eine Nominallohnsenkung keinerlei positive Beschäftigungseffekte hat.

Musterlösung 5.2

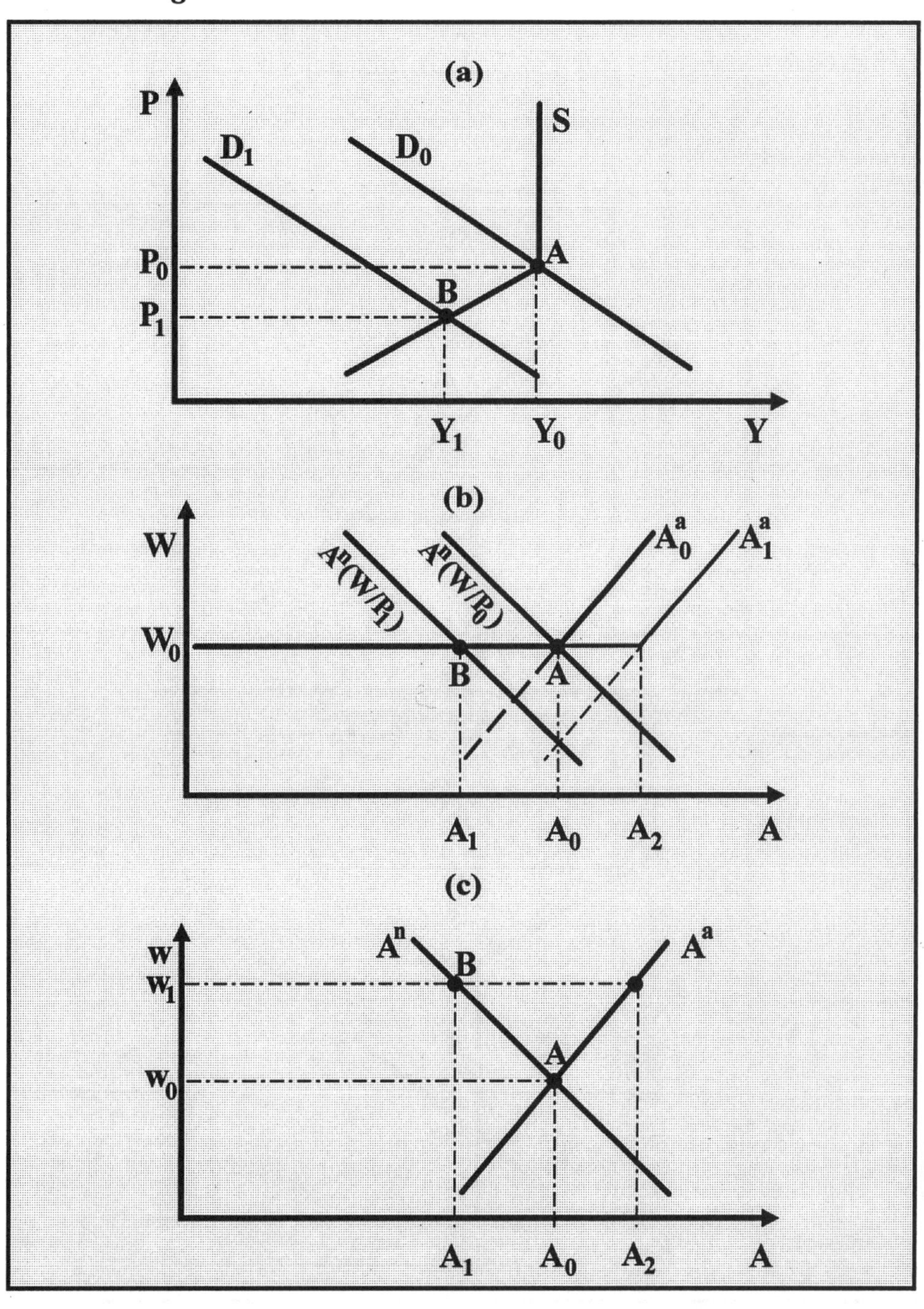

Abbildung A.5.2

Das Ausgangsgleichgewicht entspricht Punkt A in Abbildung A.5.2. Der Rückgang der Güternachfrage äußert sich in einer Verschiebung der D-Kurve von D_0 nach D_1. Bei P_0 entsteht nun eine deflatorische Lücke, die zu Preissenkungen führt (auf P_1).

Infolge der Preissenkungen erhöht sich der Reallohn (auf w_1). Dadurch sinkt einerseits die Arbeitsnachfrage, was im A/W-Diagramm zu einer Verschiebung der Arbeitsnachfragekurve nach $A^n(W/P_1)$ führt. Andererseits erhöht sich das Arbeitsangebot, im A/W-Diagramm ausgedrückt durch die Verlagerung der Arbeitsangebotskurve nach A^a_1. Bei w_1 entsteht somit ein Angebotsüberschuss am Arbeitsmarkt ($A_2 - A_1$), der annahmegemäß keine Auswirkungen auf den Nominallohn hat. Die Beschäftigung stellt sich somit bei A_1 ein. Dieser Beschäftigung entspricht das Güterangebot Y_1; das neue kurzfristige Gleichgewicht ist somit in Punkt B erreicht.

Musterlösung 5.3

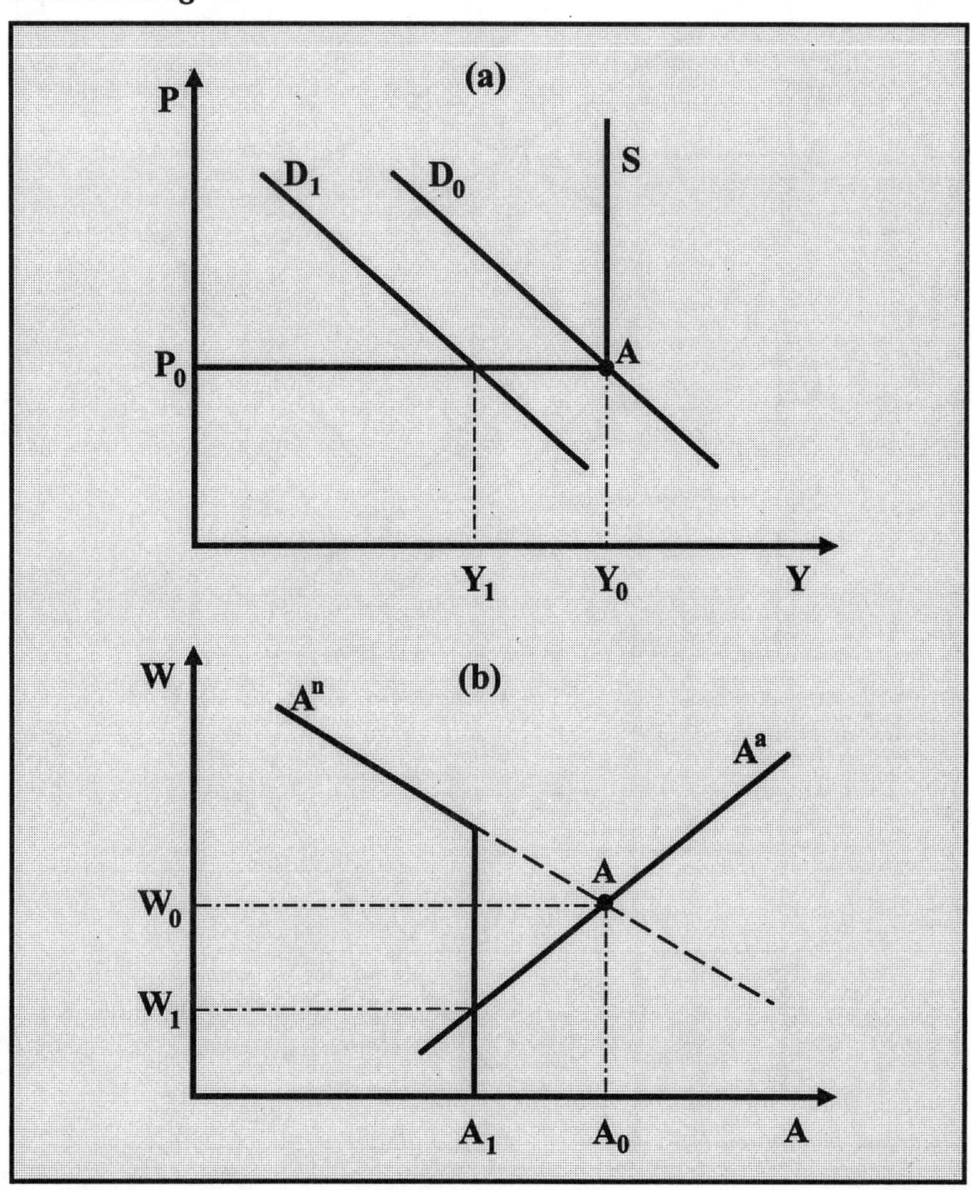

Abbildung A.5.3

Der Rückgang der Staatsnachfrage verschiebt die D-Kurve in Abbildung A.5.3 nach D_1; die Arbeitsnachfrage sinkt auf A_1.

Die Arbeitslosigkeit ($A_0 - A_1$) führt nun zu Lohnsenkungen, bis schließlich bei W_1 die unfreiwillige von freiwilliger Arbeitslosigkeit abgelöst wird.

Musterlösung 5.4

Abbildung A.5.4 wiederholt die Verschiebung der Güterangebotskurve infolge eines Erdbebens aus Abbildung A.4.7. Das Ausgangsgleichgewicht entspricht Punkt A.

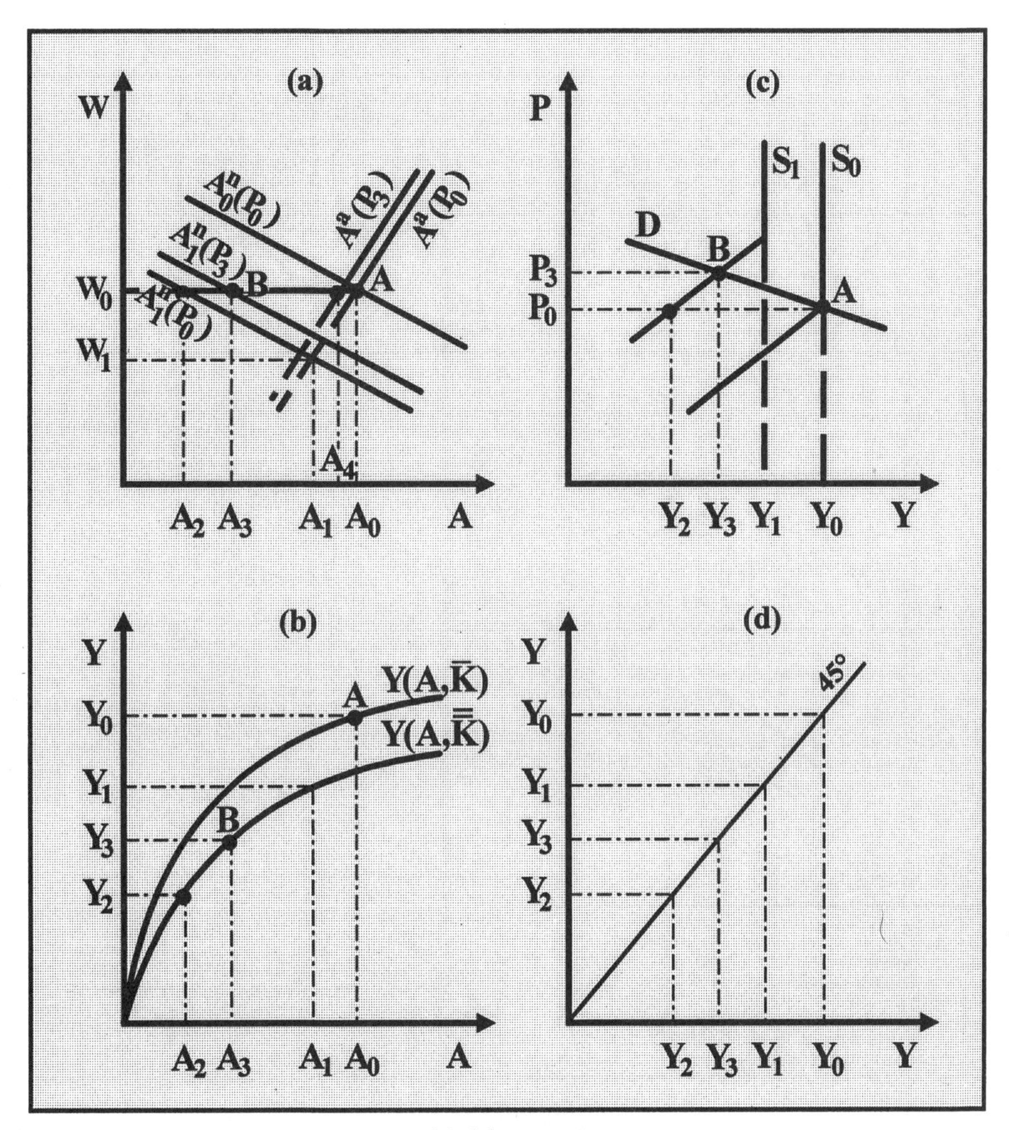

Abbildung A.5.4

Da das Güterangebot bei P_0 auf Y_2 sinkt, entsteht eine inflatorische Lücke ($Y_0 - Y_2$), die zu Preissteigerungen führt; bei Y_3/P_3 (Punkt B) ist das neue, kurzfristige Gleichgewicht erreicht. Mit höherem Preisniveau steigt die Arbeitsnachfrage von A_2 auf A_3, das Arbeitsangebot geht von A_0 auf A_4 zurück; es entsteht unfreiwillige Arbeitslosigkeit in Höhe von $A_4 - A_3$.

Verläuft die D-Kurve so steil, dass sie die S_1-Kurve im senkrechten Teil schneidet, so geht die Beschäftigung bei Gleichgewicht auf dem Arbeitsmarkt auf A_1 zurück.

Musterlösung 5.5

Das Ausgangsgleichgewicht entspricht Punkt A in Abbildung A.5.5. Infolge der erhöhten Arbeitsproduktivität (positiver Angebotsschock) dreht sich die Produktionsfunktion nach ($Y_1(A,\bar{K})$), die Angebotskurve verschiebt sich nach S_1; die Knickstelle liegt tiefer als bei S_0 (analog zu Abbildung A.4.7).

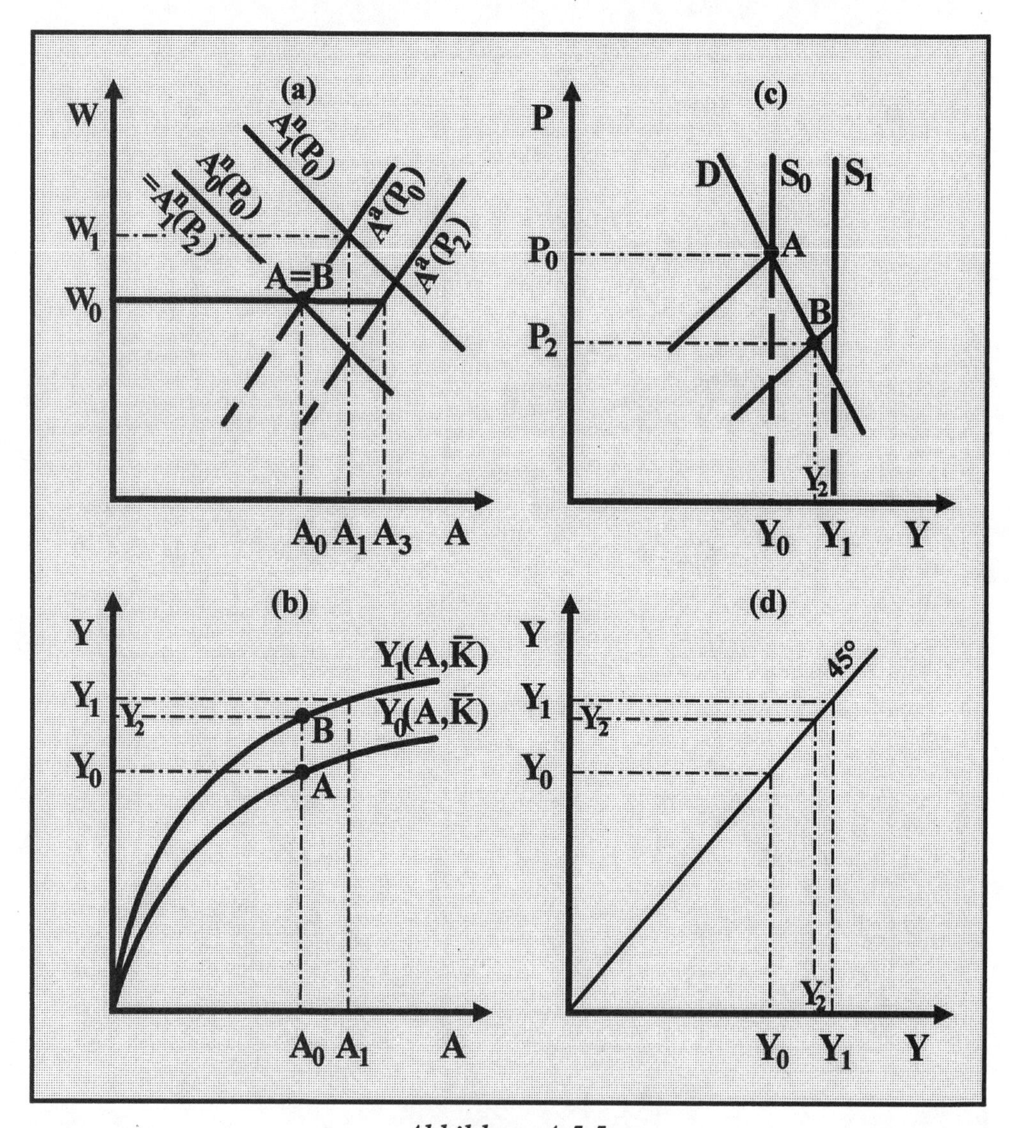

Abbildung A.5.5

Bei P_0 entsteht nun eine deflatorische Lücke, die zu Preissenkungen führt. Das neue kurzfristige Gleichgewicht ist bei Y_2/P_2 bzw. bei A_0/W_0 erreicht (hierbei werde zur Vereinfachung unterstellt, dass sich die A_1^n-Kurve infolge der Preissenkung in die Position A_0^n verlagert). Die Beschäftigung ist also im vorliegenden Beispiel konstant geblieben; es entsteht unfreiwillige Arbeitslosigkeit in Höhe von $A_3 - A_0$.

Bei steilerem Verlauf der D-Kurve (stärkerem Rückgang des Preisniveaus) sinkt die Beschäftigung unter A_0; bei flacherem Verlauf der D-Kurve steigt die Beschäftigung über A_0 an. Schneidet die D-Kurve im letzteren Fall die S_l-Kurve unterhalb (oberhalb) der Knickstelle, so besteht unfreiwillige (keine unfreiwillige) Arbeitslosigkeit.

Die Beschäftigungsänderung ist das Ergebnis zweier gegenläufiger Effekte: Infolge der Erhöhung der Arbeitsproduktivität geht die Arbeit bei gleicher Produktionshöhe zurück. Da sich aufgrund der gestiegenen Arbeitsproduktivität das Güterangebot vergrößert, kommt es zu Preissenkungen, die einen Nachfrage- und Produktionsanstieg bewirken. Nur wenn der zweite Effekt überwiegt, kommt es insgesamt zu einem Anstieg der Beschäftigung.

Musterlösung 5.6

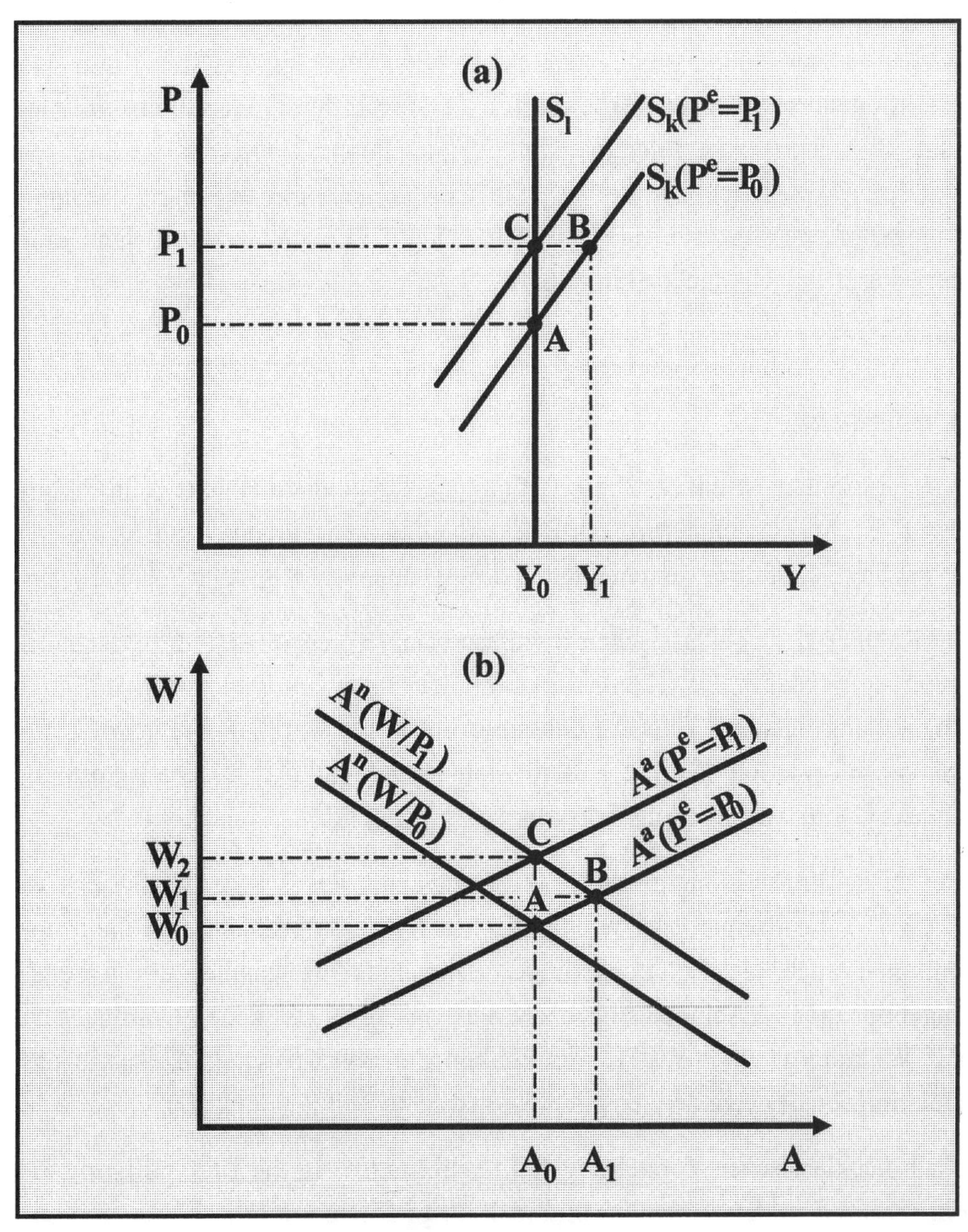

Abbildung A.5.6

Es gelte zunächst das Preisniveau P_0, das von den Haushalten korrekt erwartet wird. Damit ergibt sich eine Beschäftigung von A_0 sowie ein Güterangebot in Höhe von Y_0 (Punkt A in Abbildung A.5.6).

Eine Erhöhung des Preisniveaus auf P_1 verringert bei jedem Nominallohnsatz den Reallohn. Hierdurch steigt die Arbeitsnachfrage an, d. h. die A^n-Kurve verschiebt sich nach $A^n(W/P_1)$. Da die Haushalte diese Preissteigerung kurzfristig nicht erkennen, bleibt die A^a-Kurve unverändert. Es stellen sich somit kurzfristig die Beschäftigung A_1 und das Güterangebot Y_1 ein (Punkt B). Mit A und B liegen zwei Punkte der kurzfristigen Güterangebotskurve $S_k(P^e=P_0)$ fest.

Sobald die Haushalte die Preiserhöhung und den damit verbundenen Rückgang des Reallohns erkennen, verringern sie ihr Arbeitsangebot, d. h. die A^a-Kurve verschiebt sich nach $A^a(P^e=P_1)$. Bei W_1 entsteht nun ein Nachfrageüberschuss am Arbeitsmarkt, wodurch der Nominallohn ansteigt (auf W_2). Das neue Gleichgewicht ist in Punkt C erreicht bei A_0 (da $W_2/P_1 = W_0/P_0$ gilt) bzw. bei Y_0. Mit A und C liegen zwei Punkte der langfristigen Angebotskurve $S_l(P^e=P)$ fest. Durch Punkt C verläuft dann eine neue kurzfristige Angebotskurve $S_k(P^e=P_1)$.

Musterlösung 5.7

Ausgangspunkt ist ein Vollbeschäftigungsgleichgewicht (Punkt A in Abbildung A.5.7). Zunächst wird ein Rückgang des Preisniveaus (von P_0 auf P_1) betrachtet. Hierdurch verschiebt sich die Arbeitsnachfrage nach $A^n(W/P_1)$.

Im Rahmen der neoklassischen Synthese (Teil (b)) ergibt sich die Beschäftigung A_1 und damit das Güterangebot Y_1. Mit Y_1 und P_1 liegt somit ein Punkt (B) des ansteigenden Teils der Güterangebotskurve fest (S_1). Bei unvollkommener Information (Teil (c)) stellt sich kurzfristig die Beschäftigung A_2 (Punkt C) ein, was zur Angebotskurve $S_k(P^e=P_0)$ führt.

Bei einer Preiserhöhung (auf P_2) ergibt sich die Arbeitsnachfragekurve $A^n(W/P_2)$. Im Rahmen der neoklassischen Synthese erhöhen sich dann unmittelbar auch die Lohnforderungen seitens der Haushalte; die Arbeitsangebotskurve verschiebt sich nach $A^a(P_2)$. Damit steigt der Nominallohn auf W_2 mit $W_2/P_2 = W_0/P_0$. Es bleiben die Beschäftigung A_0 sowie das Güterangebot Y_0 erhalten; es gilt der senkrechte Teil S_l (Punkt D).

Nach neoklassischer Vorstellung stellt sich kurzfristig die Beschäftigung A_3 ein (Punkt E in den Teilen (c) und (a)); längerfristig ergibt sich – analog zur neoklassischen Synthese – der Punkt D.

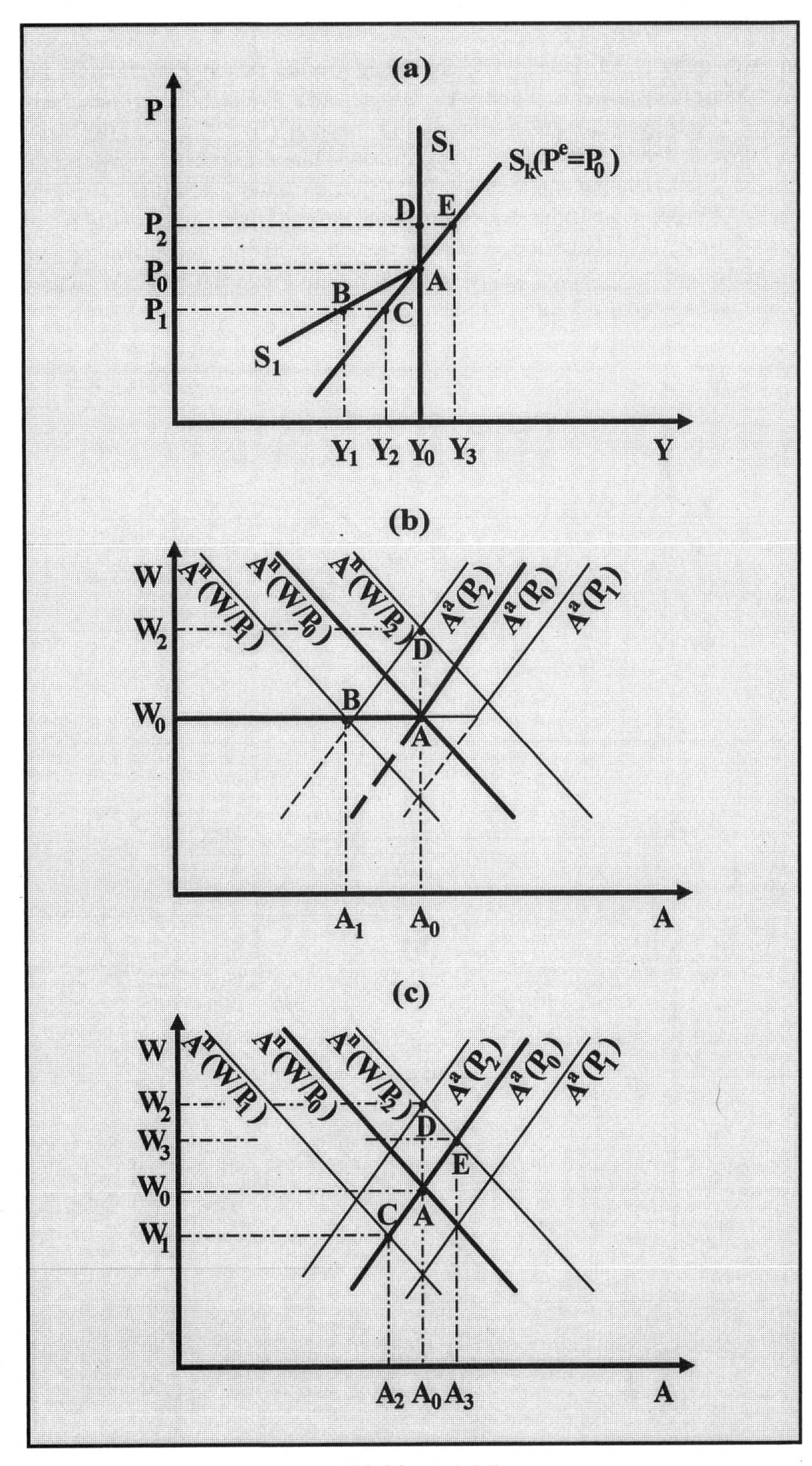

Abbildung A.5.7

Musterlösung 5.8

In Abbildung A.5.8 ist ein Gleichgewicht bei korrekten Erwartungen als Ausgangspunkt gewählt (Punkt A). Infolge einer Preiserhöhung verschiebt sich die Arbeitsnachfragekurve in Teil (a) nach $A^n(W/P_1)$, in Teil (b) bleibt sie unverändert. Umgekehrt bleibt die A^a-Kurve kurzfristig in Teil (a) unverändert, während sie sich in Teil (b) nach unten verschiebt (von A_0^a nach A_1^a): Bei noch unverändertem Nominallohn sinkt der Reallohn auf $\underline{w}$ (= W_0/P_1); die Haushalte erwarten jedoch weiterhin w_0 (= W_0/P_0) und bieten weiterhin A_0 Arbeit an. $A_0/\underline{w}$ ist somit ein Punkt der neuen A^a-Kurve (Lageparameter der A^a-Kurve ist das Verhältnis P/P^e).

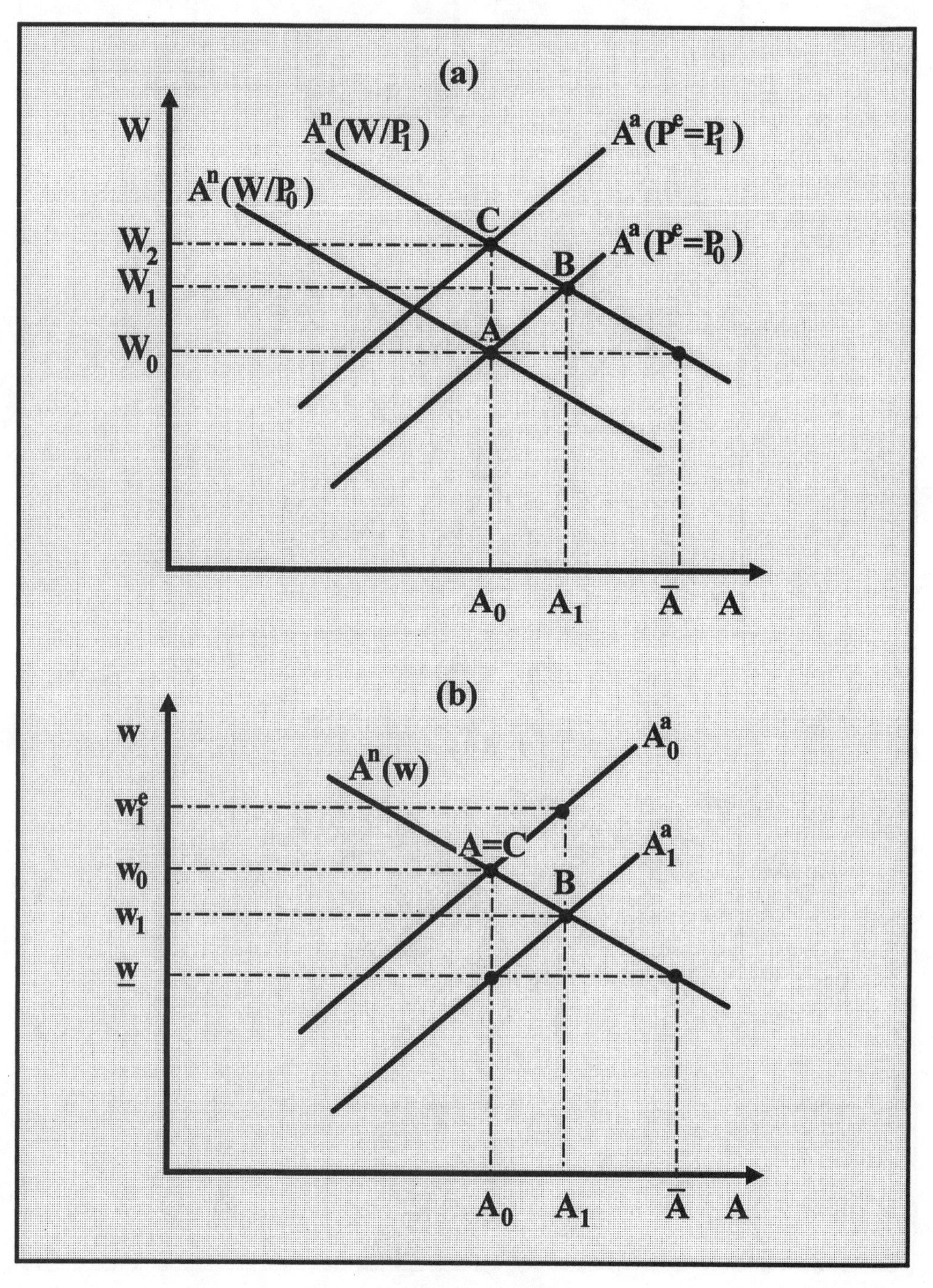

Abbildung A.5.8

Bei dem Nominallohn W_0 bzw. dem Reallohn $\underline{w}$ entsteht somit ein Nachfrageüberschuss am Arbeitsmarkt ($\bar{A} - A_0$), der zu einer Erhöhung des Nominallohns führt (auf W_1). Hierdurch steigt sowohl der tatsächliche Reallohn (auf w_1) als auch der erwartete Reallohn (auf w_1^e) an. Damit geht einerseits die Arbeitsnachfrage zurück (von $\bar{A}$ auf A_1); andererseits steigt das Arbeitsangebot an (von A_0 auf A_1).

Bei korrekten Erwartungen verschiebt sich die Arbeitsangebotskurve in Teil (a) nach $A^a(P^e=P_1)$, in Teil (b) zurück in die Position A_0^a, so dass bei unverändertem Reallohn ($W_0/P_0 = W_2/P_1$) auch wieder die ursprüngliche Beschäftigung realisiert wird.

Musterlösung 5.9

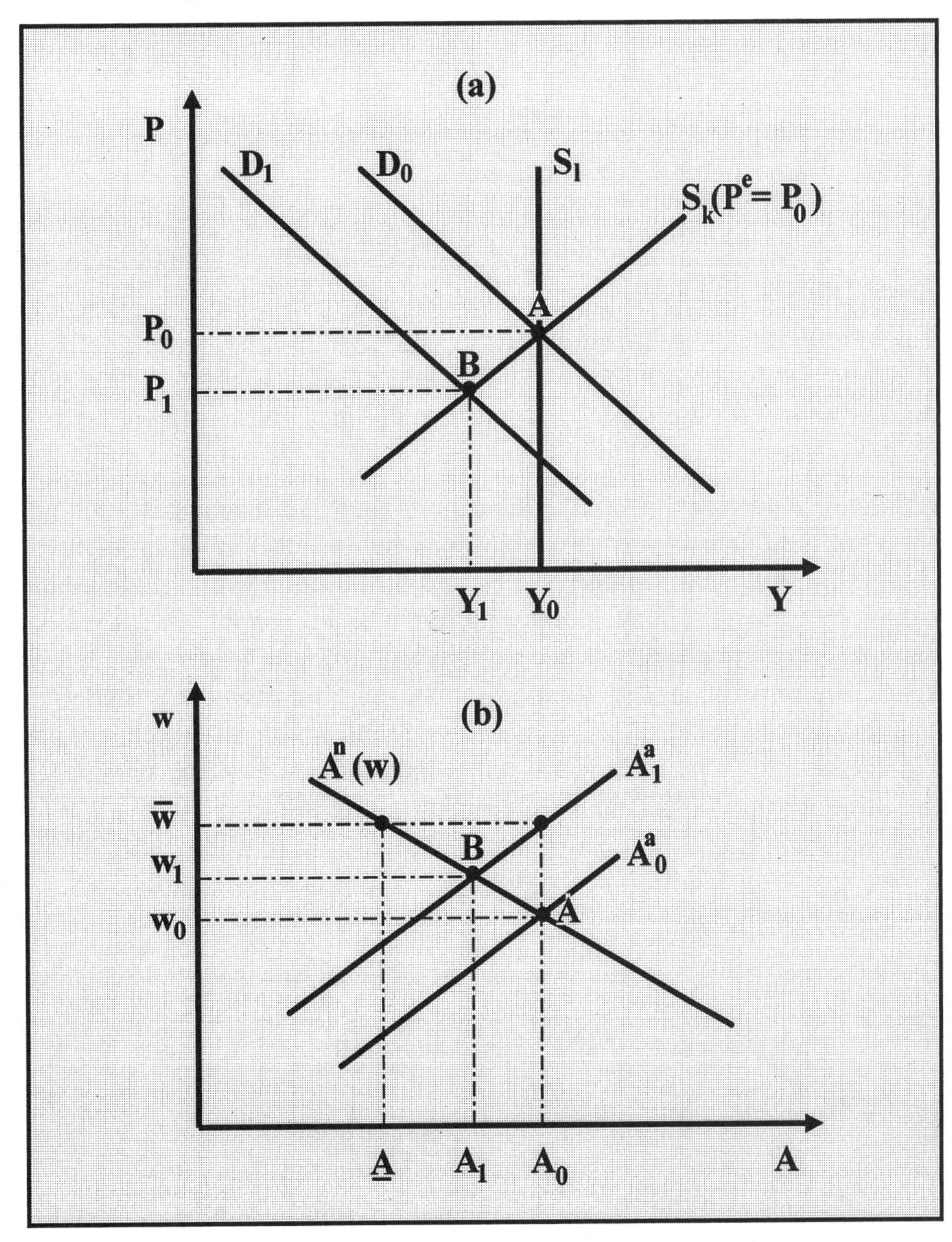

Abbildung A.5.9

Die Ausgangssituation wird durch Punkt A in Abbildung A.5.9 angezeigt. Die Verringerung der Güternachfrage verschiebt die D_0-Kurve nach D_1. Damit entsteht bei P_0 eine deflatorische Lücke, die zu Preissenkungen auf P_1 führt. Hierdurch steigt die Güternachfrage entlang D_1 wieder etwas an.

Auf dem Arbeitsmarkt steigt bei unverändertem Nominallohn W_0 der Reallohn (von $w_0 = W_0/P_0$ auf $\bar{w} = W_0/P_1$). Damit geht einerseits die Arbeitsnachfrage entlang der unveränderten Nachfragekurve auf $\underline{A}$ zurück. Andererseits bleibt das Arbeitsangebot konstant: Da die Haushalte weiterhin mit P_0 rechnen, erwarten sie weiterhin den Reallohn w_0. Damit bieten sie die Arbeitsmenge A_0 bei dem geltenden Reallohn $\bar{w}$ an, d. h. die Arbeitsangebotskurve verschiebt sich von A_0^a nach A_1^a. Infolge des Angebotsüberschusses auf dem Arbeitsmarkt sinkt der Nominallohn (auf W_1) und hierdurch auch der Reallohn auf $w_1 = W_1/P_1$. Die Beschäftigung geht also auf A_1 zurück, das Güterangebot auf Y_1 (Punkt B). Die Punkte A und B liegen auf der kurzfristigen Angebotskurve ($S_k(P^e = P_0)$.

Erkennen die Haushalte in der nächsten Periode die Preissenkung, so verlagert sich die A_1^a-Kurve wieder nach A_0^a.

Musterlösung 5.10

Bei zinsunelastischen Investitionen verläuft die D-Kurve senkrecht. Im Ausgangsgleichgewicht fällt sie mit dem senkrechten Teil der S-Kurve bzw. der S_l-Kurve zusammen; infolge des Rückgangs der Staatsnachfrage verläuft sie links neben dieser S-Kurve.

Bei konstantem Nominallohn verläuft die S-Kurve im unteren Bereich ansteigend. Hierdurch kommt es zu einem Gleichgewicht bei Unterbeschäftigung im Schnittpunkt zwischen der S- und der neuen D-Kurve (Extremfälle ausgeschlossen). Bei unvollständiger Information kommt es zu einem Schnittpunkt zwischen der D- und der $S_k(P^e = P_0)$-Kurve. Dieser stellt jedoch kein Gleichgewicht dar, da nach Erwartungsrevision erneut eine deflatorische Lücke entsteht usw. Die Beschäftigung bleibt auf der gleichen Höhe konstant wie bei konstanten Nominallöhnen (durch die D-Kurve festgelegt); Preisniveau und Nominallohn sinken jedoch immer weiter.

Musterlösung 5.11

Das adäquate Modell zur Beantwortung dieser Frage ist das IS/LM-Schema:

$$(1) \quad Y_0 = C(Y_0 - tY_0) + I(r_0) + G_0$$

$$(2) \quad M_0 = l(Y_0, r_0).$$

Die Auswirkungen einer Senkung des Steuersatzes ($dt < 0$) auf das Volkseinkommen lassen sich mit Hilfe des totalen Differentials der Gleichungen (1) und (2) berechnen ($dG = dM = 0$):

$$(3)\quad dY = c(dY - dtY_0 - tdY) + idr$$

$$(4)\quad 0 = kdY + hdr$$

mit: $c = dC/d(Y - tY), \quad i = dI/dr, \quad k = \partial l/\partial Y, \quad h = \partial l/\partial r.$

Die Gleichungen (3) und (4) lassen sich zusammenfassen:

$$(5)\quad dY = -\frac{1}{1 - c(1-t) + \frac{ik}{h}} cdtY_0.$$

Die Senkung des Steuersatzes führt bei noch unverändertem Volkseinkommen zu einer Erhöhung des verfügbaren Einkommens um den Betrag dtY_0. Das gestiegene verfügbare Einkommen bewirkt eine Erhöhung der Konsumnachfrage um den Betrag $cdtY_0$. Infolge der gestiegenen Konsumnachfrage erhöht sich das Volkseinkommen sowie wiederum auch das verfügbare Einkommen, d. h. es wird der übliche Multiplikatorprozess (auf Güter- und Geldmarkt) ausgelöst.

Musterlösung 5.12

Die Ausgangssituation wird durch Punkt A in der 45°-Darstellung A.5.10 angegeben. Die Erhöhung der Staatsnachfrage von G_0 auf G_1 führt zu einer Verschiebung der Güternachfragekurve Y^n um dG nach $Y^n(G_1,T_0)$. Infolge der Steuererhöhung von T_0 auf T_1 sinkt das verfügbare Einkommen um dT,

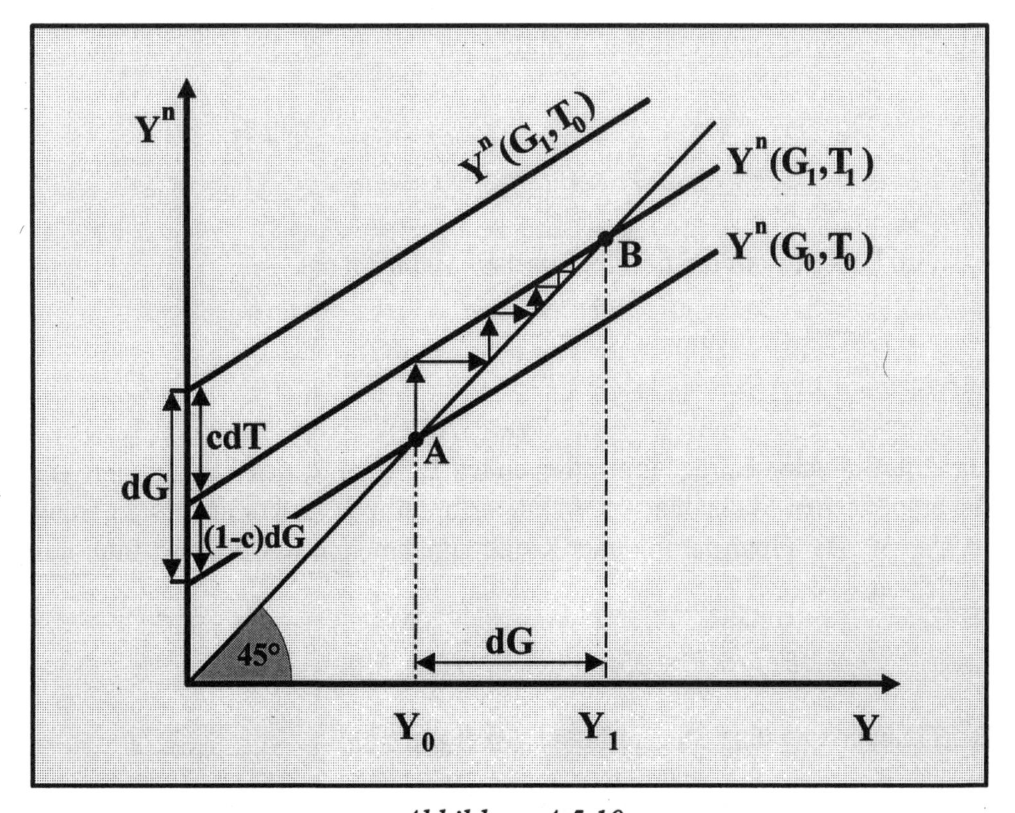

Abbildung A.5.10

so dass die Konsumnachfrage um cdT zurückgeht. Hierdurch verlagert sich die Güternachfragekurve um $cdT = cdG$ zurück nach $Y^n(G_1,T_1)$. Es verbleibt als exogene Nachfragesteigerung somit die Größe $(1-c)dG$, die gemäß dem eingezeichneten treppenstufigen Verlauf (wobei unterstellt wird, dass die Haushalte bei ihrer Konsumplanung von dem Einkommen der Vorperiode ausgehen) eine weitere Erhöhung der einkommensabhängigen Konsumnachfrage nach sich zieht, bis in Punkt B ein neues Gleichgewicht erreicht ist.

Die Gleichgewichtsbedingung lautet:

$$Y = C(Y-T) + I + G.$$

Das totale Differential bei $I = \text{const.}$ ist:

$$dY = c(dY - dT) + dG; \qquad c = dC/d(Y-T).$$

Hieraus folgt bei $dT = dG$:

$$dY = dG.$$

Der Multiplikator eines ausgeglichenen Budgets ist (bei $r,P = \text{const.}$) gleich eins.

Musterlösung 5.13

Aus den Gleichungen (1) und (2) folgt:

$$(3) \quad Y = \frac{1}{1-c+\frac{ik}{h}}\left[\bar{C} - cT + \bar{I} + \frac{i}{h}(M-\bar{I}) + G\right]$$

bzw. im Hinblick auf die fiskalpolitischen Maßnahmen:

$$(4) \quad dY = \frac{1}{1-c+\frac{ik}{h}}(-cdT + dG).$$

Der Multiplikator beträgt im vorliegenden Beispiel 2, das Einkommen vor fiskalpolitischen Maßnahmen 550. Die erforderliche Einkommenssteigerung ist also 50. Bei Finanzierung über Kreditaufnahme am Kreditmarkt folgt aus Gleichung (4):

$$(5) \quad dG = 25 \quad \text{bei} \quad dT = 0.$$

Bei Finanzierung über Steuererhöhungen ergibt sich:

$$(6) \quad dG = dT = 83{,}33.$$

Musterlösung 5.14

Die Ausgangssituation wird in Abbildung A.5.11 durch Punkt A angezeigt.

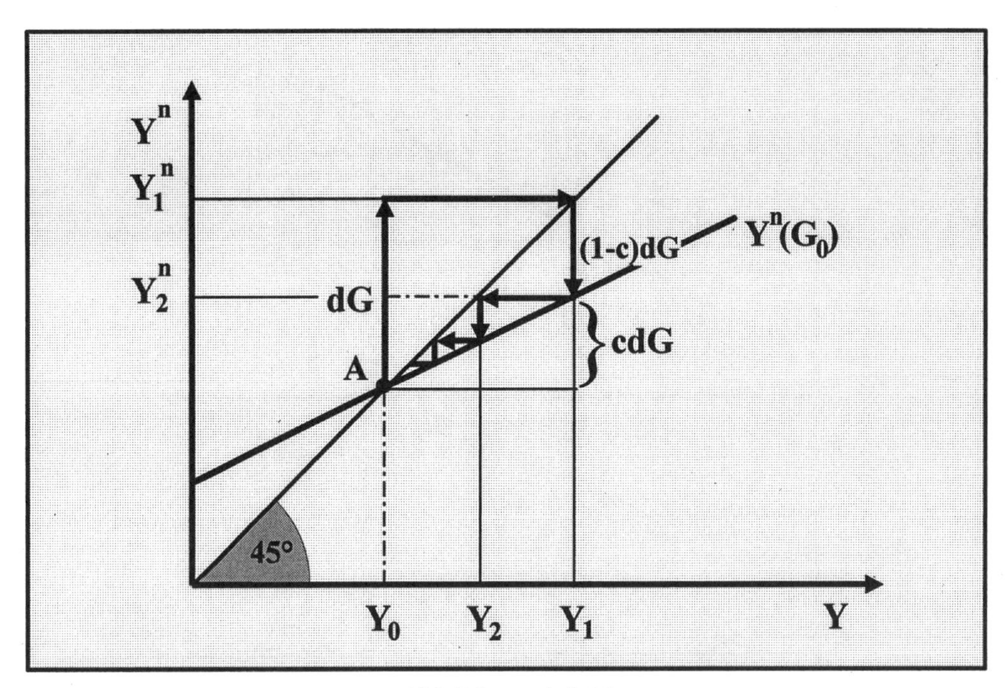

Abbildung A.5.11

Die Erhöhung der Staatsausgaben um dG führt in der Periode $t = 1$ zu einer gleich großen Erhöhung der Güternachfrage (Y_1^n) und des Volkseinkommens (Y_1). Diese Einkommenssteigerung bewirkt in $t = 2$ – bei statischen Erwartungen der Haushalte $Y_2^e = Y_1$ – eine Erhöhung der Konsumnachfrage um cdG, während gleichzeitig die Nachfrage um dG zurückgeht. Damit sinken die Güternachfrage sowie das Volkseinkommen um $(1 - c)dG$ auf Y_2^n bzw. Y_2. Entsprechendes gilt in den nachfolgenden Perioden, bis schließlich wieder Y_0 erreicht ist.

Ein derartiges Konjunkturprogramm ist nur dann erfolgversprechend, wenn durch die staatliche Aktivität eine optimistischere Grundhaltung in der Volkswirtschaft erzeugt wird, die die private Güternachfrage anregt, so dass sich der Konjunkturaufschwung selbst trägt.

Musterlösung 5.15

Die beiden vorgegebenen Kurvenverläufe sind in Abbildung A.5.12 dargestellt. Expansive Fiskalpolitik verschiebt die IS-Kurve nach rechts (IS_1).

Bei zinsunabhängiger IS-Kurve (Teil (a)) kommt es zu einer Erhöhung des Zinssatzes und des Einkommens. Infolge zinsunabhängiger Investitionsnachfrage tritt hierbei jedoch kein crowding-out-Effekt auf. Bei senkrechtem Verlauf der LM-Kurve (Teil (b)) steigt das Einkommen nicht an, da bei zinsunelastischer Geldnachfrage ein vollständiges crowding-out eintritt (die private Investitionsnachfrage wird im Umfang bspw. einer staatlichen Ausgabenerhöhung zurückgedrängt).

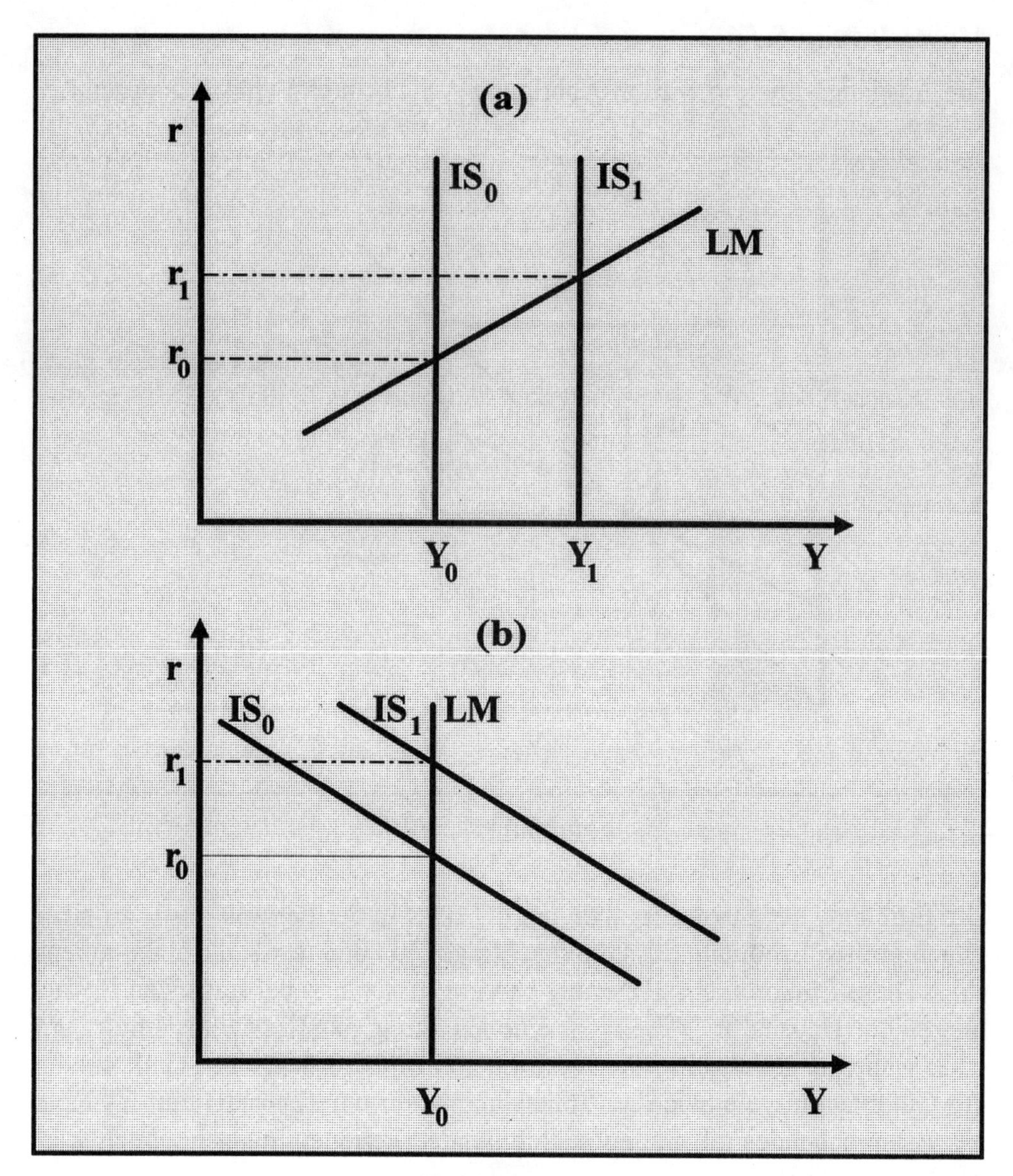

Abbildung A.5.12

Musterlösung 5.16

Der Zinssatz bleibt konstant, wenn sich die IS- und die LM-Kurve aufgrund der dargestellten Politik gleich weit nach rechts verschieben; der Zinssatz sinkt (steigt), wenn sich die LM-Kurve weiter (weniger weit) nach rechts verschiebt als die IS-Kurve.

Die Gleichungen der beiden Kurven lauten (P = 1):

$$(1) \quad Y = C(Y) + I(r) + G \qquad \text{IS-Kurve}$$

$$(2) \quad M = l(Y,r) \qquad \text{LM-Kurve.}$$

Die Rechtsverschiebung der beiden Kurven lässt sich mit Hilfe des totalen Differentials ermitteln, wobei der Zinssatz konstant gehalten wird. Damit folgt aus den Gleichungen (1) und (2):

(3) $dY = cdY + dG; \qquad c = dC/dY$

(4) $dM = kdY; \qquad k = \partial l/\partial Y.$

Umstellung liefert:

(5) $dY_{|IS} = \frac{1}{1-c} dG$

(6) $dY_{|LM} = vdM; \qquad v = 1/k.$

Das Ausmaß der Rechtsverschiebung hängt also bei $dG = dM$ von dem Wert des Multiplikators (IS-Kurve) bzw. von der Umlaufsgeschwindigkeit v des Geldes (LM-Kurve) ab. Da empirisch $v > 1/(1-c)$ gilt, führt die angegebene Politik zu niedrigerem Zinssatz.

Musterlösung 5.17

Die IS- und die LM-Kurve verlaufen in diesem Fall senkrecht, wie in Abbildung A.5.13 dargestellt ist.

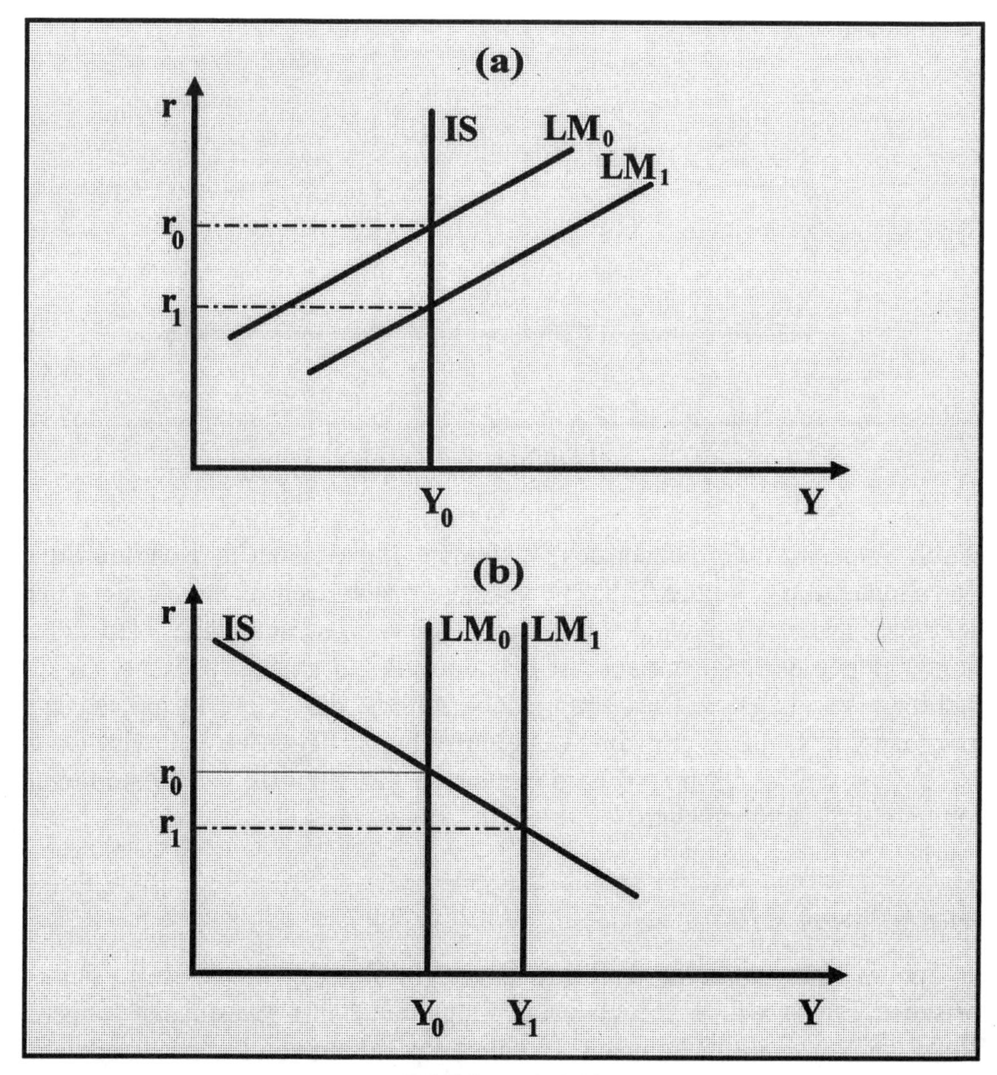

Abbildung A.5.13

Expansive Geldpolitik verschiebt die LM-Kurve nach rechts, wodurch der Zinssatz sinkt. Bei zinsunabhängiger Investitionsnachfrage hat dies keine Nachfrage-Effekte zur Folge (Teil (a)). Bei zinsabhängiger Investitionsnachfrage (Teil (b)) hingegen steigen die zinsabhängige Investitionsnachfrage, dadurch das Einkommen und so auch die Konsumnachfrage an (Multiplikator); es ergibt sich letztlich Y_1.

Musterlösung 5.18

Im vorliegenden Beispiel fallen die senkrechte IS- und die LM-Kurve mit der S-Kurve zusammen (Abbildung A.5.14). Infolge des Rückgangs der Staatsnachfrage verschiebt sich die IS-Kurve nach links (IS_1).

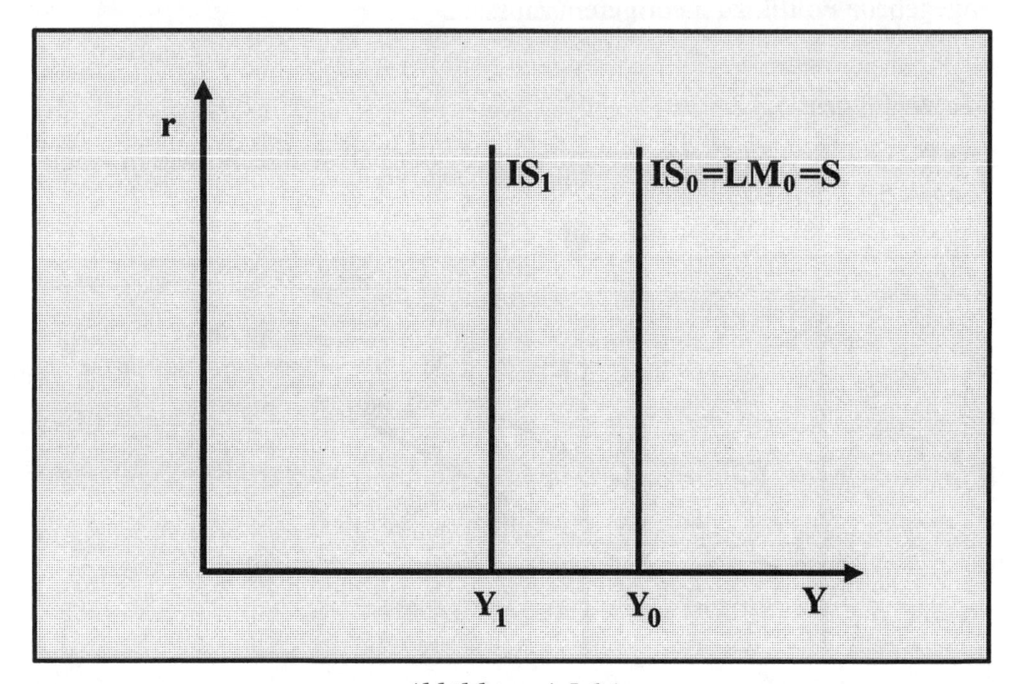

Abbildung A.5.14

Durch Steuersenkung steigen das verfügbare Einkommen und dadurch die Konsumnachfrage an; die IS-Kurve verschiebt sich nach rechts bis sie – bei richtiger Dosierung – wieder mit der S-Kurve zusammenfällt. Nach den Vorstellungen der Monetaristen ist Fiskalpolitik bei zinsunelastischer Geldnachfrage wirkungslos. Dies setzt jedoch voraus, dass Geld knapp ist und somit ein vollständiges crowding-out eintritt. Im vorliegenden Fall wird Geld jedoch erst bei Y_0 knapp, so dass expansive Fiskalpolitik das Einkommen von Y_1 auf Y_0 erhöhen kann.

Musterlösung 5.19

Geldpolitik wäre in diesem Fall unwirksam. Infolge der existierenden deflatorischen Lücke würde jedoch nach einiger Zeit das Preisniveau sinken. Bleibt der Nominallohn konstant – so die Empfehlung von Keynes –, so geht das Güterangebot zurück (die S-Kurve hat einen Knick), bis Angebot und

Nachfrage übereinstimmen. Sind die Löhne flexibel, so käme es zu einem länger andauernden Deflationsprozess, ohne dass ein Gleichgewicht erreicht wird.

Ist jedoch die Konsumnachfrage auch von der realen Geldmenge abhängig, was die Neoklassiker betonen, so steigt bei Preissenkungen die Konsumnachfrage, die IS-Kurve verschiebt sich nach rechts, bis Vollbeschäftigung erreicht ist. Fixe Löhne würden diesen Anpassungsprozess behindern.

Musterlösung 5.20

Die Neoklassiker gehen davon aus, dass die Geldnachfrage völlig zinsunelastisch ist, so dass die LM-Kurve senkrecht verläuft. In diesem Fall ist Fiskalpolitik unwirksam, Geldpolitik jedoch höchst effektiv.

Dennoch lehnen die Monetaristen einen diskretionären (fallweisen) Einsatz der Geldpolitik ab, da die hochwirksamen Maßnahmen aufgrund von Zeitverzögerungen zum falschen Zeitpunkt wirksam werden. Sie fordern statt diskretionärer eine Verstetigung der Geldpolitik.

5. Musterlösungen zu Kapitel 6

Musterlösung 6.1

Die Inflationsrate des Jahres t gegenüber dem Vorjahr ($\hat{P}_t$) beträgt:

$$(1)\quad \hat{P}_t = \left(\frac{\sum_i p_i^t \overline{x}_i}{\sum_i p_i^{t-1} \overline{x}_i} - 1 \right) 100,$$

wobei $\overline{x}_i$ konstante Mengen anzeigt.

Enthält die vorgegebene Zeitreihe Laspeyres-Preisindizes, so gilt:

$$(2)\quad P_t^L = \frac{\sum_i p_i^t x_i^0}{\sum_i p_i^0 x_i^0}$$

$$(3)\quad P_{t-1}^L = \frac{\sum_i p_i^{t-1} x_i^0}{\sum_i p_i^0 x_i^0}.$$

Unter Verwendung der Gleichungen (2) und (3) folgt:

$$(4)\quad \hat{P}_t^L = \left(\frac{\sum_i p_i^t x_i^0}{\sum_i p_i^{t-1} x_i^0} - 1 \right) 100,$$

was Gleichung (1) entspricht.

Besteht die vorgegebene Zeitreihe aus Paasche-Preisindizes, so gilt:

$$(5)\quad P_t^P = \frac{\sum_i p_i^t x_i^t}{\sum_i p_i^0 x_i^t}$$

$$(6)\quad P_{t-1}^P = \frac{\sum_i p_i^{t-1} x_i^{t-1}}{\sum_i p_i^0 x_i^{t-1}}.$$

Die Gleichungen (5) und (6) führen zu:

$$(7)\quad \hat{P}_t^P = \left(\frac{\sum_i p_i^t x_i^t}{\sum_i p_i^0 x_i^t} \cdot \frac{\sum_i p_i^0 x_i^{t-1}}{\sum_i p_i^{t-1} x_i^{t-1}} - 1 \right) 100.$$

Gleichung (7) entspricht nicht Gleichung (1).

Musterlösung 6.2

Zur Berechnung der gesuchten Inflationsraten sind folgende Hilfsrechnungen erforderlich:

Jahr	$\sum p_i^t x_i^0$ (1)	$\sum p_i^0 x_i^0$ (2)	$\sum p_i^t x_i^t$ (3)	$\sum p_i^0 x_i^t$ (4)	$\sum p_i^{t-1} x_i^t$ (5)
1	150	150	150	150	
2	250	150	450	250	250
3	350	150	950	350	650

Hieraus lassen sich die Preisindizes:

Jahr	P_t^L (1)	P_t^P (2)	$\tilde{P}_t^P$ (3)
1	100,00	100,00	
2	166,67	180,00	180,00
3	233,33	271,43	146,15

sowie die Inflationsraten berechnen:

Jahr	$P_t^L - 100$ (1)	$P_t^P - 100$ (2)	$\hat{P}_t^L$ (3)	${}_v\hat{P}_t^P$ *) (4)	$\hat{P}_t^P$ (5)	$\frac{{}_v\hat{P}_t^P - \hat{P}_t^P}{\hat{P}_t^P} \cdot 100$ (6)
1						
2	66,67	80,00	66,67	80,00	80,00	0,00
3	133,33	171,43	40,00	50,79	46,15	10,05

*) vor Umbasierung

Musterlösung 6.3

Das Ausgangsgleichgewicht wird in Abbildung A.6.1 durch Punkt A angezeigt. Die Erhöhung der Güternachfrage verschiebt die D-Kurve nach D_1. Infolge der inflatorischen Lücke steigt das Preisniveau an (auf P_2), wodurch die Güternachfrage entlang D_1 etwas zurückgeht.

Auf dem Arbeitsmarkt sinkt mit steigendem Preisniveau der Reallohn (auf $\underline{w} = W_0/P_1$). Damit steigt die Arbeitsnachfrage entlang der unveränderten

A^n-Kurve an (auf $\bar{A}$). Da die Haushalte weiterhin P_0 erwarten, bleibt der erwartete Reallohn unverändert, so dass die Haushalte weiterhin A_0 Arbeit anbieten. Die Arbeitsangebotskurve verschiebt sich also von A_0^a nach A_1^a ($A_0/\underline{w}$ ist ein Punkt der neuen Angebotskurve).

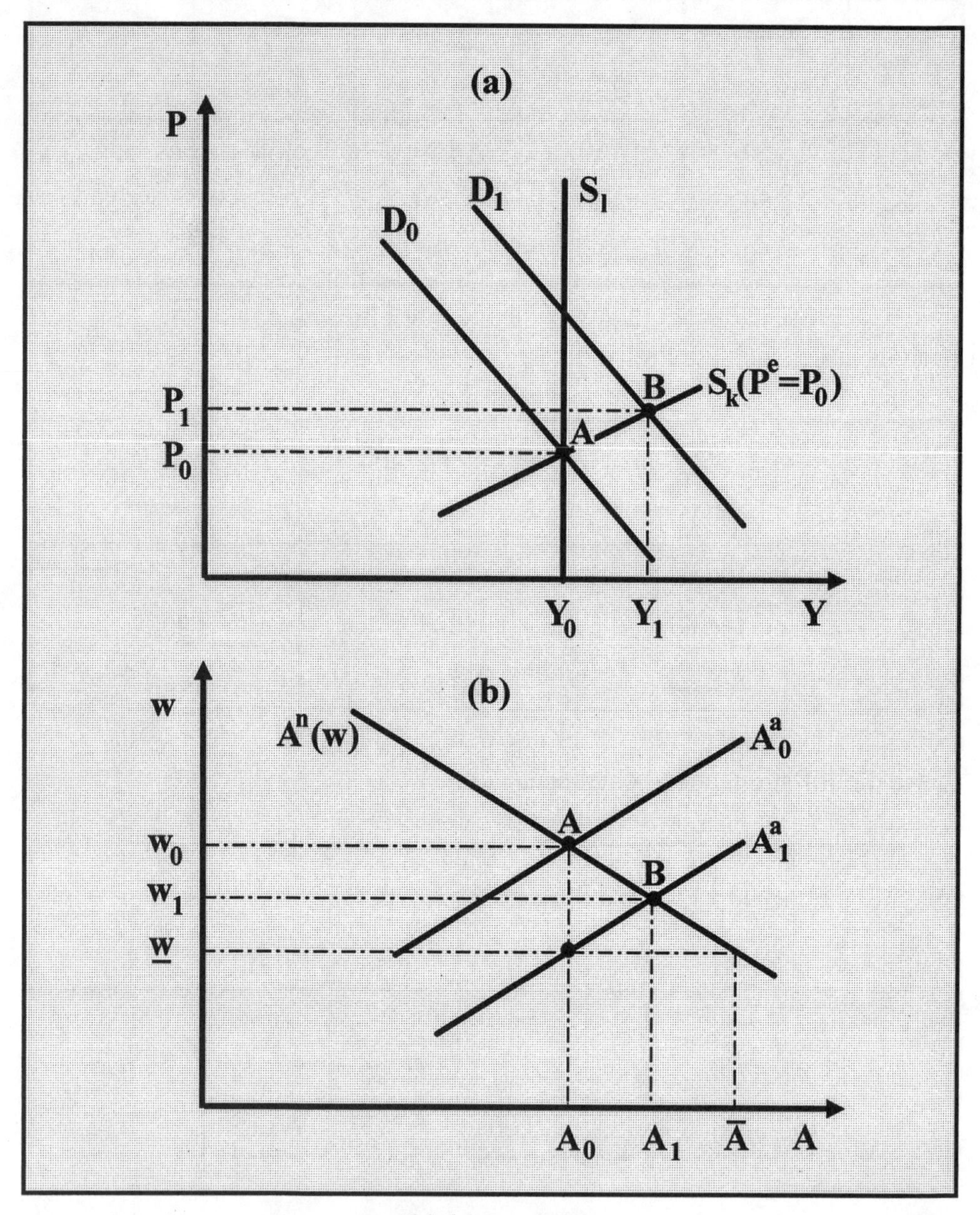

Abbildung A.6.1

Damit entsteht eine Überschussnachfrage am Arbeitsmarkt ($\bar{A} - A_0$), die zu einem Anstieg des Nominallohns führt (auf W_1). Hierdurch steigt der tatsächliche Reallohn an (auf $w_1 = W_1/P_1$). Dies führt einerseits zu einem Rückgang der Arbeitsnachfrage und andererseits zu einer Zunahme des Arbeitsangebots. Das neue Gleichgewicht auf dem Arbeitsmarkt ist also bei A_1 erreicht (Punkt B); dieser Beschäftigung entspricht das Güterangebot Y_1. Erwartungsrevision verschiebt die Arbeitsangebotskurve nach oben, bei statischen Erwartungen zurück in die Lage A_0^a.

Musterlösung 6.4

In logarithmischer Schreibweise (entsprechende Kleinbuchstaben) ergibt sich:

$$(4) \quad y_t^n = \beta + m_t - p_t; \qquad \beta = \ln v$$

$$(5) \quad y_t^a = y_0 + \alpha(p_t - p_{t-1}).$$

Für die Geldmenge gelte:

$$(6) \quad m_t = \begin{cases} m_0 & \text{für} \quad t \leq 0 \\ m_1 > m_0 & \text{für} \quad t > 0. \end{cases}$$

Für $y_t^a = y_t^n$ folgt aus den Gleichungen (4) – (6) für $t > 0$:

$$(7) \quad p_t - \frac{\alpha}{1+\alpha} p_{t-1} = \frac{1}{1+\alpha}(\beta + m_1 - y_0).$$

Die Lösung dieser Differenzengleichung lautet (siehe Rauch, B., Mathematische Lösungsmethoden, a. a. O., S. 715 ff):

$$(8) \quad p_t = p^* + \psi\left(\frac{\alpha}{1+\alpha}\right)^t$$

mit:

$$p^* = \beta + m_1 - y_0$$

$$\psi = m_0 - m_1 < 0.$$

Wird Gleichung (8) in Gleichung (4) eingesetzt, so ergibt sich ($y_t^n = y_t$):

$$(9) \quad y_t = y_0 - \psi\left(\frac{\alpha}{1+\alpha}\right)^t.$$

Wie die Gleichungen (8) und (9) zeigen, nähern sich das Preisniveau und das Volkseinkommen im Laufe der Zeit ihren Gleichgewichtswerten an. Hierbei startet das Preisniveau unter, das Volkseinkommen über seinem Gleichgewichtswert.

Musterlösung 6.5

In Abbildung A.6.2 wird berücksichtigt, dass mit einer bestimmten Geldmenge (bei konstanter Umlaufsgeschwindigkeit) maximal ein bestimmtes Transaktionsvolumen (PY) bewältigt werden kann. Dieses Transaktionsvolumen sei bei P_0 und $\overline{Y}$ erreicht; die LM-Kurve verläuft hier senkrecht.

Die Ausgangssituation wird in Abbildung A.6.2 durch Punkt A angegeben. Eine autonome Nachfrageerhöhung verschiebt die IS_0-Kurve nach IS_1 sowie die D_0-Kurve nach D_1 (Punkt B). Die entstandene inflatorische Lücke

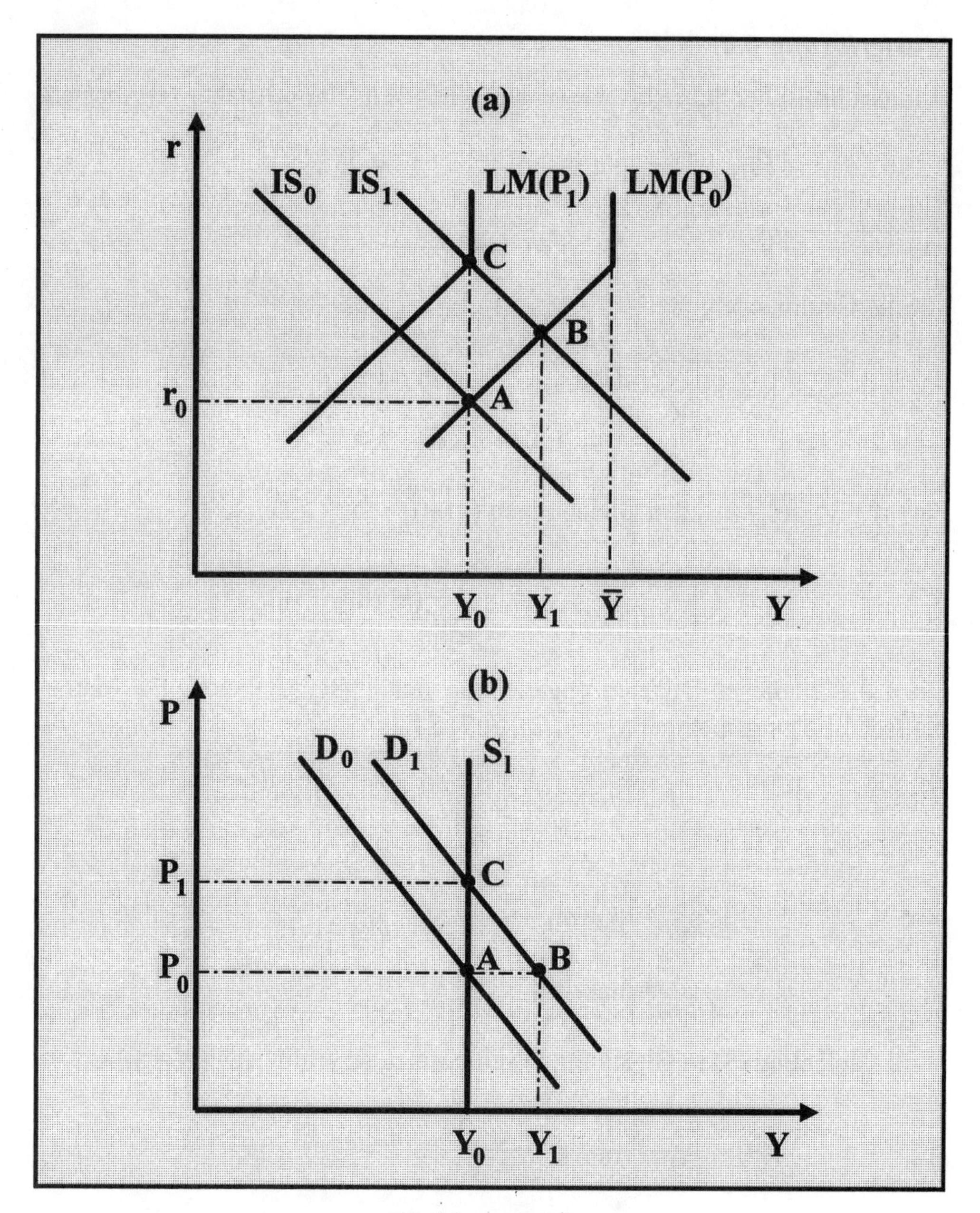

Abbildung A.6.2

$(Y_1 - Y_0)$ führt schließlich zu Preissteigerungen (auf P_1). Infolge der Preissteigerungen verschiebt sich die LM-Kurve nach links ($LM(P_1)$), wobei zur Vereinfachung der Abbildung angenommen wird, dass bei dem Preisniveau P_1 lediglich noch Y_0 finanzierbar ist ($P_1 Y_0 = P_0 \bar{Y}$). Weitere Rechtsverschiebungen der IS-Kurve aufgrund erneuter autonomer Nachfragesteigerung haben nun offensichtlich keine Erhöhung der gesamten Güternachfrage mehr zur Folge.

Musterlösung 6.6

Aus $M/P = l(Y,r)$ folgt im Inflationsgleichgewicht (Y,r = const.):

$$\hat{M} - \hat{P} = 0 \qquad \text{bzw.} \qquad \hat{P} = \hat{M}.$$

Musterlösung 6.7

Die Ausgangssituation wird in den Abbildungen A.6.3 und A.6.4 durch Punkt Q dargestellt.

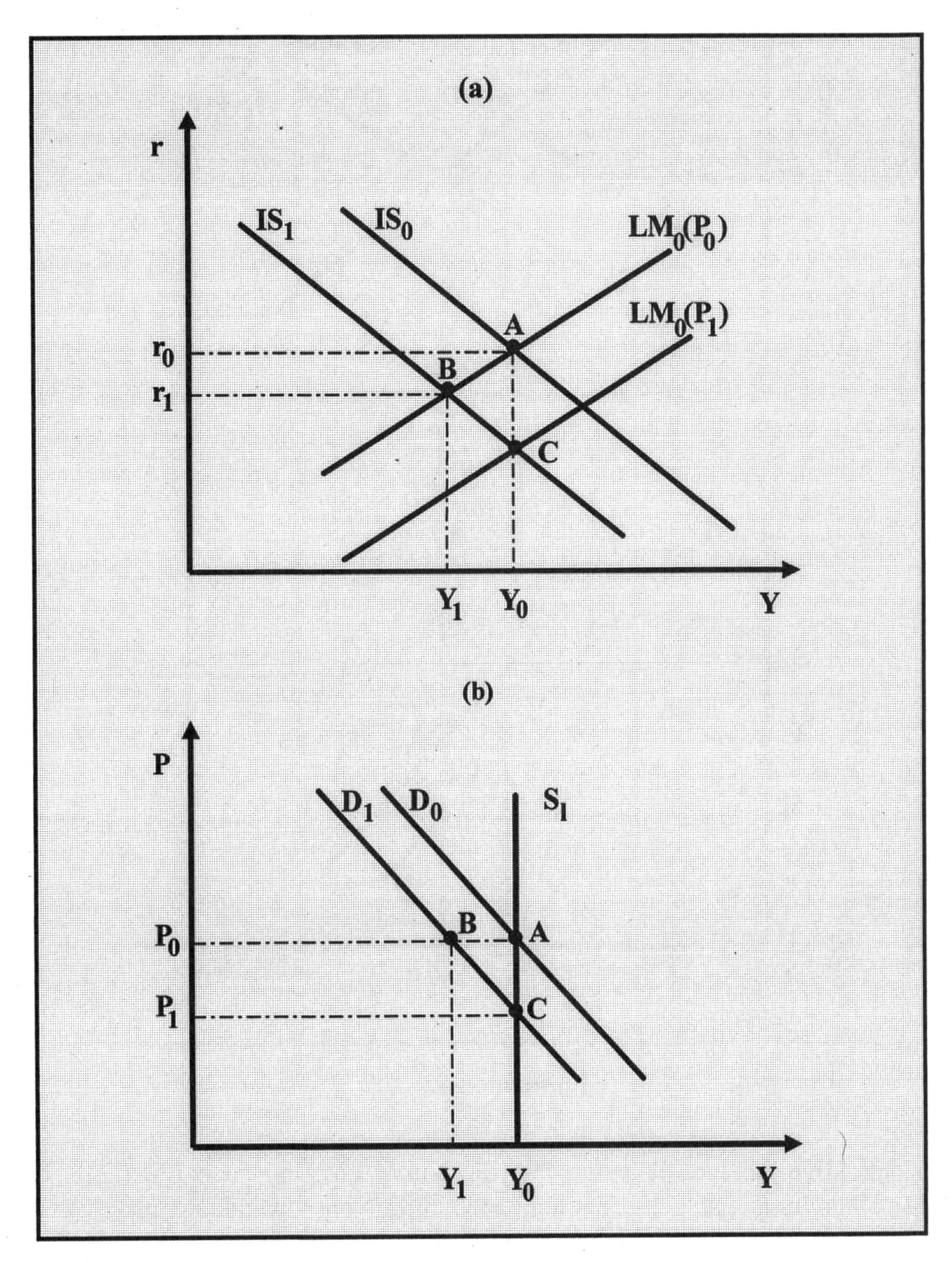

Abbildung A.6.3

Kontraktive Fiskalpolitik verschiebt die IS_0-Kurve nach IS_1. Bei dem Zinssatz r_0 ist die Geldnachfrage kleiner als das Geldangebot, so dass der Zinssatz sinkt. Hierdurch steigen die zinsinduzierten Investitionen an (crowding-in), was den ursprünglichen Nachfragerückgang abmildert, so dass die Nachfrage insgesamt auf Y_1 zurückgeht, was dem Punkt P_0/Y_1 auf der D_1-Kurve entspricht.

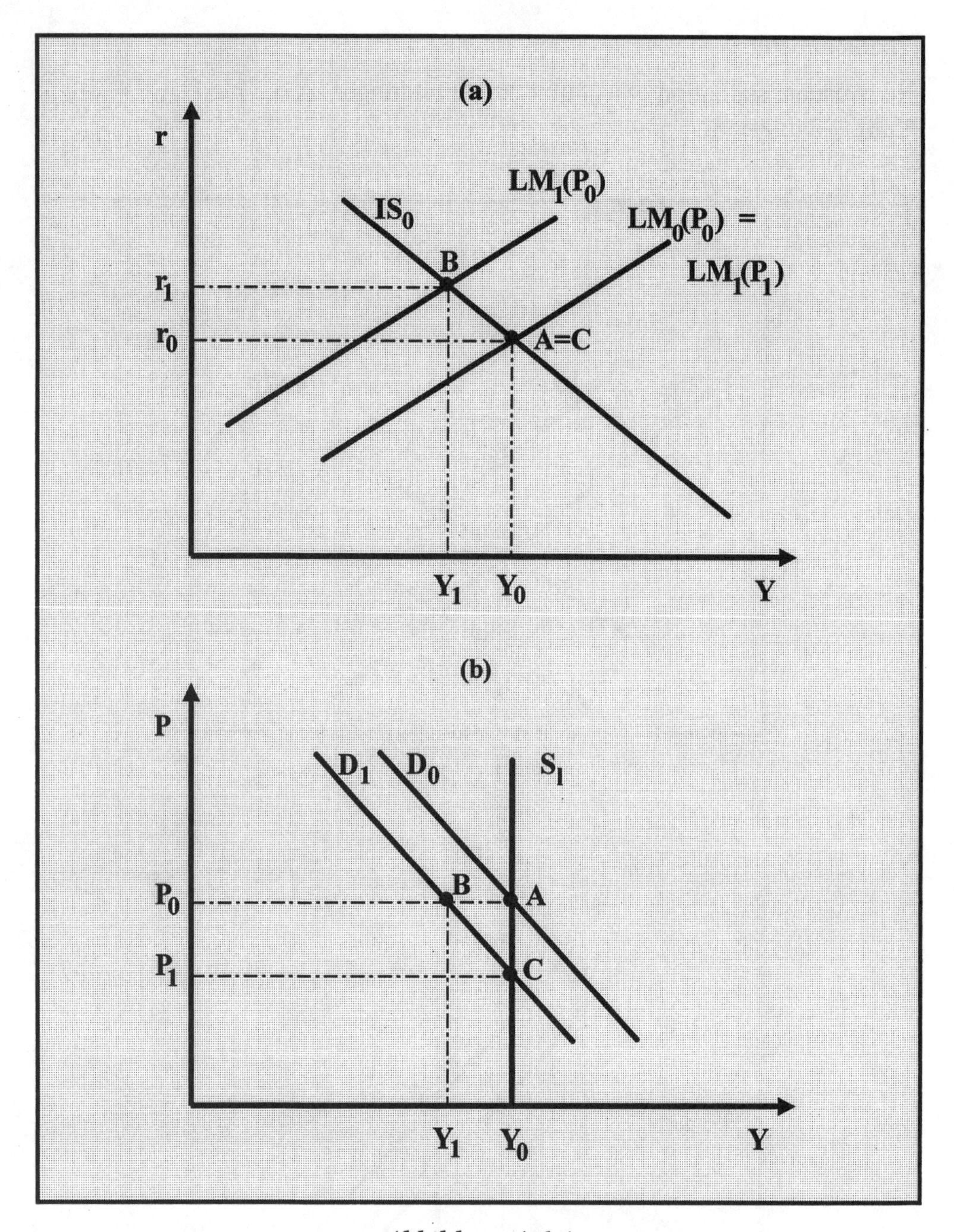

Abbildung A.6.4

Kontraktive Geldpolitik verschiebt die Kurve $LM_0(P_0)$ nach $LM_1(P_0)$. Da Geld nun knapp ist, steigt der Zinssatz, so dass die zinsinduzierten Investitionen und damit die gesamte Güternachfrage zurückgehen; die D-Kurve verlagert sich nach D_1.

Infolge der Preissenkung auf P_1 verlagert sich die LM-Kurve nach rechts, nach $LM_0(P_1)$ in Abbildung A.6.3 bzw. nach $LM_1(P_1)$ in Abbildung A.6.4, während die IS-Kurve unverändert bleibt. Hierdurch werden in Abbildung A.6.3 weitere Investitionen induziert, während in Abbildung A.6.4 die Zurückdrängung der privaten Investitionen wieder rückgängig gemacht wird. Insgesamt steigt die Güternachfrage wieder auf das ursprüngliche Niveau (Y_0) an.

Musterlösung 6.8

Die Ausgangssituation entspricht Punkt A in Abbildung A.6.5. Es ist zu beachten, dass auch die kurzfristige Angebotskurve S_{k0} in Punkt A einen Knick aufweist: Da der Nominallohn bei Preissenkungen konstant bleibt, ist der Beschäftigungsrückgang ausgeprägter als bei Reaktionen des Nominallohns.

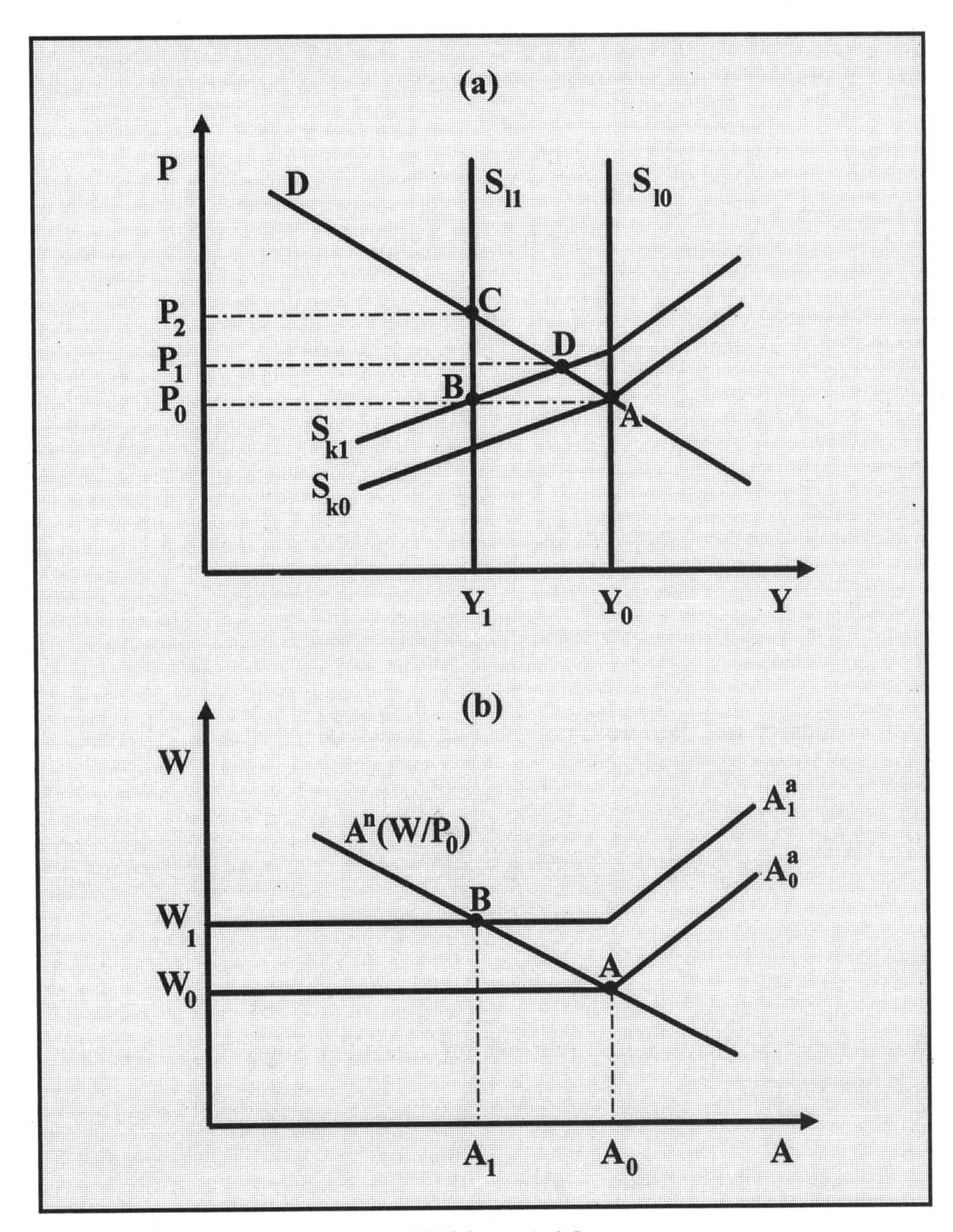

Abbildung A.6.5

Höhere Lohnforderungen (W_1) verschieben die Arbeitsangebotskurve von A_0^a nach A_1^a sowie die kurzfristige Angebotskurve von S_{k0} nach S_{k1}. Beschäftigung und Güterangebot bei korrekten Preiserwartungen gehen auf A_1 bzw. Y_1 zurück (Punkt B).

Infolge des Angebotsrückgangs entsteht bei P_0 eine inflatorische Lücke $(Y_0 - Y_1)$, die zu Preissteigerungen führt, kurzfristig auf P_1 (Punkt D; die A^n-Kurve verschiebt sich entsprechend nach oben), langfristig auf P_2 (Punkt C; A^n- und A^a-Kurve verschieben sich entsprechend nach oben).

Musterlösung 6.9

In logarithmischer Schreibweise gilt:

$$(4) \quad y_t^n = \beta + m_0 - p_t; \qquad \beta = \ln v$$

$$(5) \quad y_t^a = y_0 + \alpha(p_t - p_{t-1}) + \delta_t^a; \qquad \delta_t^a = \ln \Delta_t^a.$$

In der Periode 1 trete eine Angebotsstörung auf:

$$(6) \quad \delta_t^a = \begin{cases} 0 & \text{für } t \leq 0 \\ \delta^a < 0 & \text{für } t > 0. \end{cases}$$

Für $y_t^n = y_t^a$ folgt aus den Gleichungen (4) – (6) für $t > 0$:

$$(7) \quad p_t - \frac{\alpha}{1+\alpha} p_{t-1} = \frac{1}{1+\alpha}(\beta + m_0 - y_0 - \delta^a).$$

Die Lösung dieser Differenzengleichung lautet (siehe Rauch, B., Mathematische Lösungsmethoden, a. a. O., S. 715 ff):

$$(8) \quad p_t = p^* + \delta^a \left(\frac{\alpha}{1+\alpha}\right)^t$$

mit: $p^* = p_0 - \delta^a.$

Wird Gleichung (8) in Gleichung (4) eingesetzt, so folgt für das Volkseinkommen $(y_t^n = y_t)$:

$$(9) \quad y_t = y^* - \delta^a \left(\frac{\alpha}{1+\alpha}\right)^t$$

mit: $y^* = y_0 + \delta^a.$

Die Gleichungen (8) und (9) zeigen, dass das Preisniveau schrittweise auf ein höheres $(\delta^a < 0)$ Gleichgewichtsniveau ansteigt, während das Volkseinkommen sukzessive auf ein niedrigeres Niveau sinkt.

Musterlösung 6.10

In Abbildung A.6.6 stellt Punkt A das Ausgangsgleichgewicht dar. Infolge höherer Lohnforderungen ergeben sich die Arbeitsangebotskurve $A_1^a(P^e = P_0)$ sowie das langfristige Güterangebot Y_1; bei gegebener Güternachfrage (D_0) stellt sich das Gleichgewicht bei korrekten Preiserwartungen in Punkt C ein.

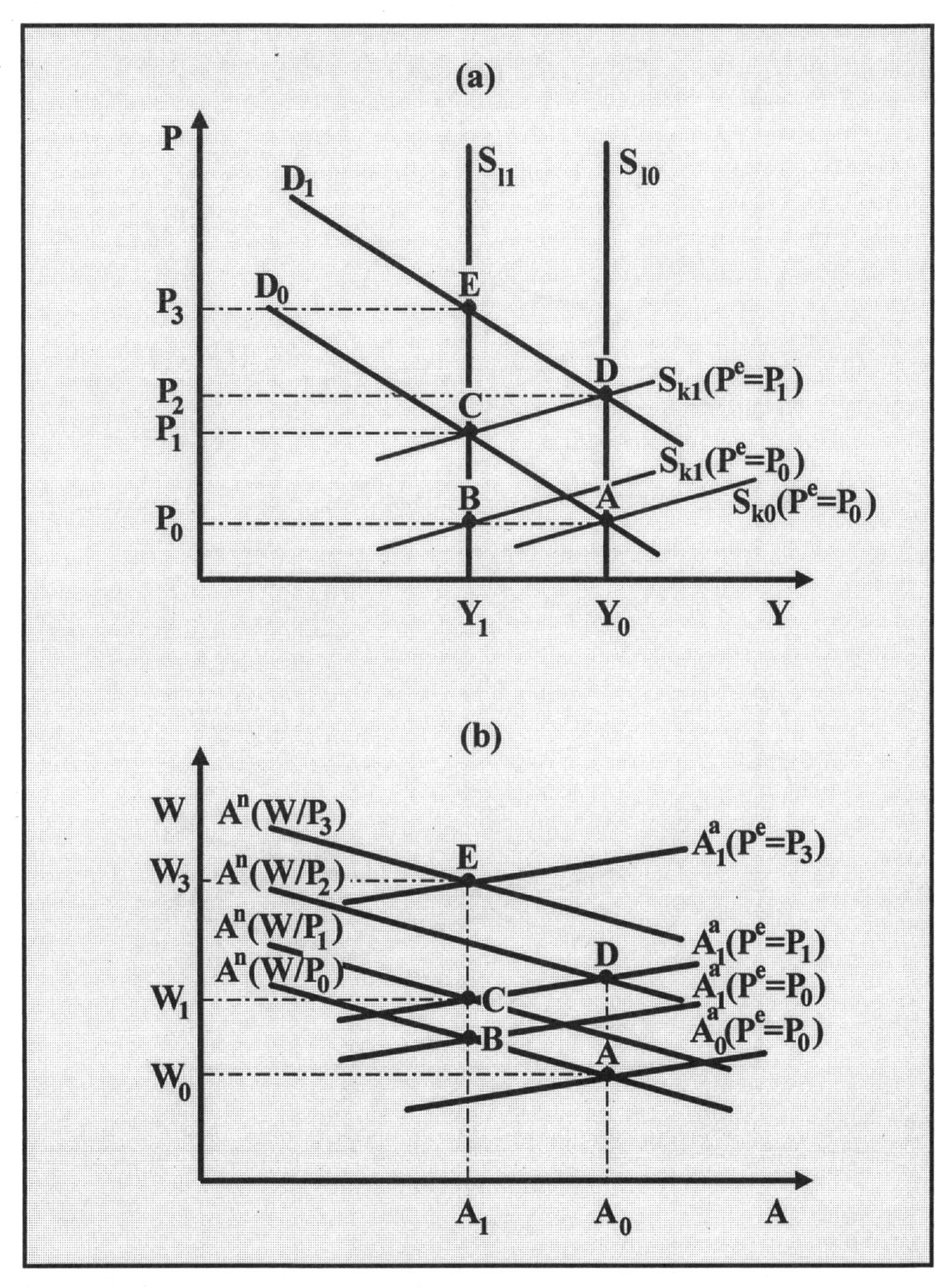

Abbildung A.6.6

Infolge einer Erhöhung der Geldmenge verlagert sich die D-Kurve nach D_1, so dass in Punkt D bei den Preisniveau-Erwartungen $P^e = P_1$ ein neues kurzfristiges Gleichgewicht erreicht wird. Bei korrekten Erwartungen ($P^e = P_3$) folgt das Gleichgewicht E usw.

Musterlösung 6.11

Die Ausgangssituation entspricht Punkt A in Abbildung A.6.7. Nach einer Angebotsstörung stellt sich bei korrekten Preiserwartungen das Gleichgewicht B ein; die LM_0-Kurve verschiebt sich infolge der Preiserhöhung auf P_1 nach LM_1.

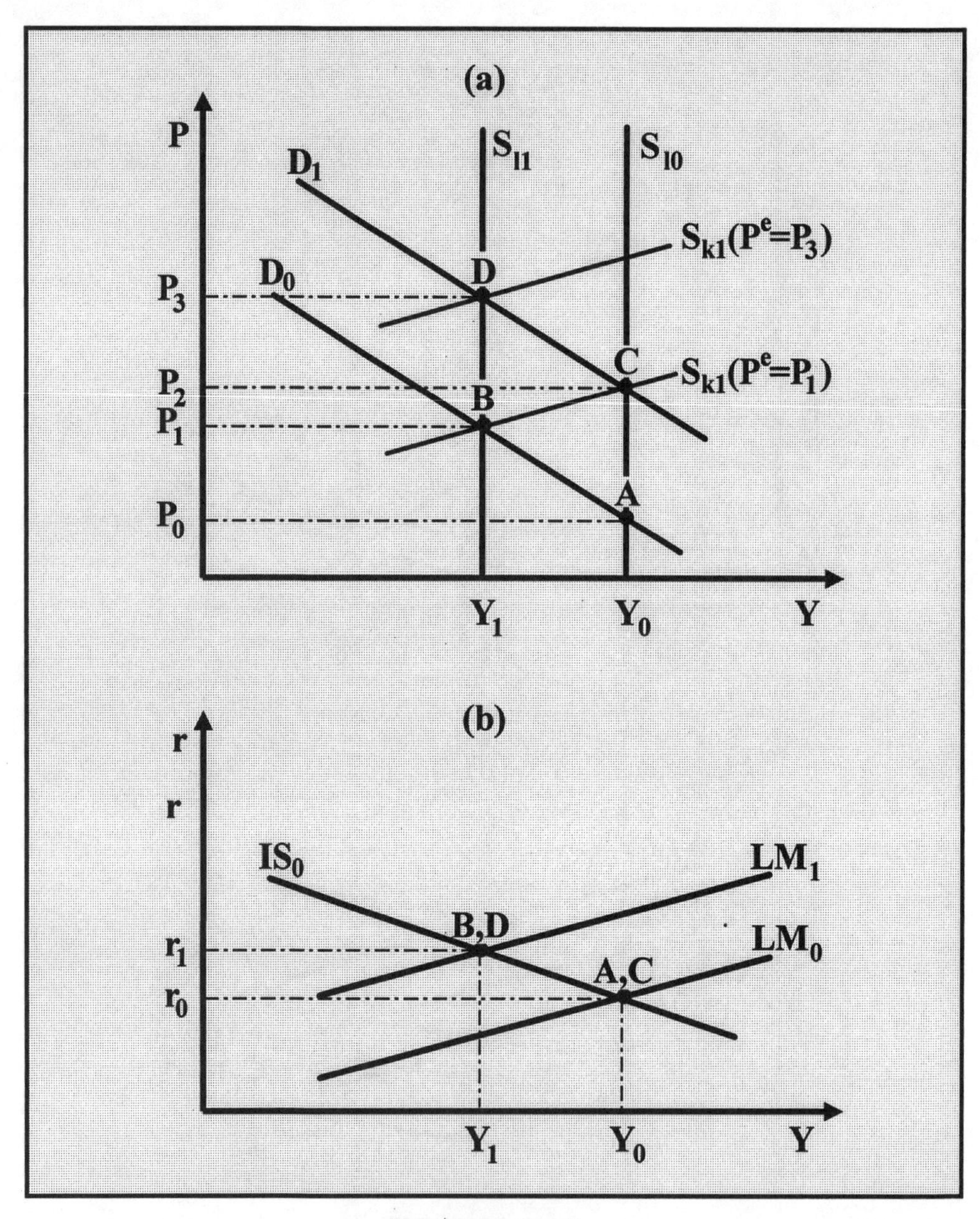

Abbildung A.6.7

Um Y_0 wieder herzustellen, muss sich die D-Kurve nach D_1 verlagern. Hierzu ist es erforderlich, dass die Geldmenge so stark erhöht wird, dass sich unter Berücksichtigung der weiteren Preissteigerung auf P_2 die LM-Kurve wieder in die Lage LM_0 verschiebt. Damit folgt bei falschen Preiserwartungen die Situation C; bei korrekten Preiserwartungen das Gleichgewicht D. Das Gleichgewicht D impliziert, dass sich die LM-Kurve infolge des Preisanstiegs auf P_3 erneut in die Lage LM_1 verschiebt, usw.

Musterlösung 6.12

Das Ausgangsgleichgewicht entspricht Punkt A in Abbildung A.6.8; Nominalzins r_0 und Realzins ρ_0 stimmen überein. Da in einer inflationären Wirtschaft preisbedingte Kapitalgewinne anfallen, ist die Investitionsnachfrage vom realen Zinssatz abhängig. Die Opportunitätskosten der Geldhaltung hingegen werden durch den nominellen Zinssatz erfasst.

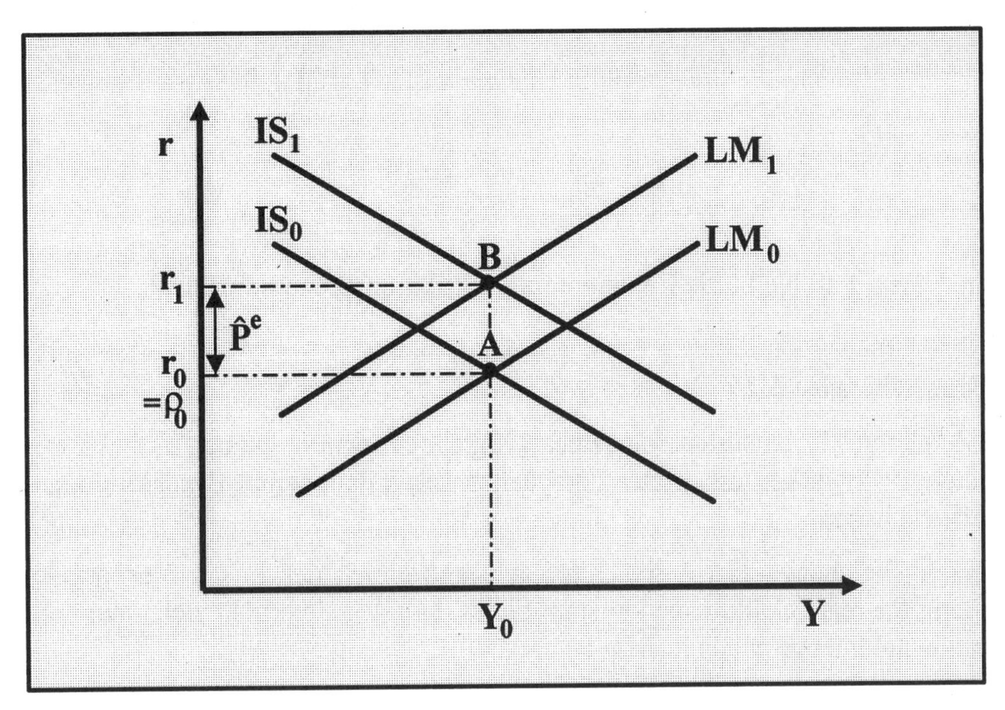

Abbildung A.6.8

Im neuen Gleichgewicht gilt $\hat{P} = \hat{P}^e = \hat{M}$; damit auch $\rho_1 = r_1 - \hat{P}$. Dies bedeutet, dass die gleiche Investitionsnachfrage nun bei r_1 getätigt wird, die IS-Kurve verschiebt sich also nach IS_1. Bei $\hat{P} = \hat{M}$ bleibt die reale Geldmenge konstant, d. h. die Lage der LM-Kurve bleibt unverändert. Im neuen Gleichgewicht muss die LM-Kurve jedoch durch Punkt B verlaufen, was eine niedrigere reale Geldmenge erfordert. In der Übergangszeit von altem zu neuem Gleichgewicht muss deshalb die reale Geldmenge sinken ($\hat{P} > \hat{M}$).

Musterlösung 6.13

Bei angekündigter kontraktiver Politik stellt sich unmittelbar Punkt B in Abbildung 6.10 ein; bei nicht angekündigter Politik ergibt sich wieder Punkt C.

Musterlösung 6.14

Es seien L_0 und Q_0 das nominelle Brutto-Lohn- bzw. das Brutto-Gewinneinkommen einer Basisperiode 0 bei $P_0 = 1$. Mit So bzw. Tr werden die nominell fixierten Sozialversicherungsbeiträge bzw. Transferzahlungen bezeichnet. Damit gilt für eine Periode t:

$$P_tY_0 = P_tL_0 + P_tQ_0 - So + Tr$$

bzw.:

$$1 = \frac{P_tL_0 + P_tQ_0 - So}{P_tY_0} + \frac{Tr}{P_tY_0}.$$

Wie ersichtlich, sinkt die Rentenquote Tr/P_tY_0 bei steigendem Preisniveau.

Sind die Renten ein bestimmter Teil tr des Lohneinkommens, so ergibt sich:

$$P_tY_0 = P_tL_0 + P_tQ_0 - trP_tL_0 + trP_tL_0$$

bzw.

$$1 = \frac{L_0 + Q_0 + trY_0}{Y_0} + \frac{trL_0}{Y_0}.$$

In diesem Fall bleibt die Rentenquote im Inflationsprozess konstant.

Musterlösung 6.15

Gleichung (1) entspricht der Lucas-Angebotsfunktion, wobei hier Abweichungen zwischen erwarteter und realisierter Inflationsrate Beschäftigungseffekte haben.

Nach Gleichung (2) ist die Güternachfrage gleich der in der Vorperiode, wenn die reale Geldmenge konstant bleibt ($\hat{M} = \hat{P}$); sie erhöht sich, wenn die reale Geldmenge ansteigt ($\hat{M} > \hat{P}$) u. u.

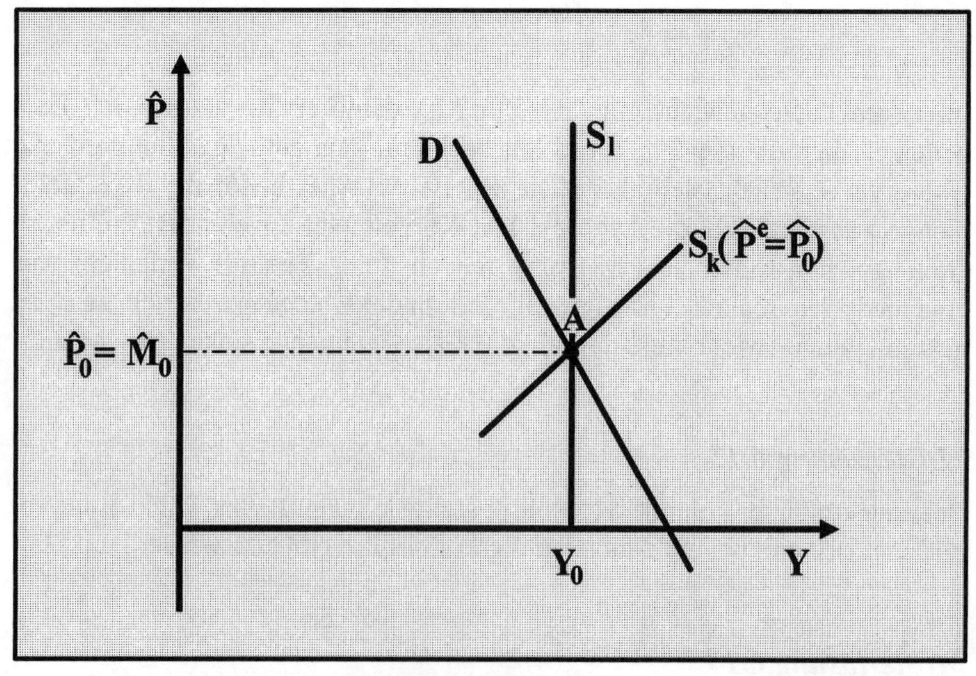

Abbildung A.6.9

Im Gleichgewicht gilt $Y_t^a = Y_t^n = Y_{t-1}^n = Y_0$, $\hat{P}^e = \hat{P}_0$ sowie $\hat{P}_0 = \hat{M}_0$. Dieses Gleichgewicht wird durch Punkt A in Abbildung A.6.9 angezeigt.

6. Musterlösungen zu Kapitel 7

Musterlösung 7.1

Arbitrageure erwerben in Frankfurt 1 £ für 1,36 € und erhalten in New York hierfür 1,80 $. Für 1,80 $ erlösen sie in Frankfurt 1,53 €, d. h. sie machen einen Gewinn von 0,17 € pro £.

Eine derartige Kursdifferenz würde große Arbitrage-Geschäfte auslösen, die ein Weiterbestehen dieser Differenz verhindern.

Musterlösung 7.2

Das Arbeitsangebot hängt vom Reallohn ab. Der Reallohn ist gleich dem Nominallohn, der mittels eines Preisindex deflationiert werden muss, der alle relevanten Güter enthält. Durch die Annahme, dass das Arbeitsangebot in einer geschlossenen und in einer offenen Volkswirtschaft gleich ist, werden die Preise der Importgüter bei der Bestimmung des Reallohns vernachlässigt. Eine Erhöhung des inländischen Preisniveaus hat bei konstanten Importpreisen und korrekter Ermittlung des Reallohns eine höhere Beschäftigung (der Nominallohn steigt nicht in gleichem Maße an wie das Preisniveau) und ein höheres Güterangebot zur Folge.

Musterlösung 7.3

Mit $P = P_a = 1$ beträgt der nominelle Außenbeitrag:

$$AB^n = X(\underset{+}{e}) - eJ(\underset{-}{e}).$$

Das totale Differential dieser Gleichung lautet:

$$dAB^n = \frac{dX}{de}de - J\,de - e\frac{dJ}{de}de.$$

Umformung liefert:

$$dAB^n = \frac{dX}{de}de - \left(1 + \frac{dJ}{de}\frac{e}{J}\right)J\,de.$$

Die Preiselastizität der Importnachfrage (ε) ist:

$$\varepsilon = \frac{dJ}{de}\frac{e}{J} < 0.$$

Preiselastische Importnachfrage bedeutet $\varepsilon < -1$; damit folgt, dass der Ausdruck $(1+\varepsilon)J$ negativ ist. Diese Annahme ist also hinreichend für $dAB^n/de > 0$, nicht jedoch notwendig, da der positive Term dX/de noch unberücksichtigt ist.

Musterlösung 7.4

Findet kein internationaler Kapitalverkehr statt, so muss bei einem Zahlungsbilanzgleichgewicht die Handelsbilanz ausgeglichen sein. Dies erfordert bei gegebenem realen Wechselkurs ein ganz bestimmtes Einkommen; die ZG-Kurve verläuft in diesem Fall also parallel zur r-Achse (ZG_1) (Abbildung A.7.1).

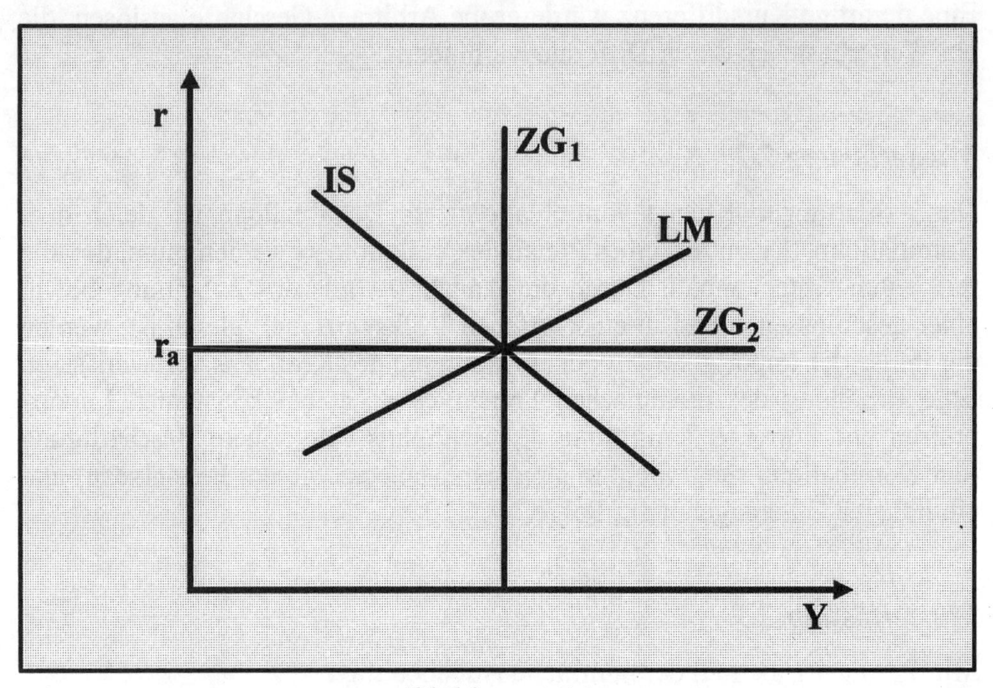

Abbildung A.7.1

Bei vollkommener Kapitalmobilität ist der inländische Zinssatz gleich dem ausländischen. Ein Handelsbilanzdefizit aufgrund höheren Einkommens wird in diesem Fall durch einen Kapitalverkehrsbilanz-Überschuss bei konstantem Zinssatz ausgeglichen. Die ZG-Kurve verläuft dann parallel zur Y-Achse (ZG_2).

Bei einer Erhöhung des ausländischen Zinssatzes verschiebt sich die ZG_2-Kurve nach oben; bei einer Erhöhung des ausländischen Einkommens die ZG_1-Kurve nach rechts.

Musterlösung 7.5

Die Ausgangssituation entspricht Punkt A: Bei vollkommener Kapitalmobilität verläuft die ZG-Kurve waagerecht; bei geringer Kapitalmobilität steiler als die LM-Kurve; findet kein internationaler Kapitalverkehr statt, so verläuft die ZG-Kurve senkrecht.

Infolge des Zahlungsbilanzdefizits verringert sich die Geldmenge, so dass sich die LM-Kurve nach links verschiebt. Geringeres Einkommen sowie in den Fällen (b) und (c) höherer Zinssatz führen zum Zahlungsbilanzausgleich (Punkt B).

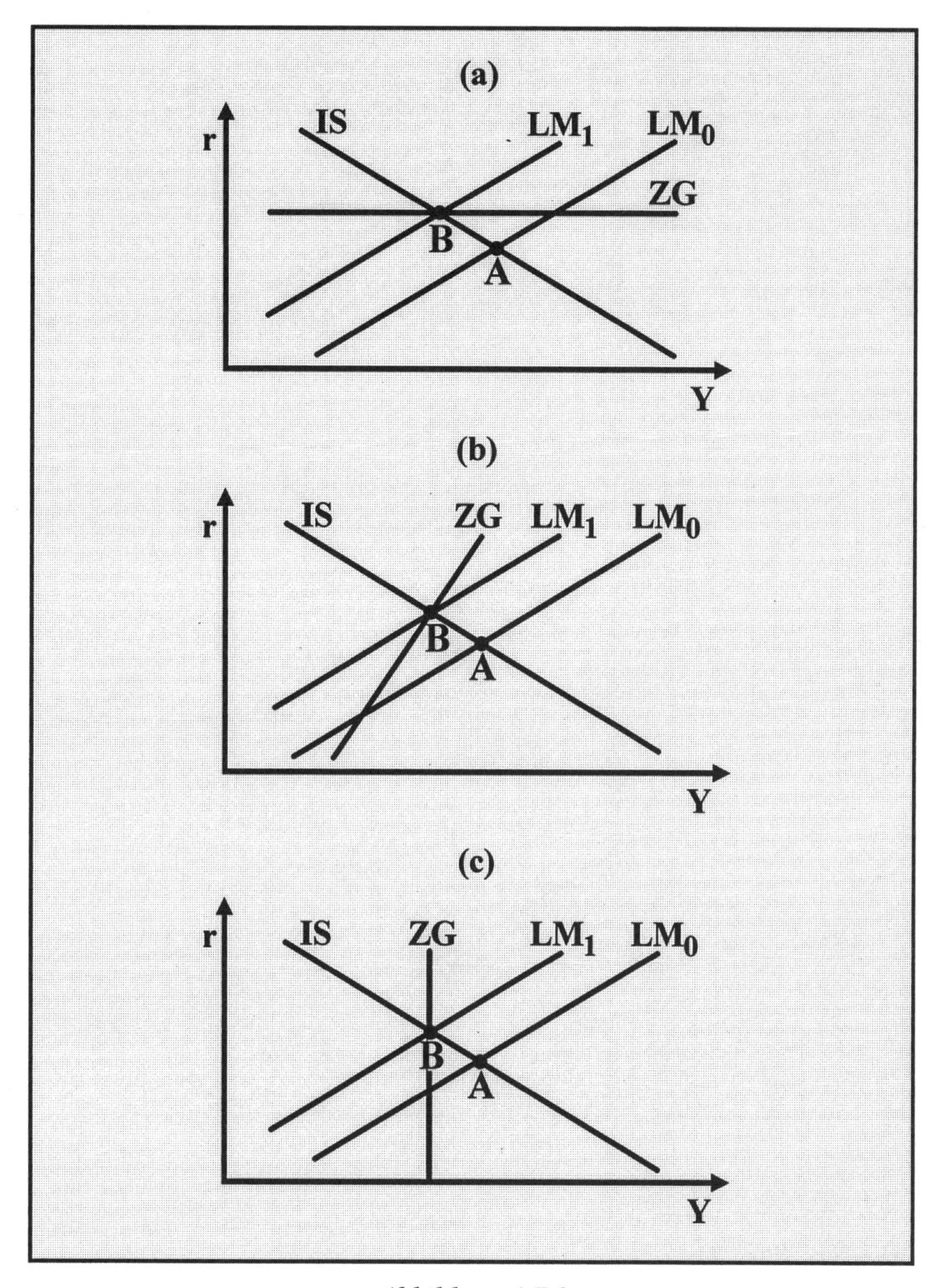

Abbildung A.7.2

Musterlösung 7.6

Die Ausgangssituation entspricht Punkt A in Abbildung A.7.3.

Infolge des Zahlungsbilanzdefizits wird die Währung abgewertet (nomineller und realer Wechselkurs steigen an). Hierdurch erhöht sich der reale Außenbeitrag; die IS-Kurve, in den Fällen (b) und (c) auch die ZG-Kurve, verschiebt sich nach rechts. Die Abwertung ist so ausgeprägt, dass sich IS- und ZG-Kurve auf der unveränderten LM-Kurve schneiden (Punkt B).

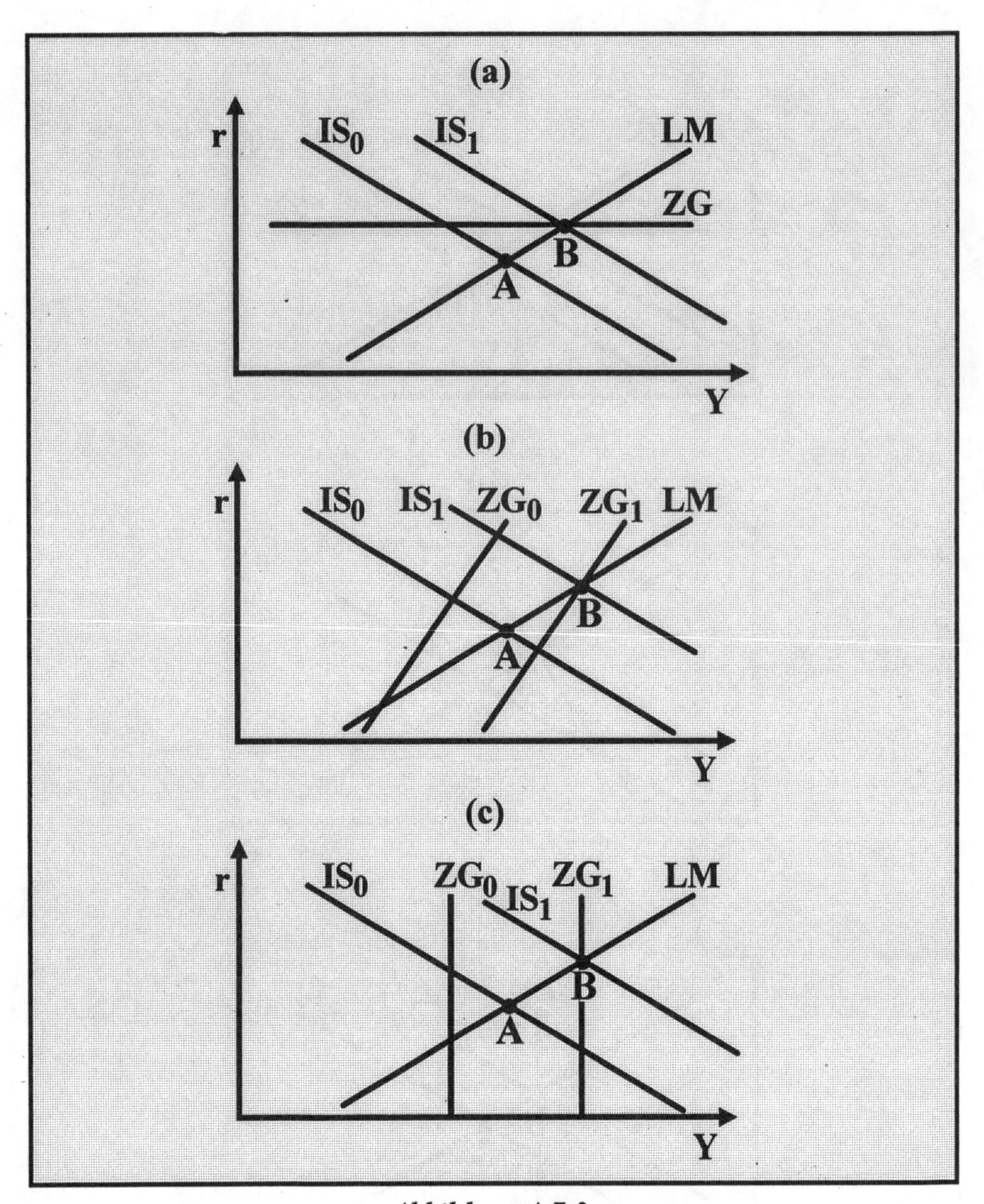

Abbildung A.7.3

Musterlösung 7.7

Die Ausgangssituation entspricht Punkt A in Abbildung A.7.4, der nun auf der S-Kurve liegt. Der Zinssatz ist jetzt zu niedrig zum Ausgleich der Zahlungsbilanz; die ZG-Kurve verläuft steiler als die LM-Kurve (diese Annahme ist unerheblich für das Ergebnis).

Der Geldmengenmechanismus führt zu Punkt B. Hier sind ein Zahlungsbilanzgleichgewicht und ein kurzfristiges binnenwirtschaftliches Gleichgewicht erreicht (P = const.).

Die Unterbeschäftigungssituation führt längerfristig zu Preissenkungen. Diese Preissenkungen halten so lange an, bis sich die IS_1- und die LM_2-Kurve auf der S-Kurve schneiden (Punkt C). Infolge der Preissenkungen verlagert sich die ZG-Kurve nach ZG_1 und verlaufe zur Vereinfachung ebenfalls durch Punkt C. (Andernfalls beginnt der Prozess von vorne.) Der sog. Geldmengen-Preis-Mechanismus führt also zum simultanen binnen- und außenwirtschaftlichen Gleichgewicht.

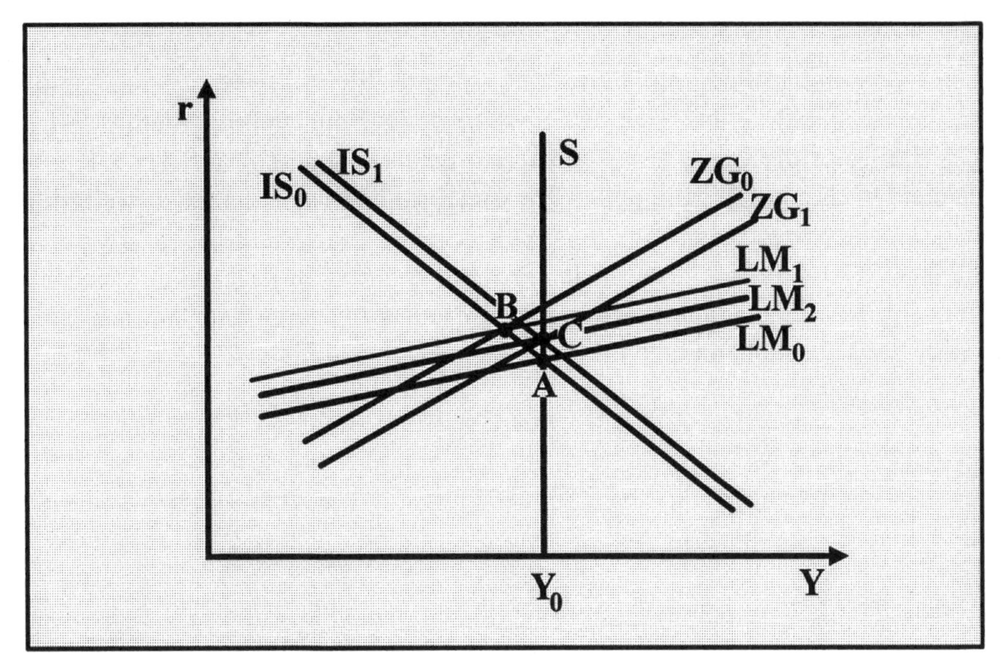

Abbildung A.7.4

Musterlösung 7.8

Punkt A in Abbildung A.7.5 gibt die Ausgangssituation wieder. Der Zinssatz ist zu niedrig zum Ausgleich der Zahlungsbilanz; die ZG-Kurve verläuft steiler als die LM-Kurve (diese Annahme ist unerheblich für das Ergebnis).

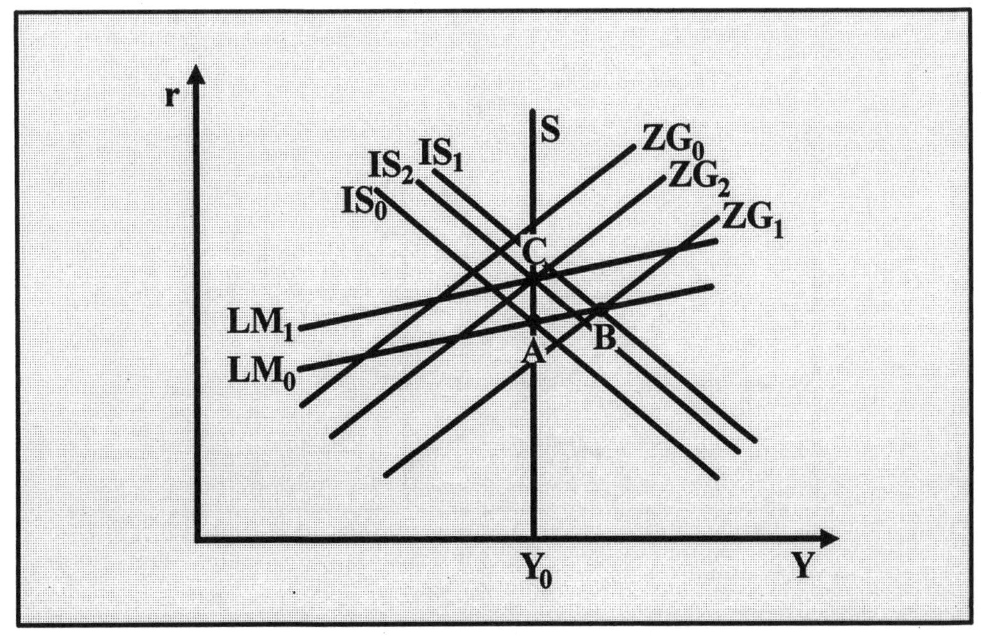

Abbildung A.7.5

Das Zahlungsbilanzdefizit führt zu einer Abwertung der inländischen Währung (IS_0 nach IS_1; ZG_0 nach ZG_1), bis sich die IS- und die ZG-Kurve auf der LM_0-Kurve schneiden (Punkt B). In Punkt B sind ein Zahlungsbilanzgleichgewicht und ein kurzfristiges binnenwirtschaftliches Gleichgewicht erreicht (P = const.).

Die Überbeschäftigungssituation führt längerfristig zu Preissteigerungen, die so lange anhalten, bis sich die IS-Kurve (verschlechterte Wettbewerbsposition) und die LM-Kurve (geringere reale Geldmenge) auf der S-Kurve schneiden (Punkt C). Infolge der Preissteigerungen verschiebt sich weiterhin die ZG-Kurve nach oben. Die neue ZG-Kurve (ZG_2) verlaufe ebenfalls durch Punkt C. (Andernfalls beginnt der Prozess von neuem.) Der sog. Wechselkurs-Preis-Mechanismus führt in diesem Fall zum simultanen binnen- und außenwirtschaftlichen Gleichgewicht.

Musterlösung 7.9

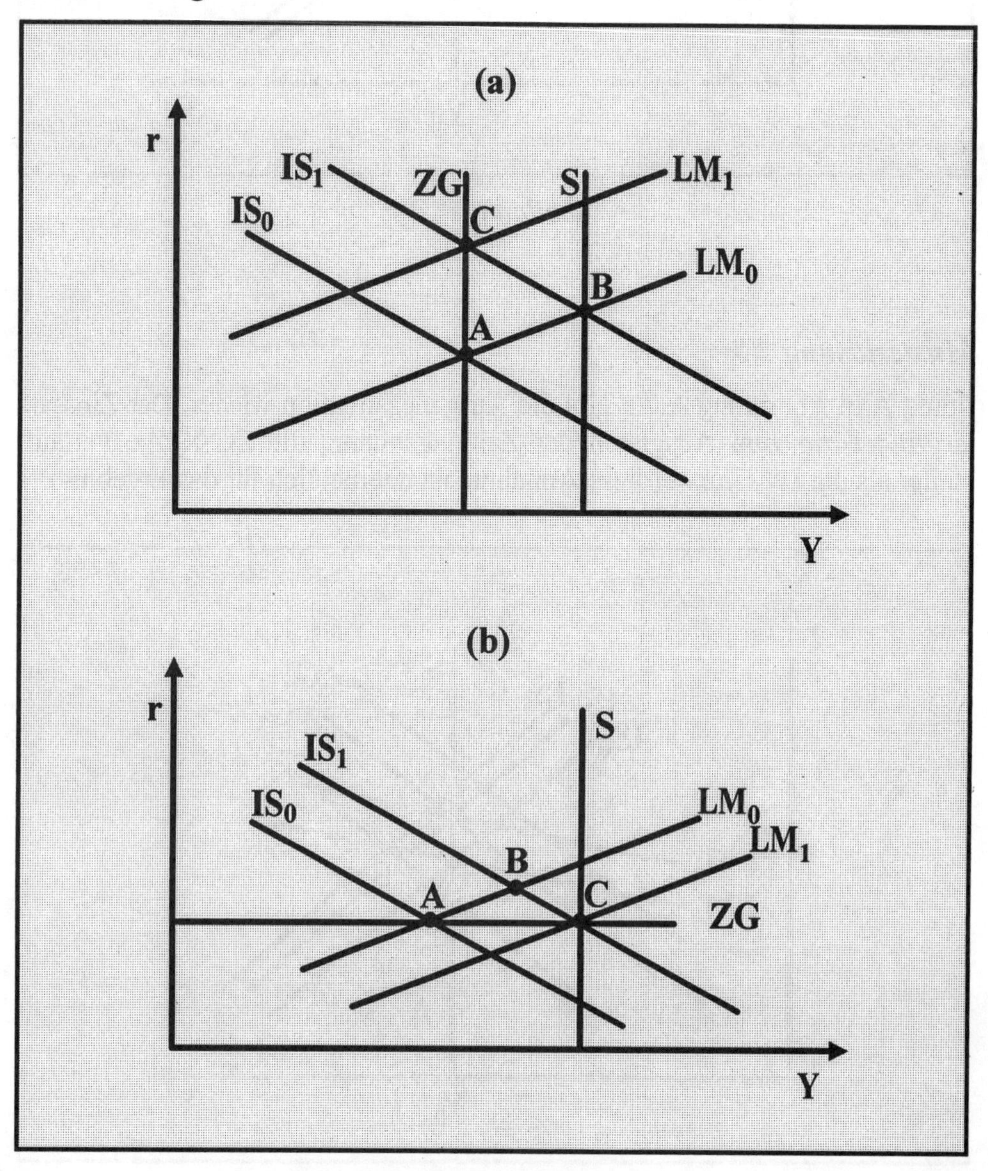

Abbildung A.7.6

Die Ausgangssituation wird durch Punkt A in Abbildung A.7.6 wiedergegeben. Bei vollkommen unelastischem Kapitalverkehr verläuft die ZG-Kurve senkrecht, bei vollkommen elastischem Kapitalverkehr waagerecht.

Expansive Fiskalpolitik verschiebt die IS-Kurve nach rechts (IS_1). In Teil (a) entsteht in Punkt B ein Zahlungsbilanzdefizit, das eine Linksverschiebung der LM-Kurve bewirkt, bis Punkt C erreicht ist. Die expansive Wirkung der Fiskalpolitik wird hier durch die negative Wirkung des Geldmengen-Mechanismus bei fehlendem internationalen Kapitalverkehr vollständig aufgehoben.

In Teil (b) existiert in Punkt B ein Zahlungsbilanzüberschuss. Der Geldmengenmechanismus verschiebt die LM-Kurve nach rechts bis zu Punkt C (die Fiskalpolitik ist so einzusetzen, dass die IS_1-Kurve durch den Schnittpunkt zwischen der ZG- und der S-Kurve verläuft). Der Geldmengen-Mechanismus verstärkt in diesem Fall also die Wirkung der Fiskalpolitik.

Musterlösung 7.10

In Abbildung A.7.7 kennzeichnet Punkt A die Ausgangssituation, die ZG-Kurve verläuft steiler als die LM-Kurve (diese Annahme ist für das Ergebnis unerheblich).

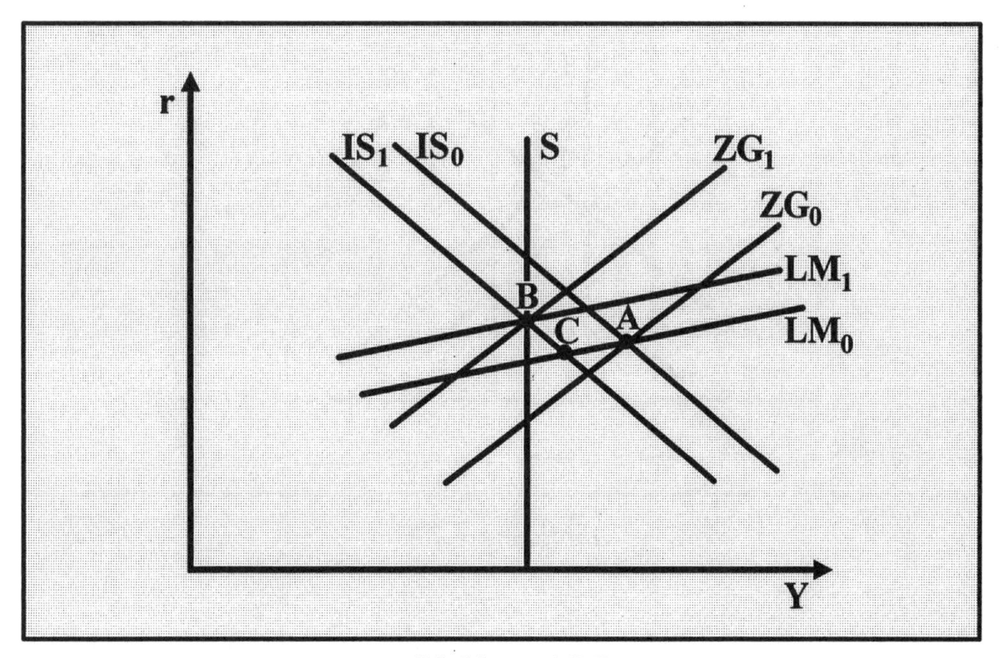

Abbildung A.7.7

Zum Abbau der Überbeschäftigung ist die inländische Währung soweit aufzuwerten, bis sich IS- und ZG-Kurve auf der S-Kurve schneiden (Punkt B). Bei IS_1 und LM_0 ergibt sich zunächst die Situation C, nämlich weiterhin Überbeschäftigung bei einem Zahlungsbilanzdefizit. Der Geldmengenmechanismus verschiebt nun die LM-Kurve, bis sie ebenfalls durch Punkt B verläuft.

Musterlösung 7.11

Die Ausgangssituation wird durch Punkt A in Abbildung A.7.8 angezeigt. Bei vollkommen elastischem internationalen Kapitalverkehr verläuft die ZG-Kurve waagerecht, bei vollkommen unelastischem Kapitalverkehr senkrecht.

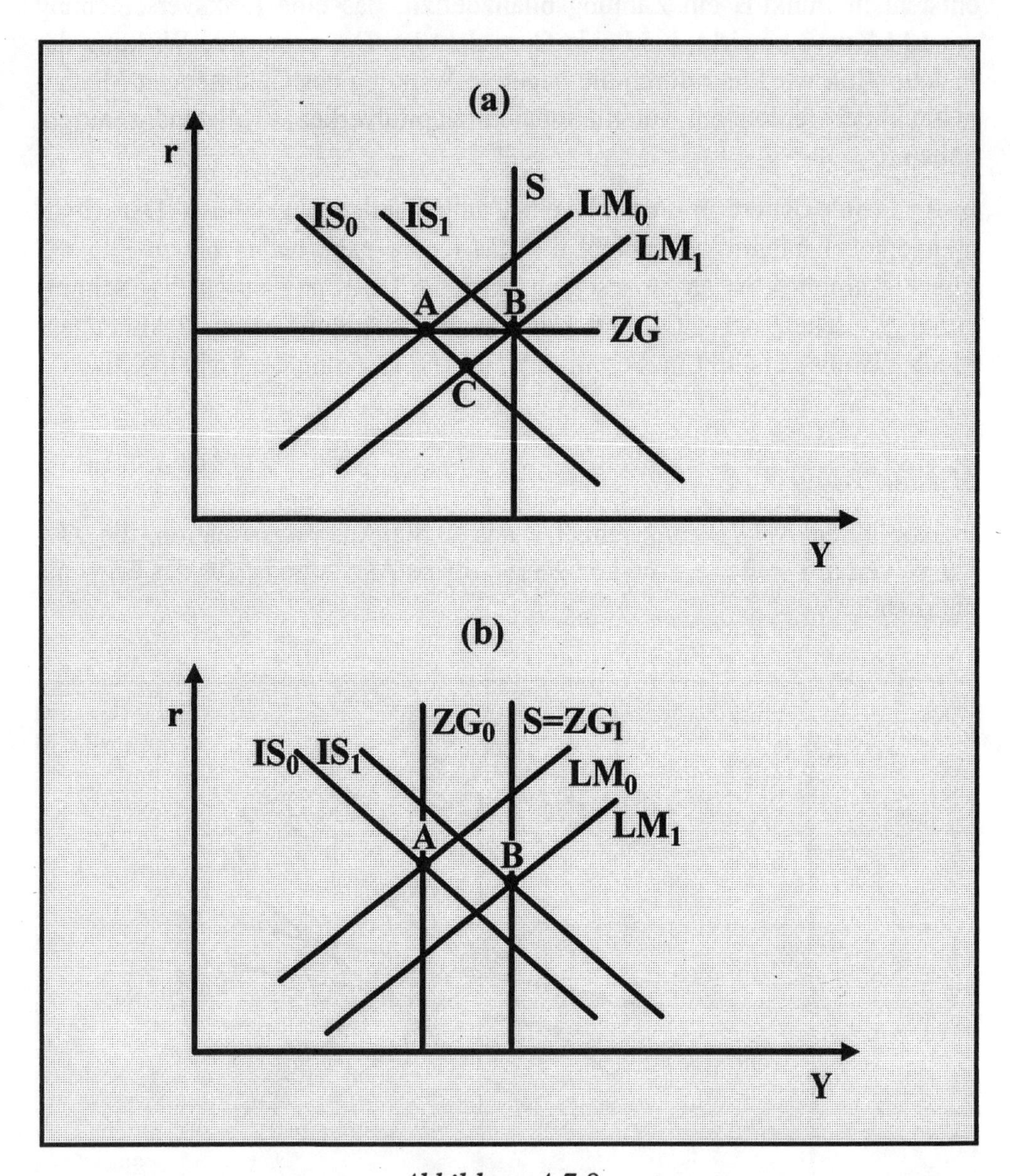

Abbildung A.7.8

Da die ZG-Kurve in Teil (a) unverändert bleibt, wird das gesamtwirtschaftliche Gleichgewicht durch Punkt B angegeben. Die Geldpolitik muss also die LM-Kurve durch diesen Punkt verschieben. Damit stellt sich zunächst die Situation C ein. Das Zahlungsbilanzdefizit bewirkt eine Abwertung der inländischen Währung, bis die IS-Kurve ebenfalls durch Punkt B verläuft.

Auch in Teil (b) kommt es infolge expansiver Geldpolitik zu einer Abwertung. Aufgrund der Abwertung verschieben sich die IS- und die ZG-Kurve nach rechts. Die Geldpolitik ist also so zu dimensionieren, dass die ZG-Kurve aufgrund der Abwertung mit der S-Kurve zusammenfällt.

Musterlösung 7.12

Die Ausgangssituation entspricht wieder Punkt A in Abbildung A.7.9. Da die LM-Kurve bei Fiskalpolitik und flexiblen Wechselkursen unverändert bleibt, wird das gesamtwirtschaftliche Gleichgewicht in Abbildung A.7.9 durch Punkt B angegeben.

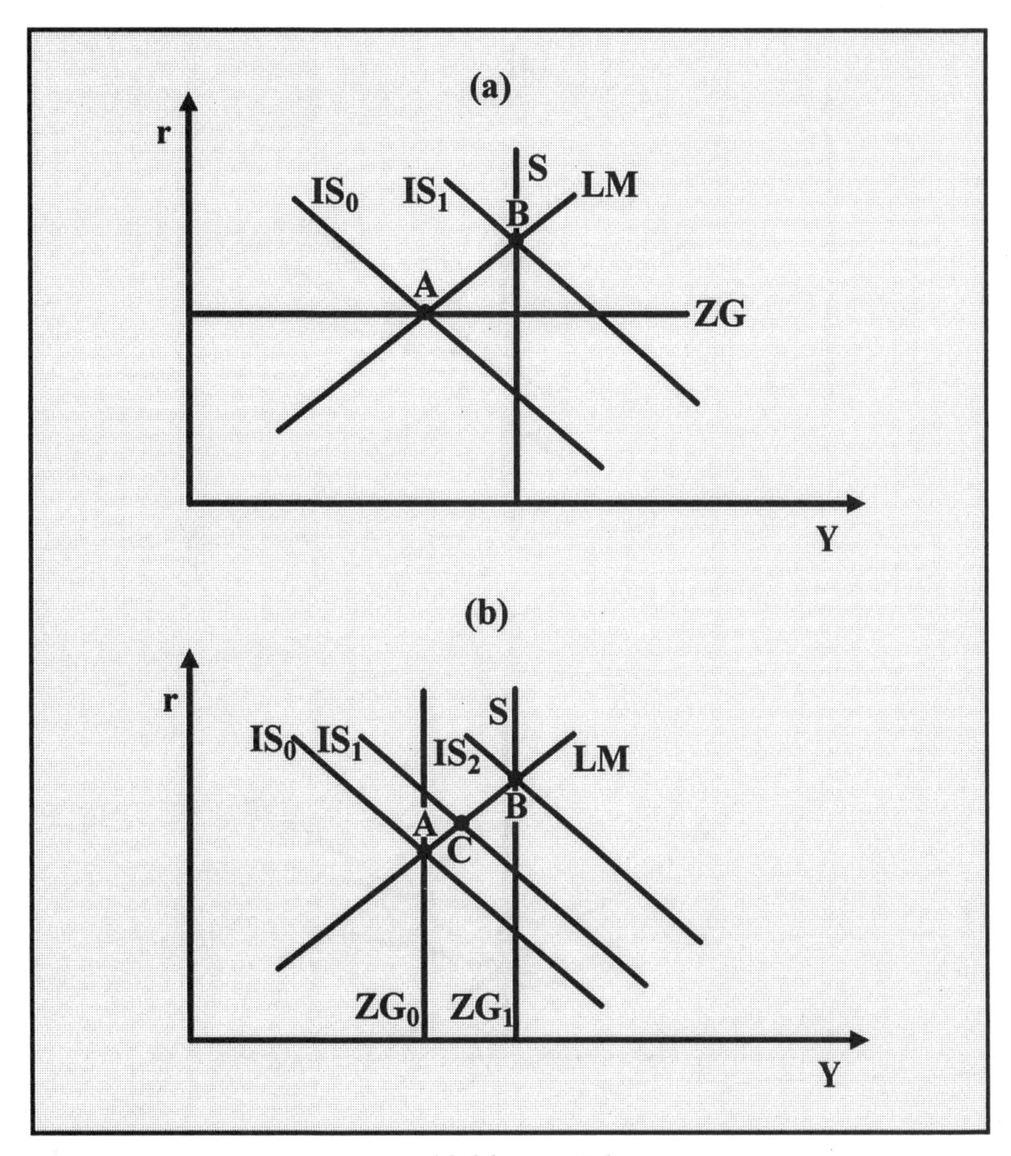

Abbildung A.7.9

Verschiebt sich die IS-Kurve infolge expansiver Fiskalpolitik nach IS_1, so entsteht ein Zahlungsbilanzüberschuss, der eine Aufwertung der inländischen Währung zur Folge hat. Diese Aufwertung ist bei vollkommener Kapitalmobilität (Teil (a)) so ausgeprägt, dass sich die IS-Kurve in ihre Ausgangslage zurück verschiebt; Fiskalpolitik ist in diesem Fall also völlig unwirksam.

In Teil (b) ist die Stärke der Fiskalpolitik so zu wählen (IS_1), dass aufgrund der hierdurch induzierten Abwertung sowohl die IS- als auch die ZG-Kurve durch Punkt B verlaufen (IS_2, ZG_1).

Musterlösung 7.13

Die Ausgangssituation entspricht Punkt A in Abbildung A.7.10. Bei relativ hoher Kapitalmobilität verläuft die ZG-Kurve flacher als die LM-Kurve, bei relativ niedriger Kapitalmobilität hingegen steiler.

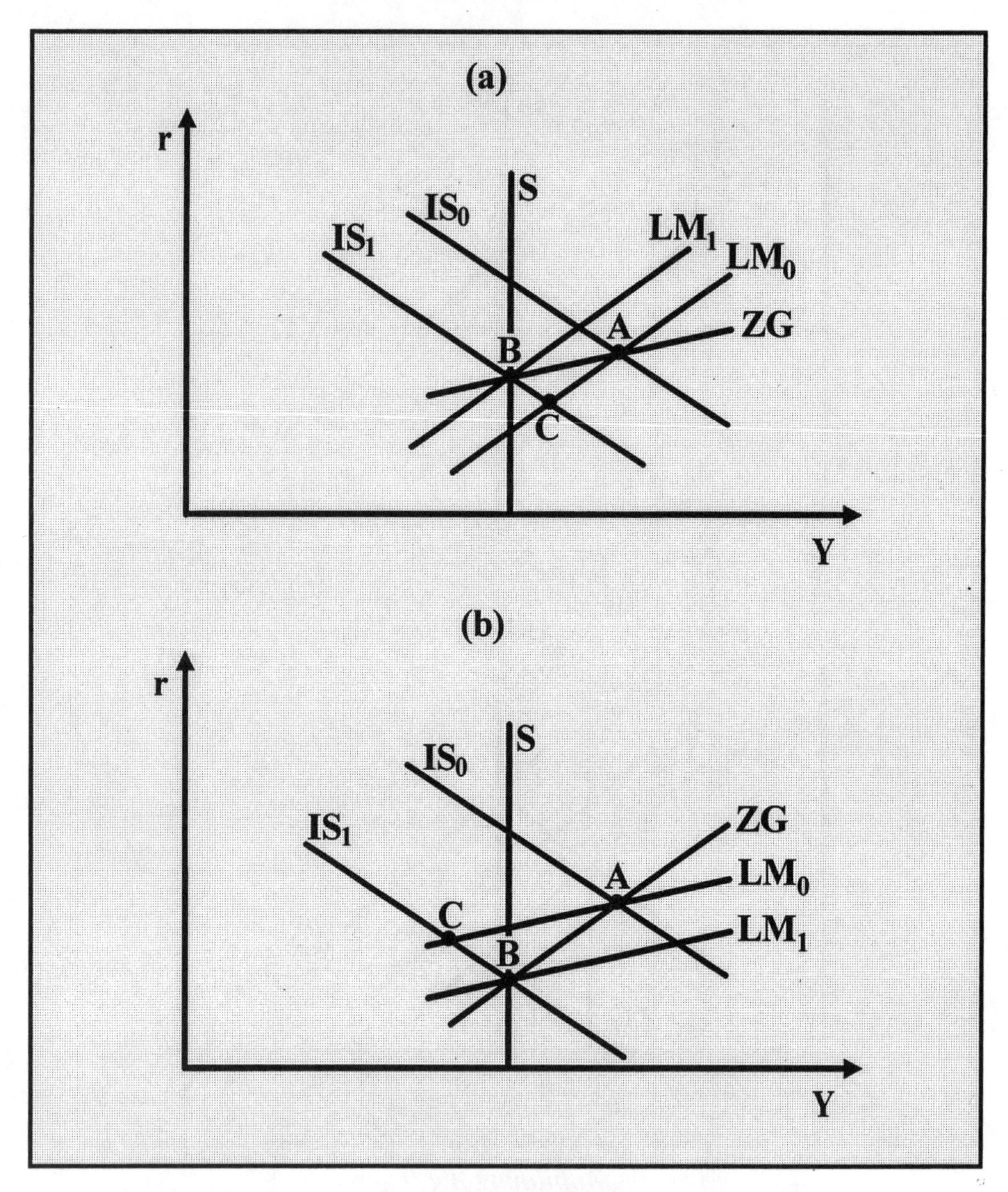

Abbildung A.7.10

Bei festen Wechselkursen und Fiskalpolitik bleibt die ZG-Kurve unverändert; das gesamtwirtschaftliche Gleichgewicht entspricht also Punkt B. Die Fiskalpolitik muss folglich die IS-Kurve durch Punkt B verschieben; es stellt sich die Situation C ein. In Fall (a) entsteht nun ein Zahlungsbilanzdefizit, in Fall (b) ein Zahlungsbilanzüberschuss. Der Geldmengen-Mechanismus verstärkt also bei hoher Kapitalmobilität die kontraktive Fiskalpolitik; bei niedriger Kapitalmobilität hingegen schwächt er die Wirkung der Fiskalpolitik ab.

Musterlösung 7.14

Die Ausgangssituation wird durch Punkt A in Abbildung A.7.11 angezeigt. Teil (a) gibt den Fall hoher, Teil (b) den Fall geringer Kapitalmobilität wieder.

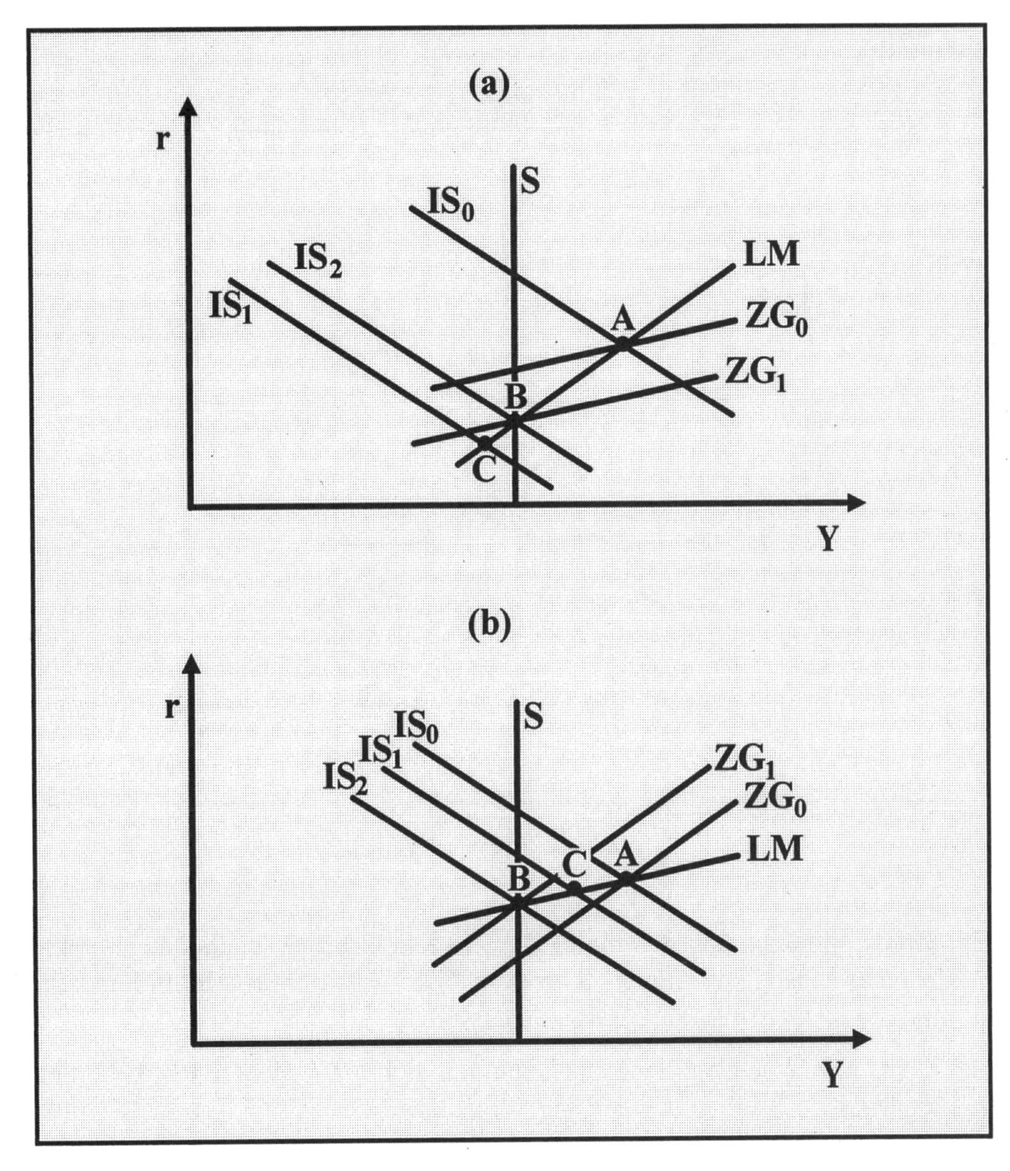

Abbildung A.7.11

Bei flexiblen Wechselkursen und Fiskalpolitik bleibt die LM-Kurve erhalten; das gesamtwirtschaftliche Gleichgewicht wird durch Punkt B angezeigt. Kontraktive Fiskalpolitik (IS_1, Punkt C) führt in Fall (a) zu einem Zahlungsbilanzdefizit und zur Abwertung, in Fall (b) zu einem Zahlungsbilanzüberschuss und zur Aufwertung. Infolge der Abwertung erhöht sich die binnenwirtschaftliche Güternachfrage (IS_2), infolge der Aufwertung verringert sie sich. Der Wechselkurs-Mechanismus schwächt also die Wirkung der Fiskalpolitik bei hoher Kapitalmobilität ab, bei geringer Kapitalmobilität verstärkt er sie.

Musterlösung 7.15

Die Ausgangslage wird durch Punkt A in Abbildung A.7.12 angezeigt. Als Mittelkombination zur Realisierung der Ziele Vollbeschäftigung und Zahlungsbilanzgleichgewicht kann der Staat bei festen und bei flexiblen Wechselkursen die Geld- und Fiskalpolitik einsetzen. Bei festen Wechselkursen zusätzlich die Geld- und Wechselkurspolitik sowie die Fiskal- und Wechselkurspolitik.

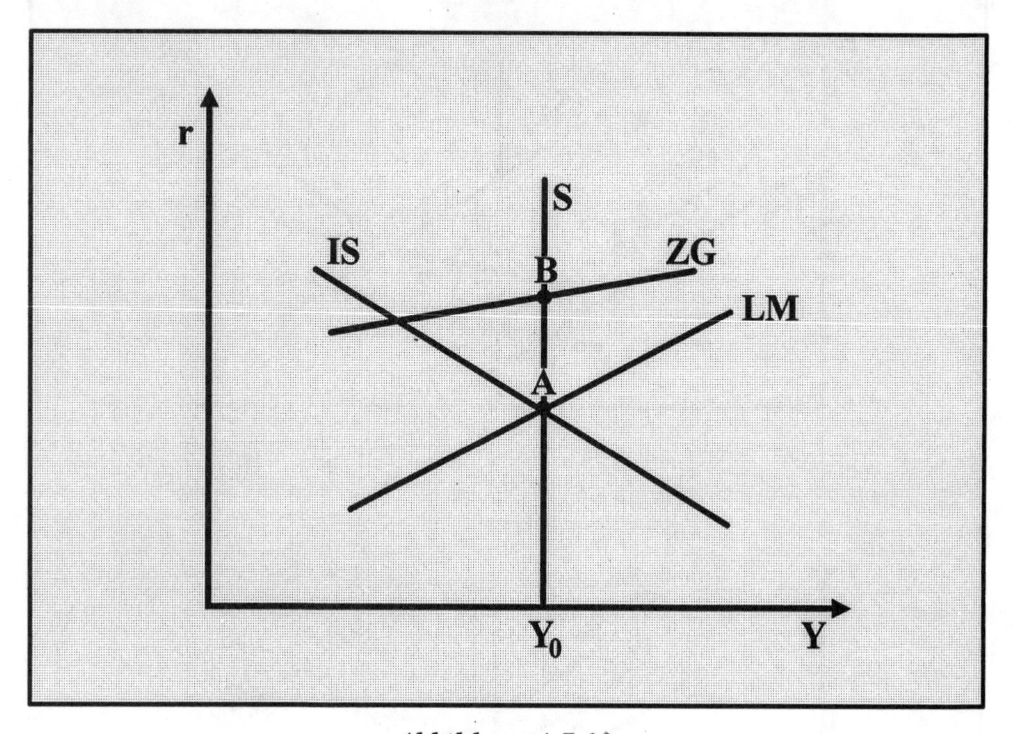

Abbildung A.7.12

Bei Geld- und Fiskalpolitik bleibt die ZG-Kurve erhalten; das angestrebte Gleichgewicht ist also in Punkt B erreicht. Hierzu ist die Fiskalpolitik expansiv und die Geldpolitik kontraktiv einzusetzen.

Bei Geld- und Wechselkurspolitik verändert sich die Lage der IS-, LM- und ZG-Kurve. Infolge einer Abwertung verschieben sich die IS- und ZG-Kurve nach rechts; die Abwertung ist so zu bemessen, dass sich diese beiden Kurven auf der S-Kurve schneiden (zwischen den Punkten A und B). Die Abwertung ist um kontraktive Geldpolitik zu ergänzen.

Bei Fiskal- und Wechselkurspolitik bleibt die LM-Kurve erhalten; das angestrebte Gleichgewicht ist in Punkt A erreicht. Hierzu ist eine Abwertung (Rechtsverschiebung der IS- und ZG-Kurve) sowie kontraktive Fiskalpolitik (Zurückverlagerung der IS-Kurve in Ausgangsposition) erforderlich.

Musterlösung 7.16

Ausgangspunkt ist A in Abbildung A.7.13; in Teil (a) gilt eine hohe, in Teil (b) eine niedrige internationale Kapitalmobilität.

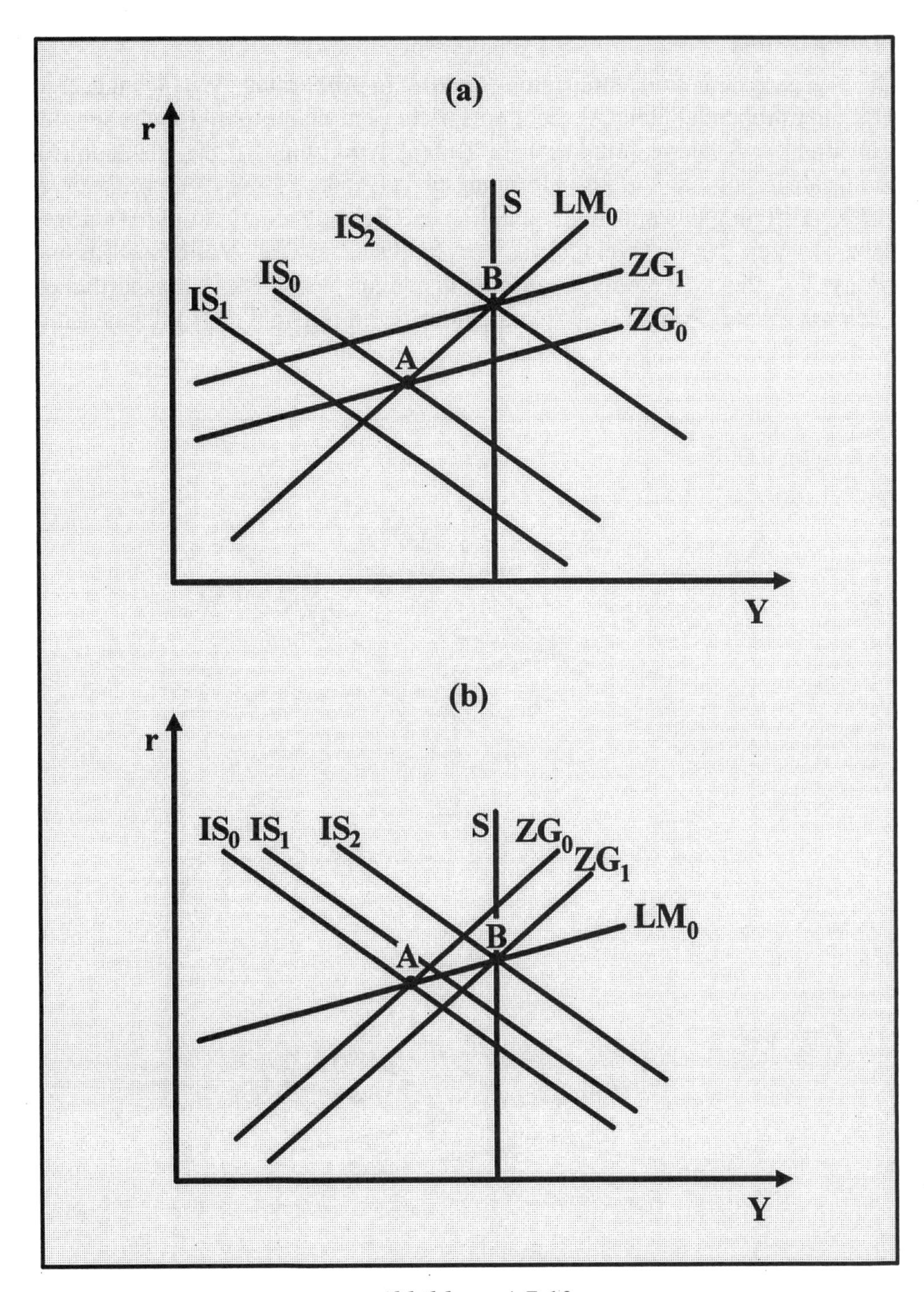

Abbildung A.7.13

Die Fiskal- und Wechselkurspolitik lässt die LM-Kurve unverändert; das anzustrebende Gleichgewicht entspricht somit Punkt B. Bei hoher Kapitalmobilität ist hierzu die inländische Währung aufzuwerten, so dass die ZG_1-Kurve durch Punkt B verläuft. Der Rückgang der Güternachfrage (IS_1) ist dann durch expansive Fiskalpolitik auszugleichen (IS_2).

Bei niedriger Kapitalmobilität ist die inländische Währung abzuwerten (ZG_1, IS_1). Das verbleibende Nachfragedefizit ist wiederum durch expansive Fiskalpolitik auszugleichen (IS_2).

Musterlösung 7.17

Die Ausgangssituation wird durch Punkt A in Abbildung A.7.14 angezeigt. Das anzustrebende Gleichgewicht entspricht dem Schnittpunkt zwischen der ZG- und der S-Kurve (Punkt B). In Teil (a) wird zunächst die Fiskalpolitik zur Realisierung des Vollbeschäftigungsziels (Punkt C), die Geldpolitik dann zur Realisierung des außenwirtschaftlichen Gleichgewichts (Punkt D) eingesetzt; in Teil (b) die Geldpolitik zur Realisierung der Vollbeschäftigung (Punkt C), die Fiskalpolitik zur Realisierung des außenwirtschaftlichen Gleichgewichts (Punkt D). Wie ersichtlich, wird nur in Teil (b) das gesamtwirtschaftliche Gleichgewicht schrittweise erreicht.

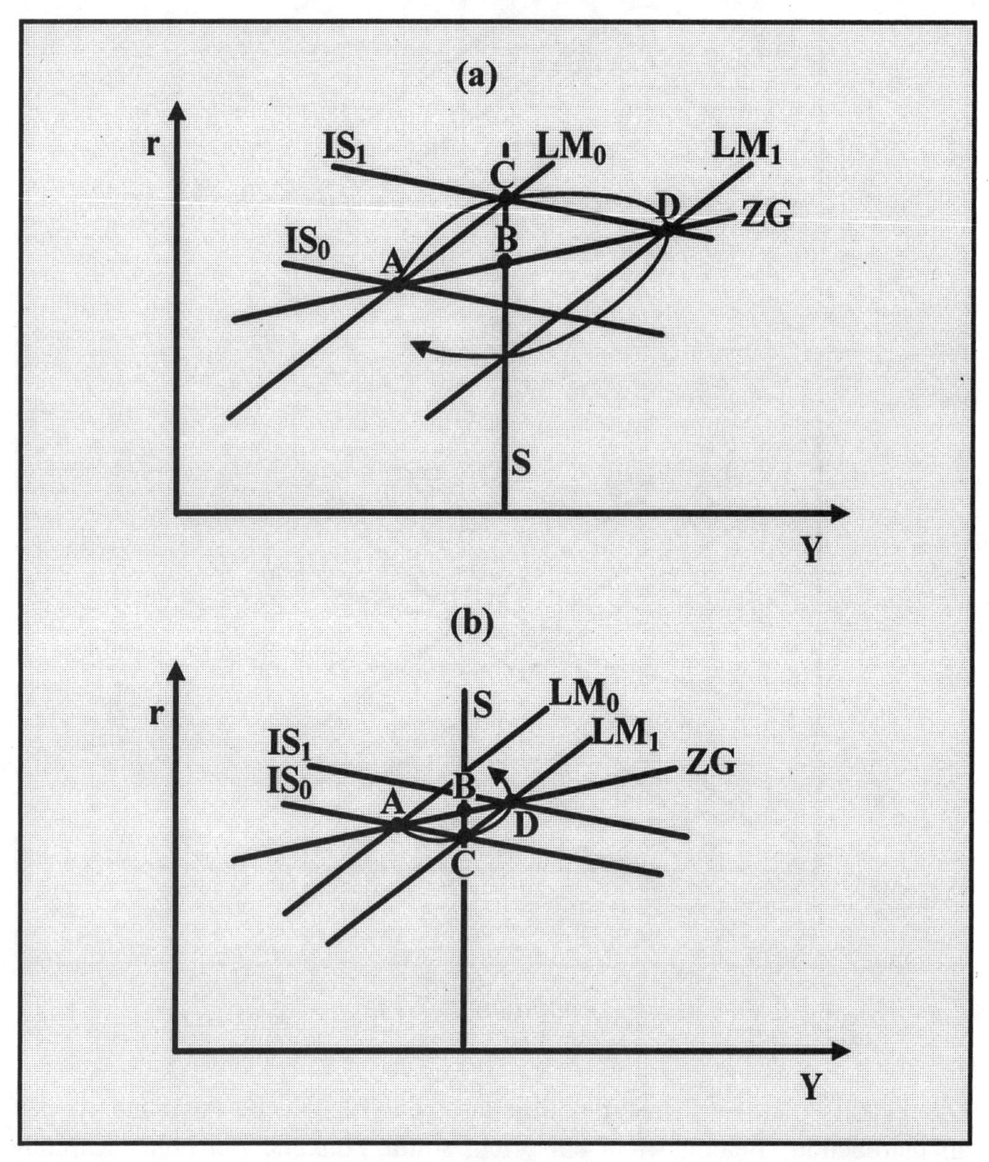

Abbildung A.7.14

Steiler Verlauf der LM-Kurve und flacher Verlauf der IS-Kurve bedeuten, dass die Fiskalpolitik, anders als die Geldpolitik, geringe Einkommens- aber große Zinseffekte hat. Bei hoher Kapitalmobilität ist dann die Fiskalpolitik zur Realisierung des außenwirtschaftlichen Ziels einzusetzen.

Musterlösung 7.18

Die Ausgangssituation wird durch Punkt A in Abbildung A.7.15 angezeigt.

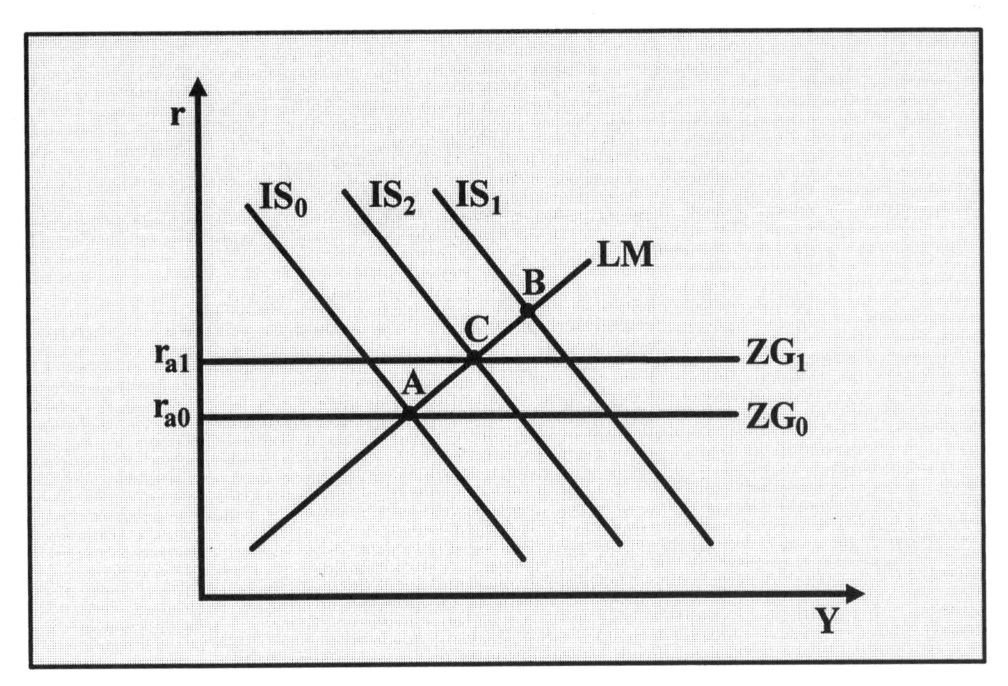

Abbildung A.7.15

Eine Erhöhung des ausländischen Einkommens führt zu einer Rechtsverschiebung der IS-Kurve nach IS_1; es stellt sich die Situation B ein. Ohne ausländische Zinsänderung kommt es zur Aufwertung, die die IS-Kurve nach IS_0 zurück verlagert.

Die Erhöhung des ausländischen Zinssatzes verschiebt die ZG-Kurve nach ZG_1. Da nun der Zahlungsbilanzüberschuss und die Aufwertung geringer sind, verlagert sich die IS-Kurve nach IS_2 (Punkt C). Damit bleibt als Ergebnis ein gewisser Nachfrageeffekt im Inland erhalten.

Musterlösung 7.19

Das Ausgangsgleichgewicht entspricht Punkt A in Abbildung A.7.16. Die ZG-Kurve verläuft aufgrund der Annahme vollkommener Kapitalmobilität waagerecht.

Infolge der ausländischen Preiserhöhung verlagert sich die IS-Kurve nach IS_1. Ohne Zinsänderung führt der Geldmengenmechanismus zu Punkt B. Die inflatorische Lücke hat eine prozentual gleich große Preissteigerung im Inland wie im Ausland zur Folge.

Die ausländische Zinssteigerung verschiebt die ZG-Kurve nach ZG_1. Der Geldmengenmechanismus führt zu Punkt C. Die inflatorische Lücke ist nun geringer als bei ausschließlicher Preiserhöhung im Ausland. Damit fällt auch die Preissteigerung im Inland geringer aus. (Das endgültige Gleichgewicht entspricht Punkt D.)

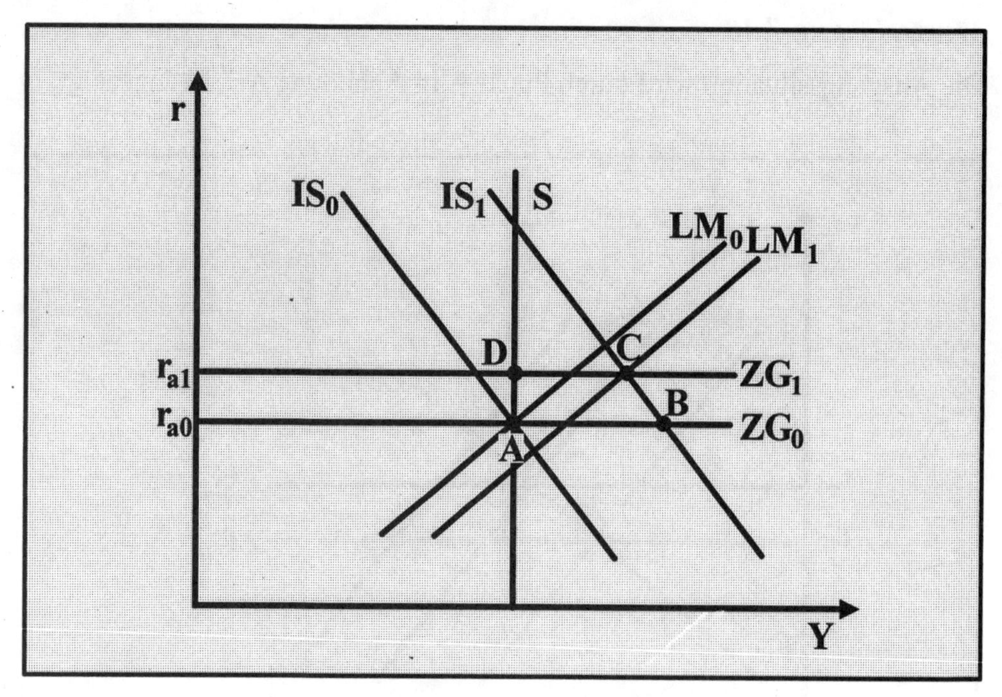

Abbildung A.7.16

Musterlösung 7.20

Wird die Ausgangssituation A in Abbildung A.7.17 durch eine Preiserhöhung im Ausland gestört, so verschiebt sich die IS-Kurve nach IS_1; es ergibt sich die Situation B. Der Wechselkurs-Mechanismus führt nun ohne ausländische Zinserhöhung zur Aufwertung der inländischen Währung und Rückverlagerung der IS-Kurve in die Ausgangslage.

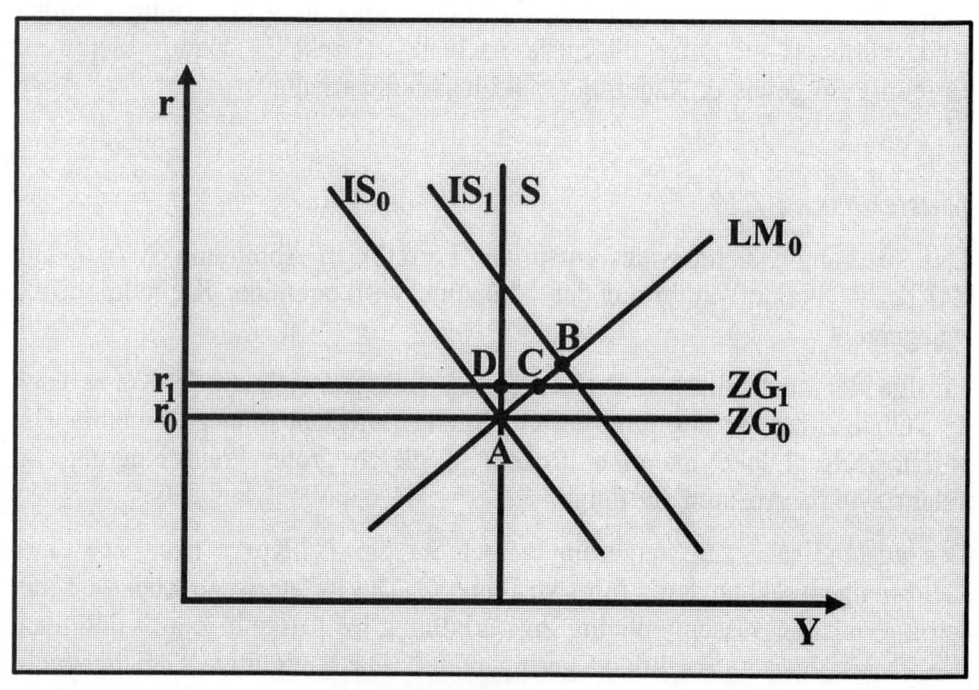

Abbildung A.7.17

Die Zinserhöhung im Ausland verschiebt die ZG-Kurve nach ZG_1. Da nun der Zahlungsbilanzüberschuss geringer ist als bei ausschließlicher Preiserhöhung im Ausland, fällt auch die Aufwertung der inländischen Währung geringer aus. Damit verlagert sich die IS-Kurve nur bis in Punkt C zurück, d. h. es bleibt eine inflatorische Lücke bestehen, die auch bei flexiblen Wechselkursen zu einem Preisniveauanstieg im Inland führt (das endgültige Gleichgewicht entspricht Punkt D).

Literaturverzeichnis

Borchert, M., Außenwirtschaftslehre, 6. Aufl., Wiesbaden 1999

ders., Geld und Kredit, 7. Aufl., München/Wien 2001

Branson, W. H., Makroökonomie, 4. Aufl., München/Wien 1997

Burda, M. C. und *Ch. Wyplosz,* Makroökonomik, München 1994

Cassel, D., Inflation, in: Vahlens Kompendium der Wirtschaftstheorie und Wirtschaftspolitik, Bd. 1, 7. Aufl., München 1999, S. 287 ff

Claassen, E.-M., Grundlagen der makroökonomischen Theorie, München 1980

Dieckheuer, G., Internationale Wirtschaftsbeziehungen, 3. Aufl., München/Wien 1995

ders., Makroökonomik, 3. Aufl., Berlin u. a. 1998

Dornbusch, R. und *St. Fischer,* Makroökonomik, 6. Aufl., München/Wien 1995

Haslinger, F., Volkswirtschaftliche Gesamtrechnung, 7. Aufl., München/Wien 1995

Heubes, J., Konjunktur und Wachstum, München 1991

ders., Grundlagen der modernen Makroökonomie, München 1995

ders., Makroökonomie, 4. Aufl., München 2001

Issing, O., Einführung in die Geldtheorie, 11. Aufl., München 1998

ders., Einführung in die Geldpolitik, 6. Aufl., München 1996

Jarchow, H.-J., Theorie und Politik des Geldes I, 10. Aufl., Göttingen 1998

ders., Theorie und Politik des Geldes II, 7. Aufl., Göttingen 1995

ders. und *P. Rühmann,* Monetäre Außenwirtschaft, I. Monetäre Außenwirtschaftstheorie, 5. Aufl., Göttingen 2000

Otruba, H. u. a., Makroökonomik, 2. Aufl., Wien/New York 1996

Pohl, R., Theorie der Inflation, München 1981

Rauch, B., Mathematische Lösungsmethoden, in: *J. Heubes,* Grundlagen der modernen Makroökonomie, München 1995, S. 707 ff

Sachs, J. D. und *F. Larrain B.,* Makroökonomik, München/Wien 1995

Spahn, H.-P., Makroökonomie, Berlin u. a. 1996

Ströbele, W., Inflation, 4. Aufl., München/Wien 1995

Wachtel, P., Makroökonomik, München/Wien 1994

Willms, M., Internationale Währungspolitik, 2. Aufl., München 1995

Wohltmann, H.-W., Grundzüge der makroökonomischen Theorie, 3. Aufl., München/Wien 2000

Sachverzeichnis